U0838938

DAXUE TIYU

大学体育

主　编　李少勇
副主编　王　瀛　武启凡　刘　明
　　　　　翟俞豪
编　委　肖雨深　赵　巍　张　帆
　　　　　聂长春　马望华　贾大鹏

河南大学出版社
·郑州·

图书在版编目(CIP)数据

大学体育/李少勇主编. —郑州:河南大学出版社,2020.8(2023.9 重印)
ISBN 978-7-5649-4413-1

Ⅰ.①大… Ⅱ.①李… Ⅲ.①体育—高等学校—教材 Ⅳ.①G807.4

中国版本图书馆 CIP 数据核字(2020)第 156955 号

责任编辑 李亚涛
责任校对 付会娟
封面设计 陈盛杰

出版发行 河南大学出版社
地址:郑州市郑东新区商务外环中华大厦 2401 号 邮编:450046
电话:0371-86059712(高等教育与职业教育出版分社)
0371-86059701(营销部) 网址:hupress.henu.edu.cn

排　　版	郑州市今日文教印制有限公司		
印　　刷	郑州市运通印刷有限公司		
版　　次	2020 年 9 月第 1 版	**印　　次**	2023 年 9 月第 4 次印刷
开　　本	787mm×1092mm 1/16	**印　　张**	19.25
字　　数	456 千字	**定　　价**	44.00 元

前　言

2019年6月《中共中央国务院关于深化教育教学改革全面提高义务教育质量的意见》指出:“强化体育锻炼。坚持健康第一,实施学校体育固本行动。严格执行学生体质健康合格标准,健全国家监测制度。”《国务院关于印发全民健身计划(2016—2020年)的通知》指出:“大力普及青少年体育活动,提高青少年身体素质。加强学校体育教育,将提高青少年的体育素养和养成健康行为方式作为学校教育的重要内容。”全面实施青少年体育活动促进计划,使青少年提升身体素质、掌握运动技能、培养锻炼兴趣,形成终身体育健身的良好习惯。

根据有关文件精神,鉴于高职高专院校的体育教育的使命,响应体育教学改革,满足学生学习需要,全面提升体育教学的有效性,我们组织编写了本书。本书希望以大学体育教学为重点,进一步激发学生的体育兴趣,使学生掌握两项以上健身运动的基本技能和方法,发展学生的体育特长,使其养成终身锻炼的习惯,实现增强大学生体质,助力全民健身的国家战略。本书在编写过程中,注重将“健康第一”的思想贯穿始终;注重将体育运动、健康教育和素质养成有机结合;注重培养学生坚持锻炼的意识和行为习惯。坚持科学性、教育性、兴趣性、指导性,坚持以人为本,重点突出教材编写的创新性、形式的新颖性、内容的时代性、方法的多样性、运用的实践性和高等职业教育学生的可选择性。本书力求突出以下特点:

(1) 内容丰富。本书涉及的主要内容有体育与健康、科学健身观、体育文化、田径运动、球类运动、武术,健美运动、休闲体育等。本书在内容编写上,根据高职高专院校体育教育的实际情况、学生体育学习的需要,在内容的编排上积极吸收国内外最新的体育与健康方面的研究成果,选择了一些对学生发展有利的、易于接受的、时代性强的内容进行讲解,既包含体育理论的相关知识,也包含体育运动项目的实践,使教材编写内容全面、精炼、实用,能够满足高体育职高专体育教学的需要。

(2) 科学性强。本书以大量的科学事实和科研成果为依据,叙述语言严谨、科学,避免空洞的说教,做到言之有理、论之有据。

(3) 实用性强。本书在强调打好身体素质基础的同时,围绕“终身运动”所追求的目标,增加反应运动项目特征和体现运动文化价值的内容。本书注重理论联系实际,不仅对学生进行体育文化的教育,还进行体育实践的指导,注重体育技能的掌握与体育意识的培养,使学生能够学以致用。

(4) 突出职教特点。本书所选内容贴近高职院校学生日常学习和生活的实际,符合学生的身心特点和认知的一般规律。同时根据毕业生走向社会的职业需求,注意培养学生掌握职业实用性运动技巧，培养学生掌握与其职业特点相适应的运动项目，培养学生未来职业所需要的身体素质和心理素质，注重学生个体差异，突出个性发展。

为了增强课程教学的灵活性，本书在教学内容的安排上具有一定弹性，有些项目可以根据场地条件是否允许作为选学内容，各个学校可以根据实际情况合理安排教学内容。

本书由李少勇担任主编，王瀛、武启凡、刘明、翟俞豪担任副主编，肖雨琛、赵巍、张帆、聂长春、马望华、贾大鹏担任编委。具体分工如下：李少勇编写第一章、第二章，王瀛编写第三章，武启凡编写第四章，刘明编写第五章，翟俞豪编写第六章，肖雨琛、赵巍编写第七章，张帆、聂长春编写第八章，马望华、贾大鹏编写第九章。全书有李少勇审稿、统稿和定稿。

本书的编写得到了参编单位的大力支持和帮助，在编写过程中参阅了大量相关资料。在此，向所有指导、关心和支持本书编写、出版工作的单位和同志表示感谢。

由于水平有限，书中难免出现欠妥或疏漏之处，敬请读者不吝指正，以便再版时加以修正。

编　者

2022年9月

目　　录

第一章　体育与健康

健全的身体，并不能因身体的健康而改善精神。
但是，健全的精神却能因精神的健全而改善身体。
——柏拉图

学海导航：

身体健康是人类的永恒追求，但人类对健康的认识却经历了非常漫长的历史过程。“健康”的英文“health”源于公元1000年英国盎格鲁萨克逊族的词汇，其主要含义是安全的、完美的、结实的。健康的概念具有动态特征，受一定历史阶段的生产力、生产关系、科技水平和哲学思想的影响。世界已公认健康是社会进步的重要标志和潜在动力。保护和增进健康已超出了医学卫生所能胜任的范围，即这不仅是卫生部门的责任，还是教育部门的责任，更是全社会共同的责任。个体不仅要对自己的健康负责，向社会求得医疗服务，还要在促进他人和全社会健康方面承担义务，这也是所谓的“人人为健康，健康为人人”。本章将带领大家全面认识健康，并进一步阐述体育锻炼对生理健康、心理健康和社会适应的作用。

知识目标：

1. 通过学习，学生能对健康有全面的认识，掌握健康的正确概念。
2. 通过学习，学生能了解影响健康的因素和体育锻炼对健康的价值。

能力目标：

通过学习，学生能判别生活中的健康行为与非健康行为，并有意识地践行促进健康的行为方式和生活方式。

第一节　健康的内涵

健康是伴随人类发展的永恒主题，随着社会的快速发展，人类的健康问题越来越受到关注。从艾滋病、疯牛病到非典型肺炎(SARS)，从吸毒的泛滥、自杀率的增加到生态环境的日益恶化，无不说明了威胁人类健康的因素是复杂的、多样的，促进人类健康的宏伟目标并不是单纯依靠生物科学能够达到的，必须由多学科共同协作才能完成。体育与人类健康的关系正日益受到重视，学术界的关注、国家提出的“健康第一”的体育教育指导思想和“全民健身计划”的大众体育实施策略都体现了体育“以人为本”的发展原则。正确理解健康的内涵，对我们制定体育政策和推广体育运动具有指导作用。

一、人类对健康认识的演进

自古以来，人们不断祈求着健康，然而，对什么是健康这一问题的理解却不尽相同。在人类社会发展的早期，生产力发展水平极为低下，人们在与大自然搏斗的过程中，若失去健康便无法生存，因此，那时的健康即等同于生命，这被我们称为“健康的生命观”。

生产力水平的逐步提高和物质财富的日渐丰富，使人类有了时间去考虑消除和预防疾病，提高生活质量，以延长自己的生命，因此，在很长一段历史时期中，衡量一个人是否健康是以其是否患病及患病的严重程度为尺度的，即把健康定义为没有疾病，把有疾病定义为不健康，这被我们称为“健康的疾病观”。

据远古病理学的记载，地球上出现生物的同时也出现了疾病。我国殷墟出土的甲骨文中就有 20 多种疾病的记载，如疾首、疾目、疾足等。疾病伴随着人类发展进程的始终，在人类与疾病的斗争中产生了医学及其相关科学，健康也成为人类追求的理想目标。认识疾病的本质是正确理解健康的基础，疾病与健康像一对孪生姐妹贯穿人类的发展进程中。由于疾病对人类的生存和发展构成了巨大的威胁，人类在生活和生产实践中逐步认识到疾病的发生和演变特点，进而寻求对抗疾病的方法，健康也就成为人类追求的最高理想。根据人类对疾病的认识过程，我们可以将疾病观归纳为以下几种：

第一，本体疾病观，也称为“原始疾病观”。由于远古时期人类生产力极为低下，认知世界的能力也十分低下，人类根本无法正确认识疾病的本质，只能把疾病看作独立于人体而存在的东西，于是就把疾病称为“中邪”、“着魔”或“神灵的惩罚”等。基于这种认识，具有宗教、巫术性质的原始医学——巫医便形成了，这也是人类医学的萌芽。现在，在一些偏僻、愚昧的地区，这种疾病观和巫医仍然存在。这种疾病观完全是由于人类对外部世界和自身认识的无能为力的表现，所以从这种疾病观衍生而来的巫医具有非科学性。

第二，自然哲学疾病观。随着人类对疾病认识的经验积累，人类对人体和疾病产生了自然而朦胧的经验认识，如古希腊的四体液说（黄胆汁、黑胆汁、血液和黏液）、原子论和我国的阴阳五行论。中医的阴阳五行论认为五行分别代表肝、心、脾、肺、肾五脏，五脏正常时相生相克，如果生、克过度即生病。这种自然哲学疾病观使医学由巫医逐渐演变为一门科学。

第三，自然科学疾病观。随着近代解剖学、生理学、生物学、物理学和化学等学科的形成与发展，人类通过观察与实验对疾病的认识更加深入和准确。18 世纪，意大利人莫干尼提出疾病具有明确的位置——器官，法国病理学家比夏进一步认为疾病发生于器官局部的组织。19 世纪，著名病理学家维尔啸提出疾病的细胞学说，生物学家巴斯德提出疾病的病因学说，随后又发现致病的病原微生物（细菌、病毒等）。这些自然科学的发现使人类对许多疾病具有了清晰的认识，并且找到了有效的治疗方法，从而奠定了现代医学的基础。现代医学的建立使人类大大减轻了疾病的威胁，平均寿命大幅度上升，生存质量明显提高。

第四，综合疾病观。在近代医学的发展过程中，自然科学一直占主导地位，发现了许多疾病的病因，医学技术的发展使疾病治疗技术快速提高。政府、公众和医学工作者们在把征服疾病的希望寄托于医学技术的同时，却逐渐发现现代自然科学并不是征服所有疾病的灵丹妙药。第二次世界大战之后，世界经济的快速发展使人类的生活水平和生存质量明显提高，但人类面临着新的疾病威胁，常见疾病的致病因素发生变化。据报道，美国前十位致死因素中，不良行为和生活方式成为首要的（占 70%），如不合理饮食、吸烟、酗酒、缺乏运动、不健康性行为、吸毒等，其次是环境因素（包括自然环境和社会环境），而生物学和卫生服务因素排在前两者之后。此外，巨额医疗费用的不断上升与医学卫生服务的抗病作用越来越不平衡，这使人们开始怀疑自然科学在征服疾病过程中的作用和地位。人们开始认识到征服疾病不能仅仅从人的自然属性出发，还要充分考虑人的社会属性。征服疾病的重任不是自然科学单独能够完成的，而应根据人的自然和社会双重属性，综合自然科学和社会科学的成果来实现的。

综上所述，疾病是威胁人类健康的头号敌人。从非典型肺炎的流行对整个社会运行的影响来看，引起人们对健康关注的最大刺激因素还是疾病，它将长期伴随在人类发展的进程中。疾病是人体对自然和社会的生理、心理的信息交换中出现的失稳状态，是社会不期望的。社会期望的是人体的一种完美状态——健康。

进入 20 世纪中叶后，由于现代科技与社会文化的迅猛发展，人们普遍面临着激烈的竞争、频繁的应激和快速的节奏，前所未有的巨大心理压力使他们不堪重负，这对人类的健康产生了重要的影响。鉴于此，人们逐渐认识到心理、社会因素在健康与疾病及其转化中的不容忽视的重要作用，因而逐步确立了心身统一的健康观，亦即健康的全面观。

1948 年，世界卫生组织在其宪章中给健康下了一个定义："健康不仅仅是没有疾病和衰弱的状态，而是一种在身体上、精神上和社会上的完好状态。"这个定义将人类几千年对疾病、自身和生存环境的认识高度概括起来，具有划时代的意义，是迄今为止应用最普遍的、认可度最高的健康概念。

1968 年，世界卫生组织进一步明确健康即是"身体精神良好，具有社会幸福感"，更加强调了人的社会属性。1978 年，世界卫生组织在《阿拉木图宣言》中对健康的含义又进行了重申："健康不仅是疾病与体弱的匿迹，而且是身心健康、社会幸福的完美状态。"该宣言进一步提出："健康是基本人权，达到尽可能的健康是全世界一项重要的社会性指标。"从这一点可以看出，健康是人的发展的基本目标。

二、健康的标准

世界卫生组织对健康的定义得到人们的普遍认可，它与以往的健康观相比有如下特点：

（1）它指向健康而不是指向疾病，其内涵扩大了。

（2）它涉及人类生命的生物、心理和社会三个基本侧面，突破了医学的界限，医学研究的范围不能涵盖人类所有的健康问题，健康目标的实现需要人类知识的融合（自然科学和社会科学）。

（3）健康不仅仅是个体健康，还包含群体健康（社会健康）。

(4) 生物、心理和社会三个基本侧面形成了健康的三维立体概念，即三维健康观。

虽然这个概念具有划时代的意义，阐明了健康的内涵和意义，但是，对于健康究竟是什么，如何理解完好状态的问题，许多人理解起来比较困难。有人认为此定义属于"乌托邦"，缺乏操作性，也有人认为此定义为健康的社会定义而非医学定义，只存在社会价值。

国内外许多学者对健康的含义进行了广泛的研究，美国学者 M. R. 莱维提出了健康的五种含义：(1) 具有增进健康的生活方式；(2) 身体健康；(3) 社会健康；(4) 情绪健康；(5) 精神与哲理健康。

杜伯斯在 1988 年提出健康概念应包括三个方面：(1) 健康是人类对其生活中产生的生物的、生理的、心理的和社会的刺激因素的系列连续的适应；(2) 健康是以连续体多维形式的适应；(3) 健康代表机体适应的总体水平和外在表现。这种观点引起较大的反响，被视为健康问题研究中的新进展。

美国学者帕森斯从社会学的角度对健康的定义进行了开拓性研究。他以个人参与复杂社会体系的本质为基础，提出："健康可以解释为已社会化的个人完成角色和任务的能力处于最适当的状态。"其最突出的特点是将个人能对社会起最佳作用的能力视为健康的标准，健康的欠缺状态减弱了个人完成角色和任务的能力。

《辞海》对健康概念的表述："人体各器官系统发育良好、功能正常、体质健壮、精力充沛并具有良好劳动效能的状态。通常用人体测量、体格检查和各种生理指标来衡量。"这种提法比"健康就是没有病"要完善些，但仍然是把人作为生物有机体来对待，因为它虽然提出了"劳动效能"这一概念，但仍未把人当作社会人来对待。

台湾学者柯永河 1980 年从流行于世的健康定义中提出以"习惯"为关键词的定义："良好习惯多，不良习惯少的心态谓之健康；而良好习惯少，不良习惯多的心态谓之不健康。"这里习惯的内涵可大可小，适用于描述人类的各种行为，这个概念虽然缺乏确定性、严谨性，但也不失为对健康概念的通俗理解，比较适合健康教育的宣教活动。

我国学者张铁民综合了世界卫生组织的健康概念的内涵，在 1992 年提出："健康是人类的基本需要，是躯体的、心理的、环境的和行为的互相适应和协调的良好状态。"这个定义通俗易懂，基本上符合我国的国情，但是对身体健康、心理健康和社会健康三大方面的含义强调不够。

从上述对健康概念的不同角度的释义中可以看出，学者们对于身体、心理和社会适应的三维健康观基本上持认同态度，但是对心理和社会适应的表述，特别是对社会适应的表述比较模糊。因为人类生存的环境是非常复杂的，包括自然环境中的原生环境和次生环境，社会环境中的政治、经济、文化环境和社会生活事件中的各种行为与生活方式。

美国学者罗杰斯在《保健题解词典》中提到，健康是多方面的，而且在很大程度上受文化的制约，各种伤残的相对重要性将不同程度地取决于文化环境以及伤残人士在那种文化中扮演的角色。人的社会性决定了医学对人类健康与疾病的研究，不能也不可能脱离人类所处的社会文化背景。实际上，从健康的含义中可以体会到健康集中反映了人类生存和发展的现状和水平，可以说，健康这个通俗简单而又定义复杂的名词至今很难准确界定，世界卫生组织的定义可以说是最接近精确的，但是目前无法提出一个全面评估健康和疾病的概念化方案。

世界卫生组织提出了健康的十条标志：(1) 精力充沛，能从容不迫地应付日常生活和工作；(2) 处事乐观，态度积极，乐于承担任务，不挑剔；(3) 善于休息，睡眠良好；(4)应变能力强，能适应各种环境的变化；(5) 对一般感冒和传染病有抵抗力；(6) 体重适当，体态匀称，头、臂、臀比例协调；(7) 眼睛明亮，反应敏锐，眼睑不发炎；(8) 牙齿清洁，无缺损，无疼痛，牙龈颜色正常，无出血；(9) 头发光洁，无头屑；(10) 肌肉、皮肤富弹性，走路轻松。其中(1)(2)(3)的界定都是不确定的，受主观、客观、自然和社会等条件的影响。机体健康的阈值指标比较容易确定，心理和社会健康的阈值由于受主观和政治、经济、文化环境因素的影响，非常难于确定。健康与非健康的定性测定相对比较容易，但定量测定较难。

三、亚健康状态

20 世纪 80 年代中期，苏联布赫曼教授通过研究发现，除了健康状态和疾病状态之外，人体还存在着一种非健康非患病的中间状态，称为“亚健康状态”，这一发现被后来的许多学者的研究所证实。亚健康(sub-health)又称“第三状态”，也称“灰色状态”、“病前状态”、“亚临床期”、“临床前期”、“潜病期”等，是指人的机体虽然无明显疾病，但呈现出活力降低，适应力不同程度减退的一种生理状态，包括无临床症状和症状感觉轻微，但已有潜在病理信息。

世界卫生组织的一项全球性调查表明，真正健康的人仅占 5%，患有疾病的人占 20%，而 75%的人处于亚健康状态。亚健康状态在经济发达、社会竞争激烈的国家和地区中普遍存在，人数一直呈逐年增加的趋势。

亚健康状态本身拥有广泛的内涵，是人们在身心情感方面处于健康与疾病之间的健康低质量状态及体验。亚健康状态是在不断变化发展的，既可向健康状态转化，也可向疾病状态转化。由于人们在年龄、适应能力、免疫力、社会文化层次等方面存在差异，亚健康状态的表现错综复杂，较常见的是活力、反应能力、适应能力和免疫力降低，出现躯体疲劳、易感冒、稍动即累、出虚汗、食欲不振、头痛、失眠、焦虑、人际关系不协调等状况。亚健康的表现形式主要有慢性疲劳综合征、更年期综合征、神经衰弱、肥胖症等若干种。

亚健康概念的提出并非偶然，是人类对健康内涵的进一步认识的结果。根据健康概念的内涵，与健康相对应的是非健康，而不仅仅是疾病。非健康应包括疾病和“潜在疾病”，疾病具有明确的症状和体征，而“潜在疾病”无明确的症状和体征，只是有身体不适、易疲劳、虚弱、情绪和行为难以自控等表现。这些具有“潜在疾病”表现的人并不符合健康人的范畴，属于非健康状态，即亚健康状态。人类对健康的认识不断深入，使人们认识到在非健康状态中患病人数并不多，大多数人处于亚健康状态。

知识窗

亚健康的表现

(1) 心绪不安，惊悸少眠：表现为心慌气短，胸闷憋气，心烦意乱，夜寐不安。

(2) 汗出津津，经常感冒：经常自汗、盗汗，自己稍不注意就感冒，怕冷。

(3) 舌赤苔垢,口苦便燥:舌尖发红,舌苔厚腻,大便干燥,小便短赤等。

(4) 面色有滞,目围灰暗:面色无华,憔悴,双目周围特别是眼下灰暗发青。

(5) 四肢发胀,目下卧蚕:晨起或劳累后足踝及小腿肿胀,下眼皮肿胀、下垂。

(6) 口吐黏物,呃逆胀满:胸腹胀满、大便黏滞不畅、肛门湿热之感,食生冷干硬食物常感胃部不适,口中黏滞不爽,吐之为快。

(7) 指甲成像,变化异常:中医认为,人体躯干四肢、脏腑经络、气血体能信息层叠融会在指甲成像上称为甲像。

(8) 视力模糊,头胀头疼:平时视力正常,突感视力下降(非眼镜度数不适),且伴有目胀、头疼,此时千万不可大意。

随着医学及其相关学科的快速发展,许多疾病得到了有效控制,人类的患病率和疾病死亡率大大降低,但社会经济的快速发展、社会文化的多元性冲击、社会政治的复杂性变化和社会竞争性的加剧对人类的人生观和价值观造成巨大的影响,人们的生活发生了较大的改变。再加上生态环境的日益恶化,人类又将面临许多新的健康问题,其中亚健康是日益突出的问题。虽然亚健康在症状上表现的是医学领域的问题,但从整体看,它与社会环境、经济文化、心理因素及自身素质密不可分。亚健康状态已成为新世纪的研究热点,其内涵、成因和防治策略的研究成果都将丰富人类健康概念的内涵,也是健康内涵研究的重点。

四、健康概念的启示

人类健康的概念是动态发展的,健康是人类永远追求的理想目标,无论是从人类发展的历史角度看,还是从健康与社会发展的互动关系上讲,健康的需求具有无限性的特征,可以说健康是人类社会发展的终极目标。

从健康的概念可以看出,绝对的健康在现实中是不存在的,人类只能达到相对的健康或接近健康。即使按照现有的健康标准,也只有5%的人群达到相对健康,这就说明每一个人都具有不断促进健康的空间,增进健康是每一个社会成员的责任和义务;75%的人处于亚健康状态,说明大多数人处于疾病与健康之间,如何使这部分人群向健康状态良性转化是目前健康研究的重点,也将对人类健康事业的发展具有划时代的意义和贡献。由于健康概念中的三维健康观基本涵盖了人的生物和社会属性,自然环境和社会环境的各种因素都会对人类健康造成影响,使我们认识到促进健康的复杂性和艰巨性。由于受到政治制度、经济水平和社会文化环境等因素的影响,人们对健康的认识和理解具有差异性,在认识人类健康的普遍性时,要考虑到健康认识的差异性和特殊性。

对世界卫生组织的健康概念应具有正确的理解,它只是从宏观角度科学地概括了健康的内涵,扩大了健康的外延,将健康与人类社会发展统一起来,使健康成为人类发展的终极理想。促进人类的健康需要融合人类科学与技术的所有成果,健康问题不是单一学科能解决的,源于健康并与健康最为密切的医学近些年来面临着巨大的困惑和挑战。难道医学主要是为仅仅占20%的病人服务的吗?医学能解决所有的健康问题吗?医学家们不得不重新思考医学的目的和功能。近几十年来,随着人类对体育认识的不断深入,在不良生活方式和行为方式成为影响健康的主要因素后，体育与健康的关系日益紧密，体育的特征和功能对人类健康具有高效和独特的作用，特别是对处于亚健康状态的人群尤其有益。

世界大众体育的兴起和蓬勃发展主要是由于体育的独特功能和文化魅力，近几年国内对体育与健康领域的研究颇多，国家也采取了一些体育健康的促进策略，如“健康第一”的体育教育指导思想和“全民健身计划”的大众体育实施策略，都是对体育内涵的延伸，符合人类的发展方向。但是，对于健康概念的内涵如何与体育相结合，体育能解决人类的哪些健康问题以及如何在体育中实施健康促进等问题都需要进行系统的理论研究。

体育不可能解决所有的健康问题，虽然人们已经掌握了许多体育增进健康的经验和体会，但还没有形成体育与健康的基础理论。如果不搞清楚体育与健康的基本内涵，特别是如何将普遍的健康概念融入体育之中，而主要凭一些经验和体会来实施，难免会在实践过程中产生许多理论困惑，会走许多弯路。例如，教育部将中小学的体育课改为体育与健康课，并颁布了新课程标准的这一举措方向正确，意义深远，但在具体操作中仍需理论依据的支持。比如，青少年的健康内涵是什么，大学体育能解决青少年的哪些健康问题，相关健康测量的指标有哪些，哪些可以定量测量，哪些只能定性测量等基本理论问题都需要深入研究。总之，将体育引入人类健康事业的发展中会使体育得到空前的发展机遇和空间，也将会使体育的地位和影响力迅速提升。

第二节　健康促进

一、影响健康的因素

（一）遗传

遗传是先天性因素，种族的差别、父母的健康状况和生存环境等因素都会对下一代的健康具有较大的影响。已知的人类缺陷和遗传性疾病近 3000 种（约占人类各种疾病的 1/5），据调查，目前全国出生婴儿缺陷总发生率为 13.7%，其中严重智力低下者每年有 200 万人。另外，高血压、糖尿病、肿瘤等疾病的发生也与遗传有关。

（二）环境

健康不仅立足于个人身体和精神的健康，更应强调人体与自然环境和社会环境的统一，强调健康、环境与人类发展不可分割。发展必须包含生活质量的提高，同时保持环境的可持续发展，这是探索健康生态学的基础。1992 年，世界卫生组织环境与健康委员会的报告将“维护和促进健康放在环境和发展关注的中心”，1993 年，世界卫生组织提出“持续发展的中心问题是人类，人类有权享有与自然和谐的健康而有生产能力的生活”。因此，人类必须整合和平衡目前或今后将要面临的环境—健康—发展问题。

（三）营养

合理的营养是保证人体健康的重要因素，营养过多或不足都有损于健康。评价居民营养状况的标准包括居民摄入的热量及食物的营养结构。前者是衡量人群摄入的食物是否能维持基本生命功能，后者则是分析摄入食物中各种营养素比例的合理性。从世界范围来看，不同国家居民日平均摄入热量与健康状况关系密切，居民食物摄入量与平均期望寿命呈现正相关。在居民营养摄入合理性方面，发达国家居民膳食中动物蛋白及脂肪含量偏高，而发展中国家及不发达国家居民膳食中蛋白质及脂肪比例偏低。

此外，膳食中各种微量元素是否足够、比例是否合理与一些地方病及营养缺乏病的发生有着密切的关系。因此，调查居民膳食微量元素含量的比例，也是评价居民营养状况的重要指标，地理原因及饮食不当造成某些人群膳食中一些微量元素缺乏的现象普遍存在。

（四）体育运动

由于劳动方式和生活方式的改变，运动缺乏成为威胁人类健康的一个重要因素。同时，科学运动的健康价值日益凸显，体育竞技的魅力四射，使人们越来越关注体育在其生活中的位置，体育对人类健康的作用和意义也成为学者们的研究热点。

1978年，联合国教科文组织颁布的《体育运动国际宪章》明确体育是一种人权，确认体育是提高生活质量的手段，体育能培养人类的价值观念，说明体育对人类的生存和发展具有重要的影响。从体育的含义中可以看出，体育对促进健康具有广泛的作用，特别是在改善生活方式与提高生活质量方面，体育展示了其独特的作用和魅力。在社会发展中，身心健康不仅是现代社会生活的重要内容，而且是提高社会生产力，保证人类健康发展和正常生命活动的需要。大众体育在世界范围内的蓬勃兴起，全民健身运动在我国的广泛开展，无不说明了体育在维护人类健康方面的积极作用。

（五）生活方式

随着社会的高度发展，不良生活方式成为首要的健康影响因素，许多疾病，如糖尿病、高血压、冠心病、肥胖症、癌症、性传播疾病、精神性疾病及自杀等均与生活方式有关。生活方式是一种特定的行为模式，这种行为模式受个性特征和社会关系所制约，是在一定的社会经济条件和环境等多种因素之间的相互作用所形成的。建立在文化继承、社会关系、个性特征和遗传等综合因素基础上的稳定的生活方式，包括饮食习惯、社会生活习惯等。由于受一些不良的社会和文化因素影响，许多人养成了不良的生活方式，导致了慢性非传染性疾病、性病和艾滋病的迅速增加。近年来，我国恶性肿瘤、心血管病和脑血管病已占总死亡原因的61%。据美国调查，只要有效地控制行为危险因素，如不合理饮食、缺乏运动锻炼、吸烟、酗酒和滥用药物等，就能减少40%～70%的早死、1/3的急性残疾、2/3的慢性疾病。

（六）卫生服务因素

世界卫生组织的《渥太华宪章》指出，健康的基本条件和资源是和平、住房、教育、食品、经济收入、稳定的生态环境、可持续的资源及社会的公平与平等。健康服务必须在这些坚实的基础上建立国家制定政策、以社区服务为中心、多部门协作的健康服务体系，实现人人享有健康服务的宏伟目标。健康服务体系是国家促进国民健康的主要手段之一，是一个国家综合实力的反映。随着社会经济的发展及人们生活水平的提高，健康服务的任务不仅仅是治病救人，而且要维护及促进人群的健康。因此，在现代社会，医疗保健被列入社会保障的范畴，卫生事业的发展是社会发展的重要方面。

二、健康促进的含义

健康促进一词早在20世纪的20年代就已见于公共卫生文献，近二十年来更是受到广泛重视。由于健康促进在全球的迅速发展，其内容也在不断扩大，出现了许多不同的解释和理解。因此，有关健康促进的含义仍然在不断发展和完善中。

1920年，温斯勒提出："健康促进就是组织社区，努力针对各种危险因素，开展个人卫生教育，完善社会机构以保证有利于维持并增进健康的生活水准。"1979年，美国联邦办公署给出"健康促进包括健康教育及任何能促使行为和环境转变为有利于健康的有关组织、政策及经济干预的统一体"的定义；1986年，美国健康促进杂志认为："健康促进是一门帮助人们改变生活方式，以达到理想健康状况的科学和艺术。"世界卫生组织1988年曾经给健康促进做出以下定义："健康促进是促进人们维护和提高他们自身健康的过程，是协调人类与他们环境之间的战略，规定个人与社会对健康各自所负的责任。"美国健康教育学家格林1991年指出："健康促进是指一切能促使行为和生活条件向有益于健康改变的教育与环境支持的综合体。"其中，环境包括社会的、政治的、经济的和自然的环境，而支持则指政策、立法、财政、组织和社会开发等各个系统。1995年，世界卫生组织西太平洋地区办事处发表了《健康新地平线》这一重要文献，对健康促进给出了"健康促进是指个人与其家庭、社区和国家一起采取措施，鼓励健康的行为，增强人们改进和处理自身健康问题的能力"的定义。

健康促进是现代世界上最推崇的、具有全新意义的提高健康水平的最佳过程与途径。它致力于使个人、集体乃至整个社会，在更大程度上主动参与修正不健康行为，优化生活方式，促进环境的改善，从而达到控制影响健康的各种危险因素，增进身心健康，提高生活适应状态的良好健康素质。

应该看到，健康促进不仅包含了增强个人提高健康水平的技巧和能力的过程，也包括改变社会环境、经济状况，以减轻对大众或个人健康影响的行动。健康促进是使人更能保持健康的影响因子，而主动参与是维持健康促进行动的根本。

综上所述，健康促进的概念包含了以下基本内容：

（1）健康不再仅仅由个人负责，社会对其负有不可推卸的责任。为此，在行为学的策略上应扩展到更大范围，包括在组织行为中占主导地位的"制定支持健康的公共政策"，以强有力的支持来促进个人与社会健康。

（2）健康促进不再仅仅是针对引发疾病的危险因素，而是包括个体、群体与社会生活的各个方面。这就是要求促进主动的健康行为，提高卫生知识水平，最大限度地动员，甚至强制人群自觉参与维护健康的活动。

（3）环境因素在人类促进健康的过程中占有重要地位，无论个人、集体还是社会，要获得健康，均要积极参与对环境的保护和改善，使环境成为人类获得健康的支持因素。这里的"环境"指的是具体的自然条件、空间、地域与设施，也包括抽象的精神、氛围和行为取向。良好的环境可陶冶高尚的情操，有助于塑造生理、心理和社会适应较为健全的人。反之，零乱、龌龊、条件低下与毫无约束的环境将难以规范人们的行动，也将无法达到健康的境界。

内容的广泛性决定了健康促进理论是多学科知识组成的一门综合性理论。国际上对健康促进理论内涵的解释认为：第一，健康促进理论是系统的有组织的知识；第二，健康促进可应用于一个相对广泛的环境范围；第三，健康促进能帮助分析、预测或解释某些行为与行为趋向，并指导设计出一个控制系统；第四，健康促进是促进健康工作的基础。

知识窗

体 适 能

体适能是 Physical Fitness 的中文翻译，是指人体所具备的有充足的精力从事日常工作（学习）而不感疲劳，同时有余力享受康乐休闲活动的乐趣，能够适应突发状况的能力。美国运动医学会（American College of Sports Medicine，ACSM）认为，体适能由健康体适能（Health-related Physical Fitness）和技能体适能（Skill-related Physical Fitness ）组成。健康体适能是与健康有密切关系的体适能，是指心血管、肺和肌肉发挥最理想效率的能力。

三、健康促进的基本特征

健康促进与健康教育相比，有其自身的特性，它是集所有改善人们健康状况行为为一体的活动过程。归纳起来，具有以下几个主要特征。

（一）健康促进对行为改变的作用持久且具有约束性

健康促进以社会人群自觉参与为前提，通过自身认知态度和价值观念的改变而达到自觉养成有益于健康的行为和生活方式的目的。因此，从原则上讲，健康教育最适于那些有改变自身行为愿望的人群。而健康促进是以政府行为为条件，在组织、政治、经济以及法律上提供支持环境，它对行为改变的作用比较持久并且带有约束性。健康促进涉及所有人群和人们社会生活的方方面面，而不只对一部分人群起作用，也不仅仅针对个别疾病。

（二）疾病预防

疾病三级预防中，健康促进强调一级预防（病因预防）甚至更早阶段，即尽可能避免暴露于各种行为、心理、社会环境的致病因素，全面提高健康水平。

（三）人群的主动参与

人群的主动参与是巩固健康促进成果的基础，而人们所具备的健康知识和观念是主动参与的前提条件。因此，要通过健康教育激发领导者、社区和个人参与的意愿，营造健康促进的氛围。健康教育是健康促进的基础，健康促进如不以健康教育为先导，则是无源之水、无本之木，而健康教育如不向健康促进发展，仅仅停留在知识传播的层面上，其作用就会受到极大的限制。

（四）健康促进的又一特征是融客观的支持与主观的参与于一体

客观的支持包括政策和环境的支持，主观的参与则着重于个人与社会的参与意识和参与程度。因而健康促进不仅包括了健康教育的行为干预内容，同时，还强调行为改变所需的组织支持、政策支持、经济支持等环境改变的各项策略。这就表明，健康促进不仅是卫生部门的事业，而且是要求全社会参与和多部门合作的社会工程。

四、健康促进的社会作用

健康促进的社会作用与健康教育分不开，两者既有区别，又紧密联系，共同发挥对人类健康的重要作用。其社会作用主要有以下几个。

（一）健康促进是实现初级卫生保健的保障

《阿拉木图宣言》把健康教育列为初级卫生保健 8 项任务之首，并指出健康教育是所有卫生问题、预防方法及控制措施中最为重要的。1983 年，第 36 届世界卫生大会和世界卫生组织委员会第 68 次会议根据初级卫生保健原则重新确定了健康教育的作用，提出“初级卫生保健中的健康教育新策略”，强调健康教育是策略而不是工具。1995 年，第 42 届世界卫生大会通过了关于健康促进、公共信息和健康教育的决议，再次强调《阿拉木图宣言》的重要性，并紧急呼吁把健康促进和健康教育作为初级卫生保健的内容。实践证明，为了完成初级卫生保健其他 7 项任务，必须有健康教育作为基础和先导。同时，实现初级卫生保健的目标所需的基本条件，如领导重视、群众参与、部门协作均需有健康教育和健康促进的开发、动员、组织与协调。可以说，健康教育和健康促进是实现初级卫生保健任务的关键，它们在实现所有健康目标、社会目标和经济目标中具有重要的地位和价值。

（二）健康促进是卫生保健事业发展的必然趋势

由于经济的发展和生活方式的改变，当今发达国家和我国的疾病谱、死亡谱已经发生了根本性的变化，传染性疾病和营养不良已不再是造成人们死亡的主要原因，而慢性的非传染性疾病及由不良生活方式引起的所谓生活方式病，则在人类疾病谱和死亡谱中占据日益重要的地位。其中，冠心病、肿瘤及中风等已成为这些国家人们的主要死因。调查研究证实，不良行为和生活方式是导致这些慢性疾病的危险因素，甚至是直接因素。医药手段不能解决行为和生活方式问题，社会性措施的突破才是解决的根本途径。健康教育和健康促进的核心是促使人们建立新的、健康的行为和生活方式，制定一系列使行为和生活方式向有益于健康发展的策略，减低危险因素，预防各种生活方式病，这正是一种社会性的突破。

20 世纪 80 年代以来，一些发达国家由于致力于健康教育和健康促进，其吸烟率每年以 1％～1.5％的速度下降，冠心病与脑血管病死亡率也分别下降了 1/3 和 1/2。据我国有关专家预测，大力开展健康教育与健康促进，未来中国心脑血管疾病死亡率将能下降 25％～50％。这说明把健康教育与健康促进放在各项措施的核心地位具有战略意义，同时也是卫生保健事业发展的必然趋势。正如世界卫生组织总干事于岛宏博士在第 13 届世界健康教育大会开幕式上所说：“我代表世界卫生组织向大家保证，健康教育的极端重要性将得到承认，我向你们保证，我们将给予你们的领域以优先权，给这种优先权的理由是十分充分的，而且也是全世界迫切需要的。”

（三）健康促进是低投入、高产出的高效益保健措施

健康教育和健康促进指导人们自愿放弃不良行为和生活方式，减少自身制造的危险，追求健康目标，从成本—效益的角度看是一项投入少、产出高、效益大的保健措施。健康促进在促使环境改变中虽需要有一定的资源保证，但它们所需的资源投入与高昂的医疗费用形成鲜明的对照。美国疾病控制中心研究指出，如果美国男性公民不吸烟，不过量饮酒，采用合理饮食和进行经常的有规律的身体锻炼，其寿命有望延长 10 年，而每年数以千亿计的钱用于提高临床医疗技术的投资，却难以使全美人口平均期望寿命增加 1 年。

（四）健康促进是提高广大群众自我保健意识的重要手段

自我保健是指人们为维护和增进健康，为预防、发现和治疗疾病，自己采取的卫生行为以及与健康有关的决策。自我保健包括了个人、家庭、社区、同事、团体和单位开展的以自助为特征（也包括互助）的保健活动。它是保健模式从“依赖型”向“自助型”发展的体现，它能发挥自身的健康潜能和个人的主观能动作用，提高人们对健康的责任感。综观世界潮流，如美国的“健康的国民”，英国的“预防和健康：人人的责任”，加拿大的“健康影响模式”，澳大利亚的“健康的澳洲人”，日本的“国民健康生活方式”、“健康的钥匙在您手中”和我国的“全民健身活动”等，这些运动不仅体现了民众健康服务的目标和策略，更着眼于民众的自我保健意识、参与态度和实践。自我保健不能自发产生，只有通过健康教育和健康促进才能提高居民自我保健意识和能力，增强其自觉性和主动性，促使人们实行躯体上的自我保护、心理上的自我调节、行为生活方式上的自我控制和人际关系上的自我调整，从而提高整体医学和文化水平，提高人口健康素质。

第三节　体育锻炼与身心健康

一、体育锻炼与身体健康

（一）体育锻炼对骨骼，肌肉的影响

科学调查证明，同年龄、同性别的青少年，经常运动的比不运动的人身高高 4～7 cm。这是因为，体育运动能使骨骼变粗，促使骨骼增长，有助于身体长高。同时，经常运动的人关节活动范围也大得多，关节的牢固性也比一般人强，从而提高了骨的抗断、抗弯、抗压等方面的能力。因为，体育锻炼能使肌肉发达，结实健壮，匀称有力。

（二）体育锻炼对心肺功能的影响

研究表明，经常进行锻炼的人，心脏的重量、直径、容量均比一般人的大，具有更强的工作能力。专家认为，坚持运动至少使心脏推迟衰老 10～15 年。经常锻炼可促进体内脂肪的消耗，并能使具有保持性的高密度脂肪蛋白不断增加，同时还能加速代谢，减少脂肪在血管壁的沉积，保持与增强血管壁的良好弹性，起到预防血管系统疾病的作用。

体育锻炼还能大大增强肺功能。安静时一般人每分钟呼吸 12～16 次，每次呼吸吸入新

鲜空气约 500 mL，每分钟肺通气量约为 6～8 L。剧烈运动时呼吸次数可增至每分钟 40～50 次，每次吸入空气达 2 500 mL，为安静时的 5 倍，每分钟肺通气量可高达 70～120 L，因此，呼吸器官在体育锻炼中可得到很大的锻炼。经常进行锻炼还有助于呼吸肌力量增大，胸廓活动性增强，肺泡具有更好的弹性。

（三）体育锻炼有助于减缓衰老

经常参加体育运动能延缓各器官系统功能减退的进程，提高人体对内外环境的适应能力，大量研究表明，不运动的人从 30 岁开始，身体功能就开始下降，到 55 岁身体功能只相当于他最健康时的 2/3。经常参加运动的人到 50 岁时的身体功能还相当稳定，60 岁时，其心血管系统的功能大约相当于 30 岁不运动的人。

知识窗

天天运动好处多

在大家的认知里，一天一天逐渐增加你的运动量，在健身房挥汗如雨待上好几个小时，这样的努力运动才有收获。但是新的报告则认为，即使是短时间活动也可增强你的体力，尤其当你是一个很少健身的人。有别于以前观念的地方在强调短时间运动的累积效果，如一天 3 次，每次 10 分钟的快走运动，和一天一次 30 分钟的快走运动都具有类似的效果。

因此，即使一天中没有那么多时间可以从事长达 30 分钟的运动，或是体力无法负荷这么长的运动，那么一天数次，每次短时间的运动，如改走楼梯而不用电梯，多走一站坐公交车或是早一站下车等，累积下来也会得到可观的效果。

所以，“没有时间运动”已经不能拿来做借口，只要肯改变生活中的一些习惯，随时都有机会运动。而长久没有运动的人，刚开始也许无法一次进行长达 30 分钟的运动，但是可以从一天数次短时间的运动开始，也可以达到累积的效果，在身体适应运动的强度后，可以选择逐渐增长运动的时间，或是仍然保持一天数次的习惯，都可达到增进健康、预防疾病的目的。总之，就是把握每一个走路、运动的机会，同时也要走快些，这样对你的体力绝对会有帮助。

美国疾病防治中心所进行研究调查后显示，走路其实是美国居民最常进行的简单运动，虽然有 3/4 的民众遵守每次 30 分钟的运动时间，但是他们运动的次数却不够多，而且只有 1/4 运动时以足够的速度进行快步行走，事实上，走路的速度太慢也没有运动效率。

二、体育锻炼与心理健康

长期坚持体育锻炼不但对身体健康有积极的影响，而且可以促进心理健康，其作用主要表现在以下几个方面。

（一）提高心理应激水平

心理应激是指人体受到强烈的物理、化学、生物等作用或情绪发生变化时，所发生的一系列特殊的应答性反应。应激水平高，可避免一般的刺激对人体的损害，在遇到外界的强刺激时，也能保持心理的平衡。长期坚持体育锻炼可以提高锻炼者的心理应激水平，使其心理承受能力和健康水平都处在较高的水平。

（二）发展智力

智力包括观察力、注意力、记忆力、思维力和想象力。在进行体育锻炼时，要达到预期目标，必须善于观察、想象丰富、集中注意力、加深记忆。体育锻炼的过程也就是将身体练习与大脑智力活动紧密结合的过程。另外，体育锻炼可使人精神振奋、心情愉快，从而促进大脑释放特殊的化学物质（如脑腓肽和内腓肽），研究表明，这些物质可以促进学习和记忆。

（三）培养意志

意志品质包括自觉性、果断性、坚韧性、自制力以及勇敢顽强等精神。它是在克服困难的过程中表现出来的，又是在克服困难的过程中培养起来的。坚持长期的体育锻炼，要不断地克服各种主、客观困难，这个过程既是锻炼身体的过程，也是培养出良好意志品质的过程。坚强的意志品质有助于人们的工作、学习与生活。

（四）消除疲劳

疲劳是指人在工作后，人体的组织器官甚至整个机体工作能力下降的现象，它与人的生理和心理状况有关。紧张的脑力劳动和长时间的静坐伏案学习，常会使人大脑供氧不足，并使人感到疲劳，思维迟钝，记忆力减退，学习、工作效率下降。参加体育锻炼则可以提高神经系统的功能，使大脑两半球的功能交替进行，达到消除疲劳、提高工作效率的目的。

（五）自我概念更为清晰

自我概念是个体主观上对自己的身体、思想和情感等的整体评价，它是由许许多多的自我认识所组成的，如我是什么人、我主张什么、我喜欢什么、我不喜欢什么等，包括社会方面的自我概念和身体方面的自我概念等。其中，身体方面的自我概念包括身体表象和身体自尊。身体表象是指头脑中形成的身体图像，身体自尊则主要包括一个人对自己运动能力的评价、对自己身体外貌（吸引力）的评价以及对自己身体的抵抗能力和健康状况的评价。

（六）有助于形成和谐的人际关系

现代社会生活节奏的加快使人们越来越趋向封闭的状态，这造成了人与人之间感情交流缺乏，人际关系疏远。体育锻炼则打破了这种封闭，它让不同职业、年龄、性别、文化素质的人相聚在运动场上，进行平等、友好、和谐的交往，使人们互相之间产生信任感，有效进行情感和信息的交流，互相之间产生一种默契和交融。研究表明，增加与社会的联系会给个体带来心理上的益处。马塞（Massie）等人1971年的调查发现，外向性格者比内向性格者的社会需要更强烈，这种社会需要可以通过跳舞、球类、做操等集体性活动来得到满足。

由此可见，人们可以通过体育锻炼来认识更多的朋友，大家和睦相处、友爱互助，这种良好的人际关系将令人心情舒畅、精神振奋。

（七）消除心理疾患

社会竞争的日益激烈和生活压力的加大可能会使许多人产生悲观、失望的情绪，进而导致忧郁、孤独、焦虑等各种心理障碍的产生。人们若参加某个项目运动并坚持锻炼，其生理技能、身体素质将会得到改善，也会相应掌握并发展一些运动的技能和技巧。由此，个体会以自我锻炼反馈的方式传递其成就信息与大脑，从而获得自我成就的认知和情感体验，产生愉快、振奋和幸福感。因此，适宜的体育锻炼能使有心理障碍的个体获得心理满足，产生积极的成就感，从而增强自信心，摆脱压抑、悲观等消极情绪，并消除心理障碍。

许多国家已将体育锻炼作为心理治疗的手段之一。美国的一项调查显示，1750 名心理医生中，80％的人认为体育锻炼是治疗抑郁症的有效手段之一，60％的人认为应将体育活动作为一个治疗手段来消除焦虑症。临床研究表明，通过参加一些如慢跑、散步、徒手操等身体练习能有效地减轻焦虑和抑郁症状，增强自信。除此之外，有关体育锻炼的心理治疗效应还反映在对精神分裂症、酒精和滥用药物、体表体型症状等方面。

就目前而言，这些心理疾病的病因以及体育锻炼有助于治疗心理疾病的基本机制尚未完全清楚，但体育锻炼作为一种心理治疗手段在国外已开始流行起来。在学生中，通过体育锻炼可以减缓或消除由于学习和其他方面的挫折而引起的焦虑和抑郁等症状，为不良情绪的宣泄提供一种合理有效的手段，防止心理障碍或疾病的发生。

总之，体育锻炼不仅能有效地促进智力的发展，调节情绪，培养良好的意志品质，增强自我概念，改善人际关系，还能增进个体心理健康，使其发挥最优的心理效能。

知识窗

人的心理健康要素

人既有生理需要的“营养素”，也有心理需要的“健康要素”，其中包括：学会爱的接受与付出，学会积极地适应环境，学会主动转换情绪，学会待人宽容，学会幽默，笑口常开，生活有目标，学会豁达，学会控制自己的情绪，学会心理自慰。

不良情绪的调整方法：加强自我修养，适当自我发泄，找人倾诉烦恼，学会自娱自乐。

心理平衡的五种方法：豁达胸怀法、自慰法、宽待法、松弛法、回避法。

三、体育锻炼与社会适应

人既是一个生物的生理的人，又是一个社会的人，每个人都在社会中扮演着各种各样不同的社会角色。人在社会中生活，生活就是与人相处，在形形色色的社会交往中表现出不同的社会适应性。人与人相处得好，就是意味着他的社会适应性强，因而也必然生活得好。社会适应不良，对人的身心健康会产生消极的影响。社会适应能力差的人常常因人际关系的矛盾而产生心理上的烦恼，并持续地出现焦虑、抑郁、愤怒等不良情绪反应。不良的情绪反应可使人的免疫能力下降，进而使生理疾病的发病率大大增加。有研究显示，70％的高血压患者人际关系不好，经常处于紧张状态之中。交际越广泛，寿命越长。英国哲学家弗兰西斯·培根有句名言：“如果你把快乐告诉一个朋友，你将得到两个快乐。而你如果把忧愁向一个朋友倾吐，你将被分掉一半忧愁。”这是哲学家对朋友和社会交往作用的深刻概括。

（一）体育锻炼的社会价值取向

1. 实现和平相处的愿望

最早的体育活动是随物质与生存条件改变而逐渐开展起来的，就人的属性而言，它又是语言、意识、情感、理性等各种文化行为产生之后，人们为享受物质文化生活而出现的必然产物。原始社会后期，随着人类生活领域的不断扩大，原始人为了表达对神灵的崇敬，通过了祭祀而开展的舞蹈、角力等身体练习；为表达狩猎成功后的喜悦心情，通过集体游戏方式开展的身体娱乐活动等，这都已不再单纯以求生为目的，而是集中反映了他们对参与社会生活所持的一种平和心态，即通过这些既不属于生存竞争需要，又高于一般生活技能的身体活动，达到在余暇与亲朋好友和同伴沟通情感、建立友谊、和平相处的目的。

现在社会是高新科技开创的文明与繁荣，它为人类享受生活奠定了丰富的物质基础。但近十几年间，世界各国都希望本着和平相处的愿望，以营造良好的人文社会环境，大力提倡用健康、和谐与富于人文精神的观念从事体育锻炼，把“人人享有体育与健康”作为新生活方式的奋斗目标，这在全球范围内掀起了大众体育锻炼的热潮。实践证明，正是强调了体育与文化的结合，才使人们得以通过体育锻炼寻求友谊、合作、公平与和谐；从表现身体与健康观念相融合的生活方式中，体察心态平衡与乐观欢愉的人生价值，并由此为营造和谐与稳定的社会环境，发挥它特有的作用。

2. 建立和谐的人际关系

在现实生活中，人们需要通过各种交往方式相互表达情感和传递信息。社会学的研究表明，影响人际关系的主要因素有沟通能力、对身体语言的理解和使用能力、自我抑制水平的迁移能力等。体育锻炼活动性质的动态性、追求目标的共同性以及表现方式的群聚性等特点，决定了其在把握好影响人际关系的因素，促成良好人际关系的形成等方面，都具有十分重要的价值。

体育锻炼的最佳方式是置个体于社会群体之中。这种由共同运动欲望和追求目标维系的交往方式，既有利于身体运动的非语言接触和语言激励间的互动，也完全符合现代交往的基本要求，使之成为改善不同个性人群相互关系的纽带。在人际交往方面，大多数的体育锻炼者都希望与志同道合的同伴一起合作，通过身体练习，或一起交流健身经验，或进行一场友谊比赛，使同伴之间或对手之间进行这种情感沟通，从而达到相互了解、增进友谊的目的。

3. 寻求社会支持的能力

在社会中，任何人都会遇到困难，是否具有为解决困难而寻求社会支持的能力，同样是社会适应性强弱的表现。体育锻炼作为一种个体行为，要想使它达到规范化要求，在寻求社会支持的努力中，除了需要加强与同伴之间的合作，还必须提高主动获取体育与健康知识以及自我评价体育锻炼效果的能力。比如，在体育与锻炼的实施过程中，我们无法事事依赖课堂体育教育，只要设法求助于报刊、书籍、电视或互联网等大众传媒，通过查阅与检索资料，或从多媒体虚拟技术中直接获取信息，同样能够从中受益，学会用科学的方法指导自己的体育实践，从而不断加强体育锻炼与社会生活之间的联系。

这种社会求助能力一旦在体育锻炼中得到提高，还可以通过迁移作用，间接影响人们的其他日常生活与工作。任何个体行为，如不能打破自我封闭的生存、生活与教育环境，设法提高寻求社会支持的能力，就无法改变孤立无援的处境，难以使个体从汲取社会的知识和经验中，获取解决问题与适应社会能力的能力。相反，如果重视体育锻炼在主动获取知识方面的价值取向，就可以设法在指导自我体育锻炼的行为之中，更广泛地了解社会传媒为之提供的信息资源，并学会制订和改进体育锻炼计划等。总之，当人们有了这种求助社会支持的能力之后，就可以突破传统教育模式的限制，很自然地把传播体育知识与体育健身、娱乐结合起来，不仅可以加强体育锻炼的社会适应性，还会加强个体的社会化进程。

4. 陶冶良好的道德情操

为了适应更丰富的人文精神科学时代对人格教育的要求，体育锻炼要在发挥强身健体作用的同时，提高人们的道德情操，按现代生活所追求的“走向繁荣文化”的总目标，使之直接为完善“人的发展”服务。为此，不仅要重视知识获取与促进健康实效，还应关注人的个性发展与健康人格培养等非智力因素，并按照陶冶道德情操的要求，体验集体活动与个人活动的区别，强调合作精神、友谊关爱、尊重同伴以及表现意志等方面的价值。这样才能更有效地协调健康与品德修养之间的关系，使体育锻炼既影响人的生长和发育，又影响个性发展、行为规范和道德修养。显而易见，正是由于上述价值被充分肯定，故而要求每个体育锻炼者要把自己的视野扩大到社会领域，通过积极参与社区体育，了解国家的体育与健康政策，提高为公众服务的意识与信念；还应提高社会责任感，把自己的体育锻炼行为作为置身社会环境的一种集体活动，通过主动接受社会行为规范的约束，不断提高自身思想道德水平。

第四节　身心健康的个体评价

一、体质与健康

（一）体质

体质是在遗传性与获得性的基础上表现出来的人体形态结构、生理功能、运动素质和适应能力等方面的综合、稳定的特征。影响体质的因素是多方面的，其中遗传、环境、体育锻炼这 3 个方面起了主要的作用。

体质在其形成的发展的过程中，具有明显的个体差异性和阶段性。不同人体质的差异主要表现在形态发育、生理机能、心理状态、身体素质、运动能力以及对环境的适应和对疾病抵抗力等方面。同时，人的不同生长发育阶段，如儿童期、青少年期、中老年期，体质的状况是不断发展和变化的，既有共同的特征，又有不同年龄阶段的特殊特征。人们可以通过改善物质生活条件、建立健康的生活方式和进行有目的、有计划、科学的身体锻炼等手段来保持良好的体质状况，不断增强体质。

体质的范畴包括身体形态发育水平、生理生化功能水平、身体素质和运动能力水平、心理发展状态和适应能力等方面。

（1）身体形态发育水平，即体格、体型、姿势、营养状况及身体组成成分等。

（2）生理生化功能水平，即机体的新陈代谢功能及各系统、器官的工作效能。

（3）身体素质和运动能力水平，即身体在运动中表现出来的力量、速度、耐力、灵敏性、柔韧性等素质及走、跑、跳、投、攀等身体运动能力。

（4）心理发展状态，包括本体感知能力、个体意志力、判断能力。

（5）适应能力，如对外界环境条件的抗寒、抗热能力和对疾病的抵抗力。

这五个方面的状况，决定着人们不同体质水平。在进行体质测量和评价以及检查增强体质的实际效果时，必须看到体质的综合性的特点以及测量评定的多指标性质。

（二）体质与健康

体质与健康是从不同侧面、不同范畴来看待人体状况的两个相互关联的概念，健康要大于体质的范畴。从体质的范畴来看，它更趋向于人体的形态发育、生理机能、心理发展、运动能力以及内外环境的适应和抵抗疾病的能力等。从健康的范畴看，体质健康评价的意义除了包括体质的范畴以外，还强调对环境（包括自然环境和社会环境）的适应、心理卫生、对疾病的预防、卫生保健以及生活方式对健康的影响等。

二、体质健康评价的意义

学生体质健康评价是高等学校体育工作中的重要环节，也是整个学校教育评价体系的重要组成部分。建立全面、科学的学生体质健康的评价体系，可以使学生及时了解自己的体质健康状况，调整学习和锻炼的目标。同时，过程评价的本身也是一次很好的体育宣传和教育的过程，是一次自身健康意识提高的过程。更为重要的是，通过评价可以使家长、学校、社会及时了解学生的体质健康状况，为学校和教育管理部门制定和调整有关学生体育健康教育方面的政策提供科学的依据，使学生体质、健康问题引起全社会的关注。所以，正确、合理地对大学生进行体质健康评价，对于促进学校体育和教育工作有着极为重要的意义。

第五节　学生体质健康评价标准

自新中国成立以来，党和政府历来非常重视青少年的体质健康工作。从 20 世纪 50 年代开始，国家先后推行了《准备劳动与卫国体育制度》《青少年体育锻炼标准》《国家体育锻炼标准》《大学生体育合格标准》《中学生体育合格标准》和《小学生体育合格标准》等一系列规章制度。这些制度的推进对促进全社会关注学校体育，督促学生积极地参加体育锻炼，养成良好的体育锻炼习惯，保证学生身体正常发育和增强体质起到了积极的促进作用。然而，随着时代的发展和人们对健康的认识，原有的标准和评价体系已经不能完全适应社会发展的趋势。为了全面贯彻《中共中央国务院关于深化教育改革全面推进素质教育的决定》，树立“健康第一”的指导思想，促进学生积极参加体育锻炼，使其养成经常锻炼身体的习惯，提高自我保健能力和体质健康水平，教育部、国家体育总局于 2002 年 7 月正式颁布了新的《学生体质健康标准(试行方案)》(以下简称《标准》)和实施方法。

新颁的《标准》是激励学生积极地进行体育锻炼的教育手段,不是为了测试而测试。它采用个体评价标准,能够清晰地看出学生个体差异与自身某些方面的不足,这十分有利于通过测试促进学生积极参加体育锻炼,通过锻炼改善健康状况,弥补差距,促进身体健康全面发展。新颁的《标准》与以往的学生体质评价标准相比,突出了对发展和改善学生健康有直接影响且关系密切的身体成分、心肺循环系统的功能、肌肉的力量和耐力及柔韧性等指标,体现了现代社会对健康的具体要求,实现了测试指标由“运动技术指标”向“健康指标”的过渡。新颁的《标准》是在认真总结以往《标准》执行过程中取得成绩和存在问题的基础上,参考了国际上有关研究的成功经验和先进做法,建立了以健康素质为主要指标的新的评价体系。

一、学生体质健康标准的有关规定

(1)《标准》是促进学生体质健康发展,激励学生积极性进行身体锻炼的教育手段,是学生体质健康的个体评价标准,也是学生毕业的基本条件之一。各地教育行政部门和学校应把《标准》的实施作为学校体育工作的重要内容,积极宣传,加强管理,认真实行。

(2)《标准》是《国家体育锻炼标准》的总成部分,是《国家体育锻炼标准》在学校的具体实施。因此,在实施《标准》的同时,原《国家体育锻炼标准》的内容不再执行,各地教育行政部门和学校仍然按照原《国家体育锻炼标准》的实施办法,向体育主管部门报送《标准》的达标数据。凡已实施《标准》的学校,原《大学生体育合格标准》《中学生体育合格标准》《小学生体育合格标准》停止执行。

(3)《标准》从身体形态、身体机能、身体素质等方面综合评定学生的体质健康状况,按百分制计分。

(4)《标准》的测试项目为六项,其中身高、体重、肺活量为必测项目。选测项目为三项,从 50 m 跑、立定跳远中选测一项;男生从台阶试验、1 000 m 跑中选测一项,女生从台阶试验、800 m 跑中选测一项;男生从坐位体前屈、引体向上、握力中选测一项,女生从坐位体前屈、仰卧起坐和握力中选测一项。

(5)《标准》中的身体形态、身体机能和身体素质的测试方法按人民教育出版社出版的《学生体质健康标准(试行方案)解读》中的有关要求进行。其评价指标与权重系数如表 1.1 所示。

表 1.1　《标准》的评价指数与权重系数

测试对象分组	评价指标	权重系数
大学各年级	身高标准体重	0.1
	肺活量体重指数	0.2
	1 000 m 跑(男)、800 m 跑(女)、台阶试验	0.3
	坐位体前屈、掷实心球、仰卧起坐(女)、引体向上(男)、握力体重指数	0.2
	50 m 跑、立定跳远、跳绳、踢毽子、篮球运球、足球运球、排球垫球	0.2

各个测试项目之和为《标准》的最后得分，满分为 100 分，根据最后得分评定等级，90 分及以上为优秀，75～89 分为良好，60～74 分为及格，59 分以下为不及格。学生每学年评定一次成绩，并记入《学生体质健康标准登记卡片》；学生毕业年级的等级评定，按毕业当年的成绩和其他学年平均成绩（各占 50%）之和评定。

（6）学生达到《标准》良好等级及以上者，方可参加三好学生、奖学金评选。对《标准》成绩测试不合格者，在本学年度准许补考一次；补考仍不合格，则学年评定成绩不合格。普通高中、中等职业学校和普通高等学校学生毕业时，《标准》测试成绩达不到 50 分者，按肄业处理。

（7）奖励与降低分数的方法。属于下列情况之一者，奖励五分，不同项可累计加分：早操、课间操和课外体育锻炼出勤率达到 98%以上，并认真锻炼者；获等级运动员称号者；参加校运动会及以上体育比赛获名次者；学生体育干部在组织各项体育活动中，认真负责者。属于下列情况之一者，其《标准》成绩记为不及格，该学年《标准》成绩最高记为 59 分。评价指标中 400 m（50 m×8 往返跑）、1 000 m 跑（男）、800 m 跑（女）、台阶试验的得分达不到及格者。体育课无故缺勤，一学年累计超过出勤次数 1/10 者。

（8）患病或残疾学生可向学校提交免予执行《标准》的申请，经医生证明，体育教研部（室）核准后，可以免予执行《标准》，所填表格存入学生档案。

（9）对实施《标准》成绩卓著的单位和个人予以表彰和奖励；对弄虚作假、徇私舞弊者，给予批评教育，情节严重者给予行政处分。

二、对学生体质健康标准认识上的误区

1. 自我感觉很好，没有必要进行体质健康标准的测试

体内脂肪含量超标、心血管系统机能下降等威胁人类健康的隐形“杀手”，只有通过测试才能够暴露出来。虽然没有理由对你的感觉表示怀疑，但体质健康标准的测试可以对你的健康状况进行早期预告，你可根据预报的结果采取相应的措施，以促进健康。盲目锻炼不仅容易导致运动损伤，而且还可能起到相反的作用。

2. 体质测试太可怕了，耐力测试既痛苦又非常危险

安全性原则是测试工作的首要原则。体质健康测试指标及方法的选择，在安全因素方面都经过了反复的论证。对于没有心血管疾病的学生来说，进行耐力跑等测试是有安全保证的。经常参加体育锻炼，可以帮助你轻松完成这项体育测试。

3. 体质健康标准测试的目的就是要得高分，与其他同学比高低

体质健康标准测试的目的是促进学生进行体育锻炼，提高体质健康水平。测试的结果反映了现实的体质健康状况及其提高或下降的程度，它可作为安排锻炼计划的依据。与同学比得分高低可以知道谁的体质健康水平高，但更加重要的是，要与自己比，看有没有进步。

4. 体质健康状况的好坏仅仅是个人的事，与其他人没有关系

发展和保持良好的体质健康状况，不仅是你的权利，也是你的义务。你不仅应对自己负责，还需要对家庭、社会乃至整个中华民族负责。

三、学生体质健康标准测试内容

1. 身高标准体重

身高标准体重是指身高与体重两者的比例应在正常的范围。它通过身高与体重一定的比例关系，反映人体的围度、宽度和厚度以及人体的密度，是评价人体形态发育水平和营养状况及身体匀称度的重要指标，人的体形肥胖、健壮或瘦弱，都是针对身高与体重的比例是否协调与适中而言的。经常检测身高标准体重，对于掌握自己的体重是否适宜，是否需要调整饮食，评定运动量的大小和生理机能的变化等，都有重要的意义。

2. 台阶试验

台阶试验是一项定量符合的机能试验，主要用以测定人体心血管系统机能，也可间接推断机体的耐力。由于台阶的高度和频度是固定的，因此，相对于每个受试者来说是固定时间(180 秒)完成固定负荷，根据恢复期心跳频率的快慢计算指数来反映心脏对运动负荷的承受力。在运动负荷相对等同的情况下来比较心脏功能的优劣。台阶试验指数值越大，则反映你心血管系统的机能水平越高，反之越低。经常参加有氧代谢运动，可提高心血管系统的机能水平，其表现为在完成台阶试验定量负荷工作时脉搏搏动次数下降；在试验结束后脉搏的搏动次数恢复到安静状态之下的次数所用的时间缩短，台阶试验指数增高。

测试方法是让测试者在台阶上(男生台阶高 40 cm，女生台阶高 35 cm)做上、下运动。上、下台阶(或凳子)的频率是 30 次/分钟，因而节拍器的节律为 120 次/分钟(每上、下一次是四动)，受试者按节拍器的节律完成试验。受试者从预备姿势开始，一只脚踏在台阶上，然后踏台腿伸直成台上站立，先踏台的脚先下地，最后还原成预备姿势。用 2 秒上、下一次的速度(按节拍器的节律来做)连续做 3 分钟。做完后，立刻坐在椅子上测量运动结束后 1 分钟至 1 分半钟、2 分钟至 2 分半钟、3 分钟至 3 分半钟的 3 次脉搏数，并用下列公式求得评定指数：

$$\text{评定指数}=\frac{\text{踏台上、下运动的持续时间(秒)}\times 100}{2\times(3\text{ 次测定脉搏的和})}$$

3. 800 m(女)、1 000 m(男)

800 m 和 1 000 m 属于耐力跑测试，是一种评价心血管系统机能水平最简单的方法。耐力既是身体健康素质的组成部分之一，又是身体运动素质的组成部分之一。因此，耐力水平对评价学生体质健康状况具有非常重要的意义。心血管机能水平高的人在跑相同距离时所用的时间相对要少。因此，如果你的心血管系统机能较强，就能在耐力测试中取得好成绩。假如你用了 100%的力量还不能取得理想成绩，说明你的心血管系统的机能欠佳，有相当大的发展空间，通过循序渐进的有氧耐力锻炼、科学的控制饮食和降低体重就可以得到改善和提高。(有氧耐力是指当氧供应充足，由糖类、脂肪充分氧化分解以满足运动所需能量时，人体长时间运动的能力。)

4. 肺活量体重指数

肺活量是指在不同时间的情况下，一次最大吸气后再尽最大力量所呼出的气量，它是评价人体呼吸系统机能的一个重要指标。科学家指出，肺活量低的人难以与肺活量高的人一样同享高寿。肺活量与体重、身高、胸围、性别等因素有着密切的关系，为了将一个学生身体发育的不同因素在肺脏机能的评价中得以体现，可以选用肺活量指数。

$$肺活量体育指数=肺活量\div体重(kg)$$

5. 50 m 跑

50 m 跑是国际上通用的测试项目，它通过较短距离的高强度跑测试速度素质。速度素质可以反映人体中枢神经系统的机能，也可以综合反映人体的爆发力、灵敏、反应等素质。速度素质有明显的性别和年龄差异，男性在 20 岁前、女性在 18 岁前一般是随着年龄增长而提高。体重过重，会影响速度素质。

6. 握力体重指数

握力主要反映了前臂和手部肌肉的力量，同时也与其他肌群的力量有关，而且还是反映肌肉总体力量的一个很好的指标。握力体重指数反映的是人体肌肉的相对力量，即每公斤体重的握力。

$$握力体重指数=\frac{握力}{体重}\times100\%$$

7. 仰卧起坐

仰卧起坐测试是评价肌肉力量和耐力的方法之一，由于它能比较安全地测试肌肉的力量和耐力，所以受到了广泛的欢迎和应用。在做仰卧起坐时，主要是腹肌在起作用，髋部肌肉也参加了工作，因此这种测试既评价了腹肌的耐力，也反映了髋部肌肉的耐力。由于女生这两部分肌肉的力量与耐力与其特有的生理功能有密切的联系，因此将仰卧起坐单列为女生的一个选测项目。

8. 立定跳远

立定跳远主要是测试爆发力的项目，要求在最短的时间内发挥最大的力量。爆发力的大小不仅仅取决于力量，而且是力量与速度的结合。它在人们日常生活、劳动中具有重要的意义和作用，因此立定跳远测试多年来一直被广泛使用。在《标准》中立定跳远和 50m 跑的权重比其他指标大，一方面体现了它们对体质健康的重要性；另一方面由于体育锻炼对提高这两个指标得分的效果明显，有利于促进学生的体育锻炼。

9. 坐位体前屈

坐位体前屈测试反映的是关节和肌肉的柔韧性。柔韧性是指完成动作时，关节、肌肉、肌腱和韧带的伸展能力。柔韧素质取决于关节的解剖结构和关节周围软组织的体积以及肌肉、肌腱、韧带和皮肤的伸展性。柔韧性差，意味着相应的关节和肌肉缺乏运动。长时间缺乏发展柔韧性的练习，可导致关节或关节周围软组织发生变性、挛缩，甚至粘连，因而限制了关节的运动幅度，牵拉时必然产生疼痛，所以扩大关节运动的幅度即扩大了人体活动的无痛范围。身体柔韧性差，会影响体育活动、学习、工作，甚至会影响健康与生活质量，所以柔韧性是身体健康素质的要素之一，必须引起大家的高度重视。

四、学生体质健康标准评分表(大学部分)

学生体质健康标准评分表(大学部分)如下表所示。

表 1　大学男生身高标准体重

体重单位:kg

身高段(cm)			营养不良	较低体重			正常体重			超重			肥胖
			50 分	60 分			100 分			60 分			50 分
144.0	～	144.9	<41.5	41.5	～	46.3	46.4	～	51.9	52.0	～	53.7	>=53.8
145.0	～	145.9	<41.8	41.8	～	46.7	46.8	～	52.6	52.7	～	54.5	>=54.6
146.0	～	146.9	<42.1	42.1	～	47.1	47.2	～	53.1	53.2	～	55.1	>=55.2
147.0	～	147.9	<42.4	42.4	～	47.5	47.6	～	53.7	53.8	～	55.7	>=55.8
148.0	～	148.9	<42.6	42.6	～	47.9	48.0	～	54.2	54.3	～	56.3	>=56.4
149.0	～	149.9	<42.9	42.9	～	48.3	48.4	～	54.8	54.9	～	56.6	>=56.7
150.0	～	150.9	<43.2	43.2	～	48.8	48.9	～	55.4	55.5	～	57.6	>=57.5
151.0	～	151.9	<43.5	43.5	～	49.2	49.3	～	56.0	56.1	～	58.2	>=58.3
152.0	～	152.9	<43.9	43.9	～	49.7	49.8	～	56.5	56.6	～	58.7	>=58.8
153.0	～	153.9	<44.2	44.2	～	50.1	50.2	～	57.0	57.1	～	59.3	>=59.4
154.0	～	154.9	<44.7	44.7	～	50.6	50.7	～	57.5	57.6	～	59.8	>=59.9
155.0	～	155.9	<45.2	45.2	～	51.1	51.2	～	58.0	58.1	～	60.7	>=60.8
156.0	～	156.9	<45.6	45.6	～	51.6	51.7	～	58.7	58.8	～	61.0	>=61.1
157.0	～	157.9	<46.1	46.1	～	52.1	52.2	～	59.2	59.3	～	61.5	>=61.6
158.0	～	158.9	<46.6	46.6	～	52.6	52.7	～	59.8	59.9	～	62.2	>=62.3
159.0	～	159.9	<46.9	46.9	～	53.1	53.2	～	60.3	60.4	～	62.7	>=62.8
160.0	～	160.9	<47.4	47.4	～	53.6	53.7	～	60.9	61.0	～	63.4	>=63.5
161.0	～	161.9	<48.1	48.1	～	54.3	54.4	～	61.6	61.7	～	64.1	>=64.2
162.0	～	162.9	<48.5	48.5	～	54.8	54.9	～	62.2	62.3	～	64.8	>=64.9
163.0	～	163.9	<49.0	49.0	～	55.3	55.4	～	62.8	62.9	～	65.3	>=65.4
164.0	～	164.9	<49.5	49.5	～	55.9	56.0	～	63.4	63.5	～	65.9	>=66.0
165.0	～	165.9	<49.9	49.9	～	56.4	56.5	～	64.1	64.2	～	66.6	>=66.7
166.0	～	166.9	<50.4	50.4	～	56.9	57.0	～	64.6	64.7	～	67.0	>=67.1
167.0	～	167.9	<50.8	50.8	～	57.3	57.4	～	65.0	65.1	～	67.5	>=67.6
168.0	～	168.9	<51.1	51.1	～	57.7	57.8	～	65.5	65.6	～	68.1	>=68.2
169.0	～	169.9	<51.6	51.6	～	58.2	58.3	～	66.0	66.1	～	68.6	>=68.7
170.0	～	170.9	<52.1	52.1	～	58.7	58.8	～	66.5	66.6	～	69.1	>=69.2
171.0	～	171.9	<52.5	52.5	～	59.2	59.3	～	67.2	67.3	～	69.8	>=69.9

续　表

172.0	～	172.9	＜53.0	53.0	～	59.8	59.9	～	67.8	67.9	～	70.4	＞=70.5
173.0	～	173.9	＜53.5	53.5	～	60.3	60.4	～	68.4	68.5	～	71.1	＞=71.2
174.0	～	174.9	＜53.8	53.8	～	61.0	61.1	～	69.3	69.4	～	72.0	＞=72.1
175.0	～	175.9	＜54.5	54.5	～	61.5	61.6	～	69.9	70.0	～	72.7	＞=72.8
176.0	～	176.9	＜55.3	55.3	～	62.2	62.3	～	70.9	71.0	～	73.8	＞=73.9
177.0	～	177.9	＜55.8	55.8	～	62.7	62.8	～	71.6	71.7	～	74.5	＞=74.6
178.0	～	178.9	＜56.2	56.2	～	63.3	63.4	～	72.3	72.4	～	75.3	＞=75.4
179.0	～	179.9	＜56.7	56.7	～	63.8	63.9	～	72.8	72.9	～	75.8	＞=75.9
180.0	～	180.9	＜57.1	57.1	～	64.3	64.4	～	73.5	73.6	～	76.5	＞=76.6
181.0	～	181.9	＜57.7	57.7	～	64.9	65.0	～	74.2	74.3	～	77.3	＞=77.4
182.0	～	182.9	＜58.2	58.2	～	65.6	65.7	～	74.9	75.0	～	77.8	＞=77.9
183.0	～	183.9	＜58.8	58.8	～	66.2	66.3	～	75.7	75.8	～	78.8	＞=78.9
184.0	～	184.9	＜59.3	59.3	～	66.8	66.9	～	76.3	76.4	～	79.4	＞=79.5
185.0	～	185.9	＜59.9	59.9	～	67.4	67.5	～	77.0	77.1	～	80.2	＞=80.3
186.0	～	186.9	＜60.4	60.4	～	68.1	68.2	～	77.8	77.9	～	81.1	＞=81.2
187.0	～	187.9	＜60.9	60.9	～	68.7	68.8	～	78.6	78.7	～	81.9	＞=82.0
188.0	～	188.9	＜61.4	61.4	～	69.2	69.3	～	79.3	79.4	～	82.6	＞=82.7
189.0	～	189.9	＜61.8	61.8	～	69.8	69.9	～	79.9	80.0	～	83.2	＞=83.3
190.0	～	190.9	＜62.4	62.4	～	70.4	70.5	～	80.5	80.6	～	83.6	＞=83.7

注：身高低于表中所列出的最低身高段的下限值时，身高每低 1 cm，实测体重需加上 0.5 kg，实测身高需加上 1 cm，再查表确定分值。身高高于表中所列出的最高身高段时，身高每高 1 cm，实测体重需减去 0.9 kg，实测身高需减去 1 cm，再查表确定分值。

表 2　大学女生身高标准体重

体重单位:kg

身高段(cm)			营养不良	较低体重			正常体重			超重			肥胖
			50 分	60 分			100 分			60 分			50 分
140.0	～	140.9	＜36.5	36.5	～	42.4	42.5	～	50.6	50.7	～	53.3	＞＝53.4
141.0	～	141.9	＜36.6	36.6	～	42.9	43.0	～	51.3	51.4	～	54.1	＞＝54.2
142.0	～	142.9	＜36.8	36.8	～	43.2	43.3	～	51.9	52.0	～	54.7	＞＝54.8
143.0	～	143.9	＜37.0	37.0	～	43.5	43.6	～	52.3	52.4	～	55.2	＞＝55.3
144.0	～	144.9	＜37.2	37.2	～	43.7	43.8	～	52.7	52.8	～	55.6	＞＝55.7
145.0	～	145.9	＜37.5	37.5	～	44.0	44.1	～	53.1	53.2	～	56.1	＞＝56.2
146.0	～	146.9	＜37.9	37.9	～	44.4	44.5	～	53.7	53.8	～	56.7	＞＝56.8
147.0	～	147.9	＜38.5	38.5	～	45.0	45.1	～	54.3	54.4	～	57.3	＞＝57.4
148.0	～	148.9	＜39.1	39.1	～	45.7	45.8	～	55.0	55.1	～	58.0	＞＝58.1
149.0	～	149.9	＜39.5	39.5	～	46.2	46.3	～	55.6	55.7	～	58.7	＞＝58.8
150.0	～	150.9	＜39.9	39.9	～	46.6	46.7	～	56.2	56.3	～	59.3	＞＝59.4
151.0	～	151.9	＜40.3	40.3	～	47.1	47.2	～	56.7	56.8	～	59.8	＞＝59.9
152.0	～	152.9	＜40.8	40.8	～	47.6	47.7	～	57.4	57.5	～	60.5	＞＝60.6
153.0	～	153.9	＜41.4	41.4	～	48.2	48.3	～	57.9	58.0	～	61.1	＞＝61.2
154.0	～	154.9	＜41.9	41.9	～	48.8	48.9	～	58.6	58.7	～	61.9	＞＝62.0
155.0	～	155.9	＜42.3	42.3	～	49.1	49.2	～	59.1	59.2	～	62.4	＞＝62.5
156.0	～	156.9	＜42.9	42.9	～	49.7	49.8	～	59.7	59.8	～	63.0	＞＝63.1
157.0	～	157.9	＜43.5	43.5	～	50.3	50.4	～	60.4	60.5	～	63.6	＞＝63.7
158.0	～	158.9	＜44.0	44.0	～	50.8	50.9	～	61.2	61.3	～	64.5	＞＝64.6
159.0	～	159.9	＜44.5	44.5	～	51.4	51.5	～	61.7	61.8	～	65.1	＞＝65.2
160.0	～	160.9	＜45.0	45.0	～	52.1	52.2	～	62.3	62.4	～	65.6	＞＝65.7
161.0	～	161.9	＜45.4	45.4	～	52.5	52.6	～	62.8	62.9	～	66.2	＞＝66.3
162.0	～	162.9	＜45.9	45.9	～	53.1	53.2	～	63.4	63.5	～	66.8	＞＝66.9
163.0	～	163.9	＜46.4	46.4	～	53.6	53.7	～	63.9	64.0	～	67.3	＞＝67.4
164.0	～	164.9	＜46.8	46.8	～	54.2	54.3	～	64.5	64.6	～	67.9	＞＝68.0
165.0	～	165.9	＜47.4	47.4	～	54.8	54.9	～	65.0	65.1	～	68.3	＞＝68.4
166.0	～	166.9	＜48.0	48.0	～	55.4	55.5	～	65.5	65.6	～	68.9	＞＝69.0
167.0	～	167.9	＜48.5	48.5	～	56.0	56.1	～	66.2	66.3	～	69.5	＞＝69.6

续　表

168.0	～	168.9	＜49.0	49.0	～	56.4	56.5	～	66.7	66.8	～	70.1	＞＝70.2
169.0	～	169.9	＜49.4	49.4	～	56.8	56.9	～	67.3	67.4	～	70.7	＞＝70.8
170.0	～	170.9	＜49.9	49.9	～	57.3	57.4	～	67.9	68.0	～	71.4	＞＝71.5
171.0	～	171.9	＜50.2	50.2	～	57.8	57.9	～	68.5	68.6	～	72.1	＞＝72.2
172.0	～	172.9	＜50.7	50.7	～	58.4	58.5	～	69.1	69.2	～	72.7	＞＝72.8
173.0	～	173.9	＜51.0	51.0	～	58.8	58.9	～	69.6	69.7	～	73.1	＞＝73.2
174.0	～	174.9	＜51.3	51.3	～	59.3	59.4	～	70.2	70.3	～	73.6	＞＝73.7
175.0	～	175.9	＜51.9	51.9	～	59.9	60.0	～	70.8	70.9	～	74.4	＞＝74.5
176.0	～	176.9	＜52.4	52.4	～	60.4	60.5	～	71.5	71.6	～	75.1	＞＝75.2
177.0	～	177.9	＜52.8	52.8	～	61.0	61.1	～	72.1	72.2	～	75.7	＞＝75.8
178.0	～	178.9	＜53.2	53.2	～	61.5	61.6	～	72.6	72.7	～	76.2	＞＝76.3
179.0	～	179.9	＜53.6	53.6	～	62.0	62.1	～	73.2	73.3	～	76.7	＞＝76.8
180.0	～	180.9	＜54.1	54.1	～	62.5	62.6	～	73.7	73.8	～	77.0	＞＝77.1
181.0	～	181.9	＜54.5	54.5	～	63.1	63.2	～	74.3	74.4	～	77.8	＞＝77.9
182.0	～	182.9	＜55.1	55.1	～	63.8	63.9	～	75.0	75.1	～	79.4	＞＝79.5
183.0	～	183.9	＜55.6	55.6	～	64.5	64.6	～	75.7	75.8	～	80.4	＞＝80.5
184.0	～	184.9	＜56.1	56.1	～	65.3	65.4	～	76.6	76.7	～	81.2	＞＝81.3
185.0	～	185.9	＜56.8	56.8	～	66.1	66.2	～	77.5	77.6	～	82.4	＞＝82.5
186.0	～	186.9	＜57.3	57.3	～	66.9	67.0	～	78.6	78.7	～	83.3	＞＝83.4

注：身高低于表中所列出的最低身高段的下限值时，身高每低1 cm，实测体重需加上0.5 kg，实测身高需加上1 cm，再查表确定分值。身高高于表中所列出的最高身高段时，身高每高1 cm，实测体重需减去0.9 kg，实测身高需减去1 cm，再查表确定分值。

表 3　大学男生各测试项目评分标准

等级	单项得分	肺活量体重指数	1000m（m·s）	台阶试验	50m跑（s）	立定跳远（m）	握力体重指数	引体向上（次）	坐位体前屈（cm）	跳绳（次/分钟）	篮球运球（s）	足球运球（s）	排球垫球（次）	掷实心球（m）
优秀	100	84	3'27"	82	6.0	2.66	92	26	23.0	198	8.6	6.3	50	15.7
	98	83	3'28"	80	6.1	2.65	91	25	22.6	193	9.0	6.5	49	15.2
	96	82	3'31"	77	6.2	2.63	90	24	22.0	186	9.6	6.9	46	14.4
	94	81	3'33"	74	6.3	2.62	89	23	21.4	178	10.3	7.3	44	13.6
	92	80	3'35"	71	6.4	2.60	87	22	20.6	168	11.1	7.7	41	12.5
	90	78	3'39"	67	6.5	2.58	86	21	19.8	158	12.0	8.2	38	11.5
良好	87	77	3'42"	65	6.6	2.56	84	20	18.9	152	12.4	8.5	37	11.3
	84	75	3'45"	63	6.8	2.52	81	19	17.5	144	12.9	8.9	34	10.9
	81	73	3'49"	60	7.0	2.48	79	18	16.2	136	13.5	9.3	32	10.5
	78	71	3'53"	57	7.3	2.43	75	17	14.3	124	14.3	9.9	29	10.0
	75	68	3'58"	53	7.5	2.38	72	16	12.5	113	15.0	10.4	26	9.5
及格	72	66	4'05"	52	7.6	2.35	70	15	11.3	108	15.6	10.7	25	9.3
	69	64	4'12"	51	7.7	2.31	66	14	9.5	101	16.6	11.2	23	8.9
	66	61	4'19"	50	7.8	2.26	63	13	7.8	94	17.5	11.7	21	8.5
	63	58	4'26"	48	8.0	2.20	59	12	5.4	85	18.8	12.3	18	8.0
	60	55	4'33"	46	8.1	2.14	54	11	3.0	75	20.0	12.9	15	7.5
不及格	50	54	4'40"	45	8.2	2.12	53	9	2.4	71	20.6	13.3	14	7.3
	40	52	4'47"	44	8.3	2.09	51	8	1.4	64	21.6	13.8	12	7.0
	30	51	4'54"	43	8.5	2.06	49	7	0.5	58	22.5	14.3	10	6.7
	20	49	5'01"	42	8.6	2.03	47	6	−0.8	49	23.8	15.0	8	6.2
	10	47	5'08"	40	8.8	1.99	44	5	−2.0	40	25.0	15.7	5	5.8

注：摘自中华人民共和国教育部学生体质健康网——国家学生体质健康标准数据管理与分析系统。

表 4　大学女生各测试项目评分标准

等级	单项得分	肺活量体重指数	800m（m·s）	台阶试验	50m跑（s）	立定跳远（m）	握力体重指数	仰卧起坐（次/m）	坐位体前屈（cm）	跳绳（次/分钟）	篮球运球（s）	足球运球（s）	排球垫球（次）	掷实心球（m）
优秀	100	70	3’24”	78	7.2	2.07	74	52	21.1	190	11.2	7.3	46	8.6
	98	69	3’27”	75	7.3	2.06	73	51	20.8	184	11.5	7.8	44	8.5
	96	68	3’29”	72	7.4	2.05	72	50	20.3	175	12.0	8.6	41	8.4
	94	67	3’32”	69	7.5	2.03	71	49	19.8	166	12.6	9.4	38	8.2
	92	65	3’35”	64	7.7	2.01	69	47	19.2	154	13.3	10.5	34	8.0
	90	64	3’38”	60	7.8	1.99	67	45	18.6	142	14.0	11.5	30	7.8
良好	87	63	3’42”	59	7.9	1.97	66	44	17.7	137	14.6	11.9	29	7.7
	84	61	3’46”	57	8.0	1.93	63	43	16.3	130	15.6	12.5	27	7.6
	81	59	3’50”	55	8.2	1.89	61	42	15.0	122	16.5	13.2	25	7.5
	78	57	3’54”	52	8.3	1.84	58	40	13.1	112	17.8	14.0	23	7.4
	75	54	3’58”	49	8.5	1.79	55	38	11.3	102	19.0	14.9	20	7.2
及格	72	53	4’03”	48	8.6	1.76	53	37	10.1	98	19.8	15.6	19	7.1
	69	51	4’08”	47	8.7	1.72	50	35	8.3	92	20.9	16.7	17	7.0
	66	49	4’13”	46	8.8	1.69	48	33	6.5	86	22.0	17.8	15	6.8
	63	46	4’18”	44	8.9	1.63	44	31	4.1	78	23.5	19.3	13	6.6
	60	43	4’23”	42	9.0	1.58	40	28	1.7	70	25.0	20.8	10	6.4
不及格	50	42	4’30”	41	9.1	1.56	39	27	1.5	66	25.8	21.2	9	6.2
	40	41	4’37”	40	9.3	1.53	38	26	1.3	59	26.9	21.9	8	6.0
	30	39	4’44”	39	9.5	1.50	36	25	1.0	53	28.0	22.5	7	5.7
	20	37	4’51”	38	9.8	1.46	34	23	0.6	44	29.5	23.4	6	5.4
	10	35	5’00”	36	10.0	1.42	32	21	0.2	35	31.0	24.3	4	5.0

注：摘自中华人民共和国教育部学生体质健康网——国家学生体质健康标准数据管理与分析系统。

思　考　题

1. 你知道健康的概念吗？

2. 你知道世界卫生组织提出的十条健康标志吗？

3. 你了解亚健康吗？

4. 影响健康的因素有哪些？

5. 简要陈述健康促进的社会作用。

6. 从生理、心理和社会适应三个方面概括一下体育锻炼对健康的作用。

第二章　科学体育锻炼

人的健全不但靠饮食，尤靠运动。
——蔡元培

学海导航：

现代社会由于生活水平的提高，运动与营养作为影响健康的重要变量，日益受到民众的重视。而运动的方式方法，运动量和运动强度的大小，营养的合理搭配及摄入量的大小等，都是需要讲究科学的。本章将主要向大家介绍科学健身的理论与方法、运动健身的医务监督和营养补充。

知识目标：

1. 了解科学体育锻炼的基本原则和体育锻炼的基本方法。
2. 知晓医务监督的重要性及方法。
3. 了解运动后如何补充营养。

能力目标：

1. 能根据自身情况制订锻炼计划。
2. 能正确预防和处理日常运动中出现的不良生理现象及损伤。
3. 养成较好的运动卫生习惯及补充营养的习惯。

第一节　科学体育锻炼的原则与方法

一、科学体育锻炼的原则

对于参加体育锻炼的人来说，要想达到增强体质、促进身心健康的目的，必须科学地进行体育锻炼。否则，不但收不到良好的效果，还有可能造成伤害事故，有损健康。因此，要想获得理想的锻炼效果，就必须遵循人体生理变化及运动技能形成的规律，了解和掌握体育锻炼的一般原则。体育锻炼应遵循的原则有自觉性原则、渐进性原则、经常性原则、全面性原则、恢复性原则和适宜性原则。

（一）自觉性原则

自觉性原则是指参加体育锻炼的人，必须有明确的锻炼目的，了解“生命在于运动”的科学道理，自觉积极地进行体育锻炼。毛泽东在《体育之研究》中指出：“欲图体育之有效，非动其主观促进其对于体育的自觉不可。”体育锻炼是一个自我锻炼、自我完善，且总是伴随着克服自身惰性、战胜各种困难的过程。如果锻炼者不是自觉自愿，则无法坚持进行锻炼，这就要求其不断提高对体育锻炼重要意义的认识，了解体育锻炼是现代人类生活不可缺少的一个组成部分，树立正确的锻炼目的，把体育锻炼作为学习、生活的自觉需要，激发锻炼的主动性和自觉性，从而调动锻炼的积极性。此外，还要培养参加体育锻炼的兴趣。兴趣是人们认识某种事物或从事某种活动的倾向，当一个人对某项体育活动发生兴趣时，就会对这项体育活动产生极大的热情，表现出极大的主动性和自觉性。

（二）渐进性原则

渐进性原则是指在体育锻炼时，必须遵循人体生理功能活动的规律，从不同的主、客观因素出发，科学地安排运动负荷，在渐进的基础上有节奏地提高锻炼水平。由于体育锻炼的过程是人体对内、外环境变化适应的过程，是一个缓慢的由量变到质变的过程，肌肉活动时对机体的刺激，使各器官系统的功能逐步适应，并取得平衡。所以，不能急于求成，逐步提高才能获得良好的锻炼效果。要根据自身的实际情况来确定运动负荷的大小，做到量力而行。在体育锻炼过程中，运动负荷的大小直接影响着人体功能的变化。运动负荷是否适宜，对锻炼效果起很大的作用，负荷的大小要因人、因时而异。即使同一个人，在不同的体能状态下，对负荷的承受能力也不尽相同。因而确定运动负荷的大小，要充分考虑到锻炼者的年龄、性别、健康状况、体质水平、项目特点和锻炼目的等诸多因素。

运动负荷应由小到大逐渐提高。缺乏一定锻炼基础的人开始从事体育锻炼或中断体育锻炼的人要恢复锻炼时，强度宜小，时间宜短，密度不宜过大。绝不可立即进行大负荷、大强度的体育锻炼。要注意提高人体已经适应的负荷，使体能保持不断增强的趋势。加强自我监督，密切注意身体功能的不良反应。每一次锻炼时，准备活动要做充分，然后逐渐加大运动负荷，锻炼结束时，应做好放松整理活动。

（三）经常性原则

体育锻炼贵在养成良好的锻炼习惯，持之以恒。在对机体给予刺激的过程中，每次刺激都会在体内产生一定的运动痕迹，连续不断的刺激作用，则使产生的运动痕迹不断积累。这种积累使机体结构和功能产生新的适应，体质就会不断增强，动作技能形成的条件反射也会不断得到强化。如果“三天打鱼，两天晒网”间断进行，或长时间停止锻炼，身体各器官系统的功能和动作技能形成的条件反射就会慢慢消退，这就是“用进废退”的规律。要把体育锻炼安排到作息制度中去，每天保证一定的体育锻炼时间，使之成为生活的重要组成部分。确定通过一定努力能够实现的锻炼目标，并制订一个切实可行的锻炼计划，把坚持体育锻炼作为培养毅力、锻炼意志、陶冶情操的手段和过程。

（四）全面性原则

全面性原则是指体育锻炼必须追求身心全面协调发展，使身体形态、功能、各器官系统功能以及心理品质等诸方面，都能得到全面和谐的发展。

人体是一个复杂的生命有机体，各器官系统相互影响、相互制约。任何局部功能的提高，都会促进机体其他部位功能的改善，当某一功能得到发展时，其他功能也会不同程度地有所发展。但每一项活动都有一定的局限性，如果锻炼的内容和方法单一，机体就不能获得良好的整体效应。例如，长期进行力量锻炼和健美活动，心肺功能就不会得到较大的发展；长期从事长跑锻炼，虽然心肺系统的功能有较大的提高，但力量、速度和上肢的发展却要受到一定的影响。所以在锻炼时，应以一些功效大且较有兴趣的运动项目为主，再加以一些其他的项目为辅进行全面的锻炼。

（五）恢复性原则

恢复性原则是指锻炼者在进行体育锻炼时，承受了一定的运动负荷，身体必然会产生疲劳，因此，要想从锻炼中获得较好的效果，在下一次锻炼之前应注意休息，消除疲劳，使体力得以充分恢复。人体功能的提高就是通过负荷、疲劳、恢复、提高这样一个循环的过程而实现的。这就要求锻炼者做到大、中、小负荷交替、有节奏地进行。两次大负荷之间要有足够的休息。对大多数人而言，一般为 1～2 天。注意自我监督，防止过度锻炼产生的疲劳综合征。过度锻炼是指在锻炼过程中总负荷超过了机体所能正常承受的能力。一般表现在锻炼后的第 2 天早上，锻炼者感觉肌肉酸痛、僵硬，或感到疲劳，出现“锻炼的延时效应”。严重的过度锻炼开始会产生一些心理症状，如注意力涣散、容易激动，而后又睡眠不好、夜间盗汗、食欲不振等。

缓解过度锻炼症状的方法是增加两次锻炼之间的休息时间和锻炼时降低负荷与强度。对于严重的过度锻炼者来说，还要增加营养、理疗和按摩，使机体得以恢复。运动负荷过大是引起过度锻炼症状的主要原因，但饮食和营养不平衡也可能引起“锻炼的延时效应”。如果饮食中没有足够的糖、脂肪、蛋白质、维生素和矿物质等营养物质，就会引起慢性疲劳。

（六）适宜性原则

华佗曾说：“人体欲得劳动，但不当使其极耳，动摇则谷气消，血脉流动，病不得生，譬犹户枢，终不朽也。”运动也是如此。目前欧洲正在兴起一股健身潮流，目的只有一个，就是让自己的身体“费特”(Fit)。“费特”作为一种现代健康文化、时代精神与生活方式的象征，其意即指适合、协调与能够胜任。这表明，无论是古代东方，抑或是现代西方，人们都把“适宜运动”作为促进健康的最佳选择。

1. 把握适宜度的方法

为了达到促进健康的目的，世界各国许多专家已达成共识，认为运动的合理负荷强度应控制在有氧代谢的阈值范围，即本人最大运动心率值的 60％～65％。

计算方法是：

最大运动心率＝男 220(女 225)－年龄

合理负荷强度(目标心率)的上限＝最大运动心率×65％

下限＝最大运动心率×60％

如某同学今年 18 岁，经上述公式计算，他的运动适宜负荷量应控制在 120～130 次/min 心率范围。

2. 适宜运动的功效

据波恩预防医学研究所的研究表明，适宜的有氧运动锻炼可明显改善心脏的营养，促进心肌侧支循环的发展，提高心脏代偿能力，改善机体脂质代谢，降低血液内低密度脂蛋白和甘油三酯的含量，并有利于动脉血管壁保持一定的弹性，从而减缓动脉硬化的形成。

二、体育锻炼的基本方法

（一）重复锻炼法

重复锻炼法是对某一锻炼方法按照一定负荷要求，多次重复同一动作进行锻炼的方法。它在重复刺激机体的过程中，加速新陈代谢，以达到增强体质的作用。

重复锻炼法要合理掌握重复次数和时间。两次锻炼之间的间歇时间原则上应以使机体得到较充分的恢复为准。强度可达极限强度的90％～100％，使其达到锻炼负荷的有效价值范围(最有锻炼价值负荷量下的心率)并据此调节重复次数。在重复锻炼中，对负荷量如何控制和怎样去重复才能达到理想效果的负荷强度，应视实际情况而定。通常认为，普通大学生的负荷心率在130～170次/min的范围内较适宜。在这个范围内，心室血液充盈，每搏输出量以及氧气的运输量等均达到最佳状态，并可以持续地运动；心率低于130次/min则锻炼效果不明显，应增加重复次数；心率超过170次/min则需减少重复次数或安排足够的间歇时间。

（二）间歇锻炼法

间歇锻炼法是指在锻炼过程中，对安排的多组练习之间的间歇时间做出严格规定而反复进行锻炼的方法。该方法的关键是间歇时间必须严格控制，必须掌握在机体尚处于未完全恢复的状态下即进行下一组的练习。该方法的特点是每次练习的负荷时间较长，负荷强度适中。

这一方法可使锻炼者的心脏功能明显增强。通过调节负荷强度，可使机体各种机能产生与锻炼项目相匹配的适应性变化，提高有氧代谢供能能力，从而提高学生体质水平。人们认为，体质增强的过程是在运动中实现的，其实体质内部的增强过程主要是在间歇中实现的，是在休息过程中取得了“超量恢复”的结果。

同重复锻炼一样，间歇的时间也要依据负荷的有效价值标准去调节。一般来说，当负荷反应(心率)指标低于有效价值标准时，应缩短间歇时间，而在高于价值标准时则可延长间歇时间。总之，通过适当的间歇，把负荷量调节到负荷有效价值范围以追求良好的锻炼效果。实践中，一般心率在130次/min左右时，就应再次开始锻炼。间歇时，不要做静止休息，而应当边活动边休息，如慢速走步、放松手脚、伸伸腰或做深而慢的呼吸等，因为轻微活动可使肌肉对血管起到按摩作用，以帮助血液回流，加快体内代谢废物的排除。

（三）连续锻炼法

连续锻炼法是按一定要求，持续进行规定动作的身体锻炼方法，是指在运动锻炼的过程中，为了保持有价值的负荷量而不间断地连续进行运动。该方法要求负荷强度较低、负荷时间较长，无间断地连续进行运动。连续的作用在于持续负荷量不下降，维持在一定的水平上，使身体充分地受到运动的作用。

连续锻炼时间的长短，同样要根据负荷价值有效范围而确定，通常认为在 130 次/min 左右心率下连续锻炼 20～30 min，可使机体的各个部位都长时间地获得充分的血液和氧的供应，因而能有效地发展有氧代谢的能力，发展耐力素质。实践中，用于连续锻炼的内容主要是那些比较容易并已为锻炼者所熟悉的运动，如跑步、游泳，也可以是跳健美操或迪斯科舞等。

连续锻炼法多用于发展一般耐力，如较长时间的匀速跑，也可在非周期性项目中用于巩固某一技术动作和发展专门耐力，如篮球投篮训练中连续的原地起跳投篮练习等。

（四）循环锻炼法

循环锻炼法是指用几个不同的练习内容联合组成的练习组合。该方法要求练习者必须按照既定的练习顺序和路线，依次完成每个练习站的练习任务。一般的组织形式是锻炼者在完成一个练习站上的任务后，迅速转移到下一个练习站继续练习，同时下一个锻炼者依次跟上。每一个锻炼者完成了各个练习站上的练习内容时，就算完成了一次循环。其结构因素有每站的练习内容、运动负荷、练习站点的安排顺序、练习站点之间的间歇形式和时间、每一循环之间的间歇、设置练习站点的数目与循环的组数等。

循环锻炼法对技术的要求不高，且各项目都采用比较轻度的负荷练习，因此练习起来简单有趣，可有效地提高不同层次和水平的练习者的运动情绪和积极性；可以合理地增大锻炼过程的练习密度；可以随时根据具体情况因人制宜地加以调整，做到区别对待；可以防止局部负担过重，延缓疲劳的产生，交替刺激不同体位，有利于综合锻炼，从而达到全面发展的效果。

运用循环锻炼法时，关键是要按照全面性原则去搭配项目。就大学生而言，锻炼时既要发展四肢，也要发展躯干；既要运动胸背部，又要运动腰腹部；既要追求形态的健美，又必须注意机能、素质的全面发展，为此，就必须科学地搭配项目。一般选择 6～12 个简单易行的项目，搭配时注意上肢动作与下肢动作、剧烈的跑跳练习与静力憋气动作之间的合理交替。在健身锻炼中，可根据锻炼项目安排循环练习各练习点，还可分队比赛，增加竞争性，以提高练习兴趣。

（五）变换锻炼法

变换锻炼法通过不断变换运动负荷、练习内容、练习形式以及练习条件等，以提高锻炼者的积极性、适应性及应变能力。此方法可有效地调节锻炼者的生理负荷，提高兴奋性，强化锻炼意识，克服疲劳和厌倦情绪，以达到提高锻炼效果的目的。如刚参加锻炼时，可多做些诱导性和辅助性练习。随着锻炼水平的提高，应加大练习的难度，如用越野跑代替在田径场的长跑等。锻炼条件的变化，可使锻炼者的大脑皮层不断地产生新异的刺激，提高兴奋性，激发锻炼的兴趣，从而提高机体对负荷的承受能力，提高锻炼效果。另外，不断地对锻炼内容、时间、动作速率等提出新的要求，可有效地调节生理负荷，使机体不断产生适应性变化而达到更好的锻炼身体的目的。

（六）负重锻炼法

负重锻炼法是指利用哑铃、杠铃、沙袋等重物进行身体运动来达到锻炼身体、增强体质目的的一种锻炼方法。负重锻炼法既适用于普通人为增强体质而进行的锻炼，又适用于运动员的身体训练，还适用于身体疾患者的康复锻炼。

一般人增强体质进行负重锻炼，应该采用最大摄氧量和最大心血输出量以下的负荷。因为过大的负荷可能给心血管和呼吸系统带来不良的影响。为了保证这种锻炼方法对身体的良好作用，在运动负荷价值域范围内可以多次重复或连续进行。

三、提高身体素质的方法

（一）提高力量素质的方法

力量素质是指人体神经肌肉系统紧张或收缩时对抗或克服阻力的能力。肌肉力量是在加大阻力的条件下增加的，锻炼肌肉的抗阻能力是在肌肉收缩时给予负荷，以达到增强肌肉力量的目的。

(1) 发展绝对力量。以最大负荷重量的85%～100%的重量，重复1～3次进行锻炼，完成最大重量或接近最大重量的练习。一般说，大重量、少次数、高组数、长间歇是提高和发展绝对力量的关键。

(2) 发展速度力量。用中等强度负荷(最大负荷重量的60%～80%)，以最快的速度完成重复次数较少的练习。

(3) 发展爆发力。用较轻的重量，以最快的速度做最多重复次数的练习。发展爆发力必须有绝对力量和速度力量为基础，所以应与以上两种练习结合进行方可收到较好的效果。

(4) 发展力量耐力。用最大负荷量的50%～60%重复练习12次以上，不要求速度，但重复次数和坚持时间应达到或接近极限。

(5) 增大肌肉体积的方法。以中、小重量(约每次可连续举起6～8次的重量)，使肌肉工作达最大限度，充分发胀，产生适应性变化，对增长肌肉体积效果较好。

(6) 用对抗性静力练习发展力量。根据某部位肌肉力量发展的需要，使身体处于特定位置，站立或仰卧举腿，推或蹬住固定物或器械，用肌肉最大收缩力量坚持8 s～10 s(初练者4 s～5 s)，做一定次数，对增加肌肉力量效果较为显著。

（二）提高速度素质的方法

速度素质是指人体快速运动的能力，包括对外界信号刺激快速反应的能力、人体快速获得高速度完成动作的能力、最短时间完成单个动作的能力、最短时间重复多次动作的能力、最短时间移动身体到达最长距离的能力等。不同类型的速度素质练习方法各不相同。

(1) 可采用突发信号的练习方法提高反应速度。

(2) 利用追逐跑或追逐接力游戏等方式，提高人体快速获得高速度完成动作的能力。

(3) 使用高速跑或高速做其他投掷、跳跃练习法，使练习者体会和建立在高速情况下完成各种动作的能力。

(4) 运用助力训练法，借助于外力迫使练习者做出快速动作，建立新的动作节奏，从而达到提高速度的目的，如顺风跑、下坡跑、牵引跑等。

(5) 可用缩小作业难度或缩小动作幅度的方法，提高完成动作的速度，如小步跑等。

(6) 利用听觉、视觉等信号诱导练习者伴随信号快速运动，以帮助练习者建立新的动作节奏以提高动作速度。

(7) 采用改变练习条件、环境等手段,激发或引起练习者的兴奋性,以利于建立快速完成动作的条件反射。

(8) 可利用测验或比赛等方法,提高练习的强度,引发练习者高度的兴奋性,有助于建立快速完成动作的条件反射。

(9) 提高奔跑速度的练习方法。奔跑的速度取决于步频、步幅和保持步频、步幅的能力,因此,采用重复练习法效果较好,但要根据实际需要配合其他方法进行锻炼。发展步频练习时采用高频率练习较为有效,如快速高抬腿跑,听信号快速跑、快速摆臂等练习,但必须有一定的强度和运动负荷。

(三) 提高耐力素质的方法

耐力素质是指有机体坚持长时间运动的能力,可分为肌肉耐力(又称力量耐力)和心血管耐力(又分为有氧耐力和无氧耐力)。

发展耐力素质多采用各种形式的中长距离低负荷持续跑或走以及长距离的游泳、轮滑、滑冰等周期性动作和长时间从事某些内容的身体锻炼。在练习过程中逐步加长练习的时间并提高练习强度和密度是发展耐力素质的关键,使机体的负担超过原来所能负担的耐力水平是提高耐力素质的重点。

耐力训练时,运动强度通常掌握在个人可承受最大强度的70%～80%的水平。一般通过心率测定来调节,以120～140次/min左右为宜。

提高耐力素质应着眼于心血管系统机能的提高,间歇锻炼法是比较好的方法。在采用间歇锻炼法时,间歇时间不应超过负荷时间,当获得一定耐力后,必须适当增加运动负荷。

持续锻炼法对发展耐力素质也有明显效果。长时间的匀速持续跑能较快地改善呼吸系统和心血管系统的机能,对神经系统亦有很大好处。

(四) 提高灵敏素质的方法

灵敏素质是指人在复杂、突变的条件下,能快速、准确、灵活、协调地完成动作的能力。它是动作技能熟练程度、身体素质和大脑皮层灵活性等多种因素在运动过程中的综合表现。

发展灵敏素质应从培养各种能力入手,如掌握运动的能力、反应能力、平衡能力、观察判断能力、节奏感等,应采用多种练习手段和方法。动作技能掌握得越熟练就越灵敏,各项球类活动、体操、技巧、游戏以及一些专门辅助练习,都是发展灵敏素质的有效手段。但灵敏素质的发展有赖于速度素质的发展,因此,应与各项素质的协调发展结合起来进行锻炼。一般可采用以下几种方法进行:

(1) 要提高大脑皮质神经的灵活性,一般多采用变向跑、闪躲跑以及多种变化条件下跑的练习,如听数跑、听令急起急停等。

(2) 提高灵敏性应加强肌肉的力量及关节柔韧性锻炼,尤其应注意发展爆发力和培养协调性及放松能力。

(3) 体操、球类、技巧、摔跤、武术等项目的锻炼,能有效发展灵敏素质。

（五）提高柔韧素质的方法

柔韧素质是指人体的关节活动幅度、肌肉和韧带等软组织的伸展能力。柔韧素质取决于骨的结构、关节周围组织的体积、韧带、肌腱、肌肉、皮肤的伸展和弹性，以及中枢神经的调节等。发展柔韧素质通常采用伸展性练习，其运动形式有两种，即在助力作用下进行关节活动的运动形式和主动控制肌肉紧张与放松进行关节活动的运动形式。

发展肩部、腿部、臂部和足部的柔韧性，主要手段有压、搬、劈、摆、踢、绷以及绕环等练习，可以徒手、持器械或在器械上进行主动和被动练习。

练习前要充分地做好准备活动，动作幅度要逐渐增大，速度由慢到快，用力由小到大，使肌肉和结缔组织充分拉长，以承受得住"拉痛"为限，并保持一定时间，同时有意识放松对抗肌。要合理安排时间、次数和练习顺序，以防运动损伤。

四、利用自然力锻炼身体的方法

（一）日光浴

日光浴是一种利用日光进行锻炼或防治慢性病的方法。进行日光浴必须按一定顺序和要求，使人体皮肤直接在阳光照晒下进行身体锻炼。

紫外线能刺激人体的造血机能，使血液中红细胞增多，促进钙和磷的吸收利用，还能增加皮肤的抵抗能力，杀灭皮肤和空气中的细菌。红外线对人体血液循环、呼吸加深、新陈代谢都有很好的刺激作用。坚持日光浴，能使人体血管扩张、血流加快、血液循环得到改善，增进人体体温的调节能力。

（二）空气浴

空气浴是让皮肤广泛接触新鲜空气，利用气温和气流形成对人体的刺激，通过神经反射作用，达到改善体温调节能力，从而提高机体适应能力的一种锻炼身体的方法。

空气对人体的影响是多方面的。由于新鲜空气中氧气丰富，负离子浓度高，对身体各个器官、系统，特别是神经系统有良好的刺激作用，可改善血液循环，提高新陈代谢，增强机体的抵抗能力，预防呼吸系统的各种疾病。

使裸露人体感到寒冷的临界温度为 18 ℃，因此按空气温度可把空气浴分为三种：20 ℃～30 ℃为热空气浴，15 ℃～20 ℃为凉空气浴，4 ℃～15 ℃为冷空气浴。气温越低对身体的刺激作用越大，锻炼的作用就越明显。但应先从热空气浴开始，逐步向冷空气浴过渡。

（三）冷水浴

冷水浴是利用水的温度、机械和化学作用对人体的刺激达到锻炼效果的一种锻炼方法。它主要有以下五种形式：

(1) 冷水洗脸和洗足。一般在晨起或临睡前进行，先摩擦发热，再放入冷水中浸泡 1～2 min，擦干保暖即可。

(2) 冷水擦浴。最好在晨练后进行，先从上肢开始，而后胸、腹、背及下肢。一般时间不宜超过 2 min，摩擦使皮肤发红后擦干即可结束。

(3) 冷水淋浴。皮肤适应冷水擦浴后，可开始冷水淋浴全身，时间不宜过长，最后以干摩擦结束。

(4) 冷水浸浴。在冷水淋浴的基础上，即可进行冷水浸浴。将全身浸在冷水中，并用手做按摩，帮助皮下血管扩张和静脉血回流，加速血液循环，从末梢部位按摩到大肌群再逐渐到全身，一般时间不宜过长，在出现寒战前出水、擦干、保暖即可。

(5) 冬泳。经过以上各个阶段的锻炼，身体对冷水的适应能力有了一定的基础，而后便可以进行冬泳锻炼。一般说，水温在 10 ℃以下时，游 1～2 min 即可，出水后擦干身体和穿衣的动作一定要快，而后进行整理活动，使身体逐渐暖和起来。

第二节　运动健身的医务监督

一、医务监督

(一) 医务监督的意义

医务监督是指运用医学的内容和方法，指导人们科学合理地进行体育教学、训练、比赛和自我锻炼，以促进练习者的身体发育，积极预防运动创伤和运动性疾病，增进健康，提高运动技术水平。

医务监督一般分为体格检查和自我监督。定期的体格检查是练习者了解身体发育程度、健康状况和功能水平的重要手段。自我监督是体育运动参加者在体育运动过程中对自己的身体健康和功能状况经常进行观察的一种方法。它是体格检查的重要补充，是间接地评定运动量、预防运动性伤病及早期发现过度训练的有效措施，并为合理安排体育教学、训练和锻炼的计划、方法和内容提供重要的依据。

(二) 自我医务监督的内容和方法

体育锻炼自我医务监督的内容主要包括主观感觉和客观检查两个方面。主观感觉包括身体感觉、运动情绪、睡眠、食欲、排汗量、排尿等内容。人的主观感觉是人体功能状况的直接反映。健康并能科学地进行体育锻炼的人，总是精力充沛、心情愉快、睡眠正常、食欲良好。反之，则应调整自己体育锻炼的内容、运动量和运动方法。客观检查包括生理指标、运动成绩和其他伤病情况。生理指标主要包括脉搏、体重、肺活量等。运动成绩包括身体素质和专项运动成绩等。另外，女子还要有月经状况监督。

体育锻炼自我医务监督的具体方法是将体育锻炼后出现的各种生理反应测定的有关数据，在医务监督表所属栏中记录下来，然后对各项记录进行综合分析和判断，检查锻炼的内容、方法、运动负荷是否科学合理。如果发现异常，应及时查找和分析原因，调整练习内容和运动负荷，必要时暂停锻炼，或找医生做进一步检查。每个人在体育运动过程中和锻炼后出现的各种生理反应和自我感觉都是不同的，因此，应根据自己表现出的不同状况，在综合分析的基础上，做出正确的判断，以便更科学地进行体育锻炼。

二、身体应急性诊断与处置

身体应急性诊断指标是指在体育锻炼过程中，反映身体突然出现异样感觉的指标。运动中出现的异样身体感觉有的是正常现象，有的则属于运动性病理状态。它们往往由准备活动不充分、运动方法不正确、锻炼水平不高或运动负荷超出机体承受能力等原因所致。由于这种现象具有突发性特点，因此有必要运用医学知识，甚至采取力所能及的医疗手段进行自我诊断并及时加以处理，以避免不必要的精神紧张或更严重的身体损伤。

（一）长跑极点和第二次呼吸

1. 长跑极点

在长跑时，能量消耗大，特别是下肢回流血量减少，加剧了大脑氧债的积累，当达到一定程度时，就会出现暂时性的呼吸急促、胸闷难忍、下肢沉重、动作不协调，并有恶心现象，甚至想退场，这在运动生理学上称为"极点"。

2. 第二次呼吸

当长跑极点出现后，情绪要稳定，并适当减慢跑速，加深呼吸，坚持一段时间，上述生理现象将会逐步消失，也就闯过难关。这是由于一方面氧供给逐步得到增加，另一方面机体的适应性使内脏器官功能重新得到调节与改善，从而使运动能力提高，动作重新变得协调有力。这标志着"极点"已经过去，生理过程出现新的平衡。这种现象在运动生理学上称为"第二次呼吸"。

长跑极点与第二次呼吸是中长跑运动中的正常生理现象，无需疑虑和恐惧，即使是一位优秀的中长跑运动员，也都出现"极点"现象，但随着训练水平的提高，上述生理反应将逐步缩短和减轻。

（二）运动中腹痛

1. 发病机制与症状

运动中腹痛常在中长跑和剧烈运动时发生，主要是因运动前准备活动不充分，或者因运动前吃得太饱，饮水过多或者腹部受凉，致使脏腑功能失调，引起腹痛；也有的因运动时间过长或过于剧烈，使下腔静脉压力上升，引起血液回流受阻；还有的因呼吸节奏紊乱，引起运动异常，或者肝脾积气淤血，导致两肋部胀痛等。

2. 处置与预防

如果没有器质性疾病，一般采用减慢运动速度，进行腹式呼吸，按压疼痛部位等方法，短时间内即可减轻疼痛，直至消失。数分钟后，如果疼痛仍不减轻，甚至加重，就应停止运动。必要时可服十滴水或普鲁苯辛，或揉按内关、大肠俞等穴位，如仍不见效，应送医院诊治。

为预防运动中腹痛，运动前应避免吃食物或饮水过多，充分做好准备活动（特别是腹部按摩），坚持循序渐进，注意呼吸节奏，夏季运动要适当补充盐分。

（三）运动性昏厥

1. 发病机制与症状

由于脑部突然供血不足或者因脑血管发生痉挛，而出现一时性知觉丧失的现象，称之为运动性昏厥。导致运动性昏厥的原因，主要是由于长时间运动或剧烈运动，大量血液聚集在下肢，回心血流量减少，因而心血输出量也减少，致使脑部缺血而引起昏厥。在日常生活中，因长时间站立，过久下蹲后骤然起立，情绪过分紧张激动，病后体弱参加剧烈运动等情况，都可能发生类似的昏厥现象。昏厥前，患者感到全身软弱，头昏眼花，面色发白。昏倒后，面色苍白，手足发凉，出冷汗，脉搏减弱，血压下降，呼吸缓慢。

2. 处置与预防

发病后，立即让患者平卧，松解衣领，抬高下肢，按压人中与合谷穴，并从小腿向内做推摩和揉捏。如果有昏迷现象，可嗅氨水或静脉注射25％～50％葡萄糖40～60毫升，在知觉未恢复前禁止喝饮料或吃其他药物。如有呕吐，应让患者的头偏向一侧。如停止呼吸，应立即进行人工呼吸抢救。

为预防昏厥，运动者应坚持经常性锻炼，以增强体质。剧烈运动后不要立即停下来，而应继续慢跑缓冲，并做深呼吸，有饥饿情况不要参加剧烈运动。

（四）运动中暑

1. 发病机制与症状

“中暑”是长时间受高温或热辐射引起的一种高温疾病，特别是在气温高、通风不良或头部缺乏保护、被烈日直接照射等情况下，引起体温调节功能发生障碍而导致中暑。中暑早期有头晕、头痛、呕吐等症状，严重时体温升高，皮肤灼热干燥，甚至出现精神失常、抽搐、心率失常、血压下降，直到昏迷危及生命。

2. 处置与预防

遇到中暑情况时，应将患者安静护送至阴凉、通风处平卧休息，并采取降温措施，如解开衣领、服饮清凉饮料或仁丹、十滴水等，也可补充葡萄糖水，严重患者，经临时性处理后，即护送医院诊治。

锻炼者在高温炎热环境下锻炼时，应适当减少运动量和锻炼时间，尽量避免在烈日下锻炼。夏天在室内锻炼时，注意良好的通风，并备有低糖含盐的饮料。室外锻炼时，应戴白色凉帽，穿宽松浅色运动服。

（五）运动过敏性反应

1. 发病机制与症状

运动过敏是指在运动后出现皮肤瘙痒、荨麻疹、血管性水肿、腹部疼痛和腹泻等过敏反应。这种综合征的临床症状与食物、药品和昆虫叮咬所致的过敏反应极为相似。但从发生运动过敏反应的病例中，却极少找到典型的引起过敏的物质。因此，目前对运动过敏反应的原因尚不清楚。据估计，这可能是一种免疫与非免疫因子的共同作用，促使组织胺释放而引起的。由运动引起的过敏反应一般持续30分钟至4小时，其表现特征先从搔痒和荨麻疹开始，继而发展到手、足和面部肿胀。严重病例可出现呼吸困难、精神错乱、知觉丧失和低血压症状。据某些病例报道，临床也有胃痉挛、腹泻、呕吐和头痛等表现，持续时间可长达72小时。

2. 处置与预防

过敏反应较为严重者，可用皮质激素、肾上腺素、氨茶碱治疗，有些抗组织胺药物对治疗也有一定疗效。

迄今为止，对运动引起的过敏反应的预防，还只限于重视前期症状的诊断，一旦出现则应立即停止锻炼。

（六）肌肉痉挛

1. 发病机制与症状

在对抗性激烈或游泳等运动项目中，有时突然会发生肌肉不听指挥的现象，特别是小腿腓肠肌、脚前掌和脚趾部位，有既酸又痛的感觉，继而不能活动，这种肌肉的强直性收缩就是肌肉痉挛，俗称抽筋。肌肉痉挛对身体没有什么直接危害，在几秒钟或几分钟之内即可消失。但在游泳时发生肌肉痉挛，如不及时采取措施，往往就会引起意外事故。因此，懂得如何防治肌肉痉挛的方法是十分重要的。发生肌肉痉挛前，锻炼者一般都伴有肌肉乏力，出现轻微的酸痛，并感到肌肉硬度增加，弹性减少。这一方面是因为运动时间过长，强度过大，或由于大量出汗带走过多盐分，致使身体失去钠、氯等矿物质，从而改变了肌肉的内环境；另一方面则可能是由于受较大的寒冷刺激，人体温度发生突然变化所致。有时身体非常疲劳时，支配肌肉活动的精神调节机能失调，而使肌肉发生挛缩，也有可能发生上述先兆现象。

2. 处置与预防

如已经发生肌肉痉挛，可以牵拉或重按正在挛缩的肌肉，促使其放松和伸长。如小腿后部肌肉或脚底抽筋时，只要脚趾背屈，脚跟用力前蹬，并施以局部按摩，肌肉痉挛现象一般即可消除。

为预防肌肉痉挛，首先，在体育锻炼中，要经常注意自己肌肉的不良反应，这将有助于防止肌肉痉挛现象的发生。其次，要充分做好准备活动，冬季锻炼加强保暖，运动不要过于疲劳，游泳注意体温变化等，也都是积极的预防措施。特别当大量出汗，感觉肌肉有紧张感时，就应及时喝些淡盐水来适当进行补充。

三、身体医检性诊断与处置

体育锻炼时，有时靠自我感觉难以做出准确判断的运动性疾病，就需要采取医务检查的方法来处置。但为了防止延误病情，科学地自我监督既可以帮助分析疾病产生的原因，又可以达到配合医检准确判断疾病的目的。

（一）低血糖症

若平时缺乏系统锻炼，或在患病期体力不佳，身体处于空腹饥饿状况下，从事强度过大，时间持续太长的体育锻炼，往往会因血糖大量消耗而导致头晕、心悸等不良感觉。特别是参加长距离比赛，因靠个人意志强迫动员有限的肝糖原储备，还会产生神志感觉模糊、呼吸短促、面色苍白、冷汗淋漓及四肢发抖等严重症状。通常认为，这种症状的产生是由低血糖所引起的，应及时停止运动并补充含糖物质。运动中的低血糖症，需要进行血糖检查才能确定，如血糖浓度低于 55 毫克时，就应该对运动量适当控制或暂停一段时间锻炼。

（二）运动性贫血

产生运动性贫血的原因比较复杂，在医检中发现血液的红细胞及血红蛋白含量低于正常生理数值，如男性血红蛋白含量每 100 毫升低于 12 克，女性每 100 毫升低于 10.5 克，则可视为贫血。但是否由运动过度或运动后营养不良所引起，则必须在锻炼中经常注意有无头晕、乏力、食欲下降或运动后恢复状况不佳等现象发生。如长期有这种不良感觉就应适当休息，补充蛋白质和铁质等物品，并配合医检确诊和治疗。

（三）运动性血尿

运动性血尿产生的原因至今尚未完全明确。如无其他原发病灶，凡在自我监督中发现肉眼可见的血尿，则应停止运动并到医院做进一步检查。通常认为，出现运动性血尿的明显程度与运动负荷大小有关，其症状一般不超过三天即可迅速消失。

（四）游泳性中耳炎

游泳性中耳炎是因不洁水质进入中耳，产生细菌感染而引起的。患者在未经医检之前，会感到耳内疼痛剧烈，并伴有听力减退、发烧、恶心、呕吐、食欲不佳及便秘等症状，此时就必须立即到医院检查，确诊后应及时采取抗菌疗法。如鼓膜已破裂，可用双氧水洗涤，外用消毒剂或抗生素溶液滴耳，然后用消毒棉条填塞外耳，并可在乳突部作热敷及红外线治疗。

凡水经常易进入耳道的游泳者，为了防止中耳炎的发生，可用凡士林棉球或橡皮耳塞将耳朵堵住。外耳道一旦进水，上岸后可采取以下方法进行处置。

（1）同侧单足跳。如右耳道存水，头偏向右侧，左腿弯曲提起，用右腿单脚原地跳几次，水即流出；左耳道内有水，头偏向左，用左脚跳。

（2）吸引法。应把头偏向积水的耳朵一侧，用手掌紧压在这个耳朵的耳孔上，屏住呼吸然后迅速提起手掌，即可将水吸出。

第三节　运动健身与营养补充

一、营养素的作用

机体为了维持生命和健康，保证生长发育、生活和生产劳动的需要，必须从食物中获得必要的营养物质，这些营养物质称之为营养素，它包括糖（碳水化合物）、蛋白质、脂肪、维生素、无机盐和水等。

（一）营养素保证人的身心健康

合理地摄入营养素不仅有利于身体健康，还有利于心理健康，因为体内各种营养素供给的均衡，使神经、内分泌等处于优良状态，可使人心情愉悦、精神振奋、情绪高涨，这对消除人们不良的心境，缓解心理上的压力，增添生活情趣，怡情养性均大有益处。

（二）营养素保证人的智力发育

现代医学研究表明，虽然人的大脑重量仅为人体重的 1/50，但大脑每日所需的血液量却占人体的 1/5，说明大脑对各种营养物质和氧的需求量很大，如果不能保证大脑的各种营养成分的供应，则会导致人的大脑结构及功能异常，智力下降，记忆力退化，注意力分散，甚至精神异常等症状发生。所以通过供应各种食物来补充不同的营养成分，从而使大脑始终处于最佳状态，对于提高与改善大学生的智力情况十分重要。

（三）营养素使人保持青春活力

大学生时期的活动最多，活动量也最大。大多数大学生都喜欢参加各种体育锻炼、文化娱乐以及各种社交活动，为了保持在各种活动中身心愉悦、精力充沛，就必须有足够的营养。若营养不足，会造成疲劳、消瘦和抵抗力降低，具体表现为面色苍白、全身无力、精神萎靡，甚至疾病缠身，丧失青春活力。可见，均衡全面的营养是青年保持旺盛青春活力的基础和保障。

（四）营养素保证体形的健美

大学生时期正处于青春发育的后期，在这个阶段，身体仍要长高，肌肉要变得丰满健壮，内脏器官要进一步发育成熟，第二性征表现和性器官的成熟等都需要充足的营养支持。只有此阶段摄入营养充足，才能使皮肤、肌肉进一步生长发育，并使人体肤色鲜明，富有光泽，毛发黑润，男性身材高大，体格强壮；女性身材匀称，曲线圆润，充分体现青春的健与美。

（五）营养素可提高运动成绩

运动的动力来源于肌肉，肌肉收缩是需要能量的，肌肉中重要的能源物质是三磷腺苷（ATP）、磷酸肌酸（CP）、肌糖原和脂肪。ATP 是人体运动时能量的直接来源，它来自于大自然食物在人体内的消化吸收与氧化分解。因此，专家认为，科学全面地补充营养，不仅可以明显提高一般人的能力，还可以大大提高体育运动成绩。

二、合理补充营养素的原则

（一）平衡性原则

平衡是指人所摄取的各种营养成分应与身体的生理需要之间形成相对平衡，反之则称为营养失衡。营养失衡的一个方面是营养不良，即营养摄入量过少，不能满足身体需要。营养不良的主要表现为头晕、怕冷、易倦、体重减轻等，严重者有可能发生营养不良的疾病。营养失衡的另一个方面是营养过剩，主要表现为营养补充过度，人的体重过量增加，并引起肥胖等疾病。因此，人体营养需求与补充之间应保持相对的平衡，营养的摄入既不要欠缺，又不要过量。

（二）适当性原则

适当是指人所摄取的各种营养成分之间的配比要合理，即在全面和均衡的基础上进行适当的饮食搭配。人体元素组成与不同状况下各种营养素的需要量是有一定比例的，必须要有合理的营养搭配，尤其是热量中的蛋白质、脂肪和碳水化合物三者的比例要合理适当，才能有利于人体更好地吸收与利用，保证机体的各种需要，造就健康的体魄。

（三）全面性原则

全面是指人体所摄取的各种营养成分要全面，不能偏食。举例来说，乳与蛋的营养最为丰富，但是乳中缺铁元素，蛋中缺维生素 C。因此，无论哪一种食物的营养有多么丰富，都不可能完全满足人体健康的需要。只有通过摄取多种食物中包含的各类营养成分，才能确保人的健康需要。任何一味追求质精量少的高级营养品的摄取方法，以及任何偏食、禁食、少食的方法都是极不可取的。

（四）针对性原则

每个人的遗传因素、身体状况、所处的年龄阶段、生活环境、营养状况等各不相同，因此，在营养摄入和补充方面应区别对待。当生活和工作环境、生理条件改变时，营养素的供给应予以适当调整。例如，由脑力劳动转变成体力劳动时，能量的摄入要有所增加；月经量过多的女性，应注意适当补充铁，而月经量过少的女性，则要适当补充钙。

此外，为了保证身体健康，应随四季变化，合理安排膳食，供应充足的营养，满足身体的需要。春季饮食应温和平淡；夏季应少吃油腻食物，多吃清淡食物；秋季要适当节制饮食量；冬季出于御寒的需要，可多吃脂肪类食品，并注意多吃蔬菜或补充维生素。

三、运动健身与营养补充

（一）运动与糖

糖类是由碳、氢、氧三种元素组成的一类化合物，也被称为碳水化合物，它是人体内来源最广泛、最经济而且分解最完全的供能物质。人体摄入的糖大部分首先转化为葡萄糖，再由血液运送到肝脏。在肝脏内葡萄糖可以转化为脂肪、糖原或运输到其他组织，如肌肉等。在肌纤维中，葡萄糖分子形成链组成糖原，它是肌纤维收缩的直接能量来源。当人体运动时，糖原在肌肉中分解，以很高的速率释放能量。

运动与糖的贮备有密切关系，人体所需要的能量 60％左右由膳食中的糖供给。中枢神经的能量 99％以上来自糖，低水平的血糖将首先影响中枢神经系统的功能。低血糖症发生的原因，主要是由于长时间剧烈运动时血糖供应不足或消耗过多，导致血糖过低，皮质调节糖代谢的机制紊乱所造成的。可见，根据不同运动的需要，适当地补糖对维持血糖起着重要作用。

糖的供给量依饮食习惯、生活水平和劳动性质等因素而定，目前我国成年人糖的供给量以占总热能的 50％～70％为宜。糖在自然界中分布很广，主要在植物性食物中，粮食和根茎类植物含糖量很丰富，动物性食物中只有肝脏含有糖原，奶中含有乳糖，但数量不多。

（二）运动与蛋白质

人体内蛋白质约占体重的 16％～19％。生命的产生、存在与消亡都是与蛋白质有关的。蛋白质是由氮、碳、氢、氧等元素组成的高分子化合物，它不但是人体的主要组成成分之一，而且也是人体内部进行各种代谢活动的物质基础。

蛋白质首先是从动物性食物（肉、蛋、奶）中获取，这些食物中的蛋白质称为完全蛋白质，它包含几乎所有的基本氨基酸。其次是从植物性食物（蔬菜、粮食、水果）中获取，其中的蛋白质称为不完全蛋白质，它缺少部分的基本氨基酸。因此，将两类食物相互搭配食用，即可获取完全的蛋白质。

营养学研究表明，每天补充足量的蛋白质是十分必要的。青年男子约需 56 克/天，青年女子约需 45 克/天。如果单纯以动物性食物为供给源，成人每千克体重的蛋白质需要量为 0.75 克；而以动植物性食物为混合供给源，成人每千克体重的蛋白质需要量为 1.05 克。但是氨基酸不会在身体内贮存，大部分会很快降解，这就需要每次摄入的蛋白质，必须含有定量、比例合适的各种氨基酸。蛋白质对运动能力的发挥和提高有着十分重要的作用。具体体现在以下几个方面：能够增加体内蛋白质合成，增加肌肉力量；可以预防运动性贫血；对体内胰岛素的分泌有良好、稳定的刺激效果，从而保持稳定的精神和体力状态；提高中枢神经系统的兴奋性；在长时间运动时，可以作为细胞的部分能源，提供运动中 5%～15%的能量。

一般来说，经常从事体育锻炼的人，蛋白质的需要量比普通人要高，正常膳食中蛋白质含量应占总量的 12%～15%，约为 1.2～2.0 克/千克体重。不同运动项目的运动员所需蛋白质量也不尽相同。经常从事耐力型项目的人所需蛋白质量以 12～15 克/千克体重为宜；经常从事速度型运动项目的人蛋白质摄入量以 1.6～1.8 克/千克体重为宜。

然而，摄入过多的蛋白质，不仅对肌肉增长和提高肌肉的运动能力没有好处，反而会对正常代谢和健康产生不良影响，导致肥胖，肝、肾负担加重，易疲劳和降低运动能力。若从事大强度训练和比赛，激烈竞争所产生的压力或运动后食欲下降等，造成难以保持平衡饮食，可以通过选用营养补充品，弥补蛋白质摄入的不足。

（三）运动与脂肪

脂肪是运动时被利用的能源，脂类为运动提供能量主要来自脂肪酸的氧化。在一次长时间低强度的运动中，脂肪的氧化可提供总耗能量的 50%～60%。长期进行体育运动可降低脂肪细胞平均体积，提高脂肪代谢的活性。

脂肪代谢对运动能力的重要性在于它能“节约”组织中糖原的能力。在进行长时间大强度的运动时，糖原贮备可以通过脂肪氧化的方式保存或“节省”下来，这就使运动员运动到最后阶段，运动强度超过身体的有氧代谢能力时，能有更多的糖原可供利用，因此，脂肪能提高机体耐力。

运动时脂肪供能的另一好处是，长期进行有氧运动，促进脂肪的氧化，降低血胆固醇和甘油三酯，使高密度脂蛋白（HDI）增高，从而减少冠状动脉疾病的发生，降低导致心脏病的危险。

一般人的食物中脂肪占总热量的 17%～25%为宜。从事大运动量的年轻人食物中的脂肪量最高不应超过 35%。膳食中脂肪的主要来源是烹调油，以及各种食物中所含的脂肪。目前我们食用的一些烹调油是按 1∶1∶1 的比例对脂肪酸进行过调配的调和油。

（四）运动与维生素

维生素是维持人体正常生理机能和新陈代谢活动所必需的低分子化合物，虽然人体对它的需要量很微小，但它对人体生命活动所起的作用却是必不可少的。通常按溶解性质将维生素分为两大类:一类是脂溶性维生素,另一类是水溶性维生素。脂溶性维生素包括维生素 A(视黄醇)、维生素 D(钙化醇)、维生素 E(生育酚)和维生素 K(凝血维生素);水溶性维生素包括维生素 B 复合物和维生素 C(抗坏血酸)。

多数维生素不能在人体内合成或合成的量不能满足人的需要,因此,我们每天的饮食中含有一定量的各种维生素是非常重要的。维生素是从新鲜蔬菜与水果等植物性食物中获取的,并帮助其他营养物质进行化合反应。体育运动促进了人的能量代谢,在能量消耗增加的情况下,某些维生素的需要量就会增加。运动后(中等强度以上)造成机体维生素需要量增加的原因是:运动训练使胃肠对维生素的吸收功能下降;运动引起汗液、尿液及粪便中维生素排出量增加;运动使维生素在体内的周转率加速,能量代谢增加等。可见,参加体育运动,不应忽视多种维生素的补充。运动后补充维生素的主要理由是促进恢复,延缓疲劳发生,增进体力和体能,保证身体健康。对运动影响较大的维生素有维生素 C、维生素 E、维生素 B1、维生素 B2、维生素 B6 等。

维生素 C 是一种强有力的抗氧化剂,大运动量训练会使人体维生素 C 的代谢加强。运动后补充维生素 C 有利于减轻疲劳,缓解肌肉的酸痛,增强体能及保护细胞免于自由基损伤,但不宜过量补充。维生素 C 的主要来源是蔬菜和水果。

维生素 E 是一种重要的抗氧化营养素,有消除自由基、减少脂质氧化的作用。有研究表明,增强维生素 E,可防止细胞膜呈磷脂的氧化,从而有助于运动期间保护红细胞的完整性。在特殊条件下,运动后补充维生素 E 有提高最大吸氧量、减少氧债和血乳酸的作用。维生素 E 最丰富的来源是植物油、麦胚、坚果类及其他谷类食物。

维生素 B1 在能量代谢和糖代谢生成 ATP 的过程中起着重要作用。维生素 B1 缺乏时,其代谢物丙酮转化成乳酸,乳酸堆积会导致疲劳,损害有氧运动能力,影响正常的神经活动和传导,并使消化功能和食欲受影响。研究表明,维生素 B1 对运动员的肌肉耐力有直接影响,可以通过增加能量摄入和平衡膳食来满足,通常每摄取 1 000 千卡能量,需要摄取维生素 B1 为 1 毫克,即每天 3～6 毫克。维生素 B1 的主要食物来源为粗糙的粮食(米、面、花生、核桃、芝麻和豆类)。

维生素 B2 与人体细胞呼吸有关,因此在有氧耐力运动中起重要作用。维生素 B2 还可能是糖酵解酶的有效功能物质,所以对无氧运动也有作用。世界卫生组织推荐的维生素 B2 的摄取量是每摄取 1 000 千卡能量,应摄取维生素 B2 0.5 毫克。维生素 B2 主要集中在少数食物中,其中以肝、肾含量最丰富,牛奶、黄豆和绿叶菜中也较多。

维生素 B6 作用于蛋白质和氨基酸代谢,促进糖原、血红蛋白、肌红蛋白和细胞色素的合成,并且是糖原合成和分解过程中糖原磷酸化酶的一种成分。体育运动加强了维生素 B6 的代谢途径,因此经常锻炼的人对其需要量增加。维生素 B6 的供给量为男性 2 毫克/天,女性 1.6 毫克/天。坚果类、豆类、蔬菜、水果均含有维生素 B6,米糖、麦芽中维生素 B6 含量最为丰富。

（五）运动与无机盐

无机盐是人体所需微量矿物质元素的总称。人体内所含无机盐种类很多,约有 60 多种,总量占体重的 5%～6%。其中含量较多的是钙、磷、钠、钾、氯、硫、镁 7 种,被称为常量元素;含量较少的是铁、碘、氟、硒、锌、铜等,被称为微量元素。无机盐对人体十分重要,各种元素都有其独特的功能，其对人体的功用可概括为，构成机体组织，调节生理机能，维持正常代谢。

人体在物质代谢中每天都有一定量的无机盐排出体外，因此必须从食物中补充无机盐，以保持体内的动态平衡。若不能补充，体内的代谢和生理机能就会受影响，甚至发生疾病。但摄入过多也会对人体有害，因此必须适量。人体所需的无机盐，多数在正常膳食下都能获得，但有的容易缺乏，部分微量元素受地质化学状况的影响会发生地区性的缺乏。

（六）运动与水

生命源于水，水是人必不可少的生命元素。水占人体体重的 50%～60%，人体每天需摄入约 2～3 L 水，其需水量随着年龄、体重、气温、劳动、运动强度和持续时间的变化而变化。

参加体育运动时，肌肉运动产生大量热量，使皮肤血流量增加，汗腺分泌大量汗液。运动员出汗的特点是出汗率高、出汗量大、失水量多。如在天热的环境里踢足球，运动员一小时汗液的丢失量高达 2～7 L。运动中若不注意科学合理地补充水分，会造成机体内的水失衡。

脱水会严重影响人的运动能力，它对运动员的影响不仅在于体温升高和心血管负担加重，还可导致肾脏损害，因此，运动中合理补充水分是十分重要的。在开始进行运动前 10～15 min，可适量饮水，以增加体内的临时贮备，对维护运动时的正常生理机能有良好作用。运动中每 15～20 min 饮水 150～200 mL，这样既可及时保持体内水的平衡，又不增加心脏和胃的负担。体育锻炼后的补水可以在运动后每 20～30 min 补水一次，每次饮水量在 250 mL 左右。夏季运动补水的水温应在 10 ℃左右为宜，其他季节最好补充温水。

水的来源包括直接饮入的水、食物中含有的水，以及蛋白质、脂肪和碳水化合物在体内代谢产生的水分。在摄取水时，除考虑水量需满足机体需要外，还应注意水的卫生状况，必须饮用清洁卫生的水，以保证身体健康，减少毒素和致癌物质的产生。

思考题

1. 运用所学知识，结合个人实际情况制订一个锻炼计划。
2. 举例说明，如何控制运动健身的负荷强度。
3. 什么是间歇锻炼法？
4. 在锻炼身体过程中如何进行自我医务监督？
5. 你的锻炼经历中，出现过腹痛吗？怎样避免运动中腹痛？
6. 营养素有哪些功能？
7. 运用所学知识，为自己制订一份与运动生活方式相适应的膳食摄入计划。

第三章　体育文化

要健康作为人的第一权利、作为一切人类生存和人类历史的第一前提。

——马克思

学海导航：

在人类文明的历史长河中，体育文化是一个逐渐发展的过程，是人类整个文化的重要组成内容。然而在与自然的斗争中的很长一段时间里，人们对体育文化的认识处在不知不觉之中。真正感受到体育文化对人类社会发展产生直接影响，是在19世纪中叶的欧洲文艺复兴之后。体育文化是人类本身需求的特殊反映，它是人类在体育生活和体育实践中创造出来的，并通过有形的身体形态、动作技能、运动器材、物质以及无形的与社会属性相关的意志、观念、时代精神反映出来，显现了各具特色的存在方式。本章将着重向大家介绍校园体育文化、大众体育文化和竞技体育文化。

知识目标：

1. 能够正确理解校园体育文化的内涵、特征及功能。
2. 了解大众体育文化的概念、特点及作用。
3. 了解竞技体育文化的概念、特点及社会价值。

能力目标：

1. 能准确分析身边的校园体育文化现象，并能提出关于校园体育文化建设的意见和建议。
2. 能积极参加大众体育文化活动，推动大众体育文化在社区的发展。
3. 能正确理解和分析竞技体育文化的社会价值。

第一节　校园体育文化

一、校园体育文化的内涵

校园体育文化主要是指人们在学校体育教育过程中所创造和拥有的精神财富和物质财富的总和。

校园体育文化是体育文化的子系统、亚文化。它是呈现在校园内的一种特定的体育文化氛围，是以学生为主体，以课外体育文化活动为主要内容，以校园为主要空间，以校园精神为主要特征的一种群体文化。它涵盖了校园体育意识文化、校园体育行为文化、校园体育物质文化三大类。

校园体育意识文化包括了体育意识、体育价值观、体育道德观等。校园体育行为文化表现为体育学习、科学锻炼、体育竞赛、体育制度、体育规范等。校园体育物质文化主要反映为校园体育建筑、体育环境、体育设施、体育服装等。

二、校园体育文化的特征

校园体育文化特征是指校园体育文化区别于其他文化特有的、独立的典型特质。

（一）校园体育文化的内隐性

校园体育文化是以间接、内隐的方式呈现的，它通过无意的、非特定心理反应机制影响学生。大学生在体育文化环境中学习、生活，在不知不觉中接受体育文化信息，并受到感染、熏陶，潜移默化地实现着文化的心理积淀，并逐渐内化成为自己的行为方式。

（二）校园体育文化的独立性

校园体育文化是校园里的人群共同参与体育活动所形成的一种文化，它有着特殊的主体和环境，这个主体具有较高的知识水平，在接受传统体育文化精神和物质的同时，还能主动吸取世界优秀体育文化精髓，并逐步创造发展具有特色的校园体育文化。

（三）校园体育文化的多样性

校园文化的优势注定了校园体育文化的多样性，无论是体育意识文化、体育行为文化，还是体育物质文化都极为丰富多彩。以人为本，注重学生个性培养的体育教育指导思想，使个性鲜明的体育文化主体得以充分展示个体的创造性、独立性和自主性，因而极大地丰富了校园体育文化生活的内容。

三、校园体育文化的功能

（一）教育功能

校园体育文化是实现教育培养目标的载体。在体育文化活动中，大学生必然受到集体主义、爱国主义、团结协作、遵纪守法、勇敢顽强等优良品质和高尚道德情操的教育。

校园体育文化活动的开展过程，实际上就是大学生自我表现、自我管理、自我提高、不断社会化的过程。校园体育文化的开展离不开广大学生的自觉意识和主动参与，同时也为大学生进行自我教育、自我管理和自我服务提供了良好的条件和场所。学生通过自觉组织、自觉参与校园体育文化活动，不断地提高和发展自身的综合素质。

（二）情操陶冶功能

校园体育文化可以理解为一种校园精神的环境和文化氛围，其作用是通过体育文化氛围的营造来陶冶大学生的情操，规范大学生的行为。校园体育文化活动通过整体环境、文化氛围、实践活动、激励机制等影响和教育广大学生，使他们积极主动地投入这一环境和氛围中，既从中学到知识，又丰富生活；既锻炼组织能力，又培养合作精神和竞争意识。人体的健康美、形体美、姿态美是长期运动的结果。高雅的校园体育文化活动所带来的语言美、行为美、心灵美等，对于培养大学生感受美、鉴赏美、表现美和创造美的能力具有特殊的、不可替代的作用。

（三）心理疏导功能

校园体育文化活动以其固有的竞争性、娱乐性、艺术性，丰富大学生的精神生活，使他们在紧张的学习之余获取心情愉快、精力旺盛、情绪高涨等感受。校园体育文化活动产生的精神氛围可以帮助大学生消除心理上和情绪上的自我干扰和互相摩擦，减少内耗，协调人际关系。

（四）社会实践功能

校园体育文化活动加强了大学生之间的交流，使他们逐步积累不同的角色体验和经验，扩大人际交往，既能增进同学之间的友谊，又能使其逐步学会自我管理，不断增强自主、自强意识，提高独立生活、组织管理和社会活动等方面的能力，提升社会责任感。

四、校园体育文化活动的表现形式

校园体育文化活动大多以余暇体育的形式进行，即人们在假日或闲暇时所进行的体育运动。学生的体育活动包括有组织的早操、课外体育活动、校内外体育交流、节假日体育及学生自发进行的各项体育运动。它不仅有学生自发锻炼的成分，还含有丰富的健身知识与体育科学方法的内容。

名人堂：马约翰

马约翰1911年毕业于美国圣约翰大学。1919～1920年与1925～1926年两次赴美国春田学院进修体育。在大学读书期间，是学校足球、网球、棒球、田径代表队的主力，擅长中长跑，曾获1910年第一届全国运动会学校联合组880码冠军和440码第三名。1936年担任中国代表团田径队总教练，参加了在柏林举行的第十一届奥林匹克运动会。马约翰先生于1914～1966年在清华大学先后任助教、教授、体育部主任，为创立在国内具有引领作用的清华大学校园体育文化做出了杰出贡献。他是第一、二、三届全国人民代表大会代表，1954 年起任中国田径协会主席，中华全国体育总会副主席、主席。

五、校园体育文化与素质教育的关系

体育是素质教育的主要内容和重要方面，体育文化的多起源学说和丰富内涵，证明了人类在寻求自身发展过程中与体育不可分割的关系。终身体育是体育素质教育的主要任务，大学体育素质教育的主要目的是使学生在学习敏感期和世界观形成期，接受体育思想，继承健身文化，进而形成终身体育意识。因此，营造健康的校园体育文化氛围，倡导终身体育理念对于造就高素质人才尤为重要和迫切。

六、校园体育文化与社会体育文化的关系

校园体育文化相对于社会体育文化是一种亚文化，二者的关系是适应与超越的关系。大学生是适应的主体，体育教师是适应的主导、超越的主体，而繁荣校园体育文化是超越的主要途径。

校园体育文化与社会体育文化的适应与超越的关系是辩证统一的。在世界范围内，很多体育项目、训练方法、竞赛组织和管理手段是通过学校教育传播的，这在我们熟悉的中国近、现代体育发展史中已经得到证明，它极大地丰富了中国社会文化的内容、制度和思想。另外，如牛津剑桥划船赛、哈佛耶鲁赛艇挑战赛、北大清华赛艇对抗赛等也均是在迎合社会文化的同时大大超越了教育和体育的本身，由此可以看到其影响的社会性和世界性之大。

七、加强校园体育文化建设

（一）校园体育意识文化建设

学校应经常开展积极健康、生动活泼的校园体育文化活动，抵制低俗文化和非理性文化倾向，引导校园文化向健康方向发展，形成良好的校园体育风气，培养师生共同的体育意识、体育观念和体育精神，构建体育精神文化环境，促使学生振奋精神，陶冶情操，增强健康意识，提高体育素养。

（二）校园体育行为文化建设

体育文化区别于其他文化的本质特征在于其意识文化和行为文化的最大融合。科学锻炼身体是体育行为文化的基本表现形式，它对人体产生的刺激，使人体的生理机能、身体形态发生适应性的良性变化，而运动中获得成功体验所带来的精神上的愉悦，则是它的另一个重要作用。实践证明，科学锻炼有助于强健身体，陶冶情操。

（三）校园体育物质文化建设

校园体育文化中的物质文化是指经过人对自然物质的组织、改造和利用形成的文明现象。校园体育的物质基础本身就是人们意识文化的载体。它是人们体育知识，体育精神、智慧的结晶，体现了人们的意志、情操、价值观念等文化特质，它本身就是一种文化

现象。

校园体育场馆、设施理应是校园中最亮丽的一道风景线。从这个意义上说，自觉维护，合理利用场馆、设施，本身就是构筑校园体育文化的一部分，也是展示当代大学生文明行为的具体表现。

第二节　大众体育文化

近半个世纪以来，随着全球经济、社会生产力的高速发展，劳动者的工作和生活节奏逐步加快，这一方面给人类带来更多的福利和方便，增加了闲暇时间，生活条件和生活方式大大改善，生活质量不断提高；另一方面，工作和生活紧张、环境污染、生态失衡与营养过剩也给人类健康带来种种危害，所谓“文明病”应运而生。这一切为国际大众体育的兴起与发展提供了社会基础。

现代奥运会的创始者顾拜旦先生在1919年就已经提出“一切体育为大众”的思想。大众体育发展的状况，对奥林匹克运动有着根本性的影响。奥林匹克主义的普及，奥林匹克运动宗旨的实现离不了大众体育。“鼓励和支持大众体育的发展”已被《奥林匹克宪章》列为国际奥委会的一项职责。大众体育文化已经成为现代社会中一股强大的文化潮流，并以其独有的特点在体育文化中占有重要地位。

一、大众体育的特点

大众体育是指大众为达到健身、健美、医疗和娱乐消遣等目的，而进行的内容丰富、形式多样的体育活动。大众体育与其他体育形式相比，具有自己的特点。

(一) 参与对象具有广泛性

不论性别、职业、信仰等，从学龄前的婴幼儿到老年人，从健康者到病患者，甚至是残疾人都可以因地制宜地获得锻炼的机会。

(二) 大众体育的活动目的具有健身性

强身健体是大众体育的基本宗旨之一。人们以锻炼身体作为基本手段，给予自身适中的运动负荷，以不超过保健水平为度，不追求创造优异的运动成绩。同时，锻炼时还比较讲究周围环境的条件。

(三) 大众体育的活动时间具有业余性

作为业余文化活动的内容之一，大众体育服从并服务于生产、学习和工作。开展大众体育活动，一般是在工余或节假日等时间进行。

(四) 大众体育的活动内容具有娱乐性

大众体育的活动项目内容，以广大群众喜闻乐见为前提，在自主、自愿的基础上进行自由选择。因此，大众体育活动轻松、愉快、活泼、新颖，能够满足人们的兴趣爱好。

（五）大众体育的组织管理比较复杂

大众体育涉及人员多、范围广，参与者的素质水平参差不齐，并以自愿为基础，因此，组织管理的难度较大。

二、大众体育能够促进社会物质文明与精神文明建设

目前，大众体育已经成为社会文化生活中不可或缺的内容，它既能够增强人们体质，提高劳动者的工作能力，推动社会生产的发展，又可以丰富民众的余暇生活，调节社会情感，对人们思想、品质、意志、作风等方面起到教育作用，因此，大众体育在物质文明和精神文明建设中具有双重意义。

（一）大众体育能够促进社会物质文明建设

开展大众体育能够提高人的身体素质和心理素质，提高劳动者对劳动强度、密度的承受能力和对现代化生产复杂性的适应能力，从而对生产效率和劳动质量产生积极作用，具体表现在以下几个方面。

1. 增强劳动者的体质，预防和减少伤病，提高劳动生产率

体育锻炼能有效地增强劳动者的体质，使之获得强壮的体力、持久的耐力和饱满的情绪，从而高效率地参加工作。据国外经济学家统计，参加体育锻炼的人的劳动生产率比不参加体育锻炼者高1%～10%。

2. 消除疲劳、调节精神

作为一种积极性休息的手段，经常性地参加体育活动，可以获得比消极性休息更迅速、更有效的体力恢复。与此同时，运动所产生的乐趣和快感会使劳动所引起的局部神经、肌肉紧张大为缓解。

3. 改善个人消费结构，促进体育劳务生产

随着社会经济的发展、人们文化生活水平的提高，体育活动参赛者将更加理解体育锻炼的价值，将更主动自愿地增加“体力投资”，这对于增加文化消费比例，改善民众的消费结构具有积极意义。就社会而言，大众体育的广泛开展能够刺激和带动体育部门和相关行业、产业的发展。

（二）大众体育是社会精神文明建设的一项重要内容

大众体育作为社会文化生活的重要组成部分，对参加者的作用并不仅局限于身体素质和健康水平，它对人的思想认识观念、习俗也产生经常的、广泛的影响。开展大众体育，不仅对培养人们坚忍不拔的意志品质和勇于奋斗的竞争意识有积极作用，而且可以提高人们的文化和道德水准，推动伦理和法制建设，能够融洽人际关系，增强群体观念，有助于社会一体化的实现。因此，许多国家都把大众体育的发展水平作为衡量社会文明程度的标志之一，大力加以提倡。其作用主要体现在以下几个方面。

1. 培养良好的思想道德品质和奋发向上的进取精神

大众体育活动能够增强团结友爱、同心协作的集体主义观念。各种形式的体育活动，能够刺激和强化人们不甘落后的竞争精神及奋发向上的进取精神。在身体锻炼的过程中，人们要不断克服来自个人和环境的种种困难，这在一定程度上培养锻炼了人们勇敢、

坚强、果断、顽强等优良品质。

2. 提高人们的体育文化素养

参加大众体育活动，不仅是一种单纯的身体运动过程，而且是一种学习体育知识，掌握运动技能、技术的过程，人们从中可以获取强身健体、防治疾病和延年益寿的经验及健康、健美的体魄，是其消遣娱乐的有效途径。人们的视野在锻炼中不断发展，科学文化素养在学习中不断提高，对整个民族的文明具有积极推动作用。

3. 活跃业余文化生活

科学、健康、文明地利用余暇时间，是生产发展和社会稳定的重要因素之一。开展大众体育活动，能引导人们用高尚、健康的体育、娱乐和消遣活动充实业余生活，使人们在锻炼中身体得以调节，在娱乐中精神得以充实，对于抵制消极、落后的消遣习俗，形成良好的社会风气具有积极意义。

4. 增进友谊，促进团结，创建和谐社会

经常参加大众体育活动，能够扩大人的活动领域。在人与人、群体与群体的频繁接触中，不仅传递技艺，而且交流情感，增进彼此之间的了解，促进友谊。由于体育活动能够吸引不同年龄、不同性别和不同民族的各种社会群体，因此对和谐社会的建立有着积极的作用。

第三节 竞技体育文化

竞技体育是体育运动的重要组成部分，也是体育文化发展的最高层次。竞技体育与社会保持着最密切联系。许多社会现象都可以在竞技体育中产生影响，因此，体育社会学家常称竞技体育是社会的一种缩影。同时，竞技体育对社会产生着深刻的反作用，对社会文化的发展与进步起着至关重要的作用，已成为社会不可或缺的一部分。

一、竞技体育的概念

我国的运动训练学将竞技体育定义为“在全面发展身体，最大限度地挖掘和发挥人(个体或群体)在体力、心理、智力等方面的潜力基础上，以攀登运动技术高峰和创造优异运动成绩为主要目的的一种运动过程”。

从社会学的立场上看，竞技体育可被当作一种现象来研究，它是“一种位于游戏到工作这一连续演变过程中间的一种制度体系化的竞争性体育活动”。

二、竞技体育的特点

(一) 竞争是竞技体育的灵魂

竞争就是优胜劣汰，体育比赛竞争的目的是击败某种对立物，对立物可以是一个具体事物，如一座山、一道海峡、一个岩洞，也可以是一项纪录、一个人或一个团体。竞技体育比赛有强烈的排他性，其竞争的结果只产生一个冠军，这就要求参加体育比赛的各方要通过训练，不断提高自身的身体机能、心理水平、战术意识、团队精神以及把握机遇的能力。

（二）运动竞赛的结果具有不确定性

竞技体育的各种比赛，其结果具有预先不可确定的性质。这是竞技体育区别于其他文化活动而独具魅力之处。体育比赛和音乐、舞蹈、戏剧、电影、杂技表演不同，不是按既定的乐谱、脚本、程式、设计来逐步实现的，因此没有预定的结果。在体育比赛中存在着一定的偶然性，各种突发的事件、情节和人物使竞技体育更具有新闻性，使之成为人们社会文化生活所关注的热点。

比赛结果的不确定性增加了竞赛的公平性和竞争性。它可以给每一个参与者以平等的机会进行较量尝试，他们不可仗恃已有的运动经历和运动成就而居功自傲，也鼓励运动新手免除自卑胆怯心理，以平等的地位参加角逐。竞技体育领域之所以能实现及时合理的新老交替，永远保持青春活力，与比赛结果的不确定性有很大关系。

竞争的结果是否有效与公正，往往取决于它的公开性，这种公开性就是所谓“透明度”。竞争的公开性是一种社会民主的重要标志。竞争如果不能向民众公开，就或多或少带有阴谋的性质，从而不可避免地使人怀疑其竞争的倾轧性和掠夺性以及非法性。竞技体育提倡的竞争，其最可贵之处就在于它是在众目睽睽之下进行的，是一种体现了高度民主精神的竞争。

名人堂：皮埃尔·德·顾拜旦

皮埃尔·德·顾拜旦(Le baron Pierre De Coubertin，1863～1937)，是法国著名的教育家、国际体育活动家、教育学家和历史学家，现代奥林匹克运动的发起人。他于1863年1月1日出生于法国巴黎的一个非常富有的贵族家庭。1896年至1925年，他曾任国际奥林匹克委员会主席，并设计了奥运会会徽、奥运会会旗。由于他对奥林匹克不朽的功绩，被国际上誉为“奥林匹克之父”。

（三）具有竞赛规则、裁判与仲裁手段

竞赛规则是保证竞技体育开展公平竞争的法律性文件。它是以“法律面前人人平等”的基本原则为基础构成的。竞赛规则的核心是对等，它不承认除身体、心理技术以外的任何不平等。种族、财产、地位、阶级、运动经历等，在竞技体育的比赛中都是没有意义的。

运动竞赛规则具有模拟社会法规的性质，第一，竞赛规则和任何法律一样，必须明确规则适用的条件。各种不同的项目适用不同的规则，不同性质和级别的比赛，要指定特殊的条款，一般不能借用和类推。第二，竞赛规则必须对赛场上的各种动作行为做出明确的规定，并说明哪些是允许的、要求的或禁止的，以供运动员、教练员遵守。第三，和一切逻辑上完整的法律一样，竞赛规则也指明了违反规则后应承担的后果。任何竞赛规则都具有罚责，并规定了对违例行为的处理方法。比赛之所以能使激烈竞争中的双方保持清醒的头脑，做到令行禁止，和规则具有的强制性是分不开的。第四，竞赛规则要明确指出判别胜负（得分与失分，成功与失败）的原则和指标，与一般法律是不同的。第五，竞赛规则必须具有权威性，它必须形成文字，经过国家的体育权力机构或国家单项运动联合会审定公布，任何人都无权随意修改和解释。

运动竞赛单靠规则做文字上的制约，由运动员自觉执行是不够的，还必须靠一定的社会控制来实现，这就是执行规则的裁判、检查、仲裁系统。此外，它有时候还必须借助新闻舆论的监督作用。这一点是竞技体育高度组织化、制度化的标志，区别于一般的游戏活动。

（四）竞技体育追求既定的功利目标，传播和宣传某种价值观念

竞技体育追求明确的功利目的，而且，这些功利目的是公之于世的。竞技体育的竞赛活动首先要靠规则来确定比赛各方的强与弱、快与慢、高与低、多与少、重与轻、长与短、大与小等数量上的等级和差别。然后决定胜与负和名次的先与后，随之而来的是给优胜者颁发锦标、奖章、物质奖励以及其他的社会荣誉和社会利益。资本主义社会注重个人的物质奖励和新闻舆论知名度，因而也会得到广告、就业方面的好处。社会主义社会则强调爱国主义、集体主义道德品质等社会效益，也适当地给予物质奖励。这种表彰与奖励以集体主义、爱国主义为前提，是对运动员教练员辛勤劳动的肯定和报偿。当国家经济体制从计划经济向市场经济过渡之后，竞技体育“职业化”已经成为一种发展的必然趋势，对物质奖励的重视程度也有大的变化，但重视爱国主义、集体主义道德品质的原则和前提没有改变。

（五）竞技体育具有完整的组织体系和严格的规章制度

国际上，有以国际奥委会为统领的各种体育组织，各国也都设立了竞技体育的管理机构。各国由于国情的不同，都确定了不同的训练体制和竞赛体制，形成了不同的运动员成才途径。同时还颁布了一系列的有关运动员、教练员、裁判员的等级制度、奖励制度。目前，世界各国在这方面都有加强的趋势，并出现了东西方取长补短、相互借鉴学习的势头。

三、竞技体育的现代社会价值

（一）激励人类的自我奋斗精神

人类在自身的发展过程中，不断地适应自然和改造自然，并不断追求新的成就及新的突破。竞技选手们永无止境地追求，向着更快、更高、更强目标不断前进。运动员在运动训练中所培养并在竞赛中所展现出来的竞争性，正是人类生存与发展所要具备的重要素质。

（二）满足社会生活的观赏需要

随着现代社会的发展，人类主体意识的觉醒，人们自身的需求也发生了巨大变化。现代人不仅仅追求物质生活的满足，对精神生活的需求也在逐步提高。观赏高水平的竞技运动比赛已经成为人们闲暇生活的重要内容。运动员高水平的技能展示不仅能够让人们感受到生命的力量，更能使其得到美的享受。

（三）显示国家的整体实力

现代竞技体育已成为一个国家政治、经济、文化及科技等综合实力的表现。其结果不

仅涉及运动员的荣誉，更关系到一个国家及民族的荣誉。而一个国家竞技水平的高低往往代表着这个国家综合国力的强弱。目前，竞技体育实质上已经成为国家之间政治、经济、科技等多种因素的竞争与较量。

（四）促进社会大众的体育参与

优秀运动员在竞技赛场上表现出力与美的结合、勇与智的对抗、高超的技艺以及顽强的意志，都会成为青少年参加体育活动的榜样和动力。奥运会及精彩纷呈的各类竞技运动比赛的举行，都会推动大众体育的发展。我国自推行《全民健身计划》和《奥运争光计划》以来，竞技体育与大众体育的发展正逐步形成良性的协调机制。竞技体育运动的发展推动了大众体育活动的开展，大众体育的发展也为竞技体育的发展创造了良好的社会环境。这种体育内部的交融现象大大促进了现代体育的发展。

思　考　题

1. 通过学习，你如何理解校园体育文化的内涵？
2. 结合自己所在学校的实际情况，列举一些你周围的体育文化现象。
3. 你认为，你们学校应该如何加强校园体育文化建设？
4. 发展大众体育文化有哪些积极意义？
5. 竞技体育文化有哪些特点？
6. 试述竞技体育的社会价值。

第四章 田径运动

体育运动作为预防疾病的手段,对现代社会的人来说,越来越成为生活中必不可少的组成部分。这是其他任何东西都无法代替的。

——普罗科普

学海导航:

田径是世界上最为普及的体育运动之一,也是历史最悠久的运动项目。它是古代奥运会的主要竞赛项目,第一届古代奥运会就有短跑比赛,以后又逐渐增加了跳跃、投掷等比赛项目。第一届现代奥运会同样把田径列为主要比赛项目,它与游泳、射击被视为奥运金牌三大项目,51 枚金牌也是奥运金牌最多的项目,“得田径者得天下”也由此而来。田径运动项目众多,对场地器材要求简单,便于群众参与。本章将主要向大家介绍田径运动中一些基础性单项的相关知识。

知识目标:

1. 知晓田径运动的分类方法。
2. 了解接力跑的交接棒方法。
3. 了解跳远的技术原理,体会体育运动的科学性。

能力目标:

1. 掌握蹲踞式起跑技术。
2. 掌握弯道跑技术。
3. 掌握蹲踞式跳远技术。
4. 掌握背向滑步推铅球技术。

第一节　田径运动概述

一、田径运动的起源与发展

田径运动是随着人类社会的发展逐步产生和发展起来的。在远古时代，人们为了生存和获得生活资料，在与大自然的斗争中，逐步形成了走、跑、跳跃、投掷等各种生活技能，并代代相传，产生了模仿跑得快、跳得高、跳得远、投得准、投得远的动作。

公元前 776 年，在希腊奥林匹克村举行的第一届古代奥运会上，就有短跑比赛，以后又逐渐增加了跳跃、投掷等比赛项目。1896 年，在希腊雅典举行的第一届近代奥林匹克运动会把田径列为主要比赛项目，并按单项设奖，同时规定每 4 年举行一次。

我国最早的田径比赛是 1890 年在上海教会学校约翰书院举行的，以田径为主要项目的运动会。1913 年，我国第一次参加了远东运动会田径比赛。在新中国成立前的半个世纪里，我国举行了七届全国运动会，参加了十届远东运动会。但是，旧中国劳动人民生活水平低，田径运动得不到发展，田径成绩十分落后。

新中国成立后，党和国家非常重视体育运动。随着国民经济的发展，我国田径运动得以蓬勃发展，在高校体育教学制度及《国家体育锻炼标准》中，田径项目被列为主要内容。当今世界正面临着一场全方位的科技革命，以信息技术、生物技术、新材料技术、新能源技术、基因工程技术、空间技术为主体的新科技群的形成，其高科技成果已逐渐被运用于现代竞技体育运动中，现代体育进入了科技体育的新时代。

现代科技对群众体育进行科学研究和科学指导，使群众体育锻炼科学化，增强了人们的体质，同时更激发了人们从事体育活动的积极性。现代科技在运动场上的运用，使体育比赛更加精彩、激烈，更加引人入胜。

二、田径运动的分类

田径运动包括竞走、跑、跳跃、投掷，以及由跑、跳跃、投掷的部分项目组成的全能运动。它分为径赛和田赛两大类，人们把以时间计算成绩的竞走和跑的项目叫“径赛”，把以远度和高度计量成绩的跳跃和投掷项目叫“田赛”。径赛包括竞走、赛跑、跨栏跑、接力跑、障碍跑等项目。田赛跳跃项目包括跳远、三级跳远、跳高、撑竿跳高四项。投掷项目包括铅球、标枪、铁饼、链球四项。全能比赛由田赛和径赛中的部分项目组成，各单项按照《田径全能运动评分表》换算出分数后相加计算成绩。

三、田径运动的锻炼意义

田径运动是增强学生体质，对广大青少年进行社会主义精神文明教育的手段之一，在各学校体育教学中占有很大比重。田径运动项目较多，锻炼方法也很多，场地设备却比较简单，练习时一般不受人数、时间、季节、气候等限制，便于在各级学校广泛开展。

经常系统、科学地从事田径运动,能促进人体的新陈代谢,改善神经系统的调节功能,提高心血管系统、呼吸系统及其他内脏器官的机能;能全面发展力量、速度、耐力、灵巧、协调性,提高运动素质,促进人的正常发育,增进健康水平;还能提高人的走、跑、跳、投的技能成绩,从而保持和提高人体在生活和工作中的适应能力,并可延缓人体衰老过程。通过田径运动的教学训练,可以不断提高运动技术水平,对学生进行爱国主义教育,培养人的勇敢、顽强、坚韧、果断等意志品质。因此,田径运动是高校体育教学和课外体育锻炼的主要内容,其他各项运动也把田径运动作为促进身体全面发展的有效训练手段。

第二节　径赛项目的基本技术

一、短跑

短跑也称为短距离跑,是指 60～400 m(包括接力)之间段落的跑。短跑是发展人体速度素质最有效的手段,是田径运动的基础项目。它是人体运动器官和内脏器官在大量缺氧条件下完成的最大强度工作,属于无氧运动。经常练习短跑,可以发展速度和速度耐力,增强大脑皮层的灵活性和无氧代谢能力,培养勇敢、顽强、坚忍不拔的意志等。

短跑技术是一个统一的整体,从起跑开始到终点,将分为起跑和起跑后的加速跑、途中跑及终点跑四个部分。全程跑的成绩,取决于起跑的反应速度、起跑后的加速跑能力、保持最高跑速的距离以及各部分技术完成的好坏。

(一) 起跑

起跑是指从起跑前预备姿势起到起动动作为止。起跑的任务是使身体迅速摆脱静止状态,获得向前的最大冲力,为起跑后的加速跑创造条件。在短跑比赛中,规则规定必须采用蹲踞式起跑,并使用起跑器,安装起跑器的方法,如图 4.1 所示。

起跑器的安装一般有普通式、接近式和拉长式三种方法,它们各有优点,安装时要因人而异,无论采用哪种方法,都必须符合下面的几个要求。

(1) 在预备时,身体感到舒适。

(2) 在起跑时,有利于肌肉发挥最大收缩力量。

(3) 起跑后,身体能保持较大的前倾。

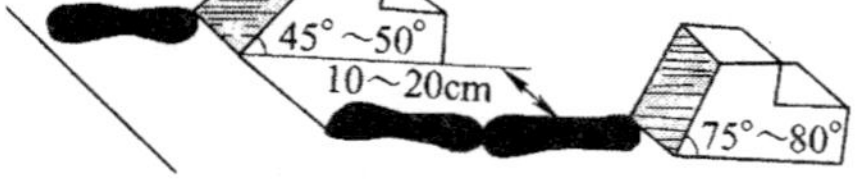

图 4.1　起跑器

图 4.2　两腿迅速蹬离起跑器

起跑过程包括"各就位"和"预备"口令及鸣枪。听到"各就位"口令,可作几次深呼吸,跑或走到起跑器前,两手撑地,依次将有力的脚放在前起跑器上,另一只脚放在后起跑器上,两脚掌要贴在起跑器的踏板上,后膝跪地,两手虎口朝前,拇指相对置于起跑线后,两臂伸直与肩同宽(或稍宽于肩),颈部自然放松,两眼注视前下方 40～50cm 处,注意听信号。听到“预备”口令,平稳地抬起臀部,使之稍高于肩,身体重心适当前移,这时体重落在两臂和两腿上。听到鸣枪声,两手迅速离地,两臂屈肘作有力的前后摆动,同时两腿迅速蹬离起跑器,使身体向前上方运动,如图 4.2 所示。

(二) 起跑后的加速跑

从后腿蹬离起跑器到最高速度的一个跑段,称为起跑后的加速跑。其任务是充分利用向前的冲力,在较短距离内尽快地获得高速度。

当后腿迅速蹬离起跑器并结束前摆后,便积极下压着地,第一步的着地点应尽量靠近身体重心投影点。前腿蹬离起跑器后,也迅速屈膝向前摆动。起跑后,第一步的步长不宜过大,以后可逐渐增大到途中跑的最大步长。在加速跑的最初阶段,躯干前倾较大,随着步长和跑速的增加,躯干逐渐抬起直至并接近途中跑的姿势,同时两臂的摆动要与两腿协调配合,如图 4.3 所示。加速跑的距离一般为 20～30 m,男子用 13～15 步跑完,女子用 15～17 步跑完。

图 4.3　起跑后的加速跑

(三) 途中跑

途中跑是短跑中的主要段落,百米的途中跑距离约为 65～70 m,约占全程跑的 70%。其任务是继续发挥和保持较高的跑动速度。

当蹬地腿蹬离地面时,大腿积极向前上方摆出,小腿放松,随惯性向前运动,成自然折叠动作,其作用在于缩小摆幅,增加向前摆动的速度;此时,同侧髋关节应随之前送,当大腿摆到最高点时,小腿与后蹬腿几乎平行,大腿积极下压,膝关节放松,小腿随惯性向前摆动,脚掌保持自然放松姿势,用前脚掌做“扒地”动作。脚着地后由于身体随惯性前移和重力作用,膝、踝关节随之弯曲,从而缓冲了着地时支撑的反作用力所造成的阻力(缓冲时,身体不应有明显的下降),同时也拉长了支撑腿的伸肌,为后蹬作准备。当身体重心垂直线移过支撑点后,髋、膝关节依次伸展,此时踝关节随着身体前移继续压紧,当身体重心远离支撑点的一刹那,踝关节做迅速有力的蹬伸,完成后蹬动作。每一条腿的后蹬、折叠与前摆、着地与缓冲等动作都是相互依赖、相互影响的。正确的着地缓冲,为后蹬动作创造良好的条件,正确的前摆动作又为着地做好了技术准备,如图 4.4 所示。

图 4.4　途中跑

途中跑时头部正直，上体适当前倾，两臂做快而有力的前后摆动。臂前摆时，稍向内，手的高度超过下腭，并伴随同侧肩前送和异侧肩后引的动作；后摆时，肘关节稍朝外。臂前摆时大小臂角度小于90°，臂后摆时大小臂角度大于90°。正确的摆臂动作，不仅能保持身体的平衡，而且有助于加快两腿的动作频率和增大步长。

总之，短距离途中跑时，要步幅大，频率快，动作要轻松自然。身体重心移动力求平稳，避免上下跳动和左右摇晃。

(四) 终点跑

终点跑是全程中最后约15～20 m的一段距离。它的任务是尽力保持途中跑的高速度，并跑过终点。这段技术与途中跑基本相同，但因后程出现疲劳，容易造成技术变形，因此，此时要特别强调上体的前倾角度，并加快两臂的摆动速度和力量。在跑到离终点线15 m左右时，上体急速前倾用胸部或肩部撞线，并跑过终点，然后逐步减慢速度，如图4.5所示。

图4.5 终点跑

(五) 200 m跑和400 m跑的弯道技术

对于200 m跑和400 m跑，其一半以上的距离是在弯道上进行的，因此，为了适应弯道跑，在跑的技术上要有相应的变化，需改变跑的身体姿势、后蹬及摆动方向。

1. 弯道起跑和起跑后的加速跑

200 m跑和400 m跑起点在弯道上进行，应将起跑器安装在弯道跑道右侧，起跑器对着弯道的切点方向。起跑时，左手撑在距离起跑线后沿5～10 cm处，使身体正对着弯道的切点，如图4.6所示。弯道起跑后，为了尽快进入弯道，加速跑的距离要缩短，较大前倾的身体要早些抬起。

2. 弯道跑的技术

为了克服弯道跑时所产生的离心力，在进入弯道时身体应向内倾斜，右肩高于左肩，如图4.7所示，右臂的摆幅和力量都大于左臂，右臂前摆时稍偏向左前方，后摆时，稍偏向右后方，着地时右膝和右脚尖稍向内转，用脚掌内侧着地。左膝和左脚尖稍向外转，用脚掌外侧着地。从弯道跑进直道，应在弯道的最后几米，身体逐渐减小内倾程度，顺惯性跑2～3步。200 m跑和400 m跑要采用“匀速跑”方式，注意身体放松，步幅放开，调整好呼吸。

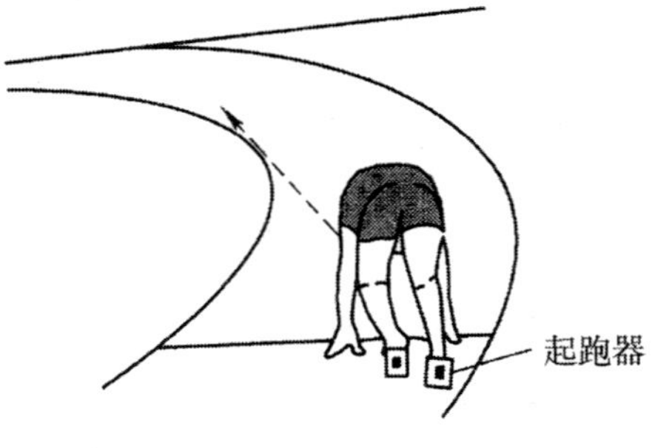

图4.6 弯道起跑

图4.7 起跑后的加速跑

二、接力跑

接力跑是田径运动中相互配合的集体径赛项目，它可以培养运动员的集体主义精神、动作协调能力和发展快速奔跑能力。接力跑的成绩不仅取决于每个运动员跑的速度，而且在很大程度上取决于运动员之间的相互配合和交接棒技术的好坏。接力跑比赛项目有 4×100 m 接力、4×400 m 接力和 4×800 m 接力。在群众性的体育活动中有迎面接力、火炬接力、越野接力等。

接力跑技术与短跑技术基本相同，其特点是在快速跑过程中进行传接棒，下面以 4×100 m 接力跑技术为例进行说明。

（一）接力跑的起跑

接力跑的起跑分为持棒起跑和接棒起跑两种。持棒起跑是指第一持棒人以右手持棒，采用蹲踞式起跑。按照规则规定接力棒不得触及起跑线和起跑线前的地面。持棒方法是右手的中指、无名指和小指握住棒的后部，拇指和食指分开撑地。

接力跑的起跑技术与短跑相同，但接棒起跑是指第二、三、四棒的起跑，他们常采用半蹲踞式或站立式起跑。接棒人站在接力区后端或起跑线内，两脚前后开立，两膝弯曲，上体前倾站立或一手撑地，身体重心稍向左偏或右偏，头转向后，当传棒人跑到标记线时，接棒人便迅速起跑。

（二）接力跑的传接棒方法

接力跑的传接棒方法主要有上挑式、下压式和混合式三种。

1. 上挑式接棒法

接棒人的手臂自然向后伸出，手臂与躯干约成 40°～50°角，虎口展开向下，掌心向下，拇指与其他四指自然张开，传棒人由下向上送到接棒人手中，如图 4.8(a)所示。这种方法的优点是接棒人向后伸手的动作比较自然，容易掌握。缺点是接棒后，手已握在接力棒的中部，待传给下一棒队员时，只能握住棒的前部，容易造成掉棒和影响持棒快跑。

2. 下压式接棒法

接棒人的手臂向后伸出，手臂与躯干约成 50°～60°角，手腕内旋、掌心向上，拇指与其他四指自然张开，虎口朝后，传棒人将棒的全部由上向下传到接棒人手中，如图 4.8(b)所示。这种方法的优点是每一棒次的接棒，都能握住棒的一端，不易掉棒，便于持棒人快跑。缺点是接棒人的手臂后伸时相对紧张和不自然。

(a)

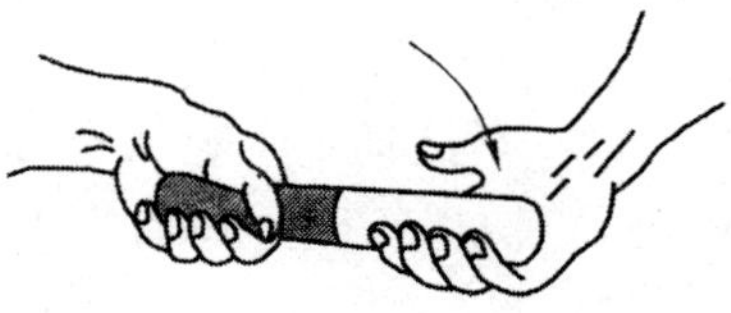
(b)

图 4.8　上挑、下压式接棒法

3. 混合式接棒法

混合式接棒法综合了上述两种传接棒的优点。第一棒队员用右手持棒起跑，沿跑道内侧跑进，用“上挑式”将棒传到第二棒队员左手中，第二棒队员沿跑道外侧用“下压式”将棒传到第三棒队员的右手中，第三棒队员沿跑道内侧用“上挑式”将棒传到第四棒队员左手中。

（三）传接棒的位置和起跑标志线的确定

田径规则规定，运动员必须在 20 m 接力区内完成传接棒，接棒人站在预跑区内或接力区的后端，待传棒人到达标志线时便迅速起跑，跑到合适的位置，当传棒人离接棒人约 1.5 m 处立即发出“接”的信号，接棒人迅速后伸手臂接棒。

接棒队员为了发挥出应有的速度，必须有适当的起跑距离，通常将这个距离作为标志线。标志距离是根据传接棒的两名运动员跑速确定的，标志线设置的位置一般在预跑线的 4～6m 处做一个启动标志，然后进行反复练习，最后确定准确的距离。

（四）接力跑各棒队员的安排

接力跑中的 4 名队员在分配上应尽量发挥每个队员的特长。一般来说，第一棒应安排起跑好，并善于跑弯道的队员；第二棒应安排专项耐力好，善于传接棒的队员；第三棒队员除具备第二棒的条件外，还要善于跑弯道；第四棒要安排短跑速度最快、冲刺能力强的队员。

三、中长跑

中长跑是中距离跑和长距离跑的合称。中长跑的特点是跑步距离长、时间长，肌肉处于连续运动状态，它要求人体具有一定的速度和持久的耐力。经常参与中长跑运动能增强呼吸系统、血液循环系统、运动肌肉骨骼系统以及内脏器官的功能，能够发展耐力素质，培养坚强意志和吃苦耐劳精神。

（一）中长跑技术

中长跑技术包括起跑、起跑后的加速跑、途中跑和终点冲刺等技术环节。中长跑技术不论是距离长短，还是速度快慢，跑的动作在结构上均与短跑技术基本相同，只是速度快慢时技术细节上有些变化。中长跑技术特别强调经济性和实效性，也就是说，跑时肌肉用力有紧张（工作）、有放松，跑得越轻松、越自然，越能持久。

1. 起跑和起跑后的加速跑

中长跑规则规定，中长跑要采用“站立式”起跑，如图 4.9 所示。起跑是由“各就位”口令和“鸣枪”两个阶段完成。

图 4.9 “站立式”起跑

听到“各就位”口令时，运动员迅速从集合线站到起跑线处，两脚前后自然开立，将有力的腿放在前，前脚跟与后脚之间的距离约为一脚长，后脚用前脚掌着地，两腿弯曲，上体前倾，身体重心落在前腿上，与前脚异侧的臂自然弯曲在体前，与前脚同侧的臂在体侧，身体保持稳定姿势，集中注意力听鸣枪。

听到鸣枪后，两腿用力蹬地，后腿迅速前摆，前腿充分蹬直，两臂配合两腿动作用力前后摆动，使身体迅速向前跑出，此时完成起跑任务。起跑后进入加速跑，起跑后的加速跑过程中，上体前倾稍大，摆臂、摆腿和后蹬的动作都应迅速积极。加速跑的距离根据项目、个人特点及比赛情况而定。

2. 途中跑

中长跑的途中跑在全程中距离最长，技术好坏对成绩影响很大，所以途中跑是中长跑技术的主要部分。

(1) 上体姿势。途中跑时上体姿势应自然伸直，适度前倾。这样可为肌肉和内脏器官的活动创造有利的条件。在速度加快时，上体稍前倾，头部自然与上体成一条直线，两眼平视，面部、颈部及躯体的肌肉要自然放松，如图 4.10 所示。

图 4.10　上体姿势

(2) 两臂动作。正确的摆臂可以帮助维持身体平衡和加快腿部动作的速度。中长跑时，两臂稍微离开躯干，肘关节自然弯曲，以肩为轴前后自然摆动，摆幅要适当。肘关节的角度在摆臂过程中有变化，进行直道跑时，当臂摆到躯干的垂直部位时，其角度要比向前摆动的角度大一些，而向后摆动的角度要比垂直部位时又要大些。进行弯道跑时，右臂摆幅向前大一些，向后摆幅小一些，左臂靠近身体前后摆动，摆幅向前小些，而向后要大些。这样做能使肌肉得到短时间放松，同时摆臂也应根据跑速有一些变化。

(3) 腿部动作。当身体重心移过支撑点后，摆动腿由大腿带动小腿继续向前摆，在腿部的摆动配合下，髋部向前送出，蹬地腿迅速有力地伸髋、伸直膝、伸踝关节。在摆动腿前摆的过程中，膝关节和小腿自然放松。其特点是身体重心移动平稳、步幅适中、节奏快、频率高。掌握好途中跑的技术，跑起来会轻松省力、效果好。

中长跑的途中跑一半以上是在弯道上进行，弯道跑的技术与短跑技术相同，只是动作的幅度与用力程度较小。

3. 终点冲刺

终点冲刺是临近终点的一段加速跑，当进入最后直道时，要竭尽全力进行终点冲刺，终点冲刺的距离应根据自己的体力、训练水平和战术来决定，撞线技术与短跑相同。

名人堂：塞巴斯蒂安·科

塞巴斯蒂安·科，科男爵，KBE(1956 年至今)，生于英格兰伦敦，是英国著名田径运动员。他在 1979 年仅仅用了 41 天的时间，就接连打破了男子 800 m、1500 m 和 1 英里跑 3 项世界纪录，成为 50 多年来第一个同时保持男子 800 m 和 1500 m 跑世界纪录的选手。他于 1980 年和 1984 年两夺奥运会 1500 m 金牌和 800 m 银牌，整个运动生涯先后 12 次刷新世界纪录。1988 年汉城奥运会后退出国家队，1990 年退役。2004 年出任伦敦奥申委主席，2005 年为伦敦赢得奥运会主办权，并被英国女王授予爵士勋章，而他在 2012 年伦敦奥组委主席的位置上表现得依然很成功。

4. 中长跑时应注意的几个问题

正确的呼吸对机体的氧气供给有着重要意义，并能加强跑时的持久性，改善气体交换和血液循环条件。

在中长跑时，为了加大肺通气量，以满足肌体的需要，一般呼吸时可采用口鼻呼吸，呼吸的节奏同跑的节奏相吻合，通常采用三步一呼、三步一吸或两步一呼、两步一吸，嘴微微张开。

途中跑到一定阶段，运动者，特别是初学者往往会胸部发闷，呼吸和跑的节奏变形，出现呼吸困难、四肢无力和难以跑下去的感觉，这种现象称为中长跑中的“极点”。“极点”是正常的生理现象，因此，在练习过程中当“极点”出现时，要以顽强的意志为支撑，坚强地跑下去，加深呼吸，适当调整跑速，跑一段距离后，难受的感觉就会减轻，呼吸也会均匀起来，并能继续跑很长时间，这在生理上称为“第二次”呼吸的来临。产生“极点”现象的原因是由于跑时氧气的供应落后于肌肉活动的需要，肌肉活动的强度很大，产生了大量的代谢产物，这些产物需要及时运走，但由于内脏器官的惰性不能很快运出，就出现了“供不应求”的现象。克服“极点”现象是培养顽强意志的过程。

(二) 中长跑战术

战术是在比赛中充分发挥技术和能力并取得较好成绩的方法。中长跑有速度分配问题，即为战术。制定战术要因人而异，一般有下列几种战术。

1. 匀速跑战术

匀速跑战术是指前段和后段用均匀速度跑完全程的战术。这种方法对中长跑全程中体力分配较有利，对训练水平不高的运动员效果较好。

2. 跟随跑战术

跟随跑战术是指出发后始终跟随领先者或小集团后面的战术。速度好、冲刺力强，而耐力一般的运动员可采用此方法。跟随者比领先者体力消耗要少，可以获得较好的名次。

3. 领先跑战术

领先跑战术是指运动员出发后或在跑了一段距离后，占据领先位置尽力保持较高速度，直至领先到达终点的战术。耐力好而速度差的运动员可采用此方法，能充分发挥耐力好的优势。

4. 领先与跟随交替战术

领先与跟随交替战术是指力量相当，为取得好名次而采用的战术。在中长距离全程跑的各段中，领先者为了甩掉对手，在领先跑时采用突然加速，或者减速跑，以打乱对手的奔跑节奏，消耗对手的体力。

（三）越野跑

越野跑是一种在野外自然条件下，选择一定路线进行的长距离比赛项目。它不受场地和器材限制，能充分利用大自然条件，可以发展人的耐力、灵敏性和弹跳能力等素质。由于在不同的自然环境和条件下进行，越野跑时应注意以下几点。

(1) 在公路上跑时，要适当缩短步长，加快步频。因为公路坡度变化大，腿部负担不均衡，易产生局部负担过重现象，因此要步幅小，用全脚掌着地，并且呼吸的节奏要与速度相适宜。

(2) 在沙滩地带跑时，步子要小，上体稍直，高抬大腿用全脚掌着地，落地要轻。

(3) 在野外或公园跑时，需要注意地势的变化，落地动作要小心，上坡时，上体适当前倾，加大两臂摆动，大腿高抬，步子要小，用脚前掌着地跑上去。下坡时，上体稍直，步子可大一些，用脚跟着地，随惯性跑进。

(4) 在草地跑时，用全脚掌着地，眼看前下方，以免乱草缠绕或碰撞石头及树根等物。

第三节　田赛项目的基本技术

一、跳高

跳高项目是历史悠久的田径运动项目之一，也是克服垂直障碍的跳跃项目。目前在田径运动竞赛中，背越式跳高技术占有明显的优势，是世界上公认的最适合跳高的技术，然后是俯卧式跳高技术，原有的剪式跳高技术、跨越式和滚式跳高技术已基本上被淘汰。在我国学校体育教学中还保留着动作简单的跨越式跳高技术。

跳高技术是由助跑、起跳、过杆和落地几部分组成，这些动作是紧密相连、互相配合的整体。经常练习跳高，可以增强腿部力量，提高弹跳力，发展灵活性、柔韧性和协调性，培养勇敢、机智、果断等素质。

人体通过助跑和起跳，以背对横杆的姿势越过横杆的跳高方法称为背越式跳高。它的技术特点是弧线助跑、起跳、起跳后背越横杆，如图 4.11 所示。

背越式跳高的优点在于它能更充分地利用助跑速度，通过合理的起跳动作使人体向上腾起，并能充分地利用身体重心腾起的高度顺利地越过横杆。其动作简单自然，容易掌握。

图 4.11 背越式跳高

（一）助跑

背越式跳高的助跑是为了使人体产生向前的速度，以增加起跳时的支撑反作用力，加快起跳动作的速率，从而提高蹬地效果，并为顺利过杆创造条件。助跑一般包括助跑路线、起动方式、助跑距离、助跑技术、助跑节奏等几个方面。

背越式跳高的助跑一般跑 8～12 步，前段跑直线，后段跑 4～6 步并呈弧线。助跑从摆动腿一侧开始，起跑点与起跳点的连线与横杆垂直面的夹角约 70°。弧线一般呈不等半径的抛物线形，起跳点的切线与横杆垂直面的夹角约 20°～35°。一条理想的背越式跳高助跑路线应具备以下几个特点。

（1）开始助跑平直易于发挥。

（2）助跑从直段转弧，要跑得平稳、圆滑、自然。

（3）弧线半径逐渐缩小，便于转体和身体内倾，降低重心。

（4）起跳后腾空路线应与横杆有一定夹角。

背越式跳高助跑路线的丈量方法很多，本教材介绍走步丈量法。从起跳点 A 向助跑一侧沿横杆平行方向走 5 步，然后向右转 90°，垂直横杆方向往起跑点方向走 6 步，作一个标记点 B（直线与弧线的交点），再继续向起跑点走 7 步作一个标记点 C，即为助跑的起点。这种方法制定的助跑路线是一条比较合理的助跑路线，丈量简便易行，如图 4.12 所示。

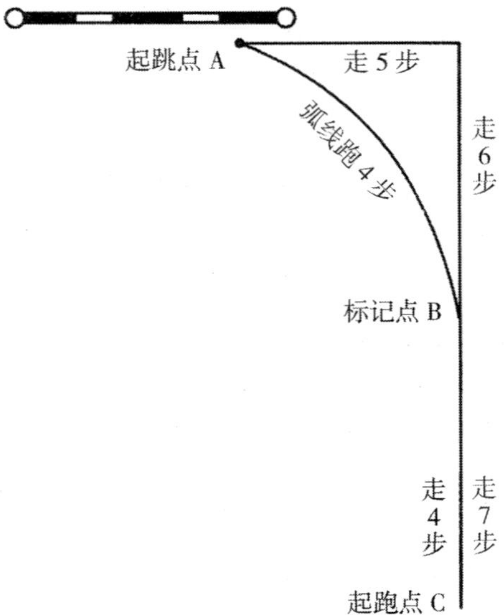

图 4.12 合理的助跑路线

一般背越式跳高的助跑采用行进间走几步或慢跑几步开始，前几步的直线跑与加速跑相似，逐渐加速，转入弧线跑时，跑的动作与弯道跑相似，只是身体重心起伏不大，上体前倾角小或基本正直，后蹬角略小，并做充分有力的后蹬，摆动腿大腿积极前摆，以膝带髋迅速前移，既要保持一定步幅，更要尽量加快步频，跑的动作要快速、连贯、轻松、自然，要有明显的节奏感。

人体沿弧线助跑时，由于向心力的结果，要向圆心方向倾斜，使得身体重心轨迹线与足迹线不相吻合，这就使人体重心比直线跑时的位置相对降低，因而不需要像直线跑那样在起跳前做专门降低重心的动作，这为加快助跑和快速有力地起跳提供了有利条件。另外，在起跳时身体由倾斜变为垂直，身体重心轨迹与足迹线在起跳点重合，使起跳的垂直冲量通过身体重心的移动得到提高，从而增加起跳效果。

快速助跑是背越式跳高的显著特点之一，在顺利完成起跳的前提下，应尽量加快跑速和发挥良好的助跑节奏。

名人堂：郑凤荣

郑凤荣(1937 年至今)，女子跳高运动员，山东省济南市人，我国第一个跳高运动健将。历任中国体育服务公司副总经理、中国田径协会副主席。1965 年加入中国共产党，是第三届全国人大代表，第五、六届全国政协委员。1953 年被选入国家田径集训队。1957 年在柏林国际田径比赛中，以 1.72 m 的成绩获女子跳高第一名。同年 11 月 17 日的北京田径比赛中，她成功地跳过了 1.77 m，打破了由美国运动员 M. 麦克丹尼尔保持的 1.76 m 的世界纪录。她因而成为我国第一位打破世界纪录的女运动员，也是我国第一位打破田径世界纪录的运动员，是 1936 年以来亚洲第一位打破田径世界纪录的运动员，曾获国家体育运动荣誉奖章。

（二）起跳

背越式跳高的起跳是人在助跑基础上，迅速转变运动方向并充分向上腾起，为过杆做好准备。起跳是跳高技术最关键的一环，要求助跑的最后几步与起跳的衔接要自然和紧凑。起跳点靠近助跑一侧，并距离横杆投影面 60～100 cm，起跳脚踏上起跳点时，基本上与弧线的切线一致，与横杆有一定夹角。

助跑的最后一步摆动腿着地时，身体保持内倾姿势，随着摆动腿的有力后蹬，推动骨盆迅速前移，同时，起跳腿向前迈出，大腿积极下压，以脚跟外侧着地后，很快向前滚动，完成“迈步”动作。这时随助跑的惯性，身体由倾斜转为竖直，摆动腿折叠前摆，起跳腿伸肌进行退让性工作，使其屈膝向上，向内迅速摆起，同时蹬伸起跳腿，配合腿的蹬伸动作摆臂、提肩、拔腰，从而完成整个起跳动作。

起跳时迈步着地，退让缓冲和蹬伸摆动是紧密衔接和瞬间完成的。快速起跳也是背越式跳高的显著特点之一。

（三）过杆和落地

过杆和落地的任务是充分利用人体重心腾起的高度顺利地越过横杆，并安全落地。

起跳时由于骨盆已经转动，身体离地后向高处“旋起”，身体沿人体重心弧线的切线向上跃起，并逐渐转向背对横杆，这时摆动腿下放，起跳腿自然下垂，头肩（或臂）继续飞向横杆并领先过杆。过杆后要仰头、潜肩臂，同时大腿向下、小腿后弯、骨盆向上翻转，使髋部充分伸展并抬高，形成杆上背拱成“拱桥”的仰卧姿势，这时人体继续围绕横杆旋转，髋部的伸展动作要延续到臀部越过横杆，而后过杆的两臂做向前的动作，同时借助背拱时的反弹作用力，把未过杆的两腿迅速踢直上举，使其越过横杆。过杆后采用肩背着地，落在海绵垫上，也可顺势后翻，进行缓冲，保证人身安全。

二、跳远

跳远项目是人体运用快速助跑和积极起跳，通过合理的空中姿势和落地动作，使人体跳越尽可能远的距离的跳跃运动项目，也是田径运动中最古老的运动项目。经常练习跳远可以有效地发展速度、力量、灵敏性等身体素质，能够增强心、肺功能，调节神经系统的灵活性，提高身体各部分的协调能力，培养勇敢、顽强、果断等品质。

跳远技术是一个完整的统一体，它包括助跑、起跳、腾空和落地四部分。

（一）助跑

助跑是为了获得较高的水平速度，并为准确地踏板和起跳做好准备，它在跳远技术中占有重要位置。

助跑的开始方法有两种：一是从静止开始“半蹲踞式”或“站立式”起动；二是从行进间开始，先走或慢跑几步再进行助跑。前者助跑方式较稳定、准确，后者较轻松、自然。

助跑的加速方法也有两种：一是积极加速，这种跑法步频较高，发挥速度较快；二是逐渐加速，其步频开始较低，发挥速度较慢。以上两种方法都要求在起跳前达到助跑的高速度，并有利于准确地踏板和正确地起跳。

助跑开始几步身体前倾较大，着地点离身体重心投影点较近，两臂配合摆动腿积极摆动。到助跑中段时躯干略前倾近似垂直，摆动动作的幅度加大，着地后身体要迅速前移，支撑腿迅速做充分的后蹬，使蹬腿与摆臂协调配合，跑得轻松自然。最后几步助跑是跳跃技术中的重要环节。跑的动作没有明显变化，上体基本垂直，仍保持较大的步幅，步频较大，腿着地支撑时，不要过多屈膝、屈髋，避免身体重心过于下降，倒数第二步摆动腿着地时，膝和关节轻度弯曲缓冲，随之做快速而充分的后蹬，起跳腿迅速前迈并准确地踏上起跳板。从助跑起点到踏跳板的距离称为助跑距离。技术水平高的运动员其助跑距离要求长，一般达到 30 m 以上，跑 18～20 步。助跑要求全程节奏稳定，最后几步快速有力，加速积极，为快速起跳做好准备。

（二）起跳

起跳的任务是改变身体重心向前运动的方向，这是跳远技术中最重要的技术环节。它要求在高速助跑情况下，通过准确、快速、有力的起跳，获得理想的腾起初速度和适宜的腾起角（一般为 18°～24°），使人体向空中腾起，腾起的初速度是决定跳远成绩的主要因素。起跳技术包括起跳脚的着地(或着板)、退让、蹬伸和摆动动作。

1. 起跳脚的着地(或着板)

着地动作要求尽量减少冲撞力,并为身体重心前移创造条件。起跳腿着地前,大腿抬得比短跑时要低些,大腿积极向下压,小腿迅速前伸,脚掌运动方向应向下,应积极用前脚掌快速"扒地",着地时用起跳脚的脚跟先着地,并迅速滚动转为全脚掌支撑,着地时要快速和积极,但动作要柔和轻巧而有弹性。着地腿的向后"扒地"动作与摆动腿的积极摆动要紧密配合,如图 4.13 所示。

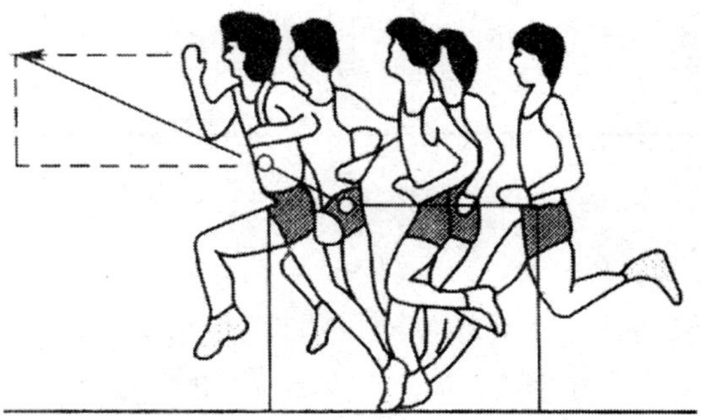

图 4.13 起跳脚的着地(或着板)

2. 退让

着地后由于水平速度的惯性力和重力作用,起跳腿要及时屈膝、屈踝进行"退让"缓冲,同时迅速使身体前移,这是减少速度损耗和完成快速起跳的重要条件。同时还应用力伸背提髋,上体保持较直姿势,使身体重心处于较高位置。

3. 蹬伸

当身体重心接近起跳腿的支撑点时,小腿迅速有力地蹬伸,使髋、膝、踝三个关节充分伸展,同时摆动腿以膝关节领先,积极向前上方摆起,两臂配合腿部动作,用力上摆。蹬伸动作与腾起初速度关系密切,蹬伸动作越快,腾起初速度越大,跳远成绩也越好。蹬伸需要整个身体协调配合,同时提肩拔腰,摆腿摆臂,起跳腿的蹬地角约为 75°。

4. 摆动动作

起跳时摆动动作包括摆腿和摆臂。摆腿采用屈腿,迅速向前上摆起,大腿摆到与地面平行,小腿自然下垂,两臂前后交叉摆起,腿和臂摆到一定高度要"突停",使摆动腿的动量施加在支撑腿上,以加大蹬伸力量,提高起跳效果。

(三) 腾空

起跳后,在空中所做的动作是为了维护身体平衡和为落地创造有利条件。腾空后,上体基本垂直,摆动腿大腿高抬与地面平行,小腿自然下垂,起跳腿自然留在身体后,两臂在体侧维持平衡,成"跨步"飞跃姿势,这种姿态称为"腾空步"。不同的跳远技术,其腾空动作有不同的技术形式和要求。根据腾空后人体在空中的姿势,可将跳远分为蹲踞式跳远、挺身式跳远和走步式跳远 3 种。这里主要介绍前两种。

1. 蹲踞式跳远

"腾空步"后,上体与头部正直,两臂向前上方举,随之起跳腿逐渐向摆动腿靠拢,屈膝向胸部靠近，在空中形成“蹲踞”姿势，接着大腿上举，小腿前伸，相应地上体前倾，两臂配合腿部动作向前、向下和向后摆动，两腿伸直向前落下，如图 4.14 所示。蹲踞式跳远的动作简单易学，适合初学者采用。

图 4.14　蹲踞式跳远

2. 挺身式跳远

“腾空步”后，摆动腿的膝关节放松伸展，小腿自然地向前、向下、向后成弧形摆动，两臂在体侧向外伸展(略向上)，起跳腿向摆动腿靠拢，挺胸展髋，形成空中挺身展体姿势。挺身式空中动作，能充分拉长身体躯干前群肌肉，然后快速收腹举腿并前伸小腿，上体前倾，同时两臂经由体侧从后上方，向前、向下、向后方摆动，身体顺势落地，如图 4.15 所示。

图 4.15　挺身式跳远

（四）落地

正确的落地动作有利于跳远成绩的提高并能防止伤害事故。完成腾空动作后，落地前两腿尽可能向前高抬和伸直，上体适当前倾。即将落地时，膝关节迅速弯曲，脚尖自然勾起，小腿前伸，两臂屈肘积极向前摆动，脚跟触及沙面后，两腿迅速屈膝缓冲，髋部积极前移，身体向前或向侧倾倒移过支撑点，安全完成落地。

三、推铅球

田径规则规定，推铅球是在直径 2.135 m 的圆圈内进行比赛，男子比赛用铅球重量为 7.26 kg，女子比赛用铅球重量为 4 kg，青少年和初学者可用轻球学习或比赛。它要求投掷者以单臂从肩上把铅球推出去，铅球要落在 40°角的扇形区域内，当投掷者开始试掷后，身体任何部分不得触及投掷圈和圈以外的地面，待身体稳定之后，再从投掷圈的后半部走出。经常从事推铅球练习，能发展学生的速度、爆发力、灵敏性、协调性等身体素质，并能培养学生坚毅、顽强的意志品质。

推铅球技术一般分为侧向滑步推铅球、背向滑步推铅球和旋转推铅球三种。一般主要介绍侧向滑步推铅球和背向滑步推铅球。推铅球是一个完整连贯的技术动作,从技术上可分为握球与持球、预备姿势、滑步、最后用力及维持平衡五个部分。

（一）握球与持球

握球手的五指自然分开,手腕向背侧弯曲。将球托在食指、中指和无名指的指根上,拇指和小指自然地扶在球的两侧,以防止球的滑动。手指、手腕力量较强的人可将球适当地向手指上移一点,这样可以更好地发挥推铅球的杠杆作用。不能把球放在手掌心内,以防影响手指、手腕在推铅球时的拨球动作。铅球握好后,应把铅球放在锁骨窝处,要贴靠在颈部,使球稳定以减轻负重,如图 4.16 所示。

图 4.16　握球与持球

（二）预备姿势

1. 侧向滑步推铅球

身体左侧正对投掷方向,脚左右开立约与肩同宽,右脚外侧靠近投掷圈后沿,左脚用前脚掌内侧着地。右臂抬起与肩平,手腕微向外展,手掌心向前,右臂自然微屈上举。

2. 背向滑步推铅球

背向滑步推铅球的预备姿势有高姿势和低姿势两种。高姿势是指持球后背对投掷方向,站在投掷圈内靠近后沿处。两脚前后开立,右脚在前,脚尖贴近投掷圈内沿,脚跟面向投掷方向,左脚在后并以前脚掌或脚尖着地,膝部自然弯曲,持球臂略低于肩,左臂自然上举,上体正直放松,重心落在右脚上,两眼看前下方,如图 4.17 所示。低姿势是指持球后背对投掷方向,站在投掷圈内靠近后沿处。两脚前后开立,右脚在前,脚尖贴近投掷圈内沿,左脚在后,前脚掌和脚尖着地,与右脚相距两脚掌长度,上体前屈,左臂自然下垂并稍向内,重心落在右脚上,两眼看前下方,如图 4.18 所示。

（三）滑步

滑步是推铅球过程中的助跑阶段,它的目的是为了使投掷器械先获得一定的速度,为最后用力创造良好的条件。实践证明,同一个人原地推铅球比滑步推铅球的成绩低 1.5～2.5 m。进行滑步时,身体要保持良好的平衡,各部分的动作要协调配合,整个动作要连贯和稳定加速。

图 4.17 背向滑步推铅球高姿势

图 4.18 背向滑步推铅球低姿势

开始滑步前，一般先做 1～2 次预摆，目的是为了使身体处于良好的预备姿势。摆动腿向投掷方向摆出，上体自然向右倾，左臂半屈伸出于胸前。接着右腿屈膝下蹲，左腿屈膝回摆靠近右腿，上体向右倾斜并接近水平，收腹含胸，此时身体重心应略微后移，左腿向左侧摆出，同时，右腿用力侧蹬，摆动与蹬伸同时进行。右腿充分蹬伸后，迅速收拉小腿，使前脚掌沿地面滑至投掷圈圆心附近，脚尖稍内扣，使脚与投掷方向约成直角状态，同时，左脚积极下压，以前脚掌内侧先着地，着地于投掷圈正中线的左侧约 10 cm 处，形成最后用力的良好姿势。两脚落地的间隔要短，但并不是两脚同时落地，如图 4.19 所示。

图 4.19 滑步

（四）最后用力

最后用力是推铅球技术的主要环节，它直接影响推铅球的出手速度、出手角度和出手高度。

滑步后，当左脚一落地就开始最后用力，右脚迅速用力蹬地，脚跟提起，膝盖向内转，同时髋部前移并向左转，上体在转动中逐渐抬起面向投掷方向。同时，左臂旋转，经体前带领左肩边移、边抬、边转至投掷方向。紧接着，右腿开始转蹬，两腿进行爆发式蹬伸，右肩充分向前，抬肘、伸右臂、手腕用力、用手指积极拨球，右腿迅速伸直，身体转向投掷方向，挺胸抬头，左腿支撑，右肩前送，右臂迅速用力向前上方推球，将铅球从肩上方推出。当铅球离手时，要求两腿充分伸直，右肩高于左肩。铅球出手后立即做两腿换步动作，并降低身体重心以保持身体平衡。右臂推球的同时，左臂由前摆向体侧制动，如图 4.20 所示。

图 4.20　最后用力推铅球技术

（五）维持平衡

当铅球被推出后，由于身体仍有向前的惯性冲力，容易破坏身体平衡。为了防止人体冲到投掷圈外造成犯规，投掷者应立即将右腿换到前面并屈膝，将左腿后伸，降低身体重心，改变重心移动方向，以便维持身体平衡。

思考题

1. 众多田径项目是如何分类的？和同学讨论一下自己喜欢的田径项目属于田赛还是竞赛。

2. 简述途中跑的动作方法。

3. 怎样简单地确定背越式跳高助跑路线？

4. 简述推铅球最后用力技术环节的动作方法。

第五章　球类运动

最易于使人衰竭，最易于损害一个人的，莫过于长期不从事体力活动。

——亚里士多德

学海导航：

习惯上，足球、篮球和排球被称为“三大球”，这些球类运动对设备的要求比较简单，运动量可大可小，既可作为比赛项目也可在空地上进行练习，不分年龄、性别，融竞技、娱乐于一体。不同技术水平的人都能从中获得愉快的情感体验，不仅有无穷乐趣，而且健身效果显著。“三大球”运动都是集体项目，激烈的对抗和复杂的竞争使人的身体素质、心理素质得到锻炼，有利于培养机智灵活、勇敢顽强、积极果断的优良品质和团结协作的集体主义精神。

乒乓球、羽毛球和网球的“个头”都比较小，习惯上把它们称为“小球”。这三项小球运动均为隔网对抗项目，比赛中虽然会形成激烈的对抗，但没有双方对员的身体接触，和其他普及率较高的运动项目相比，显得更加“文明”，出现运动损伤的概率也相对较小。由于其参加的人员较少，设备场地简单，易于组织，且游戏性强，不受年龄、性别和身体条件的限制，室内、室外都可以进行，运动量可大可小，具有广泛的适应性和较高的锻炼价值，因此更适合个人选择作为健身项目。本章将向大家介绍足球、篮球、排球、乒乓球、网球和羽毛球运动的一些基本技术。

知识目标：

1. 熟记篮球、排球、足球、乒乓球、羽毛球和网球主要技术的动作要领。
2. 重点了解我国排球运动、乒乓球运动、网球运动的发展历程及文化内涵。
3. 了解球类比赛的基本规则，学会欣赏比赛。

能力目标：

1. 掌握各种球类运动主要技术的基本动作方法，并能熟练运用。
2. 掌握足球、篮球和排球运动的常用战术，并能在实战中运用。
3. 选择一种适合自己的网球握拍方法，掌握网球运动正手击球、接发球技术，并能熟练运用，努力提高发球和反手击球技术。

第一节　篮球

一、篮球运动简介

1891年，美国马萨诸塞州斯普林菲尔德市基督教青年会训练学校体育教师詹姆士·奈·史密斯博士发明了篮球运动。当时，在寒冷的冬季，缺乏室内体育活动的球类竞赛项目，史密斯从工人和儿童用球向“桃子筐”投准的游戏中得到启发，设计将两只桃篮分别钉在健身房内两端看台的栏杆上，桃篮口水平向上，距地面10 m，以足球为比赛工具向篮内投掷，入篮得1分，按得分多少决定胜负。到1893年，形成了近似现代的篮板、篮圈和篮网。因这项游戏最初使用的是竹篮和球，故取名为“篮球”。

最初的篮球比赛中，场地的大小和上场人数的多少以及比赛时间的长短均无统一规定，比赛的规则也比较简单。1892年，史密斯制定了13条规则，后经逐步修改和完善，出场人数也逐渐减少，直至规定每队5人，这才成为现代的篮球运动。

名人堂：菲尔·杰克逊

菲尔·杰克逊1945年9月17日出生，身高2.03 m。毕业于北达科他大学，1967年在预选赛第二轮中排名第17位被纽约尼克斯选中，在1967～1968赛季和1978～1979赛季，曾先后效力于纽约尼克斯队11年、新泽西网队2年。随尼克斯队夺得2次NBA总冠军，入选1968年新人最佳阵容。杰克逊至今已经获得13次NBA总冠军(11次教练和2次球员)。另外，他也曾带领两支不同球队获得总冠军。

1932年，国际业余篮球联合会在瑞士成立。1936年，在第11届奥运会上，男子篮球被列为正式比赛项目。除奥运会举行篮球赛外，第1届世界男、女篮球锦标赛分别在1950年、1953年举行，以后每4年举行一次，而各大洲篮球锦标赛则每2年举行一次。

篮球运动于1895年由天津传教士引入我国，首先在天津中华基督教会开展，随后扩展到全国。但是受旧中国社会、经济等条件限制，很少有专门性的篮球训练，技术水平也很低，更没有全国性的大型比赛。直到新中国成立以后，我国的篮球运动才蓬勃发展起来。我国男子篮球队曾经取得过三次奥运会第8名(第26、28、29届奥运会)、一次世锦赛第8名的历史最好成绩(1994年加拿大世锦赛)；而我国女篮的历史最好成绩则是奥运会亚军(1992年巴塞罗那奥运会)、世锦赛亚军(1994年澳大利亚世锦赛)。目前，我国男篮处于亚洲领先、世界中游水平，女篮则处于亚洲领先、世界中上游水平。

篮球运动是深受广大群众，特别是青少年喜爱的球类项目之一，它对身体有着全面锻炼的价值。篮球运动的集体性原则要求每个队员在比赛中要齐心协力，密切配合，体现出培养团结友爱的集体观念和严格的组织纪律性价值。篮球比赛的技、战术具有运用的复杂性和激烈的对抗性，要求队员具备随机应变、快速反应能力和协调能力，可以培养队员沉着、冷静、机智、勇敢、顽强、果断的意志品质及奋发向上的竞争意识。篮球技术由跑、跳、投等基本技能组成，因而能促进力量、速度、耐力、灵敏等身体素质全面发展。篮球运动不受年龄、性别限制，可使参与者身心受益，它同时又有较大的吸引力，能吸引众多观众，丰富了人们的业余文化生活，具有较高的观赏和娱乐价值。

二、篮球运动的基本技术

（一）移动

1. 基本站立姿势

两脚前后或左右开立，两脚与肩同宽或稍宽，两膝微屈，重心保持在两脚之间，上体略向前倾，两臂自然屈肘下垂，置于体侧，抬头、收腹、含胸，两眼注视场上情况。

2. 起动

在基本站立姿势基础上，后脚前脚掌短促有力地蹬地，同时上体迅速前倾或侧转，向跑动方向移动重心，手臂快速摆动，两脚连续交替蹬地，在最短的距离内把速度充分发挥出来。

3. 变向跑

变向跑时(以从右向左变向跑为例)，在最后一步屈膝着地的同时，脚和膝关节指向跑动方向，并以右脚前脚掌内侧用力蹬地，腰部迅速扭转，上体向左前倾，转移重心，左脚向左前方跨出一小步，并用力蹬地，右脚迅速向左侧前方跨出一大步。

4. 侧身跑

脚尖正对跑动方向，头部和上体转向球的方向。

5. 急停

(1) 跨步急停：跨步急停也称两步急停。停步时第一步跨出稍大，全脚掌抵地屈膝，重心后移，然后跨出第二步，用脚内侧抵地，脚尖和膝关节内扣，身体略内转，两臂屈肘张开，控制身体平衡。

(2) 跳步急停：跳步急停也称一步急停。停步时身体稍向后仰，两臂自然摆动，两脚同时平行(略比肩宽)落地。两膝弯曲，在两臂屈的同时肘张开，保持身体平衡。

6. 转身

转身是利用一脚做中枢脚，另一脚蹬地向不同方向跨移，改变原来身体方向的一种方法。它包括以下两种：

(1) 前转身：转身时移动向自己身前(中枢脚前的方向)跨出，同时中枢脚旋转使身体改变方向。

(2) 后转身：移动脚蹬地向自己身后(中枢脚后的方向)跨出，同时中枢脚碾地旋转使身体改变方向。

7. 跳

跳在篮球场上是控制空间、争取高度和远度的有效手段。它包括以下两种：

(1) 双脚起跳:两脚自然开立,两膝深屈或微屈,重心下降,两臂弯曲并稍向后摆。起跳时双脚蹬地,两臂用力上摆,提腰展体,落地时屈膝缓冲。

(2) 单脚起跳:单脚起跳多在助跑情况下进行。助跑时,最后一步一般较小,用脚跟先着地过渡到前脚掌蹬地,两臂上摆提腰,另一腿屈膝上提,当身体到达最高点时,摆动腿自然下放,落地时屈膝缓冲。

8. 滑步

滑步是队员防守时移动的主要方法,一般分为侧滑步和前、后滑步。

(1) 侧滑步:两脚左右开立,两臂张开。向左侧滑步时,在右脚前脚掌内侧用力蹬地的同时,左脚向左跨出一步,右脚在左脚落地的同时紧随滑动,重心保持在两脚之间。向右侧滑步时动作相反。

(2) 前、后滑步:前、后滑步的动作方法和要点与侧滑步相仿,只有方向不同。

9. 后撤步

后撤步是变前脚为后脚的一种起步方法。队员为了保持有利位置,特别是当进攻队员从自己前脚外侧持球突破或摆脱时,常用后撤步移动,并与滑步、跑等动作结合运用。

撤步时,用前脚掌内侧蹬地,腰部用力向后转体,前脚后撤,同时后脚的脚前掌碾地,当前脚后撤着地后,紧接着滑步,保持身体平衡与防守姿势,后撤角度不宜过大,动作要迅速,身体不要起伏。

10. 交叉步

交叉步是移动的一种方法。向右移动时,左脚前脚掌内侧用力蹬地,从右脚前向右侧横跨出,同时右脚碾地,上体随之右转,左脚落地后,右脚迅速向右侧方继续跨出,抢占有利的防守位置。

(二) 传球

传球由持球手法、传球用力、球的飞行路线、球的落点和传球方式五要素组成。

1. 持球手法

(1) 双手持球方法:两手手指自然分开,拇指相对成"八"字形,用指根以上部位握球的两侧后下方,掌心空出,两臂屈肘,自然下垂,置球于胸腹之间。

(2) 单手持球方法:手指自然分开,用手掌外沿和指根以上部位托球,掌心空出。

2. 传球用力

传球用力指下肢蹬地、跨步,腰腹综合用力,并将上下肢协调配合而产生合力,通过手臂、手腕和手指拨球的力量将球传出。如图 5.1 所示。

图 5.1　传球

3. 球的飞行路线

球的飞行路线有 3 种——直线、弧线、折线。

4. 球的落点

球的落点是指传出的球与接球同伴的相遇点。球落点的时间与接球同伴摆脱后创造的进攻机遇的时间相吻合，即“人到球到”。传球调动同伴，主动给同伴创造进攻机会即“球到人到”。

5. 传球方式

(1) 双手胸前传球：双手持球于胸腹之间，两肘自然下垂靠近体侧，身体成基本站立姿势，眼平视传球目标。传球时后脚蹬地发力，身体重心前移，两臂前伸，两手腕随之内旋，用食、中指拨球，将球传出，球出手后，两手心向下，略向外翻。

(2) 单手肩上传球：双手持球于胸前，两脚平行开立，右手传球时，左脚向传球方向跨出半步，右手靠左手指拨送球的力量，将球引至右肩侧上方，左肩关节伸展，大小臂自然弯曲，手腕稍后屈，持球的右下方，左肩对着传球方向，重心落在右脚上。传球时，右脚蹬地发力同时转体带动上臂、前臂，手腕前屈，用食、中、无名指拨球将球传出。

(三) 接球

1. 双手胸前接球

两眼注视来球，两臂迎球伸出，双手手指自然分开，拇指相对成“八”字形，其他手指向前上方伸出，两手成一个半圆形。当手指触球时，双手将球握住，两臂顺势屈肘后引缓冲来球的力量，两手持球于胸腹之间，成基本站立姿势。

2. 双手接地反弹球

接球时要及时迎球跨步，上体前倾，两臂迎球向前下方伸出，五指自然分开，在球刚刚离地弹起时，手指触球将球接住，并顺势将球引至胸腹之间，保持身体平衡，成基本站立姿势。

(四) 投篮

投篮是持球队员运用各种正确的手法，将球从篮圈上方投入球篮所采用的各种动作方法。其动作方法依据投篮手法可分为单手投篮和双手投篮两种，运用这两种手法可在原地和移动中完成。

1. 投篮技术动作

(1) 握球方法。一是单手握球方法，以原地单手肩上投篮为例，投篮手五指自然分开，用指根以上部位托球的后下方，手心空出，手腕略向后仰，球的重心落在食指和中指关节处，肘关节自然下垂，置球于同侧肩的前上方。如图 5.2 所示。二是双手握球方法，以原地双手胸前投篮为例，两手手指自然分开，拇指相对成“八”字形，用指根以上部位握球的两侧后下方，手心空出，两臂自然屈肘，肘关节下垂，置球于胸与下颌之间。如图 5.3 所示。

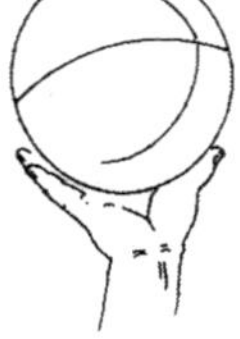

图 5.2 单手握球

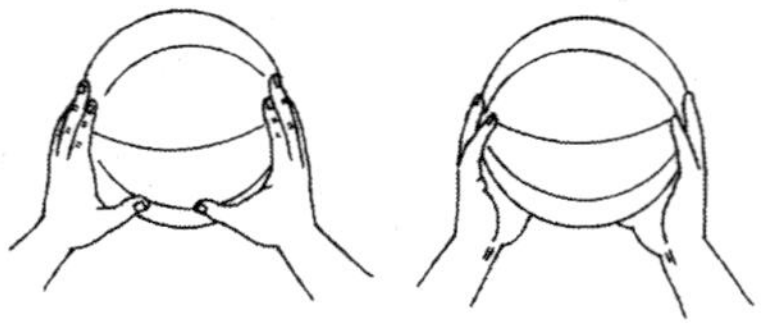

图 5.3 双手握球

图 5.4 碰板投篮的瞄准点

（2）瞄准点。直接命中的瞄准点是篮圈距投篮队员最近的一点，这种瞄准点在球场的任何地方投空心球都适用。碰板投篮的瞄准点是以篮板的某一点作为瞄准点，在投篮时将球投向篮板上能够碰板入篮的一点。如图 5.4 所示。

（3）力量的运用。它是指投篮过程中身体各部位综合协调用力的过程。力的聚合是从投篮准备姿势开始的，由下肢蹬地发力，然后随着投篮出手的方向伸展身体，特别是借助脊柱伸展的惯性促使下肢、躯干和上肢连贯协同配合，把身体各部位的肌肉用力聚于手臂、手腕、手指部位，最后以手腕的抖屈以及手指的弹拨或挑点等动作将球投出。

（4）出手角度。原地 6～7 m 外的远距离投篮，其出手角度在 50°～55°；4～5 m 的中距离投篮出手角度在 70°左右。出手角度并非一成不变，它因投篮人的身高、采用的投篮方式，以及出手的速度、投篮的距离等因素的变化而变化。如图 5.5 所示。

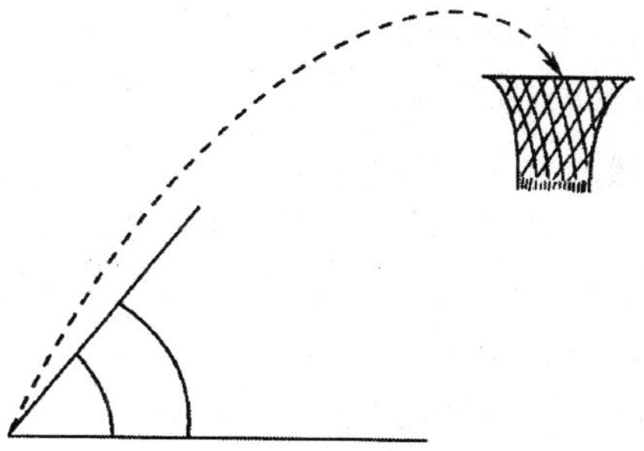

图 5.5　出手角度

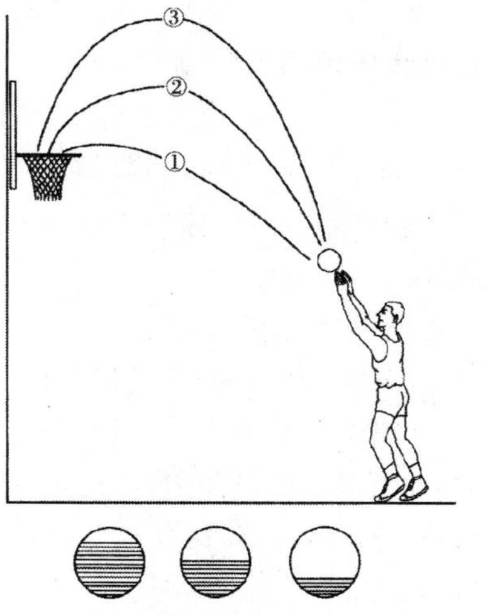

图 5.6　抛物线及入篮角

（5）球的旋转。球的旋转是决定投篮命中率的一个因素。一般在中、远距离投篮时，大都是使球围绕横轴向后旋转，这样易于加大球的飞行弧线，从而增大入射截面，有利于提高投篮命中率，而篮下低手投篮时，球围绕横轴向前旋转（也有不旋转的球）。

（6）抛物线及入篮角。投篮一般有三种抛物线，即低弧线、中弧线、高弧线。如图 5.6 所示。另据实验测定，易于进篮的角度为 45°～70°，最小的入篮角不应小于 33°角。

2. 原地单手肩上投篮

以右手投篮为例，右手五指自然分开，手心空出，大拇指与小指控制球体，左手扶球的左侧，右臂屈肘，肘关节自然下垂，置球于右肩前上方。两脚左右或前后开立，两膝微屈，重心落在两脚上。投篮时，下肢蹬地发力，右臂向前上方伸直，手腕前屈，食、中指用力拨球，通过指端将球投出。球出手的同时，身体随投篮动作向上伸展，脚跟提起。如图 5.7 所示。

图 5.7　原地单手肩上投篮

3. 原地双手胸前投篮

双手持球于胸前，肘关节自然下垂，两脚前后或左右开立，两膝微屈，重心落在两脚之间，目视瞄准点。投篮时，两脚蹬地，两臂向前上方伸出，同时，两手腕内旋，使球通过拇指、食指、中指端投出。球出手后，两手心自然向下向外翻，脚跟提起，身体随投篮出手方向自然伸展。

4. 行进间单手肩上投篮

以右手投篮为例，在右脚向前跨一大步的同时接球，左脚迅速蹬地起跳，右脚屈膝上抬，双手举球于右肩前上方，腾空后，上体稍后仰，当身体跳到最高点时，右臂向前上方伸展，手腕前屈，食、中指用力拨球，通过指端将球投出。如图 5.8 所示。

图 5.8　行进间单手肩上投篮

5. 原地跳起单手肩上投篮

以右手投篮为例，两手持球于胸前，两脚左右或前后开立，两膝微屈，重心落在两脚之间。起跳时，迅速屈膝，脚掌用力蹬地向上起跳，双手举球至肩上，右手持球，左手扶球的左侧方，当身体接近最高点时，左手离球，右臂向前上方伸直，手腕屈，食、中指拨球，通过指端将球投入。落地时，屈膝缓冲，准备做下一个动作。如图 5.9 所示。

图 5.9　原地跳起单手肩上投篮

6. 接球急停跳起投篮

在移动中用跨步或跳步接球急停，同时两膝微屈，重心下降，快速蹬地起跳，同时举球至肩上，当身体腾空接近最高点时，右臂向前上方伸展，手腕前屈，食、中指拨球，通过指端将球投出。

7. 运球急停跳起投篮

在快速运球中，采用一步或两步急停接球，两膝微屈，重心快速移到两脚之间，迅速蹬地向上起跳的同时，双手举球，当身体接近最高点时，右臂向前上方伸展，手腕前屈，食、中指拨球，通过指端将球投出。

以从球场左侧斜插到右侧右手投篮为例。右脚跨一大步的同时接球，同时右脚用力侧蹬，左脚向球篮方向跨一小步，并以左脚为轴向球篮方向转身，左脚蹬地起跳，右腿屈膝上提，右手持球由胸前经体侧向右肩上方画弧，举球，当球被举至头的侧上方接近最高点时，屈腕，食、中指拨球，通过指端将球投出。

（五）运球

持球队员在原地或移动中，用单手连续按拍从地面反弹起来的球叫运球。它是比赛中突破防守、发动快攻、组织进攻配合、衔接串联传球和投篮所必需的技术。运球由身体姿势、手臂动作、球的落点、脚步动作这几个环节组成。根据方向不同，运球可分为以下几种。

1. 高运球

两脚前后开立，两膝微屈，运球的手臂自然弯曲，以肘关节为轴，随球上下摆动，上体稍前倾，目视前方，手按拍球的上方，使球往前推进。如图 5.10 所示。

图 5.10　高运球

2. 低运球

两腿深屈，降低重心，上体前倾，用上体和腿保护球，以肩为轴同时用手短促地按拍球，球的反弹高度在膝关节以下，以便控制球和摆脱防守继续运球，行进间低运球按拍球的部位在球的后上方或后侧方。

3. 体侧运转

为了防止防守者打球，运球者应两腿屈膝降低重心，左肩对着防守者，右臂屈肘，拍打球的侧上方，以肩为轴，大臂带动小臂按拍球并保护好球。

4. 运球急停急起

急停时，利用跨步急停动作，右手按拍球的前上方，然后短促有力地按拍球的上方，变为暂时的原地运转，急起时，身体重心迅速前移，后脚用力蹬地跨出，同时右手按拍球的后上方，推球前进。

5. 侧身体前换手变向运球

运球队员从对手右侧突破时，先向对手左侧运球，当对手向左侧移动时，运球队员突然向右侧变向，用右手按拍球的右侧上方，同时右脚向左前方跨出，用肩护球，接着迅速换左手按拍球的后上方，从对方的右侧运球超越对手。

6. 体前变向运球

体前变向运球是运球队员利用突然改变运球方向突破防守的一种运球方法。以左向右变向运球为例，先向对手右侧快速运球前进，当对手重心向右侧转移时，运球队员突然按拍球侧上方，使球从体左侧弹向右侧，左脚迅速向右前方跨步，上体右转插肩，以臂和腿保护球，换右手按拍球的右上方，靠近对手左侧运球突破。

7. 背后运球

以右手运球为例，变向时用右手将球拉到身后，按拍球的右侧上方，使球拍至左脚的侧前方，并立即换左手运球，左脚迅速向前跨出，用左手运球突破对手。

（六）持球突破

持球突破是持球队员利用持球的有利条件，运用脚步动作超越防守的一种攻击技术，分为面对防守和背对防守两种。面对防守又分为交叉步突破、同侧步突破两种。

1. 交叉步突破

以右脚做中枢脚、从防守人左侧突破为例，两脚分开站立，两膝微屈，上体稍前倾，双手持于胸前。突破时，左脚前脚掌内侧用力蹬地，同时，上体迅速前倾并右转，右膝前移下压，左肩对着前进方向，带动左脚向右前方迅速跨出，在跨左脚的同时，右手向左脚的侧前方推放球，右脚蹬地上步超越对手。

2. 同侧步突破

以从左侧突破为例，突破时左脚掌内侧用力蹬地，右脚向对手左侧跨出一步，同时上体稍前倾，左肩下沉，右手放球于右脚侧前方，右手放球，加速超越对手。如图 5.11 所示。

图 5.11　同侧步突破

（七）抢篮板球

双方投篮未中的球统称为篮板球。进攻队员抢投篮未中的球，称为进攻篮板球；防守队员抢到的篮板球，称为防守篮板球或后场篮板球。

抢篮板球技术由抢占位置、起跳、空中抢球和抢球后动作组成。抢占位置时，首先要准确判断球落方向，然后“先挡后抢”，即先挡住对手，占据有利位置，再做抢篮板球的其他动作。起跳时，挡住对手，占据有利位置后，迅速起跳，一般为双脚原地起跳。进攻队员冲抢时采用助跑单脚起跳。空中抢球动作有双手、单手、点拨球三种方法。抢球后的动作指抢到篮板球后身体落地，两膝微屈，两肘外展，护球于胸腹间或持球于头上，并迅速衔接其他动作。

1. 抢防守篮板球

抢防守篮板球关键在挡人，利用跨步转身，将进攻队员挡在后面，准确判断球的落点，及时起跳，以最快速度跳到最高点抢球，转守为攻。

2. 抢进攻篮板球

抢进攻篮板球要强调冲抢，及早判断出球的落点，助跑前冲或用闪、晃动作绕过防守，冲向篮下迅速起跳，抢球后投篮或传给同伴，重新组织进攻。

（八）防守对手

防守对手是队员为了阻挠和破坏对手进攻，达到压球反攻所采取的各种专门动作的总称。

1. 防持球队员

（1）防投篮。两脚前后站立，手臂前扬，上体不宜过分前倾，收紧腰控制身体平衡。注意对手眼神和重心位置的变化，及时辨别对手进攻意图，及时起跳、封盖或干扰对手投篮。如图 5.12 所示。

图 5.12　防投篮

（2）防突破。当对手持球后，防守者逼上，两脚开立，两手分开，重心下降，当对手突破时迅速用后撤步、滑步堵截其突破路线。

(3) 防运球。防守者两脚开立,两腿弯曲,两臂向两侧张开,降低重心。对手运球时,首先堵截其通向篮下的道路,迫使对手改变运动路线或停球,对手停球时,立即上前,干扰和封堵对手传球,同时注意不要犯规。如图 5.13 所示。

图 5.13　防运球

(4) 防持球队员的基本要求有以下几点:一是要及时抢占对手与球篮之间的有利防守位置。二是要观察判断对手的进攻意图,合理地运用防投、运、突和传等技术,不要轻易被对方的假动作所迷惑。三是要及时发现对手的进攻技术特点,采取有针对性的防守策略和行动。四是要在对手运球停止时,立即上前封堵。

2. 防不持球队员

(1) 防接球。防守者应随时观察场上的情况,根据进攻队员和球的位置变化,随时迅速调整位置与距离,尽量不让对手接球或让对手很难接到球,即不能迅速进攻。

(2) 防纵切。不让对手在限制区等危险地带接球,如图 5.14 所示,当④向⑤移动接球时,防守队员应抢前占据有利位置,伸左臂干扰,阻截接球,并断其传球路线,以身体的阻隔位置,阻截对手向有球一侧移动,迫使其向远离球一侧移动。

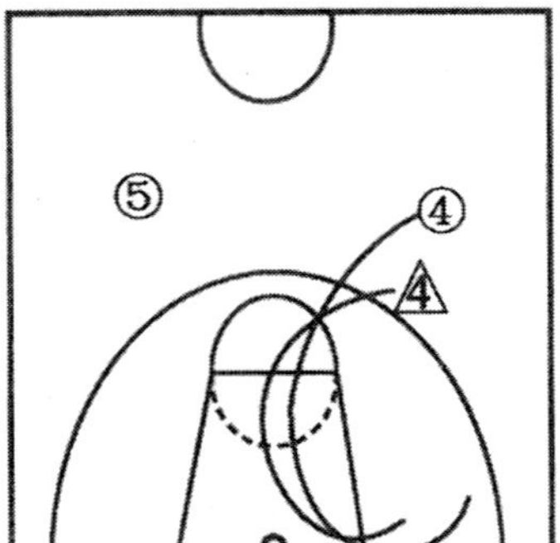

图 5.14　防纵切

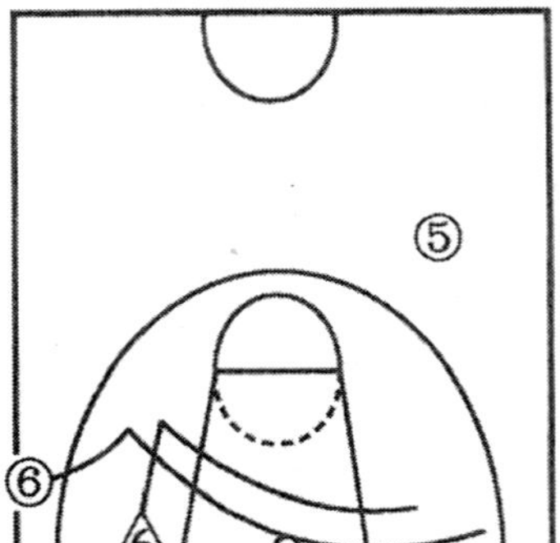

图 5.15　防横切

(3) 防横切。如图 5.15 所示,球在⑤手中,当⑥向罚球线左侧横切移动时,防守队员要及时调整自己的位置,抢在⑥前面一步阻隔其传球路线,并随机而动,同时观察场上变化。要防止对手的摆脱空切,不让对手在有效攻击区和篮下接球,阻截对手的移动接球路线。尽可能破坏对手接球后的身体平衡,迫使对手即使接到球,也难以衔接下一个进攻动作。要及时果断地协防配合,帮助同伴防守对方威胁最大或持球进攻队员,要有随时补防、夹击和换防的集体防守意识和能力。

（九）抢球

抢球是指从进攻队员手中夺取球的方法。抢球时，首先要判断好时机，在持球队员思想松懈或没有保护好球而使球暴露比较明显时，迅速接近对手，以快速敏捷有力的动作，把球抢夺过来。

抢球的主要时机有对方持球转身时、对方刚接到球时、对方跳起接球下落时、对方运动停止时、持球队员只注意防守他的队员而忽略其他防守队员时。

（十）打球

1. 打持球队员手中的球

当进攻队员接到球的一刹那，保护球不好或因观察场上的情况而失去警惕时，防守队员突然上步打球。进攻队员持球部位较高，一般采用由下而上的方法打球。打球时，掌心向上，用手指和指根击球的下部。如持球较低，则多采用由上而下的方法打球。打球时，掌心向下，用手指和手掌外侧击球的上部。

2. 打运球队员手中的球

以右手运球为例，当运球队员运球推进时，防守队员用侧后滑步移动，用右手臂堵住运球队员左面，防止他向自己的右侧变向运球，同时，用左手臂干扰对方运球，当球刚从地面弹起尚未接触运球队员的手时，应迅速用手指、手腕和前臂的瞬间力量从侧面将球打出，并及时上前抢球。

如运球队员从防守队员右侧突破时，防守队员可以左脚为轴立即向前转身，右脚跨出一大步，在运球队员的背后用手指、手腕和向前伸臂的抽打动作击球的后侧部，将球打出。

3. 打行进间投篮队员手中的球

进攻队员运球上篮时，防守队员要随之移动，当运球队员跨出第一步接球时，就要靠近他，当他跨出第二步起跳举球时，迅速移动到他的左侧稍前方，用手从他的胸部向下将球打落。

三、篮球运动的基本战术

基本战术即战术基础配合，是两三个人之间组成的简单配合，包括进攻与防守两个部分，它是组成全队战术的基础。比赛中战术变化多端，但都离不开这些战术基础配合。

（一）进攻战术

进攻战术包括传切配合、突分配合、掩护配合、策应配合和快攻，现主要介绍其中几种。

1. 传切配合

传切配合指半场中 2～3 人利用传球和切入所形成的简单战术。根据以上的介绍可依照此方法分组进行以下练习。

(1) 一传一切，它是指持球队员传球后向篮下切入，接回传球投篮，如图 5.16 所示。

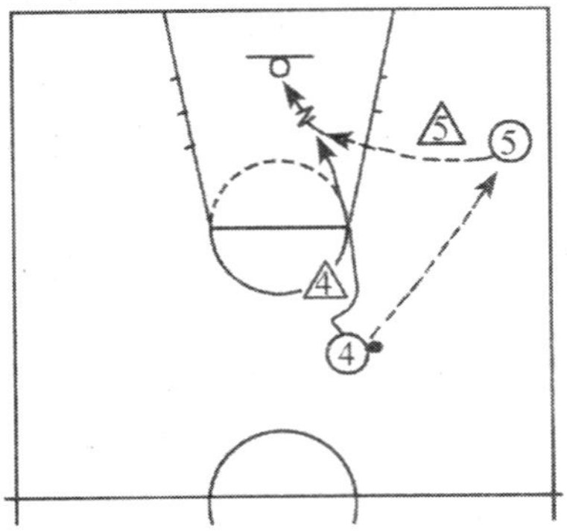

图 5.16　一传一切

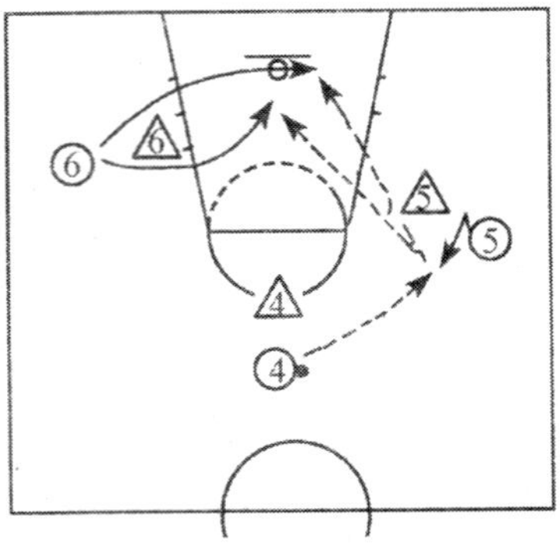

图 5.17　空切

(2) 空切，它是指无球队员掌握时机，摆脱对手，切向防守空隙区域，接球投篮或做其他进攻动作，如图 5.17 所示。

(3) 突破分球，它是指当持球队员运球突破上篮受阻时，立即将球传给同伴。

2. 掩护配合

掩护配合是采用合理的行动用自己的身体挡住同伴防守的一种配合方法。掩护配合有前掩护、侧掩护和后掩护三种形式。

以侧掩护为例，如图 5.18 所示，⑤传球给④后跑到④的防守队员的侧后方做掩护，④利用这一机会，持球突破上篮。

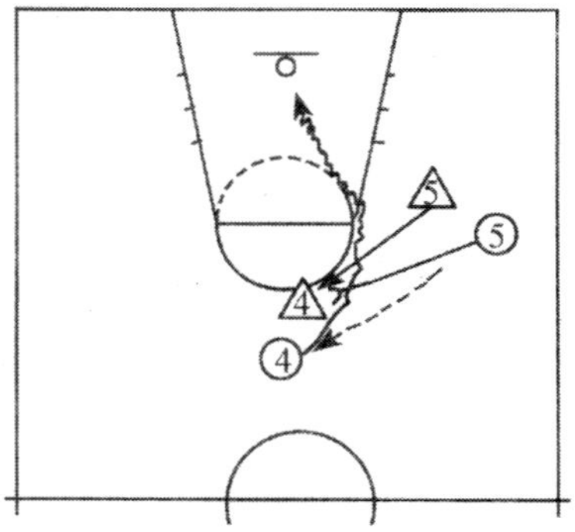

图 5.18　侧掩护

3. 快攻

快攻是在比赛中转守为攻时，以最快的速度创造人数上、区域上的优势，在对方没有部署好防守前结束进攻。

(1) 快攻的组织形式有长传快攻、短传快攻和结合运球突破快攻 3 种。长传快攻是防守队员在后场获球后，用一两次传接球迅速摆脱对手的一种方法。短传快攻是队员防守获球后，立即以短促的传接球和快速的奔跑迫近对方篮下进行攻击的一种进攻配合。结合运球突破快攻是指防守队员获球后，无法采用长、短传球推进时，应立即快速突破，再寻找配合机会。

(2) 快攻的组织结构由发动、推进、结束三个阶段组成。

(3) 发动快攻的时机有抢篮板球时，抢、断球时，掷后场端线界外球时和跳球时等。

(4) 二攻一(一防二)。二攻一多在快攻结束时运用，利用快速传球、运球，形成以多打少的局面，如图 5.19 所示。两个队员要保持适当的距离，根据防守情况投篮或分球。一防二是当对方发动快攻、在后场出现少防多的局面时，防守者应及时选择有利位置，根据“防强放弱，防有球，放无球”的原则进行防守，如图 5.20 所示。

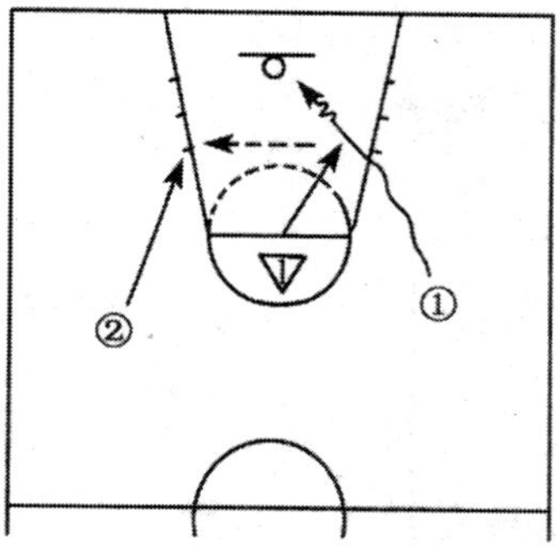

图 5.19　二攻一

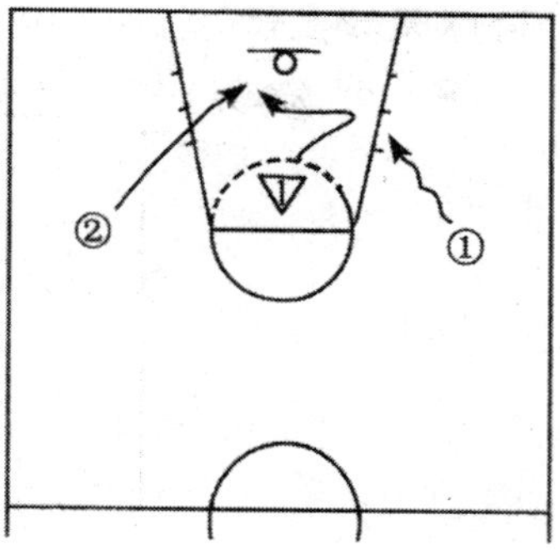

图 5.20　一防二

（二）防守战术

1.“关门”配合

“关门”配合是防守战术基础配合方法之一。“关门”是临近的两个防守队员协同防守突破队员的配合方法，如图 5.21 所示。

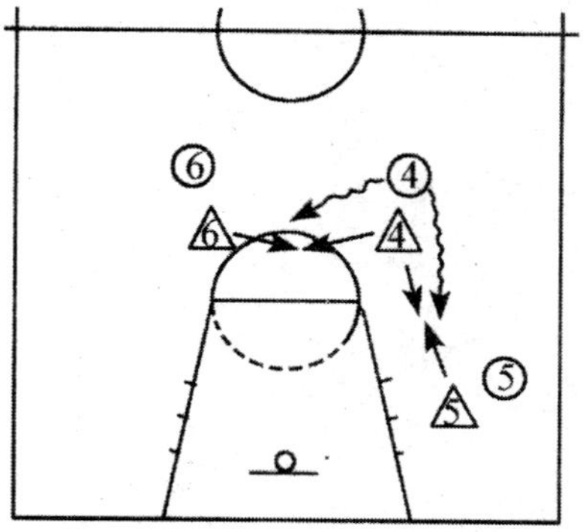

图 5.21　“关门”配合

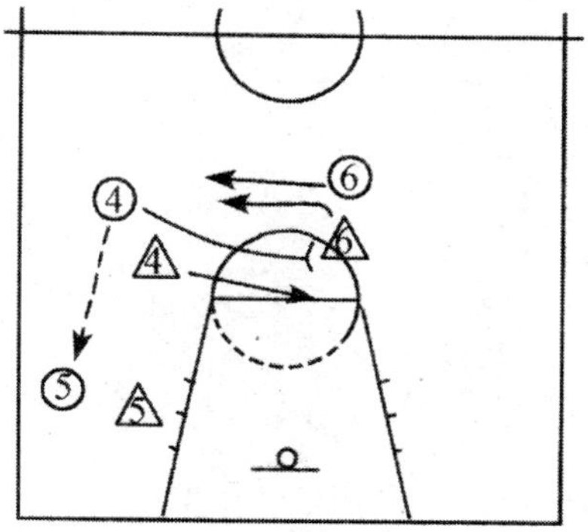

图 5.22　挤过配合

2. 挤过配合

挤过配合是防守战术基础配合的一种方法，如图 5.22 所示。

3. 半场人盯人防守

半场人盯人防守是指全队退至后场盯住自己的对手。常见的有半场缩小（松动）人盯人防守和半场扩大（紧逼）人盯人防守。

半场人盯人防守应遵循“以人为主，人球兼顾”和“有球则紧，无球则松”的原则。合理运用防守基本配合，进行强有力的抢、堵、封、断，能控制和破坏对手的进攻配合行动。当对方外围中投不太准而篮下攻击力量较强时，采用半场缩小人盯人防守；当对方外围攻击力强（中、远距离投篮较准）而内线攻击力较弱时，则采用半场扩大人盯人防守。

4. 半场区域联防

（1）二一二阵形。队员在防区内的分布比较均衡，外线可防投篮、突破，内线可防中锋进攻，有利于队形的及时调整。

（2）三二阵形。如对方远距离投篮较准，为了控制外围进攻，防范对方中、远距离投篮，可采取此阵式。

(3) 二三阵形。如对方在底线两角投篮较准,且突破又具威胁时,为了加强底线防区,可采取此阵式。

四、篮球规则简介

(一) 比赛场地

篮球比赛是在一块平坦、坚实且无障碍物的长 28 m、宽 15 m(从界线的内沿丈量)的长方形场地上进行,如图 5.23 所示。

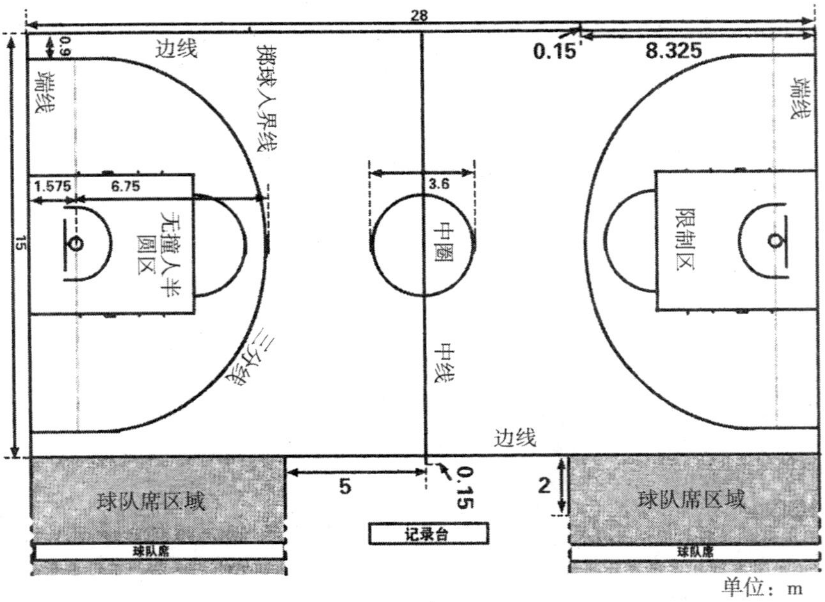

图 5.23　比赛场地

(二) 比赛通则简介

(1) 篮球比赛由两个队参加,每队上场 5 人,其中 1 人为队长,替补球员有 7 人。

(2) 在 3 分区内将球投入对方球篮得 2 分,在 3 分区外投入对方球篮得 3 分,罚球中 1 次得 1 分。

(3) 比赛由 4 节组成,每节 10 分钟。在第 1 节和第 2 节之间,第 3 节和第 4 节之间以及每一决胜期之前有 2 分钟的比赛休息时间,两个半时的比赛休息时间为 15 分钟,以全场得分多者为胜。

(4) 如果在第 4 节比赛时间终了时比分相等,需要一个或多个 5 分钟的决胜期来继续比赛,直至决出胜负。

(5) 比赛中每队的换人次数不限。但是,要登记的暂停在前三节每队可准予 1 次,第四节每队可准予 2 次,每一决胜期每队可准予 1 次。

(6) 违例,即是违反规则。罚则是将球权判给对方队在靠近发生违例的地点掷球入界。它主要包括以下几种:

一是带球走。当持活球的队员用同一脚向任何方向踏出一次或多次,其另一脚(称为中枢脚）不得离开与地面的接触点，如果中枢脚离开了这个接触点就构成带球走违例。

二是非法运球。队员在运球后，用双手同时触及球或允许球在一手或双手中停留时运球即完毕。运球结束后，除非失去控球权后又重新控制球，否则不得再次运球，如果再次运球，则为非法运球违例。

三是拳击球或脚踢球。比赛中队员不得故意用拳击球或用腿的任何部位去阻挡球，否则将判违例。如果球偶然地接触到腿的任何部位，或腿的任何部位无意碰到球，不算违例。

四是球回后场。在比赛中，前场控制球的队不得使球再回到后场，否则为球回后场违例。具体判定球回后场有三个条件，且这三个条件必须依次连续发生：该队必须控制球；球进入前场后，在球又回到后场前该队队员（或裁判员）最后触及球；球回后场后，该队队员在后场最先触及球。

五是干涉得分和干扰。投篮（罚球）的球在飞行下落并完全在篮网水平面之上时，双方队员不可触及球。当投篮的球触及篮圈时，双方队员都不得触及球篮或篮板，不得从下方伸手穿过球篮并触及球，不得使篮板和篮圈摇动。如果进攻队员违犯这一规定，中篮无效，将球判给对方在罚球线延长部分的界外掷球入界；如果防守队员违犯这一规定，不论是否投中，均判投篮（罚球）队员得分，得分的标准同球已进入球篮的得分标准。

六是 3 秒违例。当某队在前场控制活球并且比赛计时钟正在运行时，该队队员在对方的限制区内持续停留的时间不得超过 3 秒钟，否则违例。

七是 5 秒违例。进攻球员必须在 5 秒钟之内掷出界外球，或在被严密防守时，必须在 5 秒钟之内传、投或运球。当裁判员将球递给罚球队员可处罚时，该队员必须在 5 秒钟内出手，否则违例。

八是 8 秒违例。一个球队从后场控制活球开始，必须在 8 秒钟内使球进入前场（对方的半场），否则违例。

九是 24 秒违例。每当一名队员在场上获得控制活球时，该队必须在 24 秒钟内尝试投篮，否则违例。

（7）犯规是对规则的违犯，含有与对方队员的非法身体接触和违反体育道德的举止。对违犯者要登记犯规并随后按规则予以处罚。犯规主要包括以下几种：

第一，侵人犯规，它是队员与对方队员的接触犯规。无论球是活球还是死球，队员均不应通过伸展其手、臂、肘、肩、髋、腿、膝或脚来拉、阻挡、推、撞、绊、阻止对方队员行进，以及不应将其身体弯曲成“反常的”姿势（超出其圆柱体），也不应放纵任何粗野或猛烈的动作。在以上情况下都要给犯规队员登记 1 次侵人犯规。如果对未做投篮动作的队员犯规，由非犯规队在靠近犯规地点的界外掷球入界重新开始比赛。如果犯规队处于全队犯规处罚状态，则应判给未做投篮动作的队员 2 次罚球，代替掷球入界。如果对正在做投篮动作的队员犯规，如投篮成功，应计得分并判给 1 次追加罚球；如投篮未中，则要根据投篮的地点，判给 2 次或 3 次罚球。

第二，技术犯规，它是包含（但不限于）行为性质的队员的非接触犯规。如不顾裁判员警告；没有礼貌地触犯裁判员、技术代表、记录台人员或球队席人员；有冒犯或煽动观众的语言和举止；戏弄对方队员或在对方队员的眼睛附近摇手妨碍其视觉；在球穿过球篮后，故意触及球以延误比赛;阻碍迅速地执行掷球入界以延误比赛;假摔以伪造一次犯规等。

队员技术犯规,应给其登记1次技术犯规,作为全队犯规之一计数。教练员、替补队员和随队人员的技术犯规,对每一起违犯行为都要登记教练员1次技术犯规,但不作为全队犯规之一计数。

对技术犯规的处罚,是判给对方2次罚球,以及随后在记录台对面的中线延长部分掷球入界或在中圈跳球开始第一节(如犯规发生在第一节比赛前)。

第三,违反体育道德的犯规,根据裁判员的判断,一名队员不是在规则规定的范围内合法地试图去直接抢球,发生的接触犯规是违反体育道德的犯规,应给犯规队员登记1次违反体育道德的犯规。判给对方罚球,以及随后在记录台对面的中线延长部分掷球入界或在中圈跳球开始第一节(如犯规发生在第一节比赛前)。

第四,罚球的次数按如下规定,对没有做投篮动作队员的犯规应判给2次罚球;对正在做投篮的队员发生的犯规,如中篮,应计得分并加判给1次罚球;如未中篮,应判给2次或3次罚球。

(三)三人制篮球赛主要规则

三人制篮球赛是近年来新兴起来的一种休闲运动和比赛方式。它由于具有参加人数少、场地小、时间短、易于在基层开展等特点,现在已经成为深受青少年喜爱的运动形式。

1. 场地

比赛场地为标准的半个篮球场地(14 m×15 m),或按半场比例适当缩小(长度减2 m,宽度减1 m),地面坚实,场地界线外有1.5～2 m的安全地带。距地面3.05 m的球篮提供给男女成年及女子高中以上、男子初中(含初中)以上青年组,距地面2.08 m的球篮提供给女子初中及男女小学组。

2. 工作人员及职责

赛制设1～2名裁判员和1名记录员。裁判员与记录员着装一致,但其颜色、款式应区别于运动员。裁判员是比赛中唯一的宣判和终决的人员,负责在记录表上签字,兼管计20秒违例。记录员兼管计时、记分。记录两队累计的分数(包括投篮和罚球的得分)、全队及个人犯规次数以及比赛时间,并按规则要求宣布比赛进行的时间、比分。

3. 除下列特殊规则外,比赛均按照最新国际篮球规则执行

(1) 比赛双方报名为4人,上场队员为3人。

(2) 比赛时间。初赛、复赛不分上、下半时,全场比赛10分钟,组织者可根据参赛队多少修订时间为12分钟或15分钟。比赛进行到5分钟和9分钟时计时员各宣布一次时间。10分钟内双方都不得暂停(遇有球员受伤,裁判员有权暂停比赛1分钟)。决赛分上、下两个半时,每半时8分钟。上半时之后休息2分钟再进行下半时。

(3) 比赛开始,双方以掷硬币的形式选发球权。

(4) 比赛开始和投篮命中后,均在发球区(中圈弧线后)掷球入场算做发球。

(5) 每次投篮命中后,由对方发球。所有犯规、违例及界外球均在发球区发球,发球队员必须将球传给队发,不能直接投篮或运球,否则处以违例。

(6) 守方队员断球或抢到篮板球后,必须迅速将球运(传)出3分线外,方可组织反攻,否则判违例。

（7）24 秒违例的规则改为 20 秒。

（8）双方争球时，争球队员分别站在罚球线上跳球。

（9）比赛中，每个队员允许 3 次犯规，第 4 次犯规罚出场。任何队员被判夺权犯规，则取消该队比赛资格。

（10）每个队累计犯规达 5 次后，该队出现第 6 次以后的侵人犯规由对方执行两次罚球。前 5 次犯规中，凡对正在做投篮动作的队员犯规，如投中，记录得分，记对方个人及全队犯规次数，不追加罚球，由对方发球；如投篮不中，则判给攻方 1 次罚球，罚中得 1 分，并由攻方继续发球，如罚不中，仍由攻方继续发球。

（11）只能在死球的情况下进行替换，被换下场的队员不能重新替换上场（场上队员不足 3 人时除外）。

（12）比赛中，队长是场上唯一发言人。

（13）比赛时间终了，以得分多者为胜方。如出现平局，初赛及复赛阶段执行一对一的依次罚球，只要出现某队领先 1 分时该队即为胜方，比赛结束。如果在决赛阶段，比赛时间终了，双方打成平局，则加赛 3 分钟，发球权仍以掷硬币的形式决定。如果加时赛仍打成平局，则以一对一依次罚球的形式决胜，某队领先 1 分即为胜方，比赛结束。

（14）在使用小篮架的比赛中，不允许队员出现扣篮动作，绝不允许队员将身体任何部位悬挂于篮圈（或篮架）上，否则，可被判罚离场并不能再替换进场。

（15）比赛中应绝对服从裁判，以裁判员的判罚为最终决定。

第二节　排球

一、排球运动简介

排球运动始于美国。1895 年 7 月，美国马萨诸塞州霍利约克市基督教青年会体育干事威廉·摩根（Willian Morgan）发明了排球这项运动。当时网球和篮球已盛行，摩根先生最初是想把篮球变成用手推击的网球，以便为上年纪的人寻找一种既不很紧张，且又有一定竞争性和娱乐性的游戏。他大胆吸取了篮球和网球运动的某些特点，用篮球在适当升高的网球网的两边往返拍击，这便是排球运动的雏形。

起初，摩根将这种隔网用手拍击球的游戏叫做“Minitonette”，意为“小网子”。1896 年，来自斯普林菲尔德市的哈尔斯戴特博士在观看了这种用手拍击球的游戏表演后，认为“小网子”这个名字没能充分表明游戏的本意，他提议根据游戏特点将“Minitonette”改名为“Volleyball”（它是网球运动术语，意为“截击”，即“在球落地前将球击回”）。从此，“Volleyball”就成为排球运动在国际上的正式名称，并一直沿用至今。1896 年，在斯普林菲尔德体育专科学校举行了世界上最早的排球比赛。1897 年，摩根制定了排球比赛规则，它有力地推动了排球运动的发展。

名人堂：郎平

郎平，奥运会冠军，中国著名女子排球运动员和教练员。1960年12月10日生于天津市。1973年开始练习排球，1978年入选国家集训队。她是中国女排三次蝉联世界冠军的核心队员，也是20世纪80年代世界女子排球界“三大主攻手”之一，有“铁榔头”之称。郎平于1980年被国家授予“运动健将”称号，1985年获“国际级运动健将”称号，此后多次当选“全国十佳运动员”，并四次获国家体委颁发的体育运动荣誉奖章。1994年被评为“建国45周年体坛45英杰”之一，1996～1997年间两次率领中国女排获得世界亚军，1997年被国际排联评为年度女排“最佳教练”，1999年当选“新中国体育五十星”。2002年以全票入选排球名人堂，成为亚洲排球运动员中获此殊荣的第一人。2008年北京奥运会期间，郎平率领美国女排夺得银牌。2009年，郎平回国执教广东恒大女排。2013年4月郎平再度担任中国女排主教练。

排球运动诞生后，受到了美国民众的欢迎，教会及学校纷纷开展了此项运动。此后，排球运动逐渐由美国传教士和驻外国的军官、士兵带到了世界各地。排球运动传入亚洲和美洲的时间较早（大约在1900年），传入欧洲的时间较晚（大约在第一次世界大战时）。1913年，排球被列入第一届远东运动会比赛项目。此后，排球运动在亚洲先后经历了16人制、12人制、9人制和6人制的赛制演变过程。

排球运动自1905年传入我国后，经过百余年几代排球工作者的努力，在我国逐步得到普及和发展，运动技术水平不断提高，先后发明了快球、平拉开扣球、单脚起跳扣快球、防守快速反击等排球技战术。中国女排曾先后七次荣获世界冠军称号，其中两次摘得奥运会桂冠，对世界排球运动的发展起到了积极的推动作用。

经常参加排球运动，不仅能提高参与者的力量、速度、灵活、耐力、弹跳、反应等身体素质和运动能力，改善身体各器官、系统的机能，而且还能培养机智、果断、沉着、冷静等心理素质。此外，通过排球比赛和训练，还可以培养团结战斗的集体主义精神，锻炼胜不骄、败不馁、勇敢顽强、克服困难、坚持到底的良好品质。

二、排球运动的基本技术

排球技术是运动员在排球规则允许的条件下运用的各种合理的击球动作，它是排球运动的基础。随着排球战术的发展、规则的更新、运动员身体素质的不断提高，排球技术也不断地得以更新，新技术层出不穷。在排球比赛中，如果不能全面、熟练、准确地掌握基本技术，一切集体攻防战术都无法实现。因此，在排球运动中，认真学习和掌握各项基本技术是首要的关键。

排球的基本技术分为准备姿势和移动、发球、垫球、传球、扣球和拦网六大类。

(一) 准备姿势和移动

准备姿势和移动是排球运动中各项技术的前提。在比赛中,任何一种技术的运用都离不开准备姿势和移动。

1. 准备姿势

两脚左右或前后开立略宽于肩,脚尖内收成“八”字形,脚跟提起,以前脚掌内侧着力,膝关节弯曲,大小腿呈大约 110°的夹角,上体自然前倾,两臂放松置于体前。两眼注视来球方向,随时准备移动击球,如图 5.24 所示。准备姿势主要用于一般的垫球、接发球等。当接扣球和接拦回球时两膝弯曲度更大。

图 5.24 准备姿势

2. 移动

移动是为了迅速接近来球,便于完成各种击球技术动作的方法。移动时要降低身体重心,脚掌迅速蹬地以加快起动速度。移动分为并步、滑步、交叉步、跨步、跑步和后退步等步法。

(1) 并步和滑步。当身体距离来球落点一步左右时应采用并步,它主要用于传球、垫球和拦网等技术。以向左移动为例,首先右脚蹬地,左脚先向左侧跨出,右脚迅速并上,呈击球前的准备姿势。当来球落点距离身体较远时,可连续快速并步接近来球,连续并步称为滑步。

(2) 交叉步。当身体距离来球落点 3 m 左右时应采用交叉步。以向左移动为例,身体稍向左侧转动,右脚先向左脚左前方跨出一步,然后左脚再向左跨出,接近来球。

(3) 跨步。当来球较低且落点距离身体约 1 m 时应采用跨步,如图 5.25 所示。采用跨步移动技术,应一脚用力蹬地,另一脚向来球方向跨出一大步,同时膝部弯曲,上体前倾,身体重心下降并移至跨出腿上。

图 5.25 跨步

(4) 跑步。当身体距离来球落点较远时应采用跑步。首先判断来球的方向,两臂用力迅速摆动,逐步加大步幅,加快步频。在接近来球时,降低重心并减速制动,做好击球准备。

(5) 后退步。当来球在身体背后,来不及迅速转身时应采用后退步。移动时,身体重心适当降低,两脚迅速交替向后退行,上体不可后仰。

(二) 发球

发球是排球运动中一项重要的基本技术。它不仅是比赛的开始,也是排球比赛的重要进攻手段。发球技术的种类较多,主要有正面下手发球、正面上手发球、正面上手飘球、勾手飘球和跳发球等。无论采用哪种发球方法,都必须做到以下三点:一是平稳抛球。以单手或双手将球平稳抛起,每次抛球的高度、距离和落点都要固定。二是击球要准。击球时,要以正确的击球动作击中球体的相应部位,用力的方向与所要发球的方向一致。三是手法要正确。击球的手法不同,发出的球也会有所不同。以下主要介绍前两种技术。

1. 正面下手发球

以下动作都以右手发球为例,发球队员面对球网站立,左脚在前,右脚在后,两膝稍弯屈,上体前倾,左手持球于腹前下方,从腹前右侧将球平稳地向上抛起,离手高度约 30 cm 左右。在抛球同时,右臂伸直向身体后方摆动,身体向左转动带动右臂向前方挥动,在腹前用全掌或掌根击球的下部。击球后,迅速进场准备攻防。

正手下手发球动作较简单,容易掌握,失误少,准确性高。但球速较慢,力量小,攻击性较差,适用于初学者。

2. 正面上手发球

发球队员面对球网,左脚在前,右脚在后,左手持球在腹前,将球平稳抛至右肩前上方,离身体水平距离约 30 cm 左右处。在抛球同时,右臂屈肘抬起并后引,手掌自然张开呈勺形,上体稍向右侧转动,同时挺胸、展腹,身体重心后移至右脚。上体迅速左转收腹,带动手臂向右肩上方加速挥动,以全手掌击球的后中下部,击球时,手臂充分伸直,手掌和手腕迅速做推压动作,使球向前做上旋飞行,如图 5.26 所示。

图 5.26　正面上手发球

正面上手发球方法面对球网站位,便于观察对方,易于控制落点,准确性较高,能充分地利用转体、收腹的力量带动手臂迅速挥动击球。发球的力量大、速度快、弧线平。由于手腕和手掌有明显向前推压的动作,使球上旋,因此球不易出界,同时也增强了发球的攻击性。

（三）垫球

垫球是排球运动的基本技术之一，是用手臂击球下部的动作。它是接发球、接扣球和接拦回球的主要手段，是组织进攻战术的基础和纽带。

垫球技术一般可以分为正面双手垫球、跨步垫球、体侧垫球、背向垫球、单手垫球和鱼跃垫球等。以下主要介绍前四种技术。

1. 正面双手垫球

身体面对来球成半蹲姿势，手型呈叠掌式，即两手手指和前半个手掌上下重叠，掌根紧靠，两拇指朝前平行，前臂外翻靠拢，两臂伸直，手腕下压，使前臂内侧形成击球平面，以前臂腕关节以上 10 cm 左右的桡骨内侧平面去击球，当来球距离腹前一臂远时，两臂夹紧伸直，迅速插入球下，以前臂的内侧平面击球的后下部。垫球时，两脚向前上方蹬地并抬臂，同时压腕顶肘，身体重心随着击球的方向前移，如图 5.27 所示。

图 5.27　正面双手垫球

正面双手垫球是最基本的垫球方法，是各项垫球技术的基础，只有掌握这种技术以后，才能进一步学习和运用其他垫球技术。

2. 跨步垫球

右腿迅速向来球方向跨出一大步，屈膝深蹲，重心落在跨出腿上，上体前倾，两臂夹紧伸直插入球下，用两前臂的内侧平面击球的后下部，将球平稳垫起，如图 5.28 所示。当球的速度较快、落点较低时，多采用跨步垫球，它是前扑、鱼跃、滚翻等垫球技术的基础。要学习各种高难度的垫球技术动作，必须熟练地掌握跨步垫球技术。

图 5.28　跨步垫球

3. 体侧垫球

来球向右侧飞来，左脚前脚掌内侧迅速蹬地，右脚向右跨出一步，身体重心随即移至右脚,同时两臂夹紧向右侧伸出,右臂高于左臂,左肩稍向下倾斜。击球时身体左转,以两臂组成的击球平面击球的右侧后下方,如图 5.29 所示。

图 5.29 体侧垫球

体侧垫球技术主要应用于来球飞向体侧,速度较快,来不及移动正面击球时。它可扩大防守范围,但不易控制垫球的方向和落点。

4. 背向垫球

当球飞向身后时,迅速转体背对击球方向,两臂夹紧伸直,击球点一般高于肩部,利用前臂内侧平面击球的前下部,击球时以蹬腿、挺胸及展腹的后仰动作,带动两臂将球向后上方平稳垫出,如图 5.30 所示。背向垫球是身体背对垫球方向的一种垫球方法,因此不易控制方向和落点,垫球时要有较好的位置感。

图 5.30 背向垫球

(四)传球

传球是排球运动的一项重要技术,是组织进攻战术的基础。它主要运用在二传的技术动作中,用于衔接防守和进攻。由于传球是用手指和手腕的动作击球,而手指手腕较灵活,控制球的面积大,所以传球的准确性较高。

传球技术的种类较多,主要有正面双手传球、背传、侧传、跳传和单手传球等。以下主要介绍前两种技术。

1．正面双手传球

两脚左右开立，与肩同宽，一脚在前，后脚跟稍提起。两臂屈肘抬起，肘部下垂，两手张开成球形，置于额头前上方约一球距离处。传球时手腕后仰，双手五指自然张开成半球形，拇指尖相对成近似"一"字形，以拇指指腹、食指全部和中指的二、三指节触球的后上部，无名指和小指触球的两侧，传球时用拇指、食指和中指发力。无名指和小指在球的两侧协助控制传球方向。传球时主要以蹬地、伸臂的协调动作和手指、手腕的弹力将球传出，如图 5.31 所示。

正面双手传球是最基本的传球方法，运用最为广泛，只有在学好正面双手传球的基础上，才能进一步掌握和运用其他各种传球技术。

图 5.31 正面双手传球

2．背传

身体背对传球方向置重心于两脚之间，双臂屈肘抬起，两手成球形置于额头前上方。传球时，稍抬头挺胸，在两腿蹬地的同时，上体向后伸展，击球点保持在额头上方，手腕适当后仰，掌心向上，以手指击球，利用腿部蹬地和向后上方伸臂的动作，以及手指、手腕的弹力将球向背后传出，如图 5.32 所示。

图 5.32 背传

背传主要用于组织进攻，是二传队员必须掌握的主要传球技术之一。比赛中熟练地运用背传技术，能使进攻战术多样化，可出其不意、迷惑对方。

（五）扣球

扣球是排球的基本技术之一，也是攻击性最强的进攻手段。扣球是在二传配合的基础上，完成进攻战术得分的重要手段，如能熟练地掌握多种扣球技术，就能较好地掌握比赛的主动权，为取得胜利奠定良好的基础。

随着排球技术和战术的发展，扣球技术也在不断创新和提高。我国排球运动员在短平快、时间差、位置差等扣球技术的基础上又创新了许多扣球技术，如空间差和单脚起跳扣快球及快抹技术等。目前，无论是在男子排球，还是女子排球中，扣球技术都向着"高、快、狠、变、巧"的方向发展。

扣球一般分为正面扣球、调整扣球和扣快球等。以下主要介绍正面扣球和扣快球。

1. 正面扣球

正面扣球是扣球中比较直接的进攻方法，是比赛中运用得最多的一项进攻性技术，适合于近网和远网扣球。正面扣球采取面对球网的站位，便于观察对方的拦网和防守情况，扣球队员可以有针对性地采用不同的扣球个人进攻战术。正面扣球由助跑、起跳、空中击球和落地四个部分组成。

以右手扣球为例，两脚自然前后开立，上体自然前倾，两臂稍屈自然下垂于体侧。扣球时左脚向前跨出一步，右脚再迅速跨出一大步，左脚及时并上，踏在右脚之前，以脚跟制动并双脚起跳，同时两臂由体侧迅速向前上方摆，右臂随之抬起后引，肘部自然弯曲略高于肩，上体稍向右转，挺胸展腹。击球时以向左转体和收腹的动作带动手臂向前挥动，做快速鞭打的动作，在最高点击球。五指微张呈勺形，以全手掌包球，击球的后中上部。同时主动屈腕、屈掌向前推压，使球向前下方上旋飞行。最后双脚落地并屈膝缓冲，如图5.33所示。正面扣球前的传球弧线较大，准备时间较充分，因此对手也较容易防范。

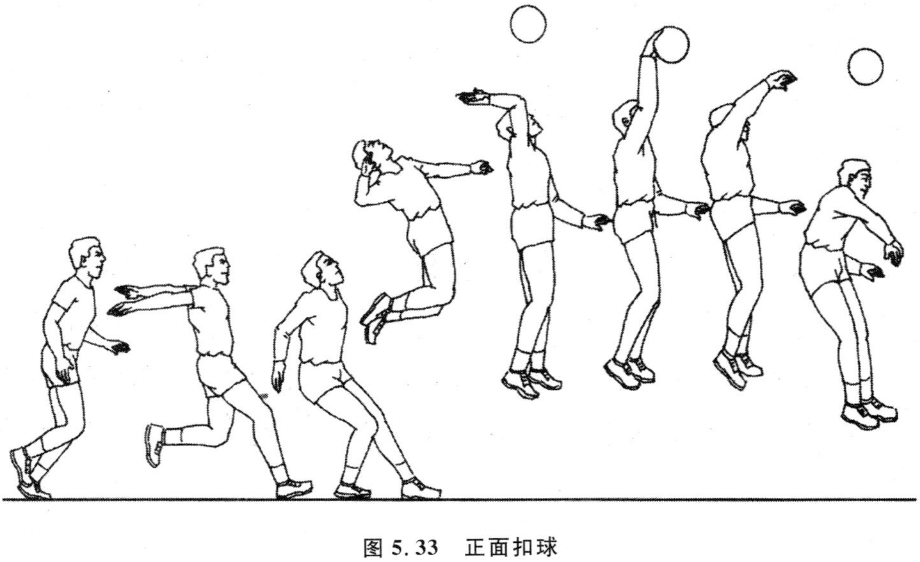

图 5.33 正面扣球

2. 扣快球

扣快球是扣球队员在二传队员传球前或传球的同时起跳击球。它在时间上争取了主动,起到了攻其不备的效果,可使对方在拦网和防守时产生错误的判断。这种扣球的特点是速度快、力量大、时间短、落点近、攻击性强。

(六) 拦网

拦网是防守的第一道防线,也是反攻的重要环节。成功的拦网可以直接拦死或拦回对方的进攻,可直接得分或使本方由被动变为主动,削弱对方的进攻力量,减轻本方防守的压力。此外,有效的拦网还可以给对方心理造成很大的压力。目前,随着扣球技术攻击性不断增强,拦网的重要性日渐突出,它主要有以下几种形式。

1. 单人拦网

单人拦网技术是拦网最基本的形式,它是集体拦网的基础,由准备姿势、移动、起跳、空中拦击和落地五个相互衔接的部分组成。

两脚左右开立与肩同宽,距球网约 40 cm。两膝弯曲,上体稍前倾,两臂在胸前自然屈肘张开,准备随时向来球方向并步或滑步移动。移动时,身体重心不要上下起伏,两臂摆动幅度不宜过大,最后一步要迅速降低重心。起跳时两脚迅速蹬地,两臂在体侧向上方摆,带动身体垂直起跳,并稍收腹,以控制身体平衡,注意手臂摆动幅度不要过大,以免触网犯规。两臂充分伸直,两手自然张开,并用力屈腕,两手之间的距离略小于一个球的直径。当两手触及球时,手掌和手腕用力控制球的落点,防止球打手出界。落地时应稍收腹,以保持身体的平衡,先以两脚前脚掌着地并屈膝缓冲,迅速做好下一个动作的准备。

2. 双人拦网

双人拦网是集体拦网的主要形式,它由前排两个相邻的队员同时起跳拦网所组成,目的是增大拦网面积。双人拦网一般以其中一人为主,另一人协同配合,距扣球点较远的队员应主动向扣球点移动。两人起跳时,应保持适当的距离,避免互相干扰。起跳后,手臂要靠近,手掌之间的距离应小于一个球,四只手在球网上沿形成一道屏障,以阻拦对方的扣球进攻。

3. 三人拦网

三人拦网是集体拦网的另一种形式,一般是在对方扣球进攻火力较强,路线变化多,而且很少在轻扣或轻吊时采用。

三人拦网技术动作与双人拦网相同。组成三人拦网关键在于移动迅速,恰当取位,配合密切。无论对方从哪个位置扣球进攻,防守队员都要向对方扣球的进攻点迅速移动,协调配合。

三、排球运动的基本战术

(一) 阵容配备

阵容配备是指比赛时场上人员的搭配布置,其目的是最大限度地发挥场上每个队员的特长和作用,从而尽可能地合理发挥全队的实力。在排球比赛中常用的有“四二”配备和“五一”配备。

(1) “四二”配备,即 4 个攻手(其中 2 个主攻手,2 个副攻手),2 个二传安排在对称的位置上,他们都站在对角位置上。这种配备方法主要在初学和一般水平队中采用较多,如

图 5.34 所示。

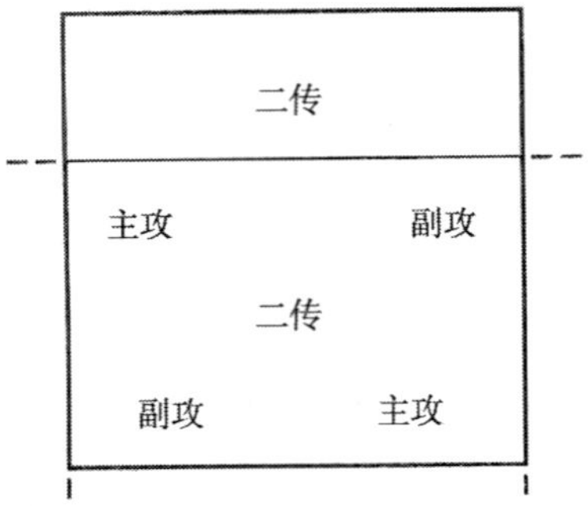

图 5.34 “四二”配备

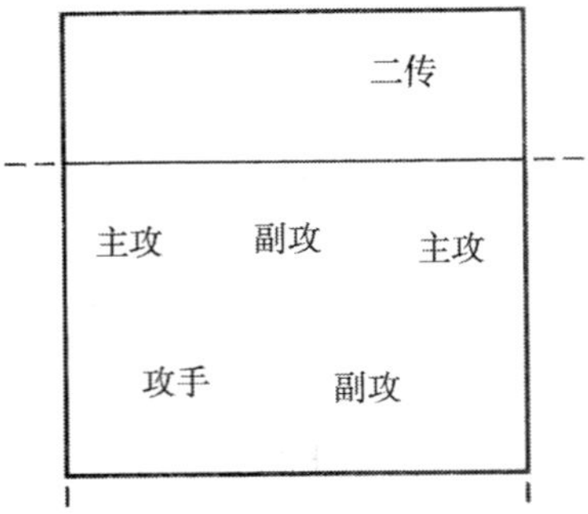

图 5.35 “五一”配备

(2)“五一”配备,即 5 个进攻队员和 1 个二传队员。其目的是为了加强进攻的拦网力量。为了弥补在主要二传队员来不及传球时所出现的被动局面,可以在二传队员的位置上,配备一名有进攻能力的接应二传队员。这种配备方法目前在水平较高的队中被普遍采用,如图 5.35 所示。

(二) 进攻战术

进攻战术是指接对方来球后,全队所组成的有目的、有组织的配合。进攻战术是由一传、二传、扣球三个环节组成的。

(1)“中一二”进攻战术。由 3 号位队员做二传,2 号位、4 号位队员进攻的配合形式称为“中一二”进攻阵形。它是进攻战术的基本阵形之一,优点是位置比较清楚,不易造成失误;缺点是容易被对方识破,被拦死的几率较高。“中一二”进攻战术容易组织,比较简单,是初学者常采用的一种进攻战术,如图 5.36 所示。

图 5.36 “中一二”进攻战术

图 5.37 “边一二”进攻战术

(2)“边一二”进攻战术。由 2 号位队员做二传,将球传给 3 号位、4 号位队员进攻的组织形式称为“边一二”进攻阵形。其优点是右手扣球者在 3 号位、4 号位扣球比较顺手,战术变化也较“中一二”多。缺点是 5 号位接一传时离 2 号位距离较远,控球难度较大,如图 5.37 所示。

(3)“插上”进攻战术。由后排的一个队员在对方发球后迅速插到网前 2 号位、3 号位做二传,前排保持有三点进攻,还能组织各种立体进攻,是当前国内外高水平队普遍采用的一种进攻战术阵形。根据后排队员插上的位置不同,可分为 1 号位、6 号位、5 号位队员插上。

（三）防守战术

防守战术一般可分为无人拦网下的后排防守和单人、双人、集体拦网下的后排防守。这里只介绍双人拦网的后排防守阵形。

（1）“边跟进”防守阵形（也称“马蹄形”防守）。这种阵形是目前排球比赛中广泛采用的一种阵形，一般在对方进攻比较强、战术变化较多、吊球较少时采用。前排双人拦网，另一人防小斜线，与其他 3 名队员组成马蹄形阵形，如图 5.38 所示。这种阵形要求 1 号位、5 号位队员不仅有防重球的能力，而且具有准确判断、补救对方吊球的能力。

（2）“心跟进”防守阵形。当对方经常采用打吊结合，本方拦网能力强，能封住后排中场，而 6 号位或某个队员又善于防吊球时采用。而当对方战术变换较多，突破点多，本方拦网不成功时不宜采用。这种阵形要求 6 号位队员具有判断准确、防对方吊球的能力，如图 5.39 所示。

图 5.38　“边跟进”防守阵形

图 5.39　“心跟进”防守阵形

四、排球规则简介

（一）排球比赛通则

排球比赛是在长 18 m、宽 9 m 的长方形场地进行，如图 5.40 所示。男子比赛网高 2.43 m，女子比赛网高 2.24 m，场地的所有界线均宽 5 cm，场地的长和宽包括界线，压线球为界内球。距中线 3 m 处有一条进攻线，以限制后排队员在前排进行进攻性击球，中线和进攻线视为无限延长，每队上场 6 人站成两排自左向右前排 4、3、2 号位，后排 5、6、1 号位。

发球时队员需按顺时针方向转换到 1 号位，球未发出前，双方队员左右前后不得错位，否则将被判丢失发球权同时对方得分，发球后每队可接触球三次（拦网触球除外）。正式比赛采取五局三胜制和每球得分制，即攻防任何一方失误均由对方得分并发球。每局比赛队满 25 分并比对方至少多得 2 分为胜一局。当双方比分 24 平时，应继续比赛至某队多领先 2 分为止，某队先胜三局即取得该比赛胜利。如双方前四局出现 2∶2 平局时，第五局为决胜局。在该局比赛中，只要一方先得 8 分应交换场地，位置不变继续比赛。当比分 14∶14 时，此时无最高分限，先超过对手 2 分的获胜。比赛一至四局中，每局另有两

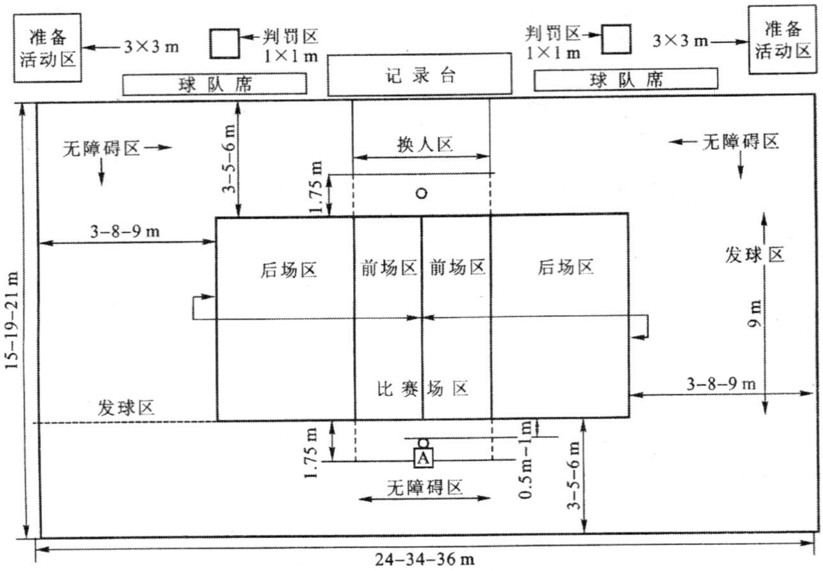

图 5.40　排球长方形场地

次 60 秒的技术暂停，每当领先队达到 8 分和 16 分时自动执行，决胜局（第五局）没有技术暂停，比赛成死球时教练或队长可请求暂停两次，每次 30 秒。每局比赛只准换人 6 次，开赛队员只能退出比赛一次，再上场时只准换替换他的队员。

（二）发球

发球队员将球抛起或持球手撤离后，必须在球落地前，用一只手或手臂的任何部分将球击出。在击球时或击球起跳时，不得踏及场区（包括端线）和发球区以外地面。击球后，可以踏及或落在场地或发球区以外。发球队员必须在第一裁判员鸣哨后 8 秒钟内将球击出。裁判员鸣哨前的发球无效，重新发球。

（三）进攻型击球

（1）吊球是被允许的，但击球必须清晰并无接住或抛出动作。

（2）不准许拦对方发球。

（3）不准许后排自由防守队员试图进行个人拦网或参加集体拦网。

（四）比赛中的击球

（1）球可以接触身体的任何部分。

（2）球必须被击出，不可接住或抛出。球可以向任何方向弹出。

（3）球可以触及身体不同部位，但必须是同时。

（4）同队的两名（或三名）队员同触到球时，被记为两次（或三次）击球，（拦网除外）如果只有其中一名队员触球，则记为一次击球，队员之间发生碰撞不算犯规。

（5）如果双方队员同时触球造成“持球”，则判“双方犯规”，该球重新进行。

（五）网下穿越

（1）队员一只（两只）脚或一只（两只）手部分穿越中线触及对方场区的同时，其余部分接触中线或至于中线上空是允许的，不判为犯规。

（2）队员身体的任何其他部位都不允许接触对方场区。

（六）触网

（1）触网或触标杆不是犯规，但队员击球时或干扰比赛的情况下触网除外。

（2）由于球被击入球网而造成球网触及队员不算犯规。

（3）球通过网时可以触网。

第三节　足球

一、足球运动简介

足球运动是世界上开展最广泛、影响最大的体育运动项目之一，号称世界第一运动，深受世界各国和各地区人民的喜爱。

早在战国时期，我国就出现了类似于足球的游戏，当时把这种游戏称为“蹴鞠”或“蹋鞠”。“蹴”和“蹋”都是踢的意思，“鞠”是用皮革作外壳，中间塞满毛发的球状物。“蹴鞠”历史悠久，有很丰富的文化内涵，不仅在我国古代的诗赋杂谈中多有记载，而且还出版过许多专门论述“蹴鞠”的书籍。这些书籍对球的制作、游戏场地、方法和规则等都有极为详尽的介绍。

名人堂：弗朗茨·贝肯鲍尔

弗朗茨·贝肯鲍尔（Franz Beckenbauer，1945 年至今），德国著名足球运动员、教练员，历任德国足协主席、国际足联执委，被世人尊称为“足球皇帝”，贵为世界足球史上最强大的征服者。贝肯鲍尔球员时代是世界足坛最伟大的球员，集体以及个人荣誉全满贯得主，夺取了一切冠军和奖项。他 103 次代表联邦德国队出场。参加过 1966 年、1970 年和 1974 年世界杯足球赛，全部打入四强，获得金、银、铜牌各一块。个人更是连续 3 次入选世界杯最佳阵容，是世界杯历史上第一人。贝肯鲍尔教练时代又是世界足坛最伟大的教练，分别率领俱乐部和国家队夺取联赛、欧战、世界杯冠军。20 世纪 80 年代，联邦德国足球水平每况愈下，1984 年，贝肯鲍尔接过国家队帅印，使国家队水平不断提高，先后率队夺得 1986 年墨西哥世界杯赛亚军和 1990 年意大利世界杯赛冠军，成为历史上作为队长和主教练都获得过世界杯冠军的第一人。

现代足球发端于英国。1857 年，英国成立了世界上第一个足球俱乐部——谢菲尔德足球俱乐部，此后，各地区相继效仿。1863 年 10 月 26 日，为了适应俱乐部之间日趋频繁的竞赛需要，在伦敦召开会议，成立了世界上第一个足球组织——英国足球联合会。1904

年 5 月 21 日，法国、比利时、西班牙、荷兰、丹麦、瑞典、瑞士 7 个国家足球协会的代表在巴黎召开会议，成立了足球国际性组织——国际足球联合会(简称“国际足联”，英文缩写为 FIFA)，总部设在苏黎世，它是奥林匹克委员会的一个单项体育组织，目前已有会员 204 个。自 1930 年开始每四年举办一次的世界杯足球赛，是世界足球最高水平赛事，至今已举行了 19 届(第二次世界大战期间停办过 2 次)。此外，国际性足球比赛还有奥运会足球赛、世界青年足球锦标赛、世界少年足球锦标赛和世界女子足球锦标赛等。

二、足球运动的基本技术

足球运动是一项技术动作相当复杂的运动项目。从足球比赛队员在场上的分工和技术特点来看，锋卫队员的多数技术动作是用脚来完成的，而守门员的多数技术动作则是用手来实现的。因此，足球技术可分为锋卫队员技术和守门员技术两大部分。但是，不论是锋卫队员还是守门员，在比赛中不仅需要使用支配球、争夺球的有球技术动作，而且还需要为能够进行支配球和争夺球而采取各种行动的无球技术动作。因此，足球技术分为有球技术和无球技术两大类，如图 5.41 所示。

(一) 无球技术

据统计，一场 90 分钟的足球比赛，一个控制球能力很强的运动员所能控制球的时间也只有两三分钟，其他时间都是在无球的情况下活动。这些活动，除了用于调整位置的走步和慢跑外，都需要使用无球技术来完成。例如，进攻者运球逼近并突然快速越过防守者时，防守者就要突然转身并快速起动去追赶对手。又如，当防守者用最快的速度追上快速运球的对手时，进攻者又突然停下来以摆脱防守者，此时防守者也需要用最快的急停动作停住，而不被对手甩掉。

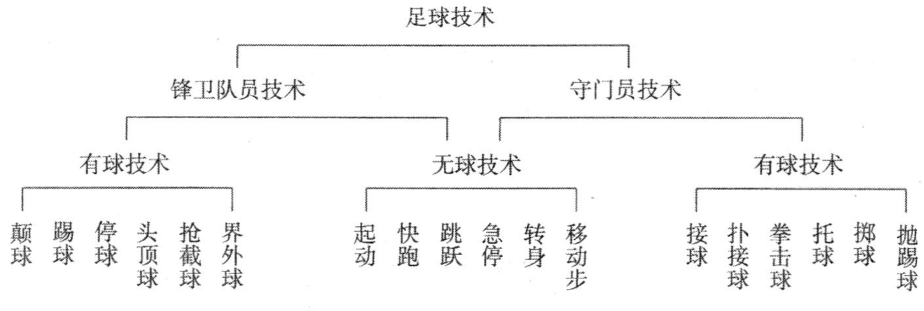

图 5.41 足球技术分类图

因为足球运动无球技术的教学与训练应与提高身体素质的练习结合起来，所以在进行身体训练时应有目的地对无球技术的动作提出具体的要求，从而使球员逐步掌握和不断提高无球技术。

(二) 有球技术

足球比赛的胜负是根据参加比赛的双方攻入对方球门的球次数多少来决定的，所以最后能够体现完成攻守任务的技术是有球技术，它是足球技术的重要内容。

1. 颠球技术

要想在比赛中战胜对手，就要求运动员在比赛的任何情况下都能自如地应付处于各种状态下的球。实践证明，熟练地掌握在快速运动中的颠球技术，是随心所欲地控制、处理各种状态的球最有效的手段。为此，运动员需要从如下两个阶段去下工夫：第一阶段，就是让运动员通过采用身体的合理部位反复接触球的颠球练习，以建立触球部位对球的敏感性；第二阶段，随着运动技术的提高，必须在快速运动中练习颠球技术，在这个基础上再经过进一步的反复磨炼，运动员就能在极其复杂的条件下，通过熟练的颠球动作控制球。

颠球技术大致可分为拉挑球、脚背正面颠球、脚内侧颠球、脚外侧颠球、大腿颠球、头部颠球、肩部颠球和胸部颠球等。

2. 踢球

(1) 脚内侧踢球，是用脚的内侧(跖趾关节、副舟骨和跟骨所构成的三角部位)接触球的一种踢球动作。它的特点是脚与球的接触面积大，出球平稳而准确。但是，由于踢球时，踢球腿必须屈膝外展，腿的摆幅和摆速都受到一定程度的限制，因而出球力量小。

踢定位球时直线助跑，支撑脚落在球侧方 10～15cm 处，膝关节微屈，两臂自然张开，踢球的腿以髋关节为轴向后向前摆动，同时屈膝外传，脚内侧正对出球方向脚尖翘起，以大腿带动小腿快速摆动击球的后中部，然后随球前摆，保持身体平衡。踢定位球时，准确观察球飞行的线路后选位，大腿抬起，小腿拖在后面，击球时利用小腿的摆动敲球的后中部，如图 5.42 所示。

图 5.42 脚内侧踢球

(2) 脚背正面踢球，又称正脚背踢球，是用脚楔骨和跖骨末端的脚背正面部位击球。其特点是踢球摆幅大、速度快、力量大，常用于长距离传球和射门。

踢球时，先直线助跑，支撑脚踏在与球平行和距球一脚的侧方，脚尖正对出球方向，膝微屈，同时踢球腿向后摆起，膝弯曲。踢球的腿向前摆时，要用大腿带动小腿。当大腿前摆至垂直地面位置时，小腿加速摆动。在脚触球的刹那，脚背要绷直，并稍收腹，以正脚背部位触球后中部。踢球后，身体要有随前动作，并跨出一两步，如图 5.43 所示。

图 5.43　脚背正面踢球

(3) 脚背内侧踢球,沿着与出球方向成 45°角斜线的方向助跑,助跑的最后两步要稍向出球的相反方向球的侧前方跨出,支撑脚踏在球的侧后方约两脚左右处,膝弯曲,以脚掌外侧着地支撑身体重心,上体稍向支撑脚一侧倾斜。踢球脚自然向后摆,踢球时,以大腿带动小腿,呈弧线迅速前摆,脚面绷直,脚趾紧扣,脚尖斜指前下方,以内脚背触球的后中部,踢球后腿随球摆出。

(4) 脚背外侧踢球,特点是预摆动作小,出脚快,能利用膝、踝关节的灵活变化改变出球方向和性质,是具较强实用性的技术手段。

脚背外侧踢球与正脚背踢球动作基本相同,只是脚背外侧触球。在触球一刹那,脚背绷直,脚趾用力下扣,脚尖内转,踢球的后中部,使球的外旋力量加大,如图 5.44 所示。

图 5.44　脚背外侧踢球

3. 停球

停球是指运动员有目的地运用身体合理部位,将运动中的球接控在所需要的范围内。在比赛中停球只是一个过程,其主要目的是为传球、运球、过人和射门做准备,常用的停球方式有脚内侧停球、脚底停球、正脚背停球、脚外侧停球、胸部停球、大腿停球等。停球的技术动作由判断和选位、合理停放支撑脚和停球动作所组成。

(1) 脚内侧停球,又称脚弓停球,此动作较易掌握,脚与球接触面积大,易将球停稳,容易改变球的方向并结合下一个动作,多用于停地滚球、反弹球、空中球。球员首先应判断来球速度和球性,停球脚提起,屈膝外转前迎,脚尖稍翘起,脚弓触球的刹那,迅速后撤,把球停在体前,准备下一个动作,如图 5.45 所示。

图 5.45　脚内侧停球

（2）脚背正面停球，又称正脚背停球，主要用于停空中球。球员在停球前，判断来球高度，身体正对来球，停球腿屈膝上抬，以脚背对准来球，在触球的刹那，小腿和踝关节放松下撤，缓冲球速，使球落于体前，如图 5.46 所示。

图 5.46　脚背正面停球

（3）大腿停球，适用于高空下落与大腿平行的来球。球员接球时大腿抬起，以中部对准球，在触球的一刹那，随球下撤，肌肉适当放松使球平稳弹在做下一个动作所需要的位置上，如图 5.47 所示。

图 5.47　大腿停球

（4）胸部停球，胸部面积大、有弹性、位置高，适宜停高球和直球，可分为挺胸、收胸两种停球。球员面对高于胸部的下落球，两脚前后开立，两膝微屈，上体稍后仰，两臂自然张开，球触胸部时，向上挺胸，使球平稳弹下落于体前，如图 5.48 所示。

图 5.48　胸部停球(球高于胸部)

面对齐胸高的平直球，当球触胸的刹那，迅速缩胸、收腹，借以缓冲来球力量，把球弹落在体前，如图 5.49 所示。

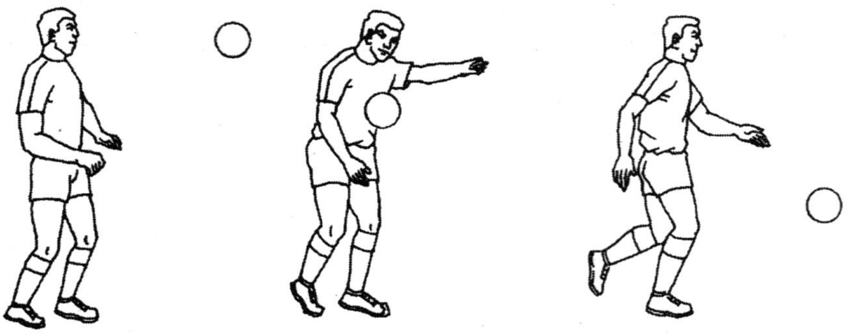

图 5.49　胸部停球(球与胸部齐平)

4. 运球

运球是运动员在跑动中有目的地用脚的连续推、拨球使其处在自己控制之下的触球动作。运球技术包括运球的部位与方法、常用动作及运球过人。

运球的部位与方法分为脚背正面运球、脚背内侧运球、脚背外侧运球和脚内侧运球等。比赛中的情况是瞬息万变的，所以运球方法也必须根据比赛临场的变化而改变。比赛中的运球方法通常是几种运球动作变换运用。在改变方向运球时，通常是两只脚交替推球或者拨球。

运球时的常用动作有拨球、扣球、挑球、拉球。拨球是用脚腕进行扭拨动作，用脚背内侧拨球的动作称“里拨”，用脚背外侧拨球的动作称“外拨”；扣球是指用突然地转身和脚腕急转扣压动作以脚背内侧或脚背外侧触球，也分为“里扣”和“外扣”；挑球一般是指用脚背与脚尖上挑的动作或用脚背上撩的动作，使球向前上方改变方向；拉球是用脚掌将球由前向后或由左(右)向右(左)拖拉球的动作。运球过人方法很多，主要有强行过人或晃拨过人等。

5. 头顶球

头顶球是运动员有目的地用头的前额骨把球击向预定目标的动作，可分为前额正面顶球和前额侧面顶球。这两个部位都可以做原地顶球、跑动中顶球、跳起顶球和鱼跃顶球动作。这里主要介绍前额正面头顶球，它分为以下两种。

(1) 原地头顶球，身体正对来球方向，眼睛注视运动中的球，两脚左右开立，膝关节微屈，重心置于两脚间的支撑面上，两臂自然张开。当球运行到身体垂直面时，两腿用力蹬地，迅速向前摆体，微收下颌，在触球瞬间颈部做爆发式振摆，用前额正面击球中部，上体随球前摆，如图 5.50 所示。

图 5.50　原地头顶球

（2）原地跳起头顶球，这种技术用在本方或对方传来高球时运用。两膝弯曲，重心下降，然后两脚用力蹬地起跳，同时两臂屈肘上摆，在身体上升阶段展腹挺胸，两臂自然张开，眼睛注视来球，身体自然成背弓。当球运行至身体额状面时，迅速收腹，上体前摆，触球瞬间颈部做爆发性振摆，用前额正面将球顶出。同时两腿向前做振摆，球顶出后两腿屈膝屈踝落地，如图 5.51 所示。

图 5.51　原地跳起头顶球

6. 抢截球技术

抢截球是指运动员运用合理的动作把对手控制的球、传出的球夺过来或破坏掉。它包括抢球和截球两个内容。这里着重介绍抢球技术，它分为以下几种。

（1）正面抢球。逼近控球队员时，防守队员应控制好身体重心，两膝弯曲，上体略前倾，并注意观察对手的脚下动作，在对手触球的刹那，支撑脚后蹬发力，抢球的腿屈膝以脚内侧向球跨出，身体重心继续快速前移，支撑脚前跨将球控住。如双方对脚触球，则应顺势向上做提拉动作，将球从对方脚背上带出，如图 5.52 所示。

图 5.52　正面抢球

(2) 侧面抢球(合理冲撞)。当与运球队员成平行位时,重心略降,身体向对手倾靠,手臂贴紧。在对手近侧脚离地刹那,用肩以下、肘以上部位猛然发力冲撞对手的相应部位,使其重心失控,乘机伸脚将球控在脚下,如图 5.53 所示。

图 5.53　侧面抢球

(3) 侧后抢球。侧后抢球多是在对手突破的险境下的回追反抢,由于位置上的劣势,因此须采用抢前动作争取主动,通常采用倒地铲球的动作。

7. 守门员技术

守门员是全队最后一条防线,他的成败直接影响全队士气的高低以及比赛的胜负。一个好的守门员的作用有时就相当于半支球队。守门员的技术动作有准备姿势、移动、接球、扑球、拳击球、托球和掷球等,这里主要介绍接球技术,它包括以下几种。

(1) 接地滚球。它分为两种,一是直腿式接球,两脚左右分开一拳左右,体前伸直两臂并肘前迎,手掌对球,两手接球后,迅速屈肘将球抱于胸前,如图 5.54 所示。

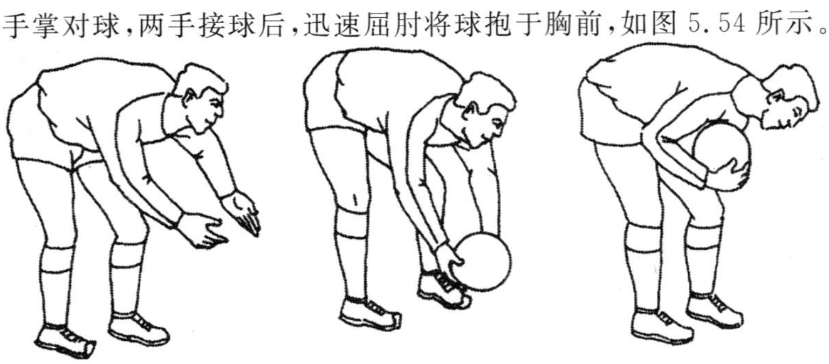

图 5.54　直腿式接球

二是单腿跪撑式接球，两脚前后侧开立，跪腿时，前腿深屈、后腿跪立，并且膝盖接触地面，上体前倾，两臂下垂，掌心对准来球，两手接球的底部，屈腕屈臂含肘压胸，将球抱于胸前，如图 5.55 所示。

图 5.55　单腿跪撑式接球

（2）接平球。身体正对来球，两臂前平伸，手指尽量分开。接球时，两臂迅速屈肘后撤以缓冲来球力量，同时屈腕、收腹，将球压在胸前，如图 5.56 所示。

图 5.56　接平球

（3）接高球。判断好球路和确定接球点后迅速移动并跳起，两臂上升迎球，两手拇指相靠，手掌对球。接球时手指和手腕适当用力将球接住，同时屈肘、回缩并下引，顺势翻掌将球抱于胸前，如图 5.57 所示。

图 5.57　接高球

8. 掷界外球

掷界外球是全身协调配合动作，需充分发挥腿、腰、臂和手腕的力量，将球准确有力地掷出，通常分为原地掷界外球和助跑掷界外球两种。

（1）原地掷界外球。面对出球方向，两手自然张开，拇指相对，持球的侧后部，屈肘将球举在头后，掷球时上体后仰，后脚用力蹬地，摆体收腹、挥臂、屈腕，有力准确地将球掷出，如图 5.58 所示。

图 5.58 原地掷界外球

（2）助跑掷界外线。跑动时持球于胸前，在最后一步踏地的同时，两手持球举过头，以原地掷界外球的方法将球掷出。

三、足球运动的基本战术

在比赛中，为战胜对手，根据具体情况而采用个人行动和集体配合的组织方法和形式叫足球战术，它包括进攻战术和防守战术。

（一）比赛阵形

比赛阵形是指比赛场上队员基本位置的排列，是本队攻守力量搭配和职责分工的形式。比赛阵形的运用，要根据本队队员的技术水平、身体素质、战术的需要和对方的情况，要有利于发挥己方的特长，达到克敌制胜的目的。

比赛阵形是随攻守技术的发展而不断变化的。从 1930 年至今，足球比赛阵形经过了多次的变化，从“WM”（即“3-2-2-3”）阵形、“三三四”阵形到“四二四”阵形，从“四三三”阵形、“四四二”阵形到“一三三三”阵形等。

目前普遍采用的阵形有“四三三”、“四四二”两种。所谓“四三三”阵形，即 4 个后卫、3 个前卫、3 个前锋。不同位置队员有不同的职责。

（1）守门员的主要职责是守住球门，观察场上比赛变化情况，组织和指挥全队的攻守。

（2）边后卫主要负责防守对方的边锋或插入边锋位置的其他队员，配合中卫协同防守，相互补位，封锁直接进攻球门的去路。本队进攻时，也可伺机插上助攻，起边锋作用。

（3）中后卫是防守的支柱，主要职责是防守球门前中央场区最危险的区域，制止对方射门，并与边后位和另一中卫协同防守，相互补位，还应起到攻守的组织和指挥作用。

(4) 前卫活动于锋线队员和卫线队员的中间地带，主要职责是控制中场，是防守的屏障，又是前沿攻击的纽带。进可以攻，退可以守，并能及时插上或远射，起到全队的核心作用。

(5) 中锋的主要职责首先是突破射门或插上接传中球射门；其次是通过交叉换位，左右策动，扰乱对方防线，为同伴创造插上、切入或射门的机会，是本队的尖刀，由攻转守时是全队的第一道防线。

(6) 边锋的主要职责是从边路突破对方的防线，带球切入射门或下底传中、包抄射门。防守时要紧盯防守自己的边后卫，不让其自由助攻，并协助本方边后卫防守对方边锋。

(二) 足球基本战术

1. 进攻基础战术

(1) 个人进攻战术包括摆脱与跑位、运球过人等。在摆脱与跑位中，摆脱对手的方法很多，可采用突然起动、冲刺跑、急停、突然变向、变速和假动作等，造成瞬间空当。跑位的作用有摆脱对手去接球；牵制或扯动对方，为同伴拉出空当，扰乱对方防线。比赛中队员跑位时不断交叉换位，有利于扰乱对方防线制造空当，推进进攻。在对手紧逼的情况下，多数的跑位都要采取摆脱的动作。跑位要机动灵活，随时观察场上情况，随机应变。另外，摆脱要及时，动作要突然。运球过人是调动、扰乱对方防线造成以多打少，觅找传球空当，突破密集防守，制造射门机会的有效手段。在没有传球配合的可能或运球过人后没有更好的传球战机、射门机会时，则应大胆运球突破。

(2) 局部进攻战术。它是两人以上的战术配合行动，常用的有二过一配合、三过二配合。两人的传球配合是集体配合的基础，较多运用在前场。比赛中常用的二过一配合主要有斜传直插二过一、直传斜插二过一、踢墙式二过一及交叉掩护二过一，如图 5.59、图 5.60、图 5.61、图 5.62 所示。

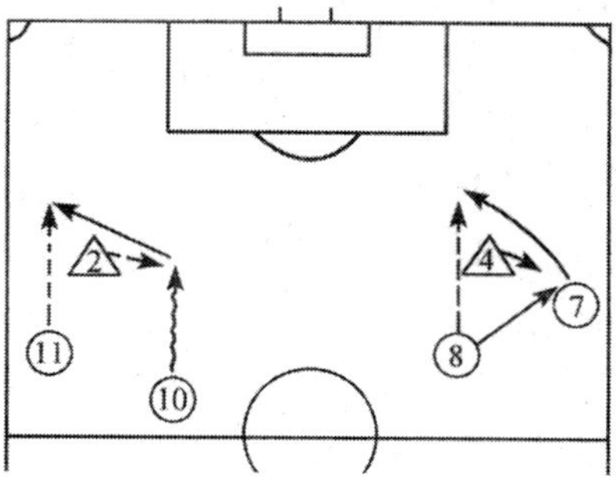

图 5.59　斜传直插二过一

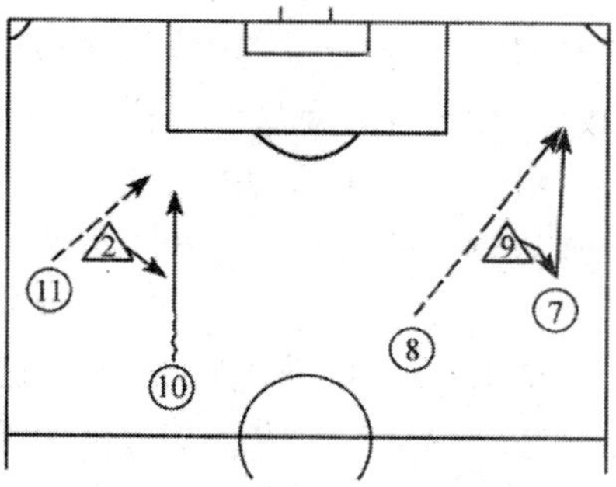

图 5.60　直传斜插二过一

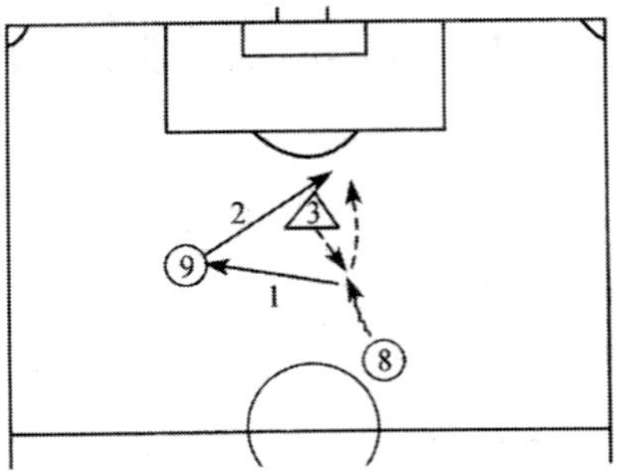

图 5.61　踢墙式二过一

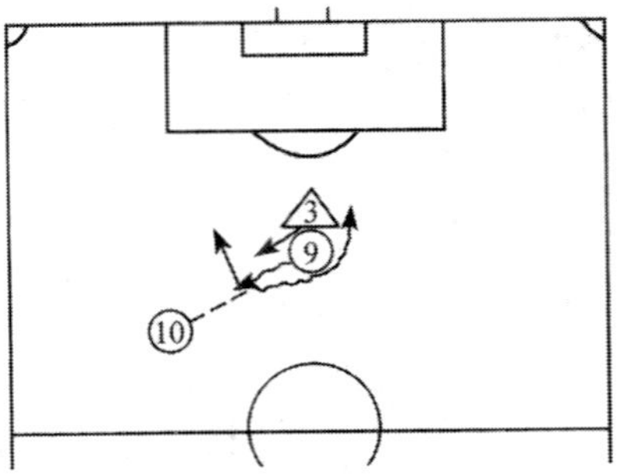

图 5.62　交叉掩护二过一

(3) 集体进攻战术。它主要包括以下几种：

第一,边路进攻,指在对方半场两侧地区发动的进攻。它利用边线区域防守力量相对薄弱,容易突破对方防线,达到边线运球传中进攻的目的。边路进攻要求边锋速度快,运球突破能力强,传中技术好,而其他前锋线和前卫队员应抓准时机包抄插上进攻射门。

第二,中路进攻,指在对方半场中间地带发动进攻。中间地带正对球门,一旦突破防线,便可直接威胁球门,且射门角度大。但中间防守队员密集,不易突破。因此,可通过中锋、内切的边锋或插上的前卫队员之间的配合或个人运球过人等方法突破对方的防线。

第三,转移进攻,进攻时,当一侧受阻而另一侧有利时,要及时快速转移进攻方向。此方法多是采用有效而准确的中、长距离传球来实现。以拉开对方的一边防守,达到声东击西的进攻目的。

第四,快速反击,是在本方半场防守对方进攻时,一旦得球,趁对方立足未稳时,快速传球,以多打少,达到进攻射门得分取胜之目的。

(4) 定位球战术。定位球进攻战术有任意球、角球、球门球、中圈开球、点球、掷界外球等战术配合。这里主要介绍前三种技术。

第一,任意球。任意球分直接任意球和间接任意球两种。罚直接任意球可采用穿墙和弧线球直接射门,或者采用过顶传切配合射门;罚间接任意球时,传球次数要少,经一两次传递即完成射门。任意球要运用假动作迷惑对方,声东击西,避开"人墙",争得射门机会,传球要及时、准确,插入"人墙"后面的队员要避免越位。

第二,角球。角球战术有三种:采用弧线球(俗称香蕉球)直接射门;长传将球踢至球门前,由头球能力强的同伴争抢头球射门;采用短传配合(是在对方身材高大、争顶能力强,而本方顶球较差、身材较矮时或遇到较大逆风时运用)。

第三,球门球。球门球的进攻配合有两种:一种是守门员直接踢高远球给中场的进攻队员;一种是守门员与后卫队员通过一次传球配合,以改变球路的传球方法,然后由守门员组织发动进攻。

2. 防守战术

(1) 个人防守战术,这是局部和集体防守战术的基础。所谓"一点突破,全线崩溃",可见个人防守战术的重要。它主要包括两个方面的内容:一是选位与盯人,它是防守战术中重要的个人战术,防守队员选位时,一般应处于对手与本方球门中心所构成直线上。一般情况下,对有球的队员和在他附近的队员(可能接球的队员)以及接近球门附近的队员要采取紧逼盯人，对离球远和离球门远的队员可采取松动盯人。二是抢截球，是转守为攻的积极手段，是个人防守技术的综合体现，包括堵、抢断等技术在防守中的运用。抢截时要选择适当的位置，一般要与对方保持 1 m 左右的距离。当对方控制球时，不能盲目拼抢，可用后撤步跑动的方法来封堵对方的运球突破，要有意识地延缓对方的进攻速度，争取时间使同伴回防。同时要寻找时机，伺机把球抢过来或破坏掉。

(2) 局部防守战术，它是指邻近位置的几个防守队员通过协作所进行的防守配合。局部防守战术可分为相互补位防守战术和造越位防守战术。

第一，相互补位战术，它是防守队员之间的相互协助，是局部防守的一种方法。补位有两种：一种是队员去补空当，如边后卫插上进攻时，就有其他一个同伴暂时补他的位置，以防插上进攻失误时对方利用这一空当进行反击；另一种是队员的相互补位，即交换防守。

第二，造越位防守战术，它是后位线上的集体配合。在进攻队员向前传球前的一刹那，后位线上的队员同时向前跑动，把进攻队员甩在后面，造成越位。

(3) 集体防守战术，主要有人盯人防守、区域盯人防守和混合防守三种。

第一，人盯人防守，除拖后中卫外，每个队员都要盯住一个指定对手。原则上，对手跑到哪里就盯到哪里，拖后中卫(自由人)执行补位任务。

第二，区域盯人防守，每个队员在自己的防守区域内进行盯人防守，不管是哪个对手进入该区域就盯住他，原则上不越区盯人，拖后中卫(自由人)执行补位的任务。

上述两种防守方法各有其优点和缺点。人盯人防守任务明确，但要有良好的体力和个人突破能力，否则被突破后补位较困难，有时因队员技术不全面，不能胜任其位置的职能，易出漏洞。区域盯人防守有比较固定的位置，但在交换防守时，若默契不好也易出漏洞。

第三，混合防守，就是把人盯人防守和区域盯人防守结合起来，它是现今比赛中运用比较多的一种方法。一般三个后卫盯人，前卫和前锋区域盯人，拖后中卫(自由人)执行补位任务。根据对方的具体情况，有时指定某一前卫死盯对方某一重点队员。

不论采用哪种防守战术，都要考虑到本队的特长，更要针对对方的进攻战术，采取有效的防守战术，阻止对方的进攻。

四、足球规则简介

(一) 比赛场地

比赛场地为长方形，其长度不得多于 120 m 或少于 90 m，宽度不得多于 90 m 或少于 45 m(国际比赛的场地长度不得多于 110 m 或少于 100 m，宽度不得多于 75 m 或少于 64 m)。一般多采用其中间数字，即长 105 m，宽 69 m，如图 5.63 所示。在任何情况下，长度必须超过宽度。球门宽为 7.23 m，高为 2.44 m。球场不论土质或草坪，必须平坦，松软适度，无障碍物，以不伤害运动员和不影响球的正常运行为原则。

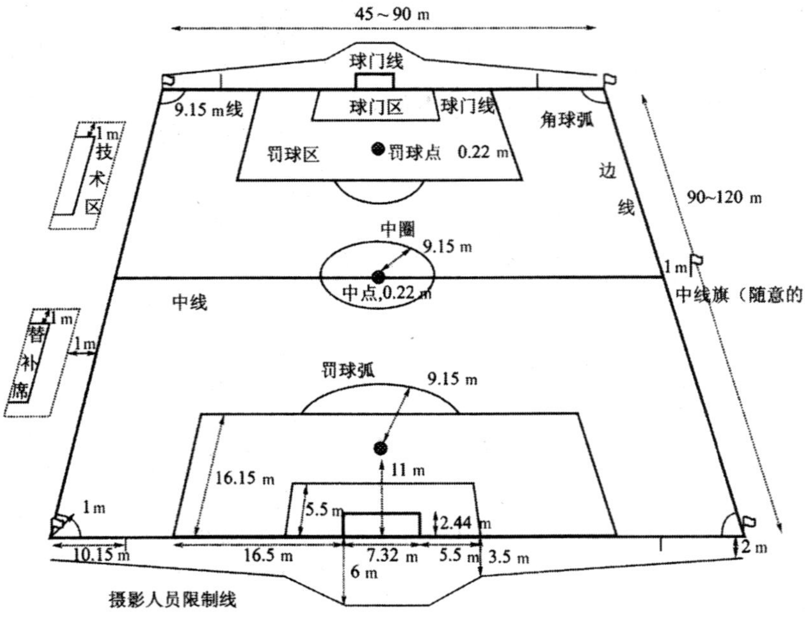

图 5.63 足球比赛场地

（二）队员人数

比赛时，每队上场队员为 11 人，其中包括一名守门员。比赛开始或进行中，某队队员人数不足 7 人时，比赛不能进行，应判该队弃权。正式比赛时，每队每场最多可以替补 3 名队员。被替换下场的队员不得再次参加该场比赛。

（三）比赛时间

正式比赛时间为 90 分钟，分为相等的上、下两个半时。上、下半时之间休息不超过 15 分钟。比赛时间由裁判员掌握，以裁判员的表为准。

（四）决胜方法

比赛结果成平局后仍须决出胜负则增加决胜期的比赛。决胜期开始前应休息 10 分钟，并重新选择场地或开球权。决胜期的时间为 30 分钟，分上、下两半时，各为 15 分钟，中间只交换场地不再休息。决胜期终了仍为平局，则采用踢“点球”的方法来决定胜负。

（五）越位

(1) 越位位置。进攻队员在踢球和触球一刹那，攻方队员在对方半场内，较球更接近于对方端线，并且在他与对方端线之间的守方队员（包括守门员）不足两人时，该攻方队员即处在越位位置。

(2) 越位判罚。当同队队员踢或触球的一刹那，处在越位位置的队员正在干扰比赛或对方，或正企图从越位位置获得利益，应判罚越位。

(3) 越位而不判罚越位。队员仅仅处在越位位置或接到球门球、角球、掷入的界外球或守门员坠落地的球，均不应判罚越位。

(4) 队员被判罚越位。由对方在越位点踢间接任意球。

(六) 犯规与不正当行为

1. 判罚直接任意球和点球

队员故意违反下列九项中的任何一项者，由对方在犯规地点踢直接任意球。

(1) 踢或企图踢对方队员。

(2) 绊摔对方队员。

(3) 跳向对方队员进行冲撞或蹬踏。

(4) 猛烈地或带有危险性地冲撞对方队员。

(5) 除对方正在阻挡外，从背后冲撞对方队员。

(6) 打或企图打对方队员，或向对方队员吐唾沫。

(7) 拉扯对方队员。

(8) 用手、臂或肘部推对方队员。

(9) 有意识地用手或臂部击、携带或推球(守门员在本方罚球区内除外)。

以上情况都应判由对方在犯规地点踢直接任意球。如犯规地点在对方球门内，该任意球可以在球门区内任何地点执行。

在比赛进行中，如守方队员在本方罚球区内故意违反上述九项中任何一项，则不论当时球在什么位置，都应判罚球点球。

2. 判罚间接任意球

场上队员违犯下列五项之一者，由对方在犯规地点罚间接任意球。

(1) 队员的动作和踢球方式有伤及对方队员的危险时。

(2) 队员目的不是为争球，而球又不在对手控制范围内，这时对该对手进行冲撞。

(3) 队员不去控制球，而故意阻挡对方队员接近球。

(4) 在球门区内守门员手中无球，也没有阻碍对方时，冲撞守门员。

(5) 守门员在本方罚球区内违例(守门员持球行走 4 步以上，未将球发出；守门员在行走 4 步以前将球发出，但在球未经其他队员触及前，再次用手触球；守门员持球时间过长或有意延误时间)。

3. 警告

比赛中，队员有下列情况之一，予以黄牌警告。

(1) 队员未经裁判员允许擅自离场或进场。

(2) 队员屡次违犯规则。

(3) 用语言和行动对裁判员的判罚表示不满。

(4) 有不正当行为(如对方踢任意球时，拒不退出 9.15 m 或故意延误比赛时间，或故意用手接球，破坏对方进攻等)。

4. 罚出场

比赛中，队员有下列情况之一，予以红牌罚出场。

(1) 有恶劣行为或严重犯规。

(2) 用粗言秽语进行辱骂。

(3) 经警告仍坚持不正当行为。

（七）罚球点球

比赛进行中，队员在本方罚球区内出现了可判为直接任意球的犯规之一，应执行罚球点球。

（1）罚球点球可直接射门得分。

（2）球放在罚球点上，确认由谁主罚。

（3）防守方守门员留在本方球门柱间的球门线上，面对主罚队员，直至球被踢出。

（4）其他队员应处于比赛场地内、罚球区外、罚球点后，距罚球点至少 9.15 m。

（八）掷界外球

（1）当球的整体从地面或空中越过边线时，由最后触球队员的对方，从球越出边线处掷界外球。

（2）掷球队员必须面向场地，站在边线上或边线外，使用双手将球从头后经头上掷出。球一进入场地，比赛即为进行。

（3）掷球队员的掷球违反规则，由对方掷界外球。

（4）掷球队员在其他队员触球前再次触球，判由对方在犯规地点踢间接任意球。

（5）掷界外球不能直接进球得分。

（九）球门球

（1）当球的整体从地面或空中越过球门线，而最后触球者为攻方队员，由防守方从球门区内的任何一点踢球。

（2）如果球未被直接踢出罚球区进入比赛，应重踢。

（3）球门球不可以直接射入对方球门得分。

（十）角球

（1）当球的整体从地面或空中越过端线，而最后触球者为防守方队员，由攻方队员将球放在离球出界处最近的角球弧内踢球。当球被移动时比赛即为进行。

（2）踢球队员在其他队员触球前再次触球，由对方在犯规地点踢间接任意球。

（3）角球可以直接射入对方球门而得分。

第四节 乒乓球

一、乒乓球运动简介

乒乓球运动起源于英国，由网球运动派生而来。19 世纪末，欧洲盛行网球运动，但由于受到场地和天气的限制，英国有些大学生便把网球移到室内，以餐桌为球台，书作球网，用羊皮纸贴成球拍，在餐桌上打来打去，故乒乓球又称“桌上的网球”(Tabletennis)。后来，由于对球和球拍等设备都进行了改造，并制定了规则，这项运动逐渐在欧洲和亚洲开展起来。在名目繁多的乒乓球比赛中，最负盛名的是世界乒乓球锦标赛。1926 年 12 月，在国际乒乓球联合会正式成立的同时，第 1 届世界乒乓球锦标赛在英国伦敦举行。起初，这项赛事每年举行一次，1957 年后改为每两年举行一次。在 1988 年第 24 届奥运会上，乒乓球运动被列为正式比赛项目。2008 年北京夏季奥运会乒乓球比赛的 4 个项目分别是男子团体、女子团体、男子单打、女子单打。

名人堂：庄则栋

庄则栋（1940～2013 年），江苏扬州人，原中国男子乒乓球运动员。1961 年成为中国乒乓球队的主力队员，参加了第 26、27、28、31 届世界乒乓球锦标赛，连续 3 次获得男子单打冠军，成为中国第一个在世乒赛上获得“三冠王”称誉的球员。1971 年 4 月，他在日本参加第 31 届世乒赛期间，冒着风险，结交美国运动员，打开了中美两国友好的大门；曾任国家体委主任，中共 10 届中央委员，第 3、4 届全国人大代表；2013 年 2 月 10 日，在北京佑安医院去世，享年 73 岁。

1904 年，上海四马路一家文具店的经理王道平从日本买来 10 套乒乓球器材摆设在店中，并亲自做打球表演。从此，乒乓球开始在中国落地生根发芽。1959 年 3 月，在德国举行的第 25 届乒乓球锦标赛中，我国运动员荣国团首次获得男子单打冠军。1961 年，第 26 届世界乒乓球锦标赛在北京举行，我国获得了男子团体世界冠军，庄则栋获得了男子单打世界冠军，邱钟惠获得了女子单打世界冠军。从此，我国乒乓球技术进入世界先进水平，并一直雄踞世界乒坛。

乒乓球的运动量可大可小，室内室外均可进行，适宜人群广泛，男女老幼、体强体弱者都能参加。经常参加乒乓球运动，可以促进神经系统的发展，协调眼与手的配合，提高机体的灵活性、反应性和协调性，有益于完善肌肉和提高内脏器官的适应性。经常参加乒乓球运动，可以培养良好的心理品质，如自信心、独立工作能力等。此外，经常参加乒乓球运动的人们还可以相互交流经验，切磋球技，达到相互学习，共同提高，建立良好的人际关系的目的。

二、乒乓球的基本技术

（一）握拍

1. 直握拍法

（1）快攻型直握拍法。拍柄贴在虎口上，拇指的第 1 指节压住球拍左肩，食指的第 2 指节压住右肩，拇指第 1 指节和食指第 1、2 指节位于球拍前面成钳形，两指尖距离 1～2cm，其他 3 指自然弯曲叠置于拍后，如图 5.64 所示。

（2）弧圈型直握拍法。食指扣住拍柄与拇指共同形成环状，其他 3 指在拍背面自然微伸叠置于拍后，如图 5.65 所示。

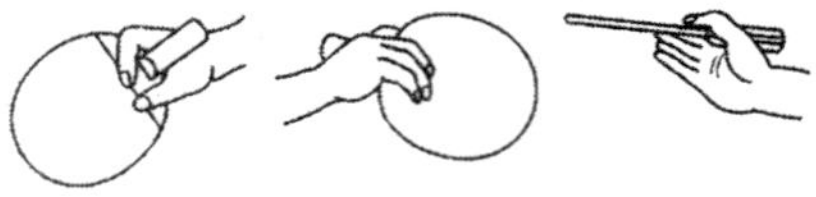

图 5.64　快攻型直握拍法

图 5.65　弧圈型直握拍法

(3) 削球型直握拍法。拇指弯曲紧贴拍柄左侧，稍用力下压，其余 4 指分开并自然伸直托住球拍的背面，如图 5.66 所示。

2. 横握拍法

(1) 攻击型横握拍法。拇指自然斜伸，贴于拍面。食指自然斜伸，贴于球拍背后，用第 1 指节顶住球拍，顶点略偏上，如图 5.67 所示。

(2) 削攻型横握拍法。拇指在拍前自然弯曲贴于拍柄，食指在拍后自然斜伸贴于拍面，其他各指自然握住拍柄，如图 5.68 所示。

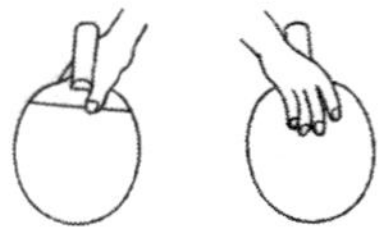

图 5.66　削球型直握拍法

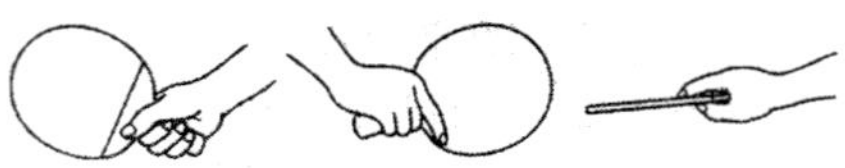

图 5.67　攻击型横握拍法

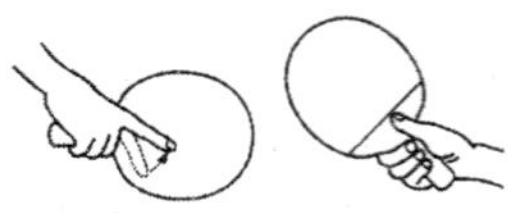

图 5.68　削攻型横握拍法

（二）站位

运动员为了便于回击各种不同落点和性能的球，在每次击球前，都会根据个人的打法和身体特点力求使自己处于一个相对固定的位置，并保持一种相对稳定的姿势。这个相对固定的位置就叫基本站位，这种相对稳定的姿势就叫基本姿势。选择正确的基本站位与姿势，有利于迅速起动移动步法，占取合理的击球位置，充分发挥自己的技术特长。

(1) 基本站位。进攻型打法一般距离球台 50 cm 左右，擅长近台进攻的选手，站位可再稍近些。擅长中远台进攻的选手，站位可稍靠后些。擅长正手侧身抢攻的选手，可站在球台偏左侧。擅长打相持球或反手实力较强的选手，可站于球台中间略偏反手的位置。削攻型打法一般距离球台 100～150 cm，多在球台中间略偏反手的位置。

基本站位所指的是一个大概范围，并不是固定的一点。各种类型打法的基本站位不仅不一样，而且它们所指的范围大小也不相同。直拍近台快攻打法的基本站位所指范围较小，弧圈球打法就大些，而削球打法则更大。

(2) 基本姿势。两脚开立，比肩稍宽，左脚稍前，右脚稍后，前脚掌内侧着地，脚后跟略提起，两膝自然微屈，重心在两脚之间，含胸收腹，身体略前倾，肩关节放松，执拍手位于身前偏右处，球拍略高于台面。另外，每个选手的基本姿势还要依其身体条件及技术特点略有变化。

（三）基本步法

(1) 单步。以一脚为轴，另一脚向前、后、左、右不同方向移动，重心随之跟上。其特点是移步简单、灵活，重心平稳。它适用于来球速度快，在离身体不远的小范围内击球，如贴近网球、搓球、推挡球、离身体不远的削球等。

(2) 并步。先以来球异方向的脚向同方向的脚迈一步，然后同方向的脚再向来球的步，重心随之交换。其特点是身体不腾空，重心起伏小且很稳定。并步一般为攻球、削球选手在左右移动时常采用。

(3) 换步(即跟步)。先以来球同方向的脚向来球方向跨出一步,另一只脚跟着移动一步,重心随之交换。其特点基本上同并步,一般运用于来球稍远的情形,还运用于侧身攻球。

(4) 跨步。以一脚蹬地,另一只脚向来球方向腾空跨出一大步,身体重心随即移到摆动脚上,另一只脚跟着移动。其特点是速度快,幅度范围比单、并、换步移动大,进攻型选手多用于扑打正手球,削球选手多用于对付对方的突然攻击。

(5) 跳步。以来球异方向的脚用力蹬地为主,使两脚同时或几乎同时离地向来球的方向跳动。蹬地用力大的脚先落地,另一只脚紧跟落地,可以原地或向左、右、前、后跳动。其特点是快速,灵活,移动幅度比单、并、换步大,有短暂的腾空时间,靠膝关节和踝关节的缓冲来减少重心的起伏。快攻打法用跳步侧身抢攻较多,弧圈球打法在中台左右移动或侧移动时常用,搓球、削球时用跳步调整位置较多。

(6) 交叉步。先以靠近来球方向的脚作为支撑脚,远离来球方向的脚向来球方向移动,并超过另一脚,然后另一脚随即向来球方向再迈一步。其特点是移动幅度比上述步法的移动幅度都大,主要用于来球离身体较远的情形。如快攻、弧圈球打法在侧身进攻后补正手位空挡或削两边大角度来球时,常用此种步法。

(7) 小碎步。它是在原位高频率的小垫步或在小范围的小跑动。可用于原地的重心调整、小范围的取位移动、击球后的还原、不同步法间的衔接、回击中路追身球的取位移动,以及离台很远进行大范围步法移动前的预动。

(四) 发球

发球是乒乓球运动中非常重要的技术,是比赛的开始,它不受对方来球制约和限制。在比赛中,发球可以直接得分,球员可以为发球抢攻创造条件,充分发挥自己的技术风格和特点,限制对方技术特长发挥,破坏对方的战术,造成对方心理恐惧,增强自己比赛的信心。

1. 正反手平击发球

(1) 正手平击发球。左脚在前,身体稍向右转,左手掌心托球,置于身体右侧,右手持拍也置于身体右侧。持球手将球向上抛起,同时右臂稍向后引拍,在球略低于网时,持拍手从身体右后方向前挥拍,拍形稍前倾,撞击球的中部靠上。击球后,前臂和手腕继续随势向前挥动,身体重心移至前脚。击出的球应先落在本方台面的中区,如图 5.69 所示。

图 5.69　正手平击发球

图 5.70　反手平击发球

(2) 反手平击发球。右脚在前,球向上抛起后,右手持拍从身体左后方向前挥动,拍形稍前倾,击球中部靠上,身体重心移至前脚,如图 5.70 所示。

2. 正反手发上旋球

(1) 正手发上旋球。右脚稍靠后,身体稍向右转,右手持球拍置于身体右侧。发球时持球手将球向上抛起后，持拍手迅速向右后上方引球拍。待球下落时，前臂迅速由后向左前方挥动，拇指压拍，拍面稍向左前倾斜。当球降至约与网同高时击球，球拍沿球的右侧中部向中上部摩擦。击球后手臂和手腕顺势向前挥动，如图 5.71 所示。

(2) 反手发上旋球。右脚稍靠前，身体稍向左转，左手掌心托球置于体前左侧，右手持球拍置于身体左侧。球向上抛起后，待球下落时前臂迅速向前挥动，击球点约与网同高或略低时，球拍面稍前倾，击球的中上部。击球后手臂和手腕顺势向前挥动，如图 5.72 所示。

图 5.71　正手发上旋球

图 5.72　反手发上旋球

3. 正手发左侧上(下)旋球

(1) 正手发左侧上旋球。站位左半台，左脚稍前，身体略向右偏，左手掌心托球位于身体右前方。球从高点下落时持拍手从右上方向左下方挥拍，当球落至网高时，持拍前臂加速挥摆，手腕发力使球拍加速向左下方挥动，击球的中部并向左侧上方摩擦。根据发球长短调整第一落点的远近，如图 5.73 所示。

(2) 正手发左侧下旋球。挥拍击球时，侧上旋是屈腕垂拍，侧下旋是沉腕拇指压拍，击球中下部并向左侧下方摩擦，如图 5.74 所示。

图 5.73　正手发左侧上旋球

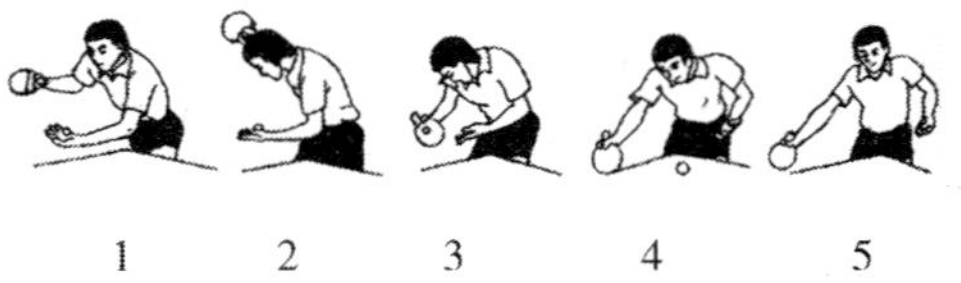

图 5.74　正手发左侧下旋球

4. 正手发下旋与不转球

(1) 发下旋球时，拍面向后仰，手臂向前下方挥摆，用球拍下部靠左的位置摩擦球的底部，触球瞬间手腕有一定爆发力，如图 5.75 所示。

(2) 发不转球时，动作的轮廓与发下旋球时一致，只是减小拍面后仰角度，用球拍中下部偏右的位置触球的中下部，触球瞬间用拍推球，如图 5.76 所示。

图 5.75　发下旋球

图 5.76　发不转球

(五) 接发球

首先要判断好来球的旋转性能、力量大小、速度快慢和落点远近，然后决定接球方法和还击技术。接平快球和上旋球时，可用推挡和攻球来回击；接下旋球时，应将球拉起，击球的中下部，也可用搓球、削球或提拉、弧圈球等技术还击；接侧旋球（包括侧上、侧下）时，可采用把球回击到对方球拍移动的相反方向，用推挡、攻球等方法还击。

（六）推挡球

推挡球是乒乓球初学者首先应该学习的技术，它可分为挡球、减力挡、快推、加力推、推挤和推下旋等技术动作。这里主要介绍其中几种。

1. 挡球

两脚平行站立，身体靠近球台。击球前，上臂贴近身体，前臂约与台面平行，球拍置于腹前。击球时，调整好拍形，在来球上升期触球的中部或中下部，借来球的反弹力将球挡回，击球后迅速还原，如图 5.77 所示。

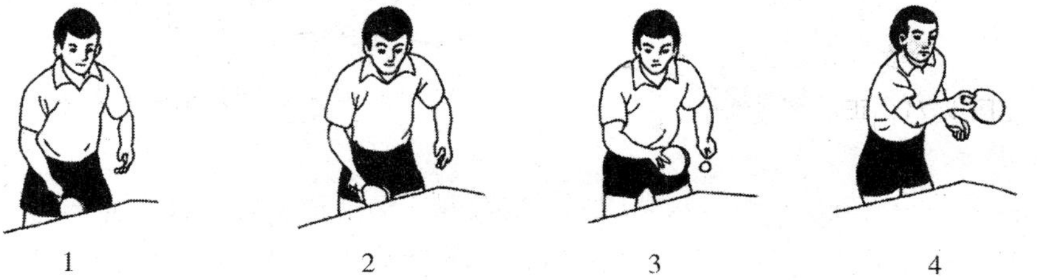

图 5.77　挡球

2. 快推

站位近台偏左，两脚平行或右脚稍后站立。击球时，小臂向前推击同时前臂外旋，在球上升时，击球的上部，把球快推过去。

3. 加力推

击球前，前臂上提，球拍后引，肘部贴近身体，球拍位置高于击球点，拍面稍前倾；击球时，中指顶住拍背，拍形较为固定，执拍手由后向前推压，在来球上升后期或最高点击球中上部；击球后，手臂随势前送。

（七）攻球

攻球具有力量大、速度快等特点，是比赛中争取主动、克敌制胜的重要手段，各类打法都必须掌握攻球技术。攻球技术分为正手攻球和反手攻球，按通常的惯称又可分为快攻、快点、快拉、快拨、突击、杀高球、中远台攻球等技术。

1. 正手攻球

成基本姿势站立，击球前身体稍向右转，以腰带臂横摆（忌大臂后拉抬肘），引拍至身体右侧，重心落于右脚，身体和手臂的夹角约 35°～40°，肘关节自然弯曲约 120°；击球时向前上方挥拍迎球，触球瞬间，前臂用力收缩，触球的中上部，手腕辅助发力，身体重心由右脚移到左脚，球拍因惯性顺势挥至额前；球击出后，迅速还原，手臂放松，准备下一拍击球，如图 5.78 所示。

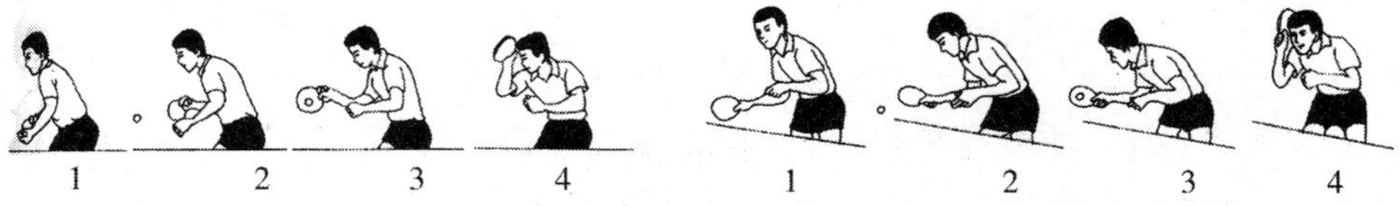

图 5.78　正手攻球

2. 直拍反手攻球

两脚平行开立或右脚稍前，上体稍左转，前臂后摆，引拍至腹前左侧，击球时前臂向右前上方挥动，肘内收，食指控制好拍形，击球的中上部，手腕辅助发力，如图 5.79 所示。

3. 横拍反手攻球

两脚平行开立，腰、髋略向左转的同时，带动前臂向后引拍，手腕稍后屈，肘部略前伸，击球时前臂手腕向前上方发力，触球的中上部，前臂和手掌背部的运行方向决定击球的方向，如图 5.80 所示。

图 5.79　直拍反手攻球

图 5.80　横拍反手攻球

（八）搓球

搓球是一项过渡性技术，可用它对付下旋来球，为进攻创造条件。搓球根据击球方位的不同分为正手搓球和反手搓球。这里介绍反手搓球。

近台站位，击球时，拍面后仰，屈臂后引，以前臂向前用力为主，配合手腕动作，根据来球旋转的程度调节拍面角度和用力方向。来球下旋强，拍触球的底部，向前用力大些；来球下旋弱，拍触球的中下部，向下用力大些，如图 5.81 所示。

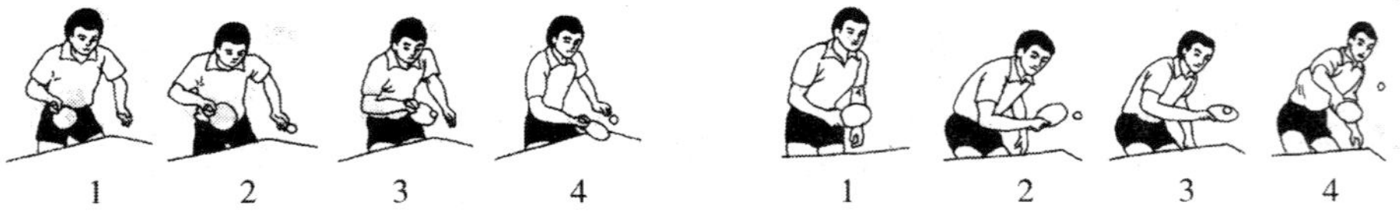

图 5.81　搓球

（九）弧圈球

弧圈球是一种上旋力非常强的进攻技术，它与攻球相比，在对付强烈下旋球及低于网的来球时更加稳健，因此被广泛使用。这里主要介绍正手弧圈球。

左脚在前，右脚稍后，身体略向右扭转，腹微收，髋稍向右后方压转，左肩略高于右肩。击球时，右脚掌内侧蹬地，以腰髋的扭转带动手臂向左上方挥动；击球瞬间，快速收缩前臂，直拍的中指（横拍的食指）应加速，造成手腕在触球瞬间的甩动，如图 5.82 所示。

图 5.82　弧圈球

（1）加转弧圈球。手臂在腰的带动下向后下方引拍，球拍低于来球，在来球的下降期或高点期，摩擦球的中部或中上部，以向上发力为主，略带向前发力。

（2）前冲弧圈球。重心稍高于拉加转弧圈，手臂自然向后引拍，球拍与来球同高或稍低于来球，在来球的上升后期或高点期，摩擦球的中上部或中部，以向前发力为主，略带向上发力。

三、乒乓球运动的基本战术

战术是一种综合运用技术、心理和身体素质的方法，其目的是争取比赛的胜利。它以基本技术和技术实力为基础，技术掌握越全面、越纯熟、越实用、越有质量，越能更好地完成战术实施，并取得良好的效果。乒乓球的基本战术有发球抢攻、对攻、搓攻、拉攻、削攻结合、挡攻削结合、接发球抢攻等。这里主要介绍前三种技术。

（一）发球抢攻战术

发球抢攻战术是各种类型打法的重要战术之一，是比赛的重要得分手段，特别是在关键时刻，果断运用发球抢攻显得格外重要。

（1）反手发急下旋球为主，配合发短球和急上旋球后抢攻或推挡。

（2）反手发右侧上、下旋球至对方中间偏右近网处，配合发大角度长球，伺机抢攻。

（3）正手发下旋转与不转短球至对方右角或中路为主，配合发长球至对手左方，伺机抢攻，一般先发加转球。

（二）对攻战术

对攻是进攻型选手相互对抗时，双方利用速度、旋转、落点变化和轻重力量进行控制与反控制对方，力争主动的重要手段，它主要是发挥快速多变的特点来调动对方，以达到攻击的目的。快攻对付以弧圈球为主的打法，主要是用速度、落点和轻重力量的变化，迫使对方难以发挥旋转的作用，拉不出高质量的弧圈球。对付以快攻为主的打法，主要是用速度、力量和落点变化，迫使对方难以发挥速度和力量的作用。各种具体对攻战术，主要是由左推右攻或正反手攻球结合变化落点和轻重力量组成。

（1）紧压对方反手，结合变线，伺机正手抢攻或侧身抢攻。

（2）压左调右（亦称压反手变正手），压左等右，伺机抢攻。

（3）用加、减力推挡结合推下旋，压对方反手、中路，伺机抢攻。

（4）连压对方中路，突变两角，或压两角抢攻中路。

（5）采用轻重球相结合的战术。

（三）搓攻战术

搓攻战术是削中反攻和攻守结合类打法的主要进攻战术，又是快攻类打法对付攻球和削球打法的辅助战术。它主要是利用旋转和落点变化控制对方，为进攻创造机会。

（1）搓不同落点，如搓两角、搓同线长短、搓异线长短、搓追身，伺机突击。

（2）搓转与不转结合落点变化，如快搓转与不转结合，快、慢搓结合，下旋和侧旋结合等，伺机突击。

（3）搓拉结合，如先搓后拉，先拉后搓，搓中变推等，伺机突击。

四、双打

双打比赛是一个十分活跃且很有趣味的项目，它要求两名选手紧密配合、相互了解、相互信任、共同合作，发扬集体主义精神。

（一）双打的几种配对形式

（1）一名快攻选手与一名弧圈球选手配对，即一快一转、一前一后。

（2）一名快攻左手选手与一名快攻右手选手配对，形成一左一右移动走位。

（3）一名快攻正胶选手与一名快攻反胶选手配对，形成环形移动走位。

（二）双打的走位

（1）“八”字形走位。适用于一左手和一右手执拍进攻型选手配对时的走位，如图5.83所示。

（2）环形移动。适用于两名右手执拍选手配对时的走位，如图5.84所示。

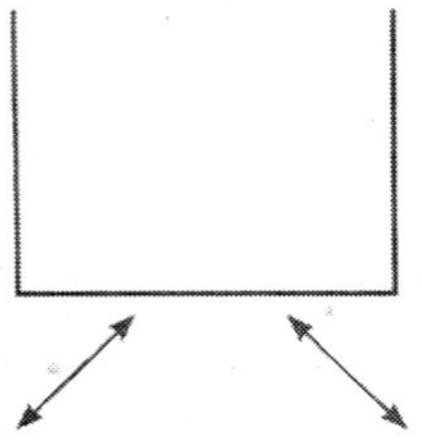

图5.83　“八”字形走位

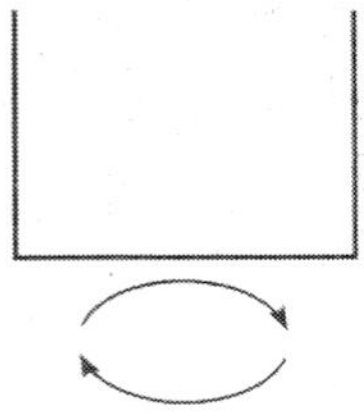

图5.84　环形移动

（3）“T”字形移动。适用于一近台与一中远台选手配对时的走位，如图5.85所示。

（4）横“曲”字形移动。适用于对方对本方一名选手交叉打两角时的走位，如图5.86所示。

（三）发球和接发球时的站位

1. 发球员与同伴站位

（1）平行站位，发球员站位偏右，让出3/4的位置给同伴居中近台站立。

（2）前后站位，发球员站位偏右稍前，其同伴站位居中略后。

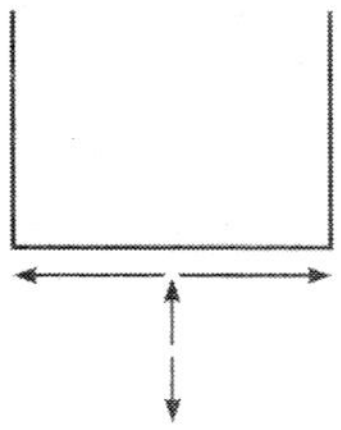

图5.85　“T”字形移动

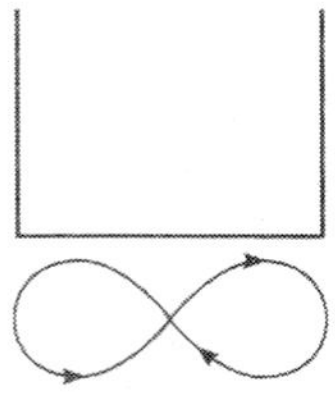

图5.86　横“曲”字形移动

2. 接球员与同伴站位

（1）平行站位，多为一左一右，快攻型选手反手接发球时采用。

（2）前后站位，快攻型选手用正手接发球时采用，接球员站近台偏中位置，同伴稍后错位站立。

五、乒乓球规则简介

(一) 场地和器材

1. 球台

球台的上层表面叫做比赛台面，应为与水平面平行的长方形，长 2.74 m，宽 1.525 m，高于地面 76 cm。比赛台面可用任何材料制成，应具有一定的弹性，即当标准球从离台面 30 cm 高处落至台面时，弹起高度应约为 23 cm。球台四边应有一条 2 cm 宽的白线。双打时，各台区应由一条 3 mm 宽的白色中线划分为两个相等的“半区”。

2. 球拍

球拍的大小、形状或重量不限，底板厚度至少应有 85% 的天然木料。用来击球的拍面应用一层颗粒向外的普通颗粒胶覆盖，连同黏合剂厚度不超过 2 mm，或用颗粒向内或向外的海绵胶覆盖，连同黏合剂厚度不超过 4 mm。

3. 球网

球网装置包括球网、悬网绳、网柱及将它们固定在球台上的夹钳部分。

4. 球

乒乓球直径为 40 mm，重 2.7 g，由赛璐珞或类似的塑料制成，呈白色、黄色或橙色，且无光泽。

(二) 发球

(1) 发球开始时，球自然地置于不持拍手的手掌上，手掌张开，保持静止。

(2) 发球时，发球员须用手将球几乎垂直地向上抛起，不得使球旋转，并使球在离开不执拍手的手掌之后上升不少于 16 cm，球下降到被击出前不能碰到任何物体。

(3) 球从抛起的最高点下降时，发球员方可击球，使球首先触及本方台区，然后越过或绕过球网装置，再触及接发球员的台区。双打中，球应先后触及发球员和接发球员的右半区。

(4) 从发球开始到球被击出，球要始终在台面以上和发球员的端线以外，而且不能被发球员或其双打同伴的身体或衣服的任何部分挡住。

(5) 在运动员发球时，球与球拍接触的一瞬间，球与网柱连线所形成的虚拟三角形之内和一定高度的上方不能有任何遮挡物，并且其中一名裁判员要能看清运动员的击球点。

(三) 击球

对方发球或还击后，本方运动员必须击球，使球直接越过或绕过球网装置，或触及球网装置后再触及对方台区。

(四) 失分

(1) 未能合法发球。

(2) 未能合法还击。

(3) 击球后，该球没有触及对方台区而越过对方端线。

(4) 阻挡。

(5) 连击。

(6) 用不符合规则条款的拍面击球。

(7) 运动员或运动员穿戴的任何物件使球台移动。

(8) 运动员或运动员穿戴的任何物件触及球网装置。

(9) 不执拍手触及比赛台面。

(10) 双打运动员击球次序错误。

(11) 执行轮换发球法时,发球一方被接发球一方或其双打同伴,包括接发球一击,完成了13次合法还击。

(五) 比赛分制

在一局比赛中,先得11分的一方为胜方;10平后,先多得2分的一方为胜方。

(六) 淘汰赛制

一场比赛单打的淘汰赛采用七局四胜制,双打淘汰赛和团体赛采用五局三胜制。

(七) 次序和方位

(1) 在获得2分后,接发球方变为发球方,依此类推,直到该局比赛结束,或直至双方比分为10平,或采用轮换发球法时,发球和接发球次序不变,但每人只轮发1分球。

(2) 在双打中,每次换发球时,前面的接发球员应成为发球员,前面的发球员的同伴应成为接发球员。

(3) 在一局比赛中首先发球的一方,在该场比赛的下一局中应首先接发球,在双打比赛的决胜局中,当一方先得5分后,接发球一方必须交换接发球次序。

(4) 一局中,在某一方位比赛的一方,在该场比赛的下一局应换到另一方位。在决胜局中,一方先得5分时,双方应交换方位。

(八) 间歇

(1) 在局与局之间,有不超过1分钟的休息。

(2) 在一场比赛中,双方各有一次不超过1分钟的暂停。

(3) 每局比赛中,每得6分球后,或决胜局交换方位时,有短暂的时间擦汗。

第五节 羽毛球

一、羽毛球运动简介

相传羽毛球最早出现于14～15世纪的日本,球拍是木制的,球用樱桃核插上羽毛制成。大约18世纪,印度的普那(Poona)出现了一种与早期日本的羽毛球极相似的游戏(球用圆形硬质板插上羽毛制成,板是木质,两人相对站着,手执木板来回击球的一种游戏)。

现代羽毛球运动始于英国。19世纪60年代,一批退役的英国军官把印度孟买的"普那”带回英国。1873 年的一天,在英格兰格拉斯哥附近的鲍弗特公爵的伯明顿庄园举行的宴会上,由于下雨,客人们只能待在室内,有几个从印度回来的退役军官就向大家介绍了一种隔网用拍子来回击打毽球的游戏,人们对此产生了很大的兴趣。这是最早期的羽毛球表演。为了纪念这项运动,便以伯明顿这个庄园命名,所以,英语中的羽毛球被称为“badminton”。早期的羽毛球场地呈葫芦状,中间狭窄处张挂球网,并在这一场地上举行羽毛球表演。后来加以改进,便成为现代的羽毛球运动。1878 年,第一部羽毛球规则在英国出版。1893 年,英国成立了羽毛球协会。1899 年,第一届全英羽毛球锦标赛顺利举行。

名人堂:王文教

王文教(1933 年至今),出生于印度尼西亚,籍贯福建南安,不满 20 岁就成为印尼羽毛球明星,曾任中国著名羽毛球运动员及教练员,被称为中国羽坛“教父”。他 1954 年回国加入中国国家羽毛球集训队。从 20 世纪 60 年代起执教羽毛球队,所带出的羽坛名将贯穿中国羽毛球发展的半个世纪,汤仙虎、侯家昌、韩健、杨阳、赵剑华、熊国宝以及现任国家羽毛球队总教练李永波都是他的弟子。他在整个总教练生涯中,共获得过 56 个世界单项冠军,9 个世界团体冠军,极大地推动了羽毛球技术的发展进步。1985 年,他被国家体委授予“新中国体育开拓者”称号。2019 年获“人民楷模”国家荣誉称号,被授予“最美奋斗者”称号。

1934 年,由加拿大、丹麦、英国、法国、爱尔兰、荷兰、新西兰、苏格兰等国和地区发起成立了国际羽毛球联合会,总部设在伦敦。1939 年,国际羽联制定了会员国共同遵守的统一的羽毛球规则。从此,羽毛球国际比赛日渐增多,这项运动也逐渐传到了世界各地。

现代羽毛球运动约于 1910 年传入我国,最早在上海,随后在广州、天津、北京、成都等城市的基督教青年会和学校中开展。新中国成立后,党和政府十分关心人民群众的健康,体育运动得到了蓬勃的发展,羽毛球运动也逐渐为群众所喜爱,并作为我国重点开展的项目之一。1953 年,在天津首次举办了全国羽毛球比赛,当时只有 5 个队 19 名选手参加。1954 年,先后有一批报效祖国的赤子回国,并带回了先进的羽毛球技术,同时组建了国家集训队。继而这项运动在我国东南沿海几个大城市迅速开展起来。1981 年,我国恢复了在国际羽联的合法席位,随之涌现了一大批羽毛球世界级选手。他们在一系列世界大赛中为祖国夺得了众多的金牌,奠定了我国羽毛球技术水平处于世界羽坛领先地位的基础,创造了中国羽毛球历史上的辉煌时期,并一直延续至今。

经常参加羽毛球运动,既可以锻炼和提高身体素质,加强身体活动能力,改善内脏器官的功能,达到发展身体、强健体魄的目的,又可以培养勇敢顽强、机智灵活、果断沉着的优良品质和作风。

二、羽毛球运动的基本技术

（一）握拍法

1. 正手握拍

虎口对着拍柄窄面的小棱边，拇指和食指贴在拍柄的两个宽面上，食指和中指稍分开，中指、无名指和小指并拢握住拍柄，掌心不要紧贴，拍柄端与近腕部的小鱼际肌平，拍面基本与地面垂直，如图 5.87 所示。正手发球、右场区各种击球及左场区头顶击球等，多采用这种握拍法。

图 5.87　正手握拍

图 5.88　反手握拍

2. 反手握拍

在正手握拍的基础上，拇指和食指将拍柄稍向外转，拇指顶点在拍柄内侧的宽面上或内侧棱上，中指、无名指和小指并拢握住拍柄，柄端靠近小指根部，使掌心留有空隙。球拍斜侧向身体左侧，拍面稍向后仰，如图 5.88 所示。

（二）发球法

1. 正手发球（以右手发球为例）

站在靠近中线的一侧，离前发球线约 1 m 的位置上。身体左肩侧对球网，右脚在后，脚尖稍向右侧，两脚距离与肩同宽，身体重心放在右脚上。准备发球时，右手握拍向右后侧举起，肘部微屈，左手拇指、食指和中指夹住球，举在腹部右前方，然后放开球，挥拍击球。击球时，身体重心由右脚移至左脚上。正手发球可发出高远球、平高球和网前球，如图 5.89 所示。

图 5.89 正手发球

2. 反手发球

发球站位可在前发球线后 10～50 cm 及中线附近，也可在前发球线后及边线附近。面向球网，两脚前后开立，上体前倾，身体重心在前脚上。右手臂屈肘，用反手握拍将球拍横举在腰间，拍面在身体左侧腰下。左手拇指与食指捏住球的羽毛，球托朝下，球体或球托在拍面前对准拍面。击球时，前臂带动手腕横切推送，使球的飞行弧线略高于网顶，下落到对方的前发球线附近，如图 5.90 所示。

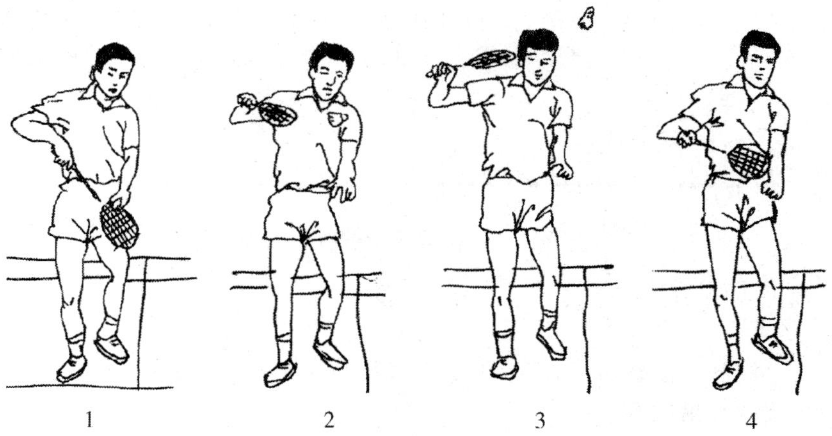
图 5.90 反手发球

（三）接发球

1. 准备姿势与站位

在接发球时，一般左脚在前、右脚在后，两膝微屈，收腹含胸，身体重心放在前脚上，后脚脚跟稍抬起。身体半侧向球网，球拍举在体前，两眼注视对方，如图 5.91 所示。单打站位于离前发球线 1.5 m 处，双打接发球时要站在靠近发球线的地方。

图 5.91 准备姿势与站位

2. 接各种来球

对方发来高远球时，可用平高球、吊球或杀球还击，如图5.92 所示。对方发来网前球时，可用平高球、高远球、放网前小球和平推球还击，如图 5.93 所示。

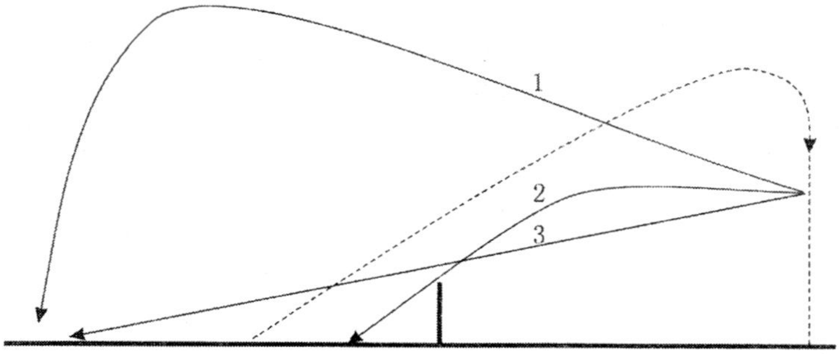

图 5.92 对方发来高远球

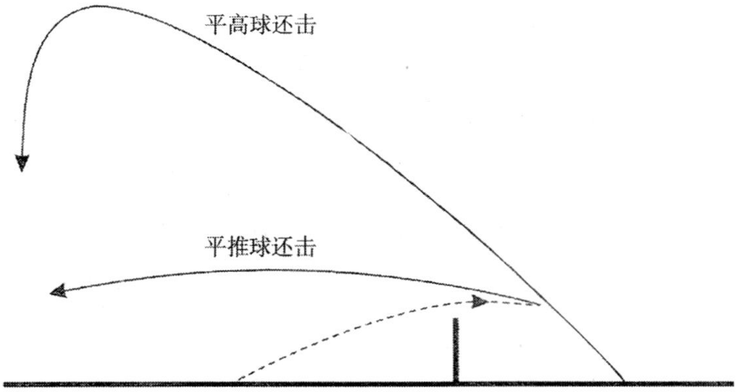

图 5.93 对方发来网前球

（四）击球法

1. 高手击球

击球点高于头部的击球，称为高手击球。它按技术特点和球的飞行弧线可分为高远球、平高球、扣杀球和吊球等。

（1）高远球。击出高弧线飞行，几乎垂直落到对方端线附近场区内的球，称为高远球。一般用于被动情况下，为了争取时间，调整场上位置，以使对方远离中心位置而退到端线附近去击球。它主要包括以下几种：

第一，正手击高远球。以快速合理的步法移动到球降落点的位置上，击球点选择在右肩前上方，左脚在前，右脚在后，稍屈膝，重心落到右脚上。右手正手握拍举于右肩上。击球时，上臂后引、提肘、右脚蹬转收腹，自下而上发力，以肩为轴挥臂鞭打，在手臂伸直的最高点击球，如图 5.94 所示。

图 5.94　正手击高远球

第二，头顶击高远球。采用正手握拍法，右脚在后，上体向左后仰，击球点选择在头顶前上方。右臂的肘关节高举过肩，稍靠近头部，使球拍绕过后再向前挥摆。以鞭打时产生的爆发力，将球击出。击完球后，球拍顺势经体前收至右胸前，如图 5.95 所示。

图 5.95　头顶击高远球

第三，反手击高远球。当判断来球在左后场区上空时，向左后转身向球的落点位置移动。将原来的正手握拍法变为反手握拍法，举于左胸前。重心移到右脚上，膝关节微屈，左脚在后，背向球网。击球时，右脚蹬地，自下而上发力，手腕由原来屈的姿势经前臂内旋伸腕闪击，握紧拍柄，拇指顶压，将球击出，如图 5.96 所示。

(2) 平高球，它属于后场快速进攻的主要技术之一，是比赛中控制与反控制，直接进攻或主动过渡以创造进攻机会的有效手段。

图 5.96 反手击高远球

击平高球的方法与击高远球的方法基本一致，要求在击球点上的拍面仰角小于击高远球时的拍面仰角。

(3) 扣杀球，它主要包括两种：一是正手扣杀球，其准备姿势与正手击高远球大致相同。击球时，要充分运用腰腹力量和肩关节的力量，发力时身体较为后仰，成反弓形。然后发力挥拍，击球点在右肩前上方，拍面角度在 75°～85°为宜，如图 5.97 所示。二是反手扣杀球，其方法与反手击高远球的方法基本一致，只是击球时，拍面角度控制在 75°～85°角为宜，发力方向是前下方。

图 5.97 正手扣杀球

(4) 吊球。击球前做出击高远球或扣杀球姿势，击球瞬间突然减力，闪动手腕切削球托。其关键是掌握好击球点和击球的力量及运用拍面的变化方向，如图 5.98 所示。

2. 低手击球

击球点低于头部高度的击球，称为低手击球。低手击球技术主要有半蹲快打、接杀球和抽球。

(1) 半蹲快打。两脚平行站立或右脚稍前站，两膝弯曲成半蹲，屈肘举拍于肩上。击球时，以前臂带动手腕快速挥拍，争取在身前较高位置平击过去，如图 5.99 所示。

1　2　3　4　5　6

图 5.98　吊球

1　2　3

图 5.99　半蹲快打

(2) 接杀球，它主要包括：一是挡球，两脚屈膝平行站立，根据来球位置，伸出手臂，放松握拍，拍面略后仰对准来球，将球挡回对方网前区。可用正手挡球和反手挡球，如图 5.100 所示。二是推球，当对方扣杀球无力或球过网较高时，可以推球回击。其方法与挡球类似，但是推球在拍触球时要握紧球拍，以前臂和手腕的发力为主向前上方甩腕击球。

1　2　3

图 5.100　挡球

(3) 抽球，它主要包括以下两种：

一是正手抽球。对方击来右后场底线球时，快步向右后场移动到适当位置，最后一步以右脚向球下落的方向跨去，重心落到右脚上。右臂屈肘举拍于右肩上方，击球时，前臂带动腕部发力，闪动挥拍，将球抽向对方，如图 5.101 所示。

图 5.101 正手抽球

二是反手抽球。对方击来左后场底球时，转身快步向左后场移动到适当位置，最后一步以右脚向球下落的方向跨去，背对球网，重心落到右脚上。右臂屈肘举拍于左肩上方，击球时，以躯干为轴，上臂带动前臂作向后的半圆形挥拍，在手臂似乎伸直时，手腕用力向后闪动挥拍击球，如图 5.102 所示。

5　6　7　8

图 5.102　反手抽球

3. 网前击球

网前击球是羽毛球技术中较重要的部分，此技术较为细腻，动作小且多变，能为自己进攻创造很多机会，也是进攻的好手段。它包括放网前球、搓球、推球、扑球和勾球等。

（1）放网前球。正手放网前球时，右脚前跨，上体前倾，向前伸臂伸拍，触球时，正拍面朝上垫在球托的底部，主要靠手腕控制球拍向前上方轻轻托球，使球越网。关键在于要控制托球的力量，使球刚好越过球网落下，如图 5.103 所示。反手放网前球技术要先转体侧对球网，并及时换成反手握拍，用反手击球。

1　2　3　4　5　6

图 5.103　放网前球

（2）搓球。正手搓球和反手搓球的上网动作与放网前球一样，但最后一步身体重心较高，正手搓球伸臂举拍时稍屈肘、展腕，使球拍自然地稍往后拉，以肘关节为轴，通过小臂的外旋和收腕动作，用正拍面切削球托的后底部，使球翻滚过网，如图 5.104 所示。反手搓球用反拍面切削球托后底部。搓球的关键在于争取较高的击球点，出手要快，控制好击球力量和拍面角度。

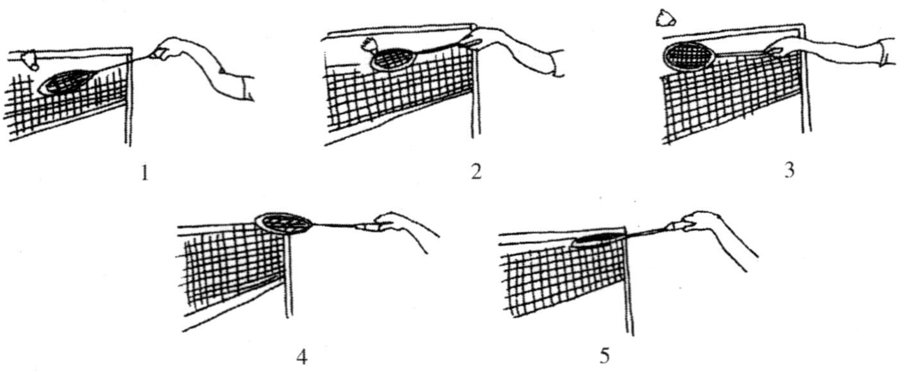

图 5.104　搓球

（3）推球。推球的方法与搓球相仿，它在击球时，拍面竖得较直。正手推球时，由前臂内旋，主要用食指向前快速推击，如图 5.105 所示。反手推球时，反手握拍，用腕部的转动和拇指向前快速推击。推球的关键在于控制好拍面角度，拍的预摆幅度要小，发力短促快速。

图 5.105　推球

（4）扑球。跨步上网，屈肘向前上方举拍，用前臂和手腕的力量（正手屈腕、反手伸腕），在体前用前倾的拍面向前下方快速挥击，如图 5.106 所示。其关键在于要在高于网的位置击球，击球动作小而快，拍面要前倾。

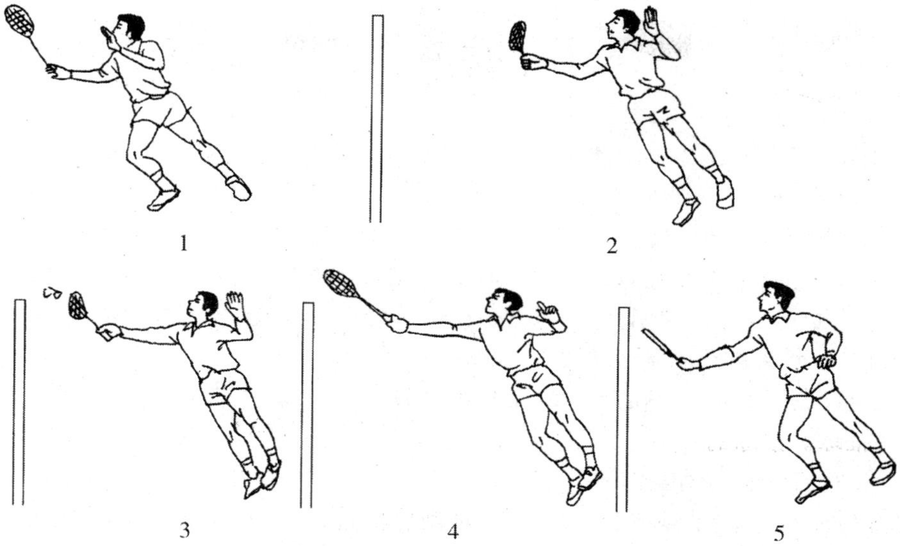

图 5.106　扑球

（5）勾球。勾球与搓球相仿。正手勾球时，前臂内旋带动屈腕动作，用拍面击球托的右后部分，如图 5.107 所示。反手勾球时，前臂外旋带动伸腕动作，用拍面击球托的左后部分。

图 5.107　勾球

三、羽毛球运动的基本战术

（一）单打

单打的打法是根据比赛者的个人技术特点、身体素质、心理素质等条件而形成的技术打法，常见的战术大约有以下5种。

1. 控制后场，高球压底

从发球开始就运用高远球或进攻性的平高球压对方后场底线，迫使对方后退。当对方回球不够远时，以扣杀球制胜；当对方疏于前场防守时，以轻吊、搓球等技术在网前吊球轻取。轻吊必须在若干次高远球大力压住后场，对方又不能及时回到前场的基础上进行。这种打法主要是力量和后场的高、吊、杀技术的较量。对初学者而言，这是一种必须首先学习的基础打法。

2. 打四角球，高短结合

在后场以高远球、平高球和吊球，在前场则以放网前球、推球和挑球准确地攻击对方场区前后左右四个角落，调动对方前后左右奔跑，顾此失彼，待对方来不及回中心位置或回球质量差时，向其空当部位发动进攻制胜。这种打法要求进攻队员具有较强的控制球落点的能力和灵活快速的步法，要有速度，否则难占上风。

3. 下压为主，控制网前

通过后场的高远球、扣杀、劈杀、吊球等技术，先发制人，然后快速上网以搓、推、扑、勾等技术，高点控制网前，导致对方直接失误或被动击球过网，被进攻队员一举击败的一种打法，通常也称“杀上网”的打法。这种打法是进攻型的打法，能够快速上网、高点控制网前，对速度耐力和力量耐力的要求较高。这种打法体力消耗较大，如果碰上防守技术好的对手，体力就往往成为成败的关键因素。

4. 快拉快吊，前后结合

以平高球快压对方后场两底角，配合快吊网前两角（或运用劈杀）引对方上网，当对方被动回击网前球时，即迅速上网控制网前，以网前搓、勾球结合推后场底线两角，迫使对方疲于应付，为前场扑杀和中、后场大力扣杀创造机会。这也是一种积极主动、快速进攻的打法。这种打法要求运动员身体素质好，特别是速度耐力好，技术全面熟练，而且还具备突击进攻的特长技术。

5. 守中反攻，攻守兼备

以平高球和快吊球击向对方前后左右四个角落，以调动对方。让对方先进攻，针对进攻方打的高远球、四方球、吊球等，加强防守，以快速灵活的步法、多变的球路和刁钻准确的落点，诱使对方在进攻中匆忙移动，勉强扣杀，造成击球失误或当对方回球质量较差时，抓住有利战机，突击进攻。这种打法要求队员具有攻中有守、守中有攻的控球和反控球能力，不仅应具备优良的速度耐力、灵活的步法、准确快速的反应和判断应变能力，还应具有顽强的拼搏精神和良好的心理素质，这样，才能在逆境和被动中保持沉着冷静，并奋起反击。

（二）双打

双打打法是根据双方的技术水平、身体素质和心理素质以及伙伴的配合特点，经过长期训练而形成的。常见的战术大致有以下 3 种。

1. 前后站位打法

前后站位打法基本上是本方处于发球状态时所采用，发球的队员站位较前。当发球队员发球后立即举拍封堵前场区，另一名球员则负责中场或后场的各种来球。前后站位法可充分运用快攻压网前搓、吊、推、扑技术，寻找空隙，一举打乱对方站位或通过后攻前扑，后场连续大力扣杀，前场积极封堵，当回球在网附近时，一举给予致命打击。

2. 左右站位打法

左右站位打法基本上为本方处于接发球状态和受到下压进攻时所采用。对方发球或打来的平高球处于后场，接球方可从原来的前后站位立刻转换为左右站位，两人各负责左右半场区的防守，以平抽、平打压住对方后场底线两角，在对方扣杀球时也能以平抽反击或挑高远球至两底角，造成对方回球无力，一举扣杀或吊球成功。

3. 轮转站位打法

在比赛中，攻守双方总是根据比赛的情况而不断地在前后站位和左右站位间相互变换。站位的变换通常具有如下特点：

(1) 发球或接发球时前后站位。当对方回击高球至后场偏一侧进攻时，位于前面的队员要直线后退，后方的队员看情况向侧移动，改换成左右站位。

(2) 发球或接发球时处于左右平行站位。在发球后或在对手击球过程中，一旦有机会进行下压进攻时，一名球员便快速上网封堵，另一人则快速移动到后场进行大力扣、吊、杀球，促使对方处于被动地位。

四、羽毛球规则简介

(一) 比赛场地和设施

比赛场地呈长方形，长 13.4 m，单打场地宽 5.18 m，双打场地宽 6.10 m。奥运会羽毛球场地净空高度必须在 12 m 以上，场地必须是铺在木板上面的塑胶羽毛球场地。球网的材料为拉伸性较小的编织尼龙绳。球网由边长为 15～20 mm 的方形网孔均匀分布而构成。球网的长度为 6.02 m(场宽 6.10 m 减去 2 个网柱直径之和 0.08 m 的差)，球网两端高度为 1.55 m，球网中间高度为 1.524 m，如图 5.108 所示。

(二) 比赛通则简介

1. 挑边

赛前，采用挑边的方法(抛硬币)来决定发球方和场区。挑边赢者将优先选择发球或接发球，在一个半场区或另一个半场区比赛。输者在余下的一项中选择。

2. 计分方法

国际羽联新的计分规则实行每球得分制，所有单项的每局获胜分皆为 21 分，最高不超过 30 分。每场比赛采取三局两胜制，率先得到 21 分的一方赢得当局比赛。如果双方比分为 20 比 20 时，获胜一方需超过对手 2 分才算取胜。直至双方比分打成 29 比 29 时，那么率先得到第 30 分的一方获胜。首局获胜一方在接下来的一局比赛中率先发球。

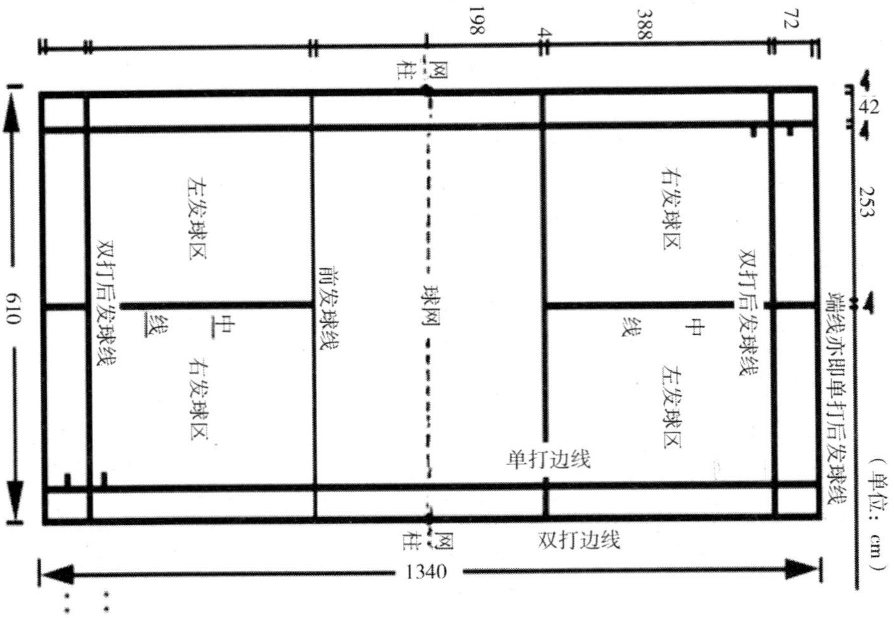

图 5.108 比赛场地和设施

3. 站位方式

(1) 单打。当发球员得分为0或偶数时，双方运动员均在各自的右发球区发球或接发球；当发球方的分数为奇数时，双方运动员均在各自的左发球区发球或接发球。

(2) 双打。比赛中，当比分为0或偶数时，球由右发球区对角发向对方场地的右接发球区；当比分为奇数时，球由左发球区对角发向对方场地的左接发球区。比赛中，只有当一方连续得分时，发球员必须在右或左发球区交替发球，而接发球方队员的位置不变。其他情况下，选手应站在上一回合的各自发球区不变，以此保证发球员的交替。双打比赛无论是在开始还是在赛中，皆为单发球权，也就是说每次一方只有一次发球权。发球方失误不仅丢失发球权也将丢失1分，如果这时得发球权的一方得分为奇数，则必须是位于左发球区的选手发球；如果此时得发球权的一方得分为偶数，则必须是位于右发球区的选手发球。双打比赛只有接发球队员才能接发球，若其同伴接发球或被球触及则"违例"，判发球方得分，当发球被回击后，球可由二人中任一人击回，不得连击，如此往返直至死球。双打比赛发球时，发球队员和接发球队员必须站在规定的发球区和接发球区内发球和接发球，他们的同伴站位可以不受限制，但不得妨碍同伴。运动员发球和接发球顺序不得有误，一名运动员在同一局比赛中不得连续两次接发球(重发球除外)。

4. 赛中间隙方式

每场比赛均采用三局两胜制。当任一方在比赛中得到11分后，双方队员将休息1分钟。两局比赛之间的休息时间为2分钟。

5. 比赛中常见的违例

(1) 过手违例。发球时，在击球的瞬间，发球员的拍杆应指向下方，使整个拍头明显低于发球员的整个握拍手部，否则，将判违例。

(2) 过腰违例。发球时,在击球的瞬间,整个球应低于发球员的腰部,否则,将判违例。

(3) 挥拍有停顿。发球开始后,有不正当的延误击出发球或挥拍动作不连贯,将判违例。

(4) 脚移动、触线或不在发球区内将判违例。自发球开始至发球结束,发球员或接发球员的两脚都必须有一部分与球场地面接触,不得移动,且都必须站在斜对面的发球区内,脚不得触及发球区或接发球区的界线,否则,将判违例。

(5) 最初击球点不在球托上或发球时未能击中球,将判违例。最初击球点不在球托上是指发球时,球拍先触及羽毛或同时击中羽毛和球托。

(6) 发球时,球没有落在规定的接发球区内,将判违例。如发出的球没有落于对角的场区内或不过网,或挂在网上、停在网顶等。

(7) 球从网上、网孔穿过触及天花板或触及运动员的身体、衣服,将判违例。

(8) 球触及球场或其他物体或人,将判违例。

(9) 击球点超过网的向上延伸面,即在对方场区上空击球,将判违例。

(10) 运动员的球拍从网上、网下侵入对方场区导致妨碍对方或分散对方注意力,妨碍对方、阻挡对方靠近球网的合法击球,将判违例。

(11) 同一运动员连续两次挥拍击中球,或双打的同方两名队员连续各击中球一次,将判违例。

(12) 球停在球拍上,紧接着被拖带抛出,将判违例。

(13) 运动员严重违反或屡次违反比赛的连续性的规定或运动员行为不端,将判违例。如擅自离开比赛场地喝水、擦汗、换球拍、接受场外指导等,或故意改变球形、破坏羽毛球或举止无礼等。

6. 重发球

(1) 重发球时,原回合无效,由原发球员重新发球。

(2) 除发球外,球过网后,挂在网上或停在网顶,判重发球。

(3) 发球时,发球员和接发球员同时被判违例,判重发球。

(4) 发球员在接发球员未做好准备时,将球发出,判重发球。

(5) 球在飞行时,球托与球的其他部分完全分离,判重发球。

(6) 裁判员对该回合不能做出判决时,判重发球。

(7) 出现意外情况,判重发球。

7. 交换场区

(1) 第一局比赛结束时,双方应交换场地。

(2) 若局数为1∶1时,在第三局比赛开始前,双方应交换场地。

(3) 在第三局比赛中,任一方比分达到11分时,双方应交换场地。

(4) 若应交换场地而未交换时,一旦发现应立即交换,已得分数有效。

第六节 网球

一、网球运动简介

作为隔网击球项目之一，网球运动的历史比乒乓球、羽毛球要早得多，具有浓郁的宫廷氛围的网球一直以来被人们冠以“贵族运动”的美誉。早在中世纪，法国的僧侣为调剂单调的生活常常在教堂的回廊里玩用手掌击球的一种游戏，方法是在空地上两人隔一条绳子，用手掌将用布包着头发制成的球打来打去。当时这种游戏法语叫做“Tennez”，英语叫做“Take it！ Play”(抓住！ 丢过去)，今天“网球”(Tennis)一语即来源于此。这种游戏由于具有趣味性和流传的广泛性，渐渐地传入法国宫廷，并很快成为当时贵族的一种娱乐游戏。14 世纪 30 年代，法国宫廷网球传入英国，并很快受到英国王室成员的喜好，当时的宫廷、教堂和皇家园林都建有网球场，贵族、僧侣们亦热衷于此道。15 世纪，这种游戏由手掌击球改为用拍板打球，并很快出现了一种用羊皮制作拍面的椭圆形球拍。同时，场地中央的绳子也改成了网。此后，球拍中央的羊皮也改成了穿弦线。16～17 世纪是这种活动的兴旺时期，逐渐形成了一种比赛。由于这种活动只是在法国和英国的宫廷中流行，所以网球运动又称为“宫廷网球”或“皇家网球”的“贵族运动”。

名人堂：李娜

李娜，中国著名女子网球运动员，毕业于华中科技大学新闻系。1982 年生于湖北武汉，6 岁开始练习网球，1999 年转为职业选手，从网球低级别赛事一路打到四大满贯。第一个获得巡回赛单打冠军的中国人，2008 年北京奥运会四强。2011 年获得法国网球公开赛女单冠军，成为中国乃至亚洲在网球四大满贯赛事上夺得单打冠军的第一人。2013 年 1 月 26 日，澳大利亚网球公开赛女单决赛，李娜在领先的情况下，因伤 1∶2 憾负阿扎伦卡，第二次获得澳网亚军。

近代网球运动的创始人是英国的少校军官沃尔特·克洛普顿·温菲尔德。1873 年，他将早期的网球打法加以改进成为夏天在草坪上进行的一种体育活动，最初称之为“斯非尔里斯戴克”，后改名为“草地网球”，这被认为是现代网球运动的里程碑。同年，为宣传和推广这项运动，他还出版了第一本关于网球的书——《草地网球》。此后，网球便成为一项室内、户外都能进行的体育项目。

1878 年以来，草地网球由美国的移民、商人或驻军等传至全球，如加拿大、斯里兰卡、瑞典、印度、日本、澳大利亚、南非等地。当时，爱好网球的人士绝大多数是富裕的资产阶级。他们有条件在自家的草坪上设置网球场，作为他们社交活动的场所。19 世纪 90 年代中期，网球进入了初步发展阶段，许多国家和地区组织了网球协会，并定期举行比赛。

1896年，网球作为唯一的球类比赛项目出现在首届现代奥林匹克运动会上。当时只有男选手参加，项目有单打和双打。

1911年，草地网球正在世界上迅速发展，一些设有网球协会的国家迫切需要一个国际机构来负责协调和组织国际性比赛。1913年3月1日，国际网球联合会(ITF)成立，总部设在伦敦。在各国网协的大力推动下，网球运动有了飞速的发展，从而形成了世界网坛最负盛名的四大赛事，现通常把这四大赛事通称为大满贯赛。

19世纪中叶，我国在鸦片战争中陆续开放了一些沿海通商口岸，西方的官员、商人、传教士和驻军络绎而至，网球运动由他们带进中国。约在20世纪20年代，网球逐渐在天津、上海、广州、北京等大城市传播开来，但一直无法普及。

新中国成立后，网球运动在起点低、基础差、交往少的情况下逐渐发展。1953年，中国网球协会在北京成立。1981年7月，我国网球协会被国际网球联合会接纳为会员。在过去的20多年里，中国网球虽然在亚洲一直处于领先位置，但与世界网球强国相比，我国的网球水平仍有较大的差距。2004年，李婷、孙甜甜在雅典举行的第28届奥运会上赢得了女子网球双打冠军，取得历史性的突破。2006年，郑洁、晏紫先后获得“澳网”和“温网”的女双冠军。2008年7月，郑洁杀进“温网”四强。2011年李娜获得“法网”冠军。至此，中国网球正成为世界网坛一支不容小觑的力量。

网球运动的锻炼价值较高，它既是一种消遣和增进健康的手段，也是一项艺术追求和享受，还是一个扣人心弦的竞赛项目。经常参加网球运动，不仅能发展力量、速度、耐力和灵敏性等运动素质，提高内脏器官和神经系统的功能，还有利于培养勇敢、机智、坚毅、果断等优良品质，在娱乐中达到身心健康的目的。

二、网球运动的基本技术

（一）握拍法

网球握拍有多种不同的方法，不同的握拍法可产生不同的击球效果。确定采用何种握拍方法才能发挥自己的优势非常重要。初学时，可使用最顺手的握拍法，在技术渐渐提高的过程中逐步改变握拍的方式。根据虎口对准球拍握柄端口的不同位置，可划分不同的握拍法，如图5.109所示。虎口“V”形对准上平面与右上斜面的交界线处为大陆式握拍法，虎口“V”对准上平面和右上斜面交界线处为东方式握拍法，虎口“V”对准右上斜面和右垂直面交界线处为半西方式握拍法，虎口“V”对准右垂直面和右下斜面交界线处为西方式握拍法。

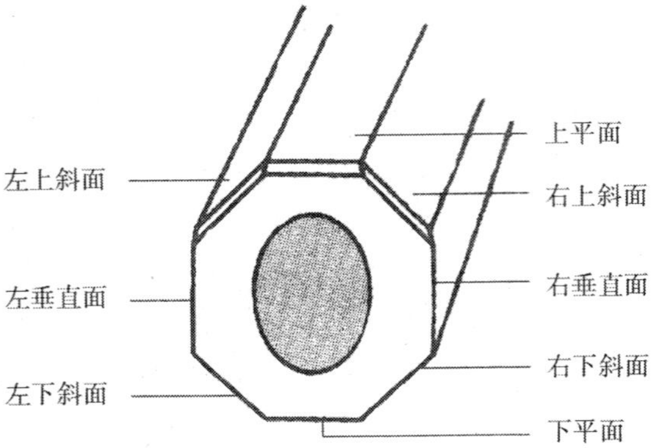

图 5.109　握拍法

1. 大陆式握拍法

握拍时，虎口“V”形对准上平面与右上斜面的交界线处，用手掌根贴住拍柄上平面，食指与其余三只稍微分开，食指上关节紧贴在右上斜面上，拇指直伸压住拍柄上平面，如图 5.110 所示。大陆式握拍适合在发球、高压球、截击球、反手击球时使用。

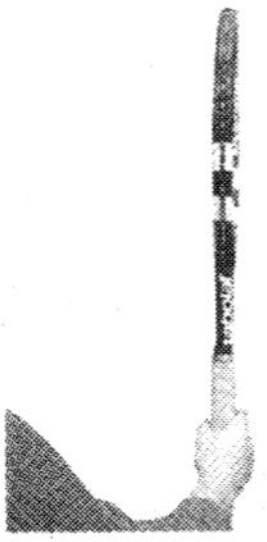

图 5.110　大陆式握拍法

图 5.111　东方式正手握拍法

2. 东方式握拍法

(1) 东方式正手握拍法。东方式正手握拍法同我们生活中的握手姿势一样，把手平贴在拍面上，保持手掌与拍面平行，手顺着拍面滑下来到拍柄上，手握紧拍柄，如图5.111 所示。

(2) 东方式反手握拍法。在正手握拍的基础上向左移动 1/4，使“V”字形虎口对准拍柄左上斜面，拇指末节贴住左下斜面，食指第三指节压在右上斜面，如图 5.112 所示。

3. 西方式握拍法

虎口“V”对准右垂直面和右下斜面交界线处，手掌从上面握住拍柄，食指底部关节压住拍柄的右下斜面，如图 5.113 所示。

4. 半西方式握拍法

虎口“V”对准右上斜面和右垂直面交界线处，拇指直伸压住拍柄上平面，食指第三指节贴住右上斜面。这种握法可击打快速省力的平击球和一些带有旋转的上旋球，还可进行高空截击，击打底线和中场较低的球。

图 5.112　东方式反手握拍法

图 5.113　西方式握拍法

（二）正手击球

正手击球是网球运动中最基本，同时也是最重要的击球方式之一。正手击球击球有力、速度快，动作由准备姿势、后摆引拍、挥拍击球和随挥 4 个技术动作组成，如图 5.114 所示。

图 5.114　正手击球

（1）准备姿势。面对球网，双脚自然开立，与肩同宽。双膝微屈，重心略前移，落在前脚掌上。右手握拍，左手扶住拍颈，拍面垂直于地面，拍头指向前方。两眼目视前方，做好击球准备。

（2）后摆引拍。当判断来球需用正拍回击时，向右转肩，转髋带动右手向后摆动引拍。引拍时肘部弯曲、自然下垂，拍头的高度在同侧髋关节处，左手伸向前方以保持身体平衡，后摆引拍时身体重心移向右脚，左肩对着击球方向，手腕固定，挥拍转动约 180°，拍头指向后挡网。

（3）挥拍击球。击球时紧握球拍，手腕后伸、固定，两脚用力蹬地，转肩、转髋，带动身体向前挥拍。击球点在身体的右前方，高度不超过腰部。挥拍击球时拍头由后向前、自下而上自然挥动，使球略带上旋。

(4) 随挥。在球离开球拍后,继续将球拍向前、向上挥出,使右臂自然接触下巴,拍头挥至左前上方,并用左手扶住拍颈。右脚尖要停留在地面上,鞋底面正对后挡网,重心充分停留在前脚,并站稳身体。

(三) 反手击球

反手击球是网球运动中与正手击球同样重要的基本技术动作。反手可以分为单反手和双反手,这两种击球方法各有特色。单反手更加灵活,控制范围大,击球线路变化大,隐蔽性强。双反手力量更大,稳定性更强,上手较快,适合初学者。下面以双反手击球为例介绍反手击球技术。

反手击球同正手击球一样,也由准备姿势、后摆引拍、挥拍击球和随挥 4 个技术动作组成,如图 5.115 所示。

图 5.115 反手击球

(1) 准备姿势。同正手击球姿势。

(2) 后摆引拍。手臂随转体而自然地向后拉拍,引拍幅度要小,并尽可能保持两只手臂贴近身体。拍头位置稍低于来球,但不要低于手腕,保持拍柄的底部正对来球。边回撤球拍,边接近击球点,将击球点确立在最适宜肘部伸展的地方。

(3) 挥拍击球。球拍由后向前上方挥出,前挥时手臂保持弯曲,直到随挥动作结束才伸直。击球的瞬间,握拍手保持稳定,挥拍对准来球并把球打在甜点上。拍触球时手腕绷紧,拍面与地面垂直,用转体和转肩的力量使重心前移到右脚上。

(4) 随挥。击球后,球拍沿着球的飞行方向向前向上送,重心前移落在右脚上,挥拍在右肩上方结束,身体转向球网至准备姿势。

(四) 发球

发球是网球的基本技术之一,也是唯一由自己掌握,不受对方影响的技术。发球技术一般分为平击发球、切削发球和上旋发球三种。发球技术由发球姿势、抛球与后摆、击球及随挥组成,如图 5.116 所示。

图 5.116　发球

(1) 发球姿势。全身放松，站在底线后离中心点各 50cm 处。两脚分开，与肩同宽，面朝对手。两腿膝部微屈，重心放在后脚上。左手持球轻托球拍在腰部，拍头指向前方。

(2) 抛球与后摆。抛球手拇指、食指和中指三指轻轻拖住球，掌心向上。当球拍向下向后引拍时，抛球手同时下降至右腿处，紧接着当球拍从身后向头上方做大弧度摆动，转体、屈膝、展肩，持球手柔和地在身前左脚前上举，直至伸直并高过头顶。球送至最高点再离开手指顺势到空中，此时右肘向后外展约同肩宽，拍头指向天空，左侧腰、胯成弓形，身体重心随着抛球开始先移向右脚，然后平稳地开始前移。

(3) 击球。发球时要绷直双腿，并向上将拍子举直，身体充分伸展，握拍的手臂向上伸直，用拍的甜点击球。击球后，抛球的手臂自然下落。

(4) 随挥。将球发出后，身体向场内前倾，保持连续的完整向前上方伸展的随挥动作。球拍挥至身体的左侧，重心移至前方，做到完全自然地跟进并保持身体平衡。

(五) 接发球

接发球是网球的基本技术之一，它的好坏往往决定着比赛的胜负。接发球的动作技术有握拍与站位、引拍、击球、随挥 4 个环节。

(1) 握拍与站位。双脚自然开立，与肩同宽，双膝微屈。重心前倾，拍头约与腰同高并指向对方。右手采用大陆式或东方正手式握拍法，左手扶拍颈。判断来球准备接球时，迎上一二步，如正手接，握拍不变；如反手接，及时换东方反手。接一发一般站发球区中间偏右底线外(准备正手打)，接二发一般站中间偏左(准备打反手或侧身正手)底线内。

(2) 引拍。判定来球决定正、反手接球，如对方发球不在左侧，则侧身对网，将球引入右侧前方，将拍引至侧身，转体同时或直线或斜线击球，引拍幅度控制不要太大，高不过肩，对方球速越快，转身引拍越快，幅度就越小。

(3) 击球。身体下蹲，重心迅速前移，击球瞬间拍面垂直于地面，手腕绷紧，保证在身前击球，后脚不要离地，保持身体稳定。

(4) 随挥。击球后持球手臂顺势向左前方向挥动，动作不要太大。双脚随即跟上，以准备下一个击球。

（六）截击球

截击球是指来球落地前被凌空拦截的球。无论在单打还是在双打中，截击球都是一种主动进攻得分的重要技术。截击球是网前一种攻击性很强的击球方法，一般在近网处使用，也可在场内任何地方截击空中来球。截击球分为正手截击球，如图 5.117 所示和反手截击球，如图 5.118 所示。以正手截击球为例介绍其动作方法，当判断对方来球方向后，立即转肩，以转肩带动球拍后摆。左脚朝来球方向跨出，拍头高于握拍手，握紧球拍，绷紧手腕，在身体的前面迎击球。击球后有一个幅度较小的随挥动作，拍子挥向球击出的方向，并恢复成准备姿势。

图 5.117　正手截击球

图 5.118　反手截击球

（七）高压球

高压球又叫杀球，是在头顶上用扣杀动作还击球的一种击球技术，被称为击球中的一枚“重炮”，是迅速直接得分的锐利武器，如图 5.119 所示。高压球与截击球一样，属于上网击球技术。根据对方挑起球的高低程度和落点不同，高压球可分为原地高压球、跳起高压球和后退高压球等。

图 5.119　高压球

以右手握拍为例，高压球的动作要领有握拍与引拍、移动与后撤、挥拍击球和随挥。

(1) 握拍与引拍。采用东方式正手握拍或大陆式握拍法，调整身体位置，左手向上方伸出，指向来球。引拍结束时，屈肘，拍头置于头部的后上方，指向天空。

(2) 移动与后撤。如果球很高，要用交叉步快速向前后左右移动。先大步，后碎步调整，迅速接近目标。如果球越头顶，不要匆忙起跳，先迅速向后撤两步，并屈膝准备起跳。移动要快，左肘对准来球，眼睛盯球。

(3) 挥拍击球。开始引拍击球时，球拍在身体的后上方。转肩，头保持稳定。后脚向上起跳，用力击球。击球时手腕下勾加力，拍头高于手腕，击球点在身体前上方，充分伸展身体。

(4) 随挥。击球后顺势下挥，上体随球的方向前屈。在身体落地的瞬间，重心随着持拍一侧的腿前移，随挥球拍到腰的另一侧。

三、网球运动的基本战术

网球比赛的战术分为单打战术和双打战术两大类。

(一) 单打战术

在网球的单打比赛中，根据自己的技战术特点和比赛过程的具体情况，将各种技术有机地结合起来运用。现代网球运动的单打比赛战术，可归结为上网型打法、底线型打法和综合型打法 3 种。

1. 上网型打法

上网型打法战术的指导思想就是利用网前进攻为主要得分手段。上网型打法战术可分为发球上网、接发球上网、随球上网、偷袭上网、伺机上网及放轻球上网等战术。

2. 底线型打法

底线型打法是以底线正、反手抽击球为基础组织的战术。它的指导思想必须是用速度、旋转、落点的变化来创造进攻机会。底线型打法战术在比赛中往往起到过渡、稳定战局和以守为攻的作用。底线型打法的主要战术有对攻、拉攻、侧身攻、紧逼攻和防守反攻等战术。

3. 综合型打法

综合型打法以基本功扎实、技术全面为基础，可根据不同的对手和不同的技、战术掌握情况，场地特点与战术需要，灵活地变化战术打法。综合型打法攻守平衡，符合积极主动、机动灵活的战术原则。这种打法是上网战术和底线战术的混合使用。

(二) 双打战术

1. 基本站位

站位是双打中非常重要的一个环节。双打时除发球和接发球队员在端线附近外，一般都站在网前位置。发球的队员站在规定发球区的网前，接发球的队员则站在规定发球区的另一侧的网前。有时发球的同伴也可以站在端线附近，位于发球队员的另一侧。后场队员的基本站位是发球队员站在规定的发球位置，接球人站在端线附近，准备接发球。有时接发球同伴不直接站在网前，而是站在发球线附近，当对手打球后再向左前或右前扑截球。

2. 发球

双打发球落点要深，如果发球有足够深度，就能控制对手冲到网前截击。第一个发球应采用大力发球，发球后随球上网，这时动作要迅速，先冲前三四步，然后停下来，准备进行第一次截击。

3. 接发球

对方发球时，接发球的同伴一般站在发球线附近，接发球者回球的情况将直接影响同伴的动作。如果接球队员能有效地接过发球，并且能够上网，这时两个人都应同时上网；如果接发球回击的球力量较弱，这时接球队员的同伴就应立即退到端线附近，不要停在原地。如对发过来的球不能做有力的回击，就要到端线附近加以防御。如果两人同在后场站位时，应保持使球落在中间地带，以减小对手回球的角度。

4. 及时补位

在双打比赛中两个人及时补位很重要，它可以补救场上出现的薄弱地区。例如，发球队员的同伴由于截抢冲力过大而冲过中线，这时发球队员就应及时向空当补位。如果遇到两个对手同时上网，同伴向中路回球较低，被对手截击，这时处在截击队员对面的网前队员应及时截抢。如果接球队员将球打给网前队员，接球队员的同伴应迅速后退到中场。

5. 双上网和双底线

优秀运动员双打时，采用的理想阵势是两人在前或是两人在后，如果两个人是处于双上网的位置，而同时对方也是双上网，在这种情况下双方都会向有球的一侧移动。很多球是在中场来回击打，因此球场另一部分就会出现一个很大的空区。这一空区往往是对手进攻偷袭的地区，比赛中应当有意识地注意这一地区。如果两个人是处于双底线位置，那么回击时就应当使球多落在中间场区，以减小对方回球的角度。另外，双打比赛应随时重视防御中间地带，因这一地带是被攻击的主要目标，要求两人配合默契。

四、网球规则简介

（一）场地

网球场地是一个长方形场地，长 23.77 m，宽 8.23 m，球网（网的中央高度为 91.47 cm，两端高度为 107 cm）把全场隔成相对的两个半场，接近球网两边的四块相等的区域是发球区，双打场地的两边较单打场地宽 1.37 m。全场除端线可宽至 10.7 cm 外，其他各线的宽度均不得超过 5 cm，也不得少于 2.5 cm，如图 5.120 所示。全场各区域的丈量，除中线外都从各线的外沿计算。网球场地分为草地、土地、硬地和塑胶场地等。

（二）球拍

网球拍一般由木质、铝合金、碳素等材质制成，各种材质的球拍都有其优缺点。目前，普遍选择的是铝合金和碳素网球球拍。球拍有轻型（L）、中型（M）、重型（H）等型号，表示球拍的重量。

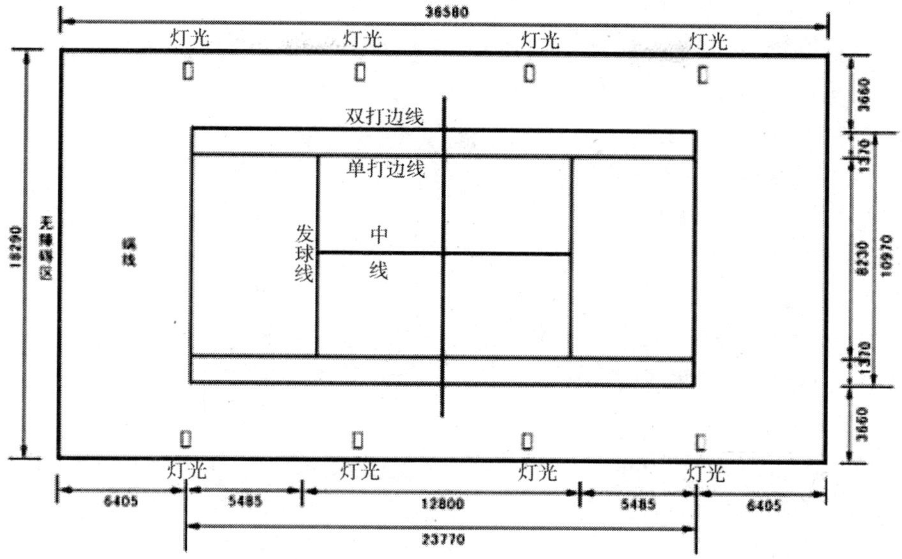

图 5.120　网球场地

（三）比赛方法

网球比赛有单打和双打两种形式，正式比赛项目有男子团体，女子团体，男、女单打，男、女双打，混合双打七项，每场比赛一般采用三盘两胜制，网球计分的最小单位是分，然后是局，最后是盘。比赛时运动员每胜一球得一分，呼报 15，再得一分，呼报 30，得第三分呼报 40，先得四分者胜一局，如遇双方各得三分时，则为平分，平分后，一方先得一分时，为该运动员占先，占先后再得一分，才算胜一局；如一方占先后，对方又得一分，则仍然为平分，依此类推，直至一方在平分后净胜两分结束该局。先胜六局者为胜一盘，如遇双方各得五局时，一方必须净胜两局才算胜一盘，为了控制比赛时间，近十年普遍采用平局决胜制，既当局数 6∶6 时，则再打一局来决胜负，先赢得七局者为胜方。

网球比赛时，发球方先从右区端线后抛球，将球发至对方的右发球区方为有效。每一分有两次发球机会，若第一次发球发进区域，比赛继续进行；若未进区域，则重新发球。连续两次失误为双误，失一分。第二分换在左区发球，第三分再回到右区。如此轮换，直至本局结束。下一局改由对方发球。接发球者必须在发来的球落地弹起后再接球，如击落地两次球，为对方得分。

（四）发球

1. 发球前的规定

发球员在发球前应先站在端线后、中点和边线的假定延长线之间的区域里，用手将球向空中任何方向抛起，在球接触地面以前，用球拍击球（仅能用一只手的运动员，可用球拍将球抛起），球拍与球接触时，就算完成球的发送。

2. 发球时的规定

发球员在整个发球动作中，不得通过行走或跑动改变原站的位置，两脚只允许站在规定位置，不得触及其他区域。

3. 发球员的位置

(1) 每局开始，先从右区端线后发球，得或失一分后，应换到左区发球。

(2) 发出的球应从网上越过，落到对角的对方发球区内，或其周围的线上。

4. 发球失误

发球失误主要有以下几种：未击中球、发出的球在落地前触及固定物(球网、中心带和网边白布除外)、违反发球站位规定。发球员第一次发球失误后，应在原发位置上进行第二次发球。

5. 发球无效

发球无效主要有两种情况：发球触网后，仍然落到对方发球区内；接球员未做好接球准备，出现这两种情况均应重发球。

6. 交换发球

第一局比赛终了，接球员成为发球员，发球员成为接球员。以后每局终了，均依次互相交换，直至比赛结束。

(五) 交换场地

双方应在每盘第一、三、五等单数局结束后，以后每盘结束双方局数之和为单数交换场地。

(六) 失分

发生下列任何一种情况，均判失分：

(1) 在球第二次着地前，未能还击过网。

(2) 还击的球触及对方场区界线以外的地面、固定物或其他物件。

(3) 还击空中球失败。

(4) 故意用球拍触球超过一次。

(5) 运动员的身体、球拍，在发球期间触及球网。

(6) 过网击球。

(7) 抛拍击球。

(七) 压线球

比赛中，落在线上的球都算界内球。

(八) 双打还击

接发球后，双方应轮流由任何一名队员还击，如运动员在其同伴击球后，再以球拍触球，则判对方得分。

(九) 双打

1. 双打发球秩序

每盘第一局开始时，由发球方决定由何人首先发球，对方则同样地在第二局开始时，决定由何人首先发球。第三局由第一局发球方的另一球员发球。第四局由第二局发球方的另一球员发球。以下各局均按此秩序发球。

2. 双打接球秩序

先接球的一方，应在第一局开始时，决定何人先接发球，并在这盘单数局，继续先接发球。双方同样应在第二局开始时，决定何人接发球，并在这盘双数局继续先接发球。他们的同伴应在每局中轮流接发球。

3. 双打还击

接发球后，双方应轮流由其中任何一名队员还击。如运动员在其同队队员击球后，再以球拍触球，则判对方得分。

思考题

1. 简述行进间单手肩上投篮的动作方法。

2. 简述正面双手传球的动作方法。

3. 你了解足球比赛的阵形吗？你知道几种？

4. 上网搜集我国乒乓球运动取得的辉煌成就及其对世界乒乓球运动发展的贡献。

5. 羽毛球比赛中，发球有哪些要求？比照这些要求反复练习。

6. 打网球有几种握拍方法？你习惯于哪种握拍方法？

7. 上网查找我国排球运动取得的辉煌成就，并深刻理解其积极作用。

8. 什么是违反体育道德的犯规？

第六章　武术运动

体育最要之事为运动。凡吾人身体与精神，均含一种潜势力，随外围之环境而发达。

——蔡元培

学海导航：

武术又称国术或武艺，是中国传统体育项目，其内容是把踢、打、摔、拿、跌、击、劈、刺等动作按照一定规律组成徒手的和器械的各种攻防格斗功夫、套路和单势练习。武术具有极其广泛的群众基础，是中国人民在长期的社会实践中不断积累和丰富起来的一项宝贵的文化遗产，是中华民族的优秀文化遗产之一。本章主要介绍简化太极拳、太极功夫扇、初级长拳和保健按摩术。

知识目标：

1. 通过学习，学生能了解一些武术基本理论知识，知晓武术运动的特点和锻炼价值。
2. 通过学习，学生能牢记五步拳、简化太极拳和初级长拳的动作名称。

能力目标：

1. 通过学习，学生能熟练掌握五步拳的技术动作。
2. 通过学习，学生能独立完成简化太极拳、太极功夫扇和初级长拳的成套动作。
3. 通过学习，学生能掌握简化太极拳主要动作的攻防含义。
4. 通过学习，学生掌握基本的保健按摩手法。

名人堂：霍元甲

霍元甲，清末著名爱国武术家，他的武艺出众，又执仗正义，继承家传“迷踪拳”绝技，抱着为国雪耻、振奋民族的强烈愿望，在天津和上海先后打败俄、英洋力士，使中国人扬眉吐气，是一位家喻户晓的民族英雄。1910 年 6 月 1 日，霍元甲在上海创办“中国精武体操会”（后改名精武体育会）。孙中山先生赞扬霍元甲“欲使国强，非人人习武不可”之信念和将霍家拳公之于世的高风亮节，亲笔写下了“尚武精神”四个大字，惠赠精武体育会。1910 年 9 月 14 日，霍元甲病逝于上海，享年仅 42 岁。他的一生虽然短暂，但却轰轰烈烈，充满传奇色彩，有多部影视作品描述他的事迹。

第一节　武术运动概述

武术是以技击动作为主要内容，以套路、格斗和功法为主要运动形式，注重内外兼修的中国传统体育项目。

一、武术的起源和发展

武术在我国有悠久的历史，它起源于我国远古祖先的生产劳动。人们在狩猎的生产活动中，逐渐积累了劈、砍、刺的技能，这些原始形态的攻防技能是低级的，还没有脱离生产技能的范畴，却是武术技术形成的基础。武术作为独立的社会文化现象，与中华民族文明的产生同步。氏族公社时代经常发生部落战争，因此搏斗的经验也不断得到总结，生活劳动中的一击、一刺、一拳、一腿被模仿、传授、习练，生发了武术的萌芽。

武术成形于奴隶社会时期。夏朝建立，战火不断，武术为了适应实战需要进一步向实用化、规范化方向发展，夏朝时期的武术活动主要在以下两个方面发展：一是军队的武术活动，二是以武术为主的学校教育。

武术发展于封建社会时期。秦汉以来，角力、击剑盛行。“宴乐兴舞”的习俗使得手持器械的舞练时常在乐饮酒酣时出现，如《史记·项羽本纪》记载的“鸿门宴”中“项庄舞剑，意在沛公”，便是这一形式的反映。此外，还有“刀舞”、“力舞”等，虽具娱乐性，但从技术上更近于今天套路形式的运动。唐朝以来实行的武举制，对武术的发展起了促进作用，如对有一技之长的士兵授予荣誉称号。裴民的剑术、李白的诗歌、张旭的草书并称“唐代三绝”，可见武术作为一种文化形式已相当具有影响。宋元时期，以民间结社的武艺组织为主体的民间练武活动蓬勃兴起，如习枪弄棒的“英略社”，习射练习的“弓箭社”等。由于商业经济活跃，出现了浪迹江湖、习武卖艺为生的“路歧人”，他们不仅有单练，而且有对练。明清时期是武术大发展时期，流派林立，拳种纷显。拳术有长拳、猴拳、少林拳、内家拳等几十家之多，同时形成了太极拳、形意拳、八卦拳等主要的拳种体系。到了近代，武术适应时代的变化，逐步成为中国近代体育的有机组成部分。

民国时期，民间出现了许多拳社、武士会等武术组织。1927 年，在南京成立了中央国术馆。1936 年，中国武术队赴柏林奥运会参加表演。中华人民共和国成立后，武术得到了蓬勃发展。1956 年，中国武术协会建立，形成了空前广泛的群众性武术活动网，为武术的发展开拓了广阔的道路。1985 年，在西安举行了首届国际武术邀请赛，并成立了国际武术联合会筹委会，这是武术发展过程中历史性的突破。1987 年，在横滨举行了第一届亚洲武术锦标赛。1990 年，武术首次被列入第十一届“亚运会”竞赛项目。1999 年，国际武联被吸收为国际奥委会的正式国际体育单项联合会成员，这是武术发展中的又一历史性突破。在 2008 年北京奥运会上，武术成为表演项目，初登奥运殿堂。

二、武术的特点

（一）动作具有攻防技击性

武术动作具有攻防技击性是它的本质特性。作为中国特有的表现形式的套路运动，运动幅度等方面与技击的原形动作有所变化，但是动作方法仍然保留了技击的特性。即使因联结及演练技巧上的需要，穿插了一些不一定具有攻防技击意义的动作，然而就整套技术而言，主要的动作仍然是以踢、打、摔、拿、击、刺为主，它们是套路的技术核心。武术的攻防技击特性是通过一招一式来表现的，它的技击方法极其丰富，在散手、短兵中不宜采用的技术方法，在套路运动中仍有所体现。

（二）具有"内外合一，形神兼备"的民族风格

武术"内外合一，形神兼备"的特点主要通过其功法和技法来体现。"内练精气神，外练筋骨皮"是各家各派练功的准则，如太极拳主张身心合修，要求"以心行气，以气运身"；形意拳讲究"内三合，外三合"；少林拳也要求精、力、气、骨、神内外兼修。此外，武术套路在技术上往往要求把内在精气神与外部形体动作紧密相合，做到"心动形随"、"形断意连"、"势断气连"。以"手眼身法步，精神气力功"八法的变化来锻炼心身。这一特点反映了中国武术作为一种文化形式在长期的历史演进中备受中国古代哲学、医学、美学等方面的渗透和影响，形成了独具民族风格的练功方法和运动形式。

（三）具有广泛的适应性

武术的练习形式和内容丰富多样，有竞技对抗性的散手、推手、短兵，有适合演练的各种拳术、器械和对练，还有与其相适应的各种练功方法。不同的拳种和器械有不同的动作结构、技术要求、运动风格和运动量，人们可以根据自己的条件和兴趣爱好进行选择练习。同时，它对场地、器材的要求较低，俗称"拳打卧牛之地"，练习者可以根据场地的大小变化练习内容和方式，即使一时没有器械也可以徒手练习。一般来说，它受时间、季节限制也很少，较之不少体育运动项目，具有更为广泛的适应性，武术能在民间经久不衰，与这一特点不无关系。

三、武术的价值

（一）健身价值

武术能增长肌肉力量，增强各关节韧带的柔韧性，提高身体协调和灵活性以及平衡能力。

（二）修身价值

武术使人们热爱祖国传统文化，培养其坚韧、顽强、勇于战胜困难的意志品质和良好的武术道德以及团结、协作的精神。

（三）医疗价值

武术能矫正身体姿态，促使大脑兴奋，提高反应能力，治疗慢性疾病，促进病者康复。

（四）观赏、娱乐价值

武术能提高人们审美观念，培养自身健美姿态，人们通过观赏表演和比赛，感受力与美的娇姿形神，提高兴趣，陶冶情操。

（五）国防价值

武术能提高军队的擒拿格斗技术、身体力量以及快速反应战斗力，对国防和社会治安有保障作用。

（六）交流价值

武术能促进社会交往，改善人际关系，人们可以通过参加这一活动互相交流，切磋武术技艺。此外，国际比赛还能加强国际间人民的友谊、团结，广泛普及武术运动。

第二节　武术运动的基本功

中国武术的内容丰富多彩，按其运动形式可分为三大类：套路运动、功法和搏击运动。套路运动是以攻守进退、动静疾徐、刚柔虚实等矛盾运动的变化规律编成的整套练习形式，主要内容包括拳术、器械、对练、集体表演等。

一、手型

（一）拳

四指并拢卷握，大拇指紧扣食指和中指的第二指节处。拳心向下为平拳，拳眼向上为立拳，如图 6.1 所示。其要点为拳握紧，拳面平，直腕。

（二）掌

四指伸直并拢，大拇指末节屈扣于虎口处，手腕伸直为直掌。向拇指侧伸，掌指朝上为立掌；向拇指侧伸，小指侧朝前，掌指朝左（右）为横掌，如图 6.2 所示。其要点为掌心开展，竖指。

（三）勾

五指尖捏拢屈腕，如图 6.3 所示。

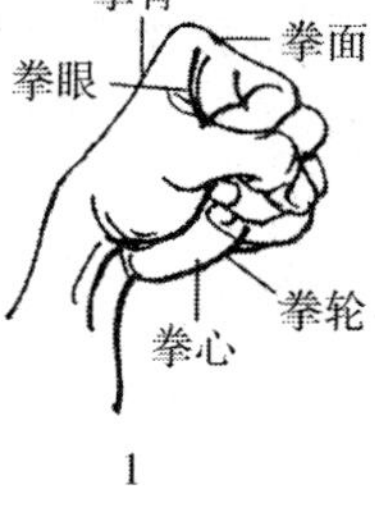

图 6.1　拳

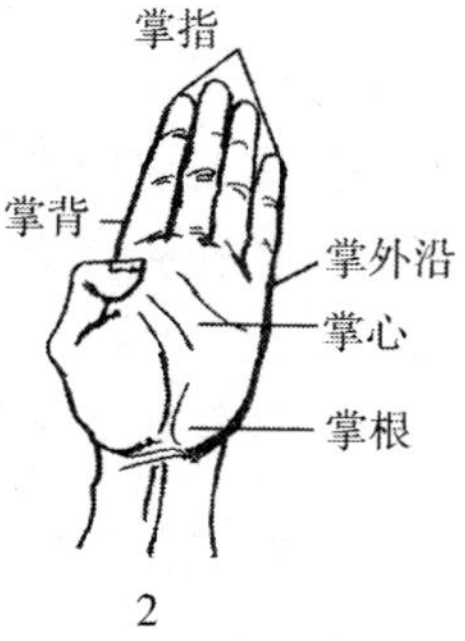

图 6.2　掌

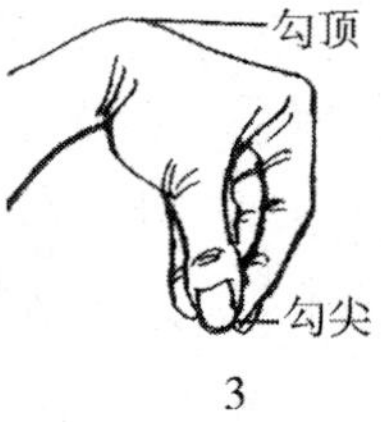

图 6.3　勾

二、手法

武术手法包括抱拳、冲拳、推掌和亮掌四种。

(一) 抱拳

两脚站立或分开，两手握拳抱于腰侧。动作要点是拳握紧，拳心向上，两肩外展，肘关节内收、夹紧，沉肩、挺胸、收腹、紧腰，如图 6.4(1、2)所示。

(二) 冲拳

拳从腰间旋臂向前快速击出，力达拳面。冲拳分平拳和立拳两种，平拳拳心向下，立拳拳眼向上。动作要点是出拳手臂内旋，快速有力，有寸劲，如图 6.4(3)所示。

(三) 推掌

掌由腰间旋臂向前立掌推击，速度要快，臂要直，力达掌外沿。动作要点是掌要紧，推要快，力到位，如图 6.4(4)所示。

(四) 亮掌

臂微屈，抖腕翻掌，举于体侧或头上。动作要点是动作干脆利落，亮掌翻腕有力，如图 6.4(5、6)所示。

1　2　3　4　5　6

图 6.4(1、2)　抱拳　图 6.4(3)　冲拳　图 6.4(4)　推掌　图 6.4(5、6)　亮掌

三、步型

(一) 弓步

左脚向前一大步，脚尖微内扣，左腿屈膝半蹲，大腿接近水平，膝不超出脚尖。右腿挺膝伸直，脚内扣斜向前方，全脚掌着地。上体正对前方，眼平视，两拳抱于腰间。弓左腿为左弓步，弓右腿为右弓步，如图 6.5 所示。动作要点是前腿弓、后腿绷，挺胸、塌腰、沉髋，前脚与后脚成一直线，后脚不得拔跟，掀掌。

(二) 马步

两脚平行开立(约本人脚长的三倍)，脚尖正对前方，屈膝半蹲，膝部不超过脚尖，大腿接近水平，全脚着地，身体重心落于两腿之间，两拳抱于腰间，如图 6.6 所示。动作要点是挺胸、塌腰、脚跟外蹬。

（三）虚步

两脚前后开立，右脚尖向外 45°，屈膝半蹲，左脚脚跟离地，脚面绷平，脚尖稍内扣，应点地面，膝微屈，重心落于后腿上；两拳抱于腰间，眼平视。左脚在前为左虚步，右脚在前为右虚步，如图 6.7 所示。动作要点是挺胸、塌腰、虚实分明。

（四）仆步

两脚左右开立。右腿屈膝全蹲，大腿和小腿靠紧，臀部接近小腿，右脚全脚着地，脚尖和膝关节外展。左腿挺直平仆，脚尖里扣，全脚着地。两拳抱于腰间，眼向左平视。仆左腿为左仆步，仆右腿为右仆步，如图 6.8 所示。动作要点是挺胸、塌腰、沉髋。

（五）歇步

两脚交叉靠拢全蹲，左脚全脚掌着地，脚尖外展。右脚前脚掌着地，膝部贴近左膝外侧，臀部坐于右脚接近脚跟处。两拳抱于腰间，眼向左前方平视。左脚在前为左歇步，右脚在前为右歇步，如图 6.9 所示。动作要点是挺胸，腰要直立，两腿靠拢贴紧。

图 6.5　弓步

图 6.6　马步

图 6.7　虚步

图 6.8　仆步

图 6.9　歇步

四、五步拳

五步拳是结合五种步型、步法和三种手型组合编成。练习时先做分解动作，并按前面的要点反复练习，然后再进行组合练习。组合练习时，强调眼随手、身随步、步随势换，逐渐做到手、眼、身、步法协调一致。其预备姿势为并步抱拳，如图 6.10 所示。

图 6.10　并步抱拳

图 6.11　拗弓步冲拳

图 6.12　弹踢冲拳

（1）拗弓步冲拳。迈左脚成左弓步，右拳冲出成立拳，如图 6.11 所示。

（2）弹踢冲拳。右腿弹踢，同时左拳冲出成立拳，如图 6.12 所示。

（3）马步架打。右脚落地向左转 90°，两脚下蹲成马步；同时左拳变掌，屈臂上架，右拳由腰间向右冲出成立拳。头右转，目视右前方，如图 6.13(1)所示。

（4）歇步盖打。左脚向右脚后插一步，同时右拳变掌经头上向左下盖，掌外缘向前，身体左转 90°，左掌收回腰间抱拳。目视右手，下蹲成歇步；同时左拳向前冲出成平拳，右掌变拳收回腰间，目视左拳，如图 6.13(2、3)所示。

1

图 6.13(1)　马步架打

2

3

图 6.13(2、3)　歇步盖打

（5）提膝仆步穿掌。两腿起立，身体左转，随即左拳变掌，手心向下，右拳变掌，手心向上由左手背上穿出，同时左腿提膝，左手顺势收回右腋下，目视右手。左脚落地成仆步，左手掌指朝前贴左腿内侧穿出，目视左掌，如图 6.14(1、2)所示。

（6）虚步挑掌。左腿屈膝前弓，右脚蹬地向前上步，成右虚步，同时左手向上、向后划弧成正勾手，略高于肩。右手由后向下，向前顺右腿外侧向上挑掌，掌指向上，高与肩平，目视前方，如图 6.15 所示。

按以上步骤继续练习，动作相同，方向相反。收势为两腿靠拢，并步抱拳，如图 6.16 所示。

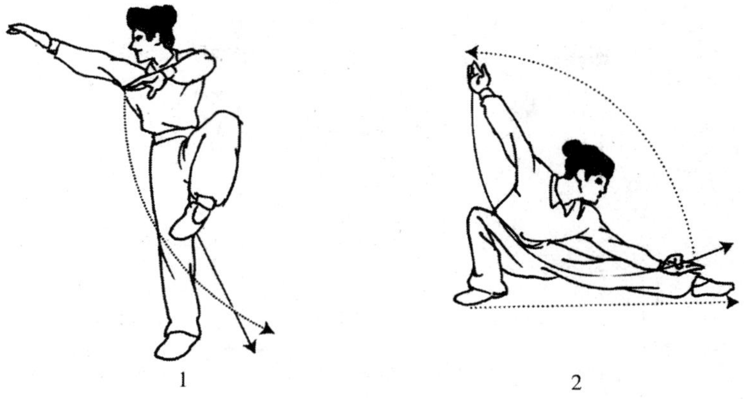

图 6.14(1、2)　提膝仆步穿掌

图 6.15　虚步挑掌

图 6.16　收势

第三节　简化太极拳

一、第一组

(一) 起势

(1) 身体自然直立,两脚开立,与肩同宽,脚尖向前;两臂自然下垂,两手放在大腿外侧;眼向前平看,如图 6.17(1)所示。动作要点是头颈正直,下巴微向后收,不要故意挺胸或收腹,精神要集中(起势由立正姿势开始,然后左脚向左分开,成开立步)。

(2) 两臂慢慢向前平举,两手高与肩平,与肩同宽,手心向下,如图 6.17(2、3)所示。

(3) 上体保持正直,两腿屈膝下蹲;同时两掌轻轻下按,两肘下垂与两膝相对;眼平看前方,如图 6.17(4)所示。动作要点是两肩下沉,两肘松垂,手指自然微屈,屈膝松腰,臀部不可凸出,身体重心落于两腿中间,两臂下落和身体下蹲的动作要协调一致。

1 2 3 4

图 6.17(1～4) 起势

（二）左右野马分鬃

（1）上体微向右转，身体重心移至右腿上，同时右臂收在胸前平屈，手心向下，左手经体前向右下划弧放在右手下，手心向上，两手心相对成抱球状，左脚随即收到右脚内侧，脚尖点地，眼看右手，如图 6.18(1、2)所示。

（2）上体微向左转，左脚向左前方迈出，右脚跟后蹬，右腿自然伸直，成左弓步；同时上体继续向左转，左右手随转体慢慢分别向左上、右下分开，左手高，与眼平（手心斜向上），肘微屈；右手落在右胯旁，肘也微屈，手心向下，指尖向前；眼看左手，如图 6.18(3、4、5)所示。

1 2 3 4 5

图 6.18(1～5) 左右野马分鬃

（3）上体渐渐后坐，身体重心移至右腿，左脚尖翘起，微向外撇（大约 45°～60°），随后脚掌慢慢踏实，左腿慢慢前弓，身体左转，身体重心再移至左腿；同时左手翻转向下，左臂收在胸前平屈，右手向左上划弧放在左手下，两手心相对成抱球状；右脚随即收到左脚内侧，脚尖点地；眼看左手，如图 6.18(6、7、8)所示。

（4）右腿向右前方迈出，左腿自然伸直，成右弓步，同时上体右转，左右手随转体分别慢慢向左下、右上分开，右手高，与眼平（手心斜向上），肘微屈；左手落在左胯旁，肘也微屈，手心向下，指尖向前；眼看右手，如图 6.18(9、10)所示。

（5）与(3)同，只是左右相反，如图 6.18(11、12、13)所示。

（6）与(4)同，只是左右相反，如图 6.18(14、15)所示。

其动作要点是上体不可前俯后仰，胸部必须宽松舒展，两臂分开时要保持弧形，身体

图 6.18(6～10)　左右野马分鬃

图 6.18(11～15)　左右野马分鬃

转动时要以腰为轴。弓步动作与分手的速度要均匀一致，做弓步时，迈出的脚先是脚跟着地，然后脚掌慢慢踏实，脚尖向前，膝盖不要超过脚尖；后腿自然伸直；前后脚夹角约成45°～60°(需要时后脚脚跟可以后蹬调整)。野马分鬃式的弓步，前后脚的脚跟要分在中轴线两侧，它们之间的横向距离(即以动作行进的中线为纵轴，其两侧的垂直距离为横向)应该保持在10～30 cm。

（三）白鹤亮翅

(1) 上体微向左转，左手翻掌向下，左臂平屈胸前，右手向左上划弧，手心转向上，与左手成抱球状，眼看左手，如图6.19(1)所示。

图 6.19(1～3)　白鹤亮翅

(2) 右脚跟进半步，上体后坐，身体重心移至右腿，上体先向右转。面向右前方，眼看右手，然后左脚稍向前移，脚尖点地，成左虚步，同时上体再微向左转，面向前方，两手随转体慢慢向右上、左下分开，右手上提停于右额前，手心向左后方，左手落于左胯前，手心向下，指尖向前，眼平看前方，如图 6.19(2、3)所示。

其动作要点是完成姿势胸部不要挺出，两臂上下都要保持半圆形，左膝要微屈；身体重心后移和右手上提、左手下按要协调一致。

二、第二组

（一）左右搂膝拗步

(1) 右手从体前下落，由下向后上方划弧至右肩外侧，肘微屈，手与耳同高，手心斜向上，左手由左下向上，向右下方划弧至右胸前，手心斜向下；同时上体先微向左再向右转，左脚收至右脚内侧，脚尖点地，眼看右手，如图 6.20(1、2、3)所示。

(2) 上体左转，左脚向前(偏左)迈出成左弓步，同时右手屈回由耳侧向前推出，高与鼻尖平，左手向下由左膝前搂过落于左胯旁，指尖向前，眼看右手手指，如图 6.20(4、5)所示。

图 6.20(1～5) 左右搂膝拗步

(3) 右腿慢慢屈膝，上体后坐，身体重心移至右腿，左脚尖翘起微向外撇，随后脚掌慢慢踏实，左腿前弓，身体左转，身体重心移至左腿，右脚收到左脚内侧，脚尖点地；同时左手向外翻掌由左后向上划弧至左肩外侧，肘微屈，手与耳同高，手心斜向上；右手随转体向上、向左下划弧落于左胸前，手心斜向下；眼看左手，如图 6.20(6、7、8)所示。

(4) 与(2)同，只是左右相反，如图 6.20(9、10)所示。

图 6.20(6～10) 左右搂膝拗步

(5) 与(3)同，只是左右相反，如图 6.20(11、12、13)所示。

(6) 与(2)同，如图 6.20(14、15)所示。

图 6.20(11～15)　左右搂膝拗步

其动作要点是前手推出时，身体不可前俯后仰，要松腰松胯。推掌时要沉肩垂肘、坐腕舒掌，同时须与松腰、弓腿上下协调一致，搂膝拗步成弓步时，两脚跟的横向距离保持约 30cm。

（二）手挥琵琶

右脚跟进半步，上体后坐，身体重心转至右腿上，上体半面向右转，左脚略提起稍向前移，变成左虚步，脚跟着地，脚尖翘起，膝部微屈；同时左手由左下向上挑举，高与鼻尖平，掌心向右，臂微屈，右手收回放在左臂肘部里侧，掌心向左；眼看左手食指，如图 6.21(1、2、3)所示。

图 6.21(1～3)　手挥琵琶

其动作要点是身体要平稳自然，沉肩垂肘，胸部放松。左手上起时不要直向上挑，要由左向上、向前，微带弧形。右脚跟进时，脚掌先着地，再全脚踏实。身体重心后移和左手上起、右手回收要协调一致。

（三）*左右倒卷肱*

(1) 上体右转，右手翻掌(手心向上)经腹前由下向后上方划弧平举，臂微屈，左手随即翻掌向上；眼的视线随着向右转体先向右看，再转向前方看左手，如图 6.22(1、2)所示。

(2) 右臂屈肘折向前，右手由耳侧向前推出，手心向前，左臂屈肘后撤，手心向上，撤至左肋外侧；同时左腿轻轻提起向后(偏左)退一步，脚掌先着地，然后全脚慢慢踏实，身体重心移到左腿上，成右虚步，右脚随转体以脚掌为轴扭正；眼看右手，如图 6.22(3、4)所示。

(3) 上体微向左转，同时左手随转体向后上方划弧平举，手心向上，右手随即翻掌，掌心向上;眼随转体先向左看,再转向前方看右手,如图 6.22(5)所示。

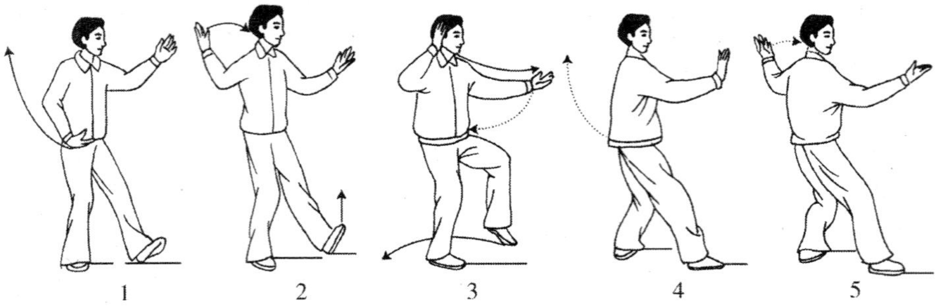

图 6.22(1~5) 左右倒卷肱

(4) 与(2)同,只是左右相反,如图 6.22(6、7)所示。

(5) 与(3)同,只是左右相反,如图 6.22(8)所示。

图 6.22(6~8) 左右倒卷肱

(6) 与(2)同,如图 6.22(9、10)所示。

(7) 与(3)同,如图 6.22(11)所示。

(8) 与(2)同,只是左右相反,如图 6.22(12、13)所示。

图 6.22(9~13) 左右倒卷肱

其动作要点是前推的手不要伸直,后撤的手也不可直向同抽,随转体仍走弧线。前推时,要转腰松胯,两手的速度要一致,避免僵硬。退步时,脚掌先着地,再慢慢全脚踏实,同时,前脚随转体以脚掌为轴扭正。退左脚略向左后斜,退右脚略向右后斜,避免双脚落在一条直线上。后退时,眼神随转体动作先向左右看,然后再转看前手。最后退右脚时,脚尖外撇的角度略大些，便于接做“左揽雀尾”的动作。

三、第三组

（一）左揽雀尾

（1）上体微向右转，同时右手随转体向后上方划弧平举，手心向上，左手放松，手心向下，眼看左手，如图 6.23(1)所示。

（2）身体继续向右转，左手自然下落逐渐翻掌经腹前划弧至右肋前，手心向上；右臂屈肘，手心转向下，收至右胸前，两手相对成抱球状；同时身体重心落在右腿上，左脚收到右脚内侧，脚尖点地；眼看右手，如图 6.23(2、3)所示。

（3）上体微向左转，左脚向左前方迈出，上体继续向左转，右腿自然蹬直，左腿屈膝，成左弓步；同时左臂向左前方绷出（即左臂平屈成弓形，用前臂外侧和手背向前方推出），高与肩平，手心向后；右手向右下落放于右胯旁，手心向下，指尖向前；眼看左前臂，如图 6.23(4、5)所示。

图 6.23(1～5)　左揽雀尾

其动作要点是绷出时，两臂前后均保持弧形，分手、松腰、弓腿三者必须协调一致，揽雀尾弓步时，两脚跟横向距离不超过 10 cm。

（4）身体微向左转，左手随即前伸翻掌向下，右手翻掌向上，经腹前向上、向前伸至左前臂下方；然后两手下捋，即上体向右转，两手经腹前向右后上方划弧，直至右手手心向上，高与肩齐，左臂平屈于胸前，手心向后；同时身体重心移至右腿；眼看右手，如图 6.23(6、7)所示。

图 6.23(6～9)　左揽雀尾

其动作要点是下捋时，上体不可前倾，臀部不要凸出，两臂下捋须随腰旋转，仍走弧线，左脚全掌着地。

(5) 上体微向左转，右臂屈肘折回，右手附于左手腕里侧（相距约 5 cm），上体继续向左转，双手同时向前慢慢挤出，左手心向后，右手心向前，左前臂要保持半圆；同时身体重心逐渐前移变成左弓步；眼看左手腕部，如图 6.23(8、9)所示。其动作要点是向前挤时，上体要正直，挤的动作要与松腰、弓腿相一致。

(6) 左手翻掌，手心向下，右手经左腕上方向前、向右伸出，高与左手齐，手心向下，两手左右分开，宽与肩同；然后右腿屈膝，上体慢慢后坐，身体重心移至右腿上，左脚尖翘起；同时两手屈肘回收至腹前，手心均向前下方；眼向前平看，如图 6.23(10、11、12)所示。

(7) 上式不停，身体重心慢慢前移，同时两手向前、向上按出，掌心向前；左腿前弓成左弓步；眼平看前方，如图 6.23(13)所示。

10 11 12 13

图 6.23(10～13) 左揽雀尾

其动作要点是向前按时，两手须走曲线，手腕部高与肩平，两肘微屈。

（二）右揽雀尾

(1) 上体后坐并向右转，身体重心移至右腿，左脚尖里扣；右手向右平行划弧至右侧，然后由右下经腹前向左上划弧至左肋前，手心向上；左臂平屈胸前，左手掌向下与右手成抱球状；同时身体重心再移至左腿上，右脚收至左脚内侧，脚尖点地；眼看左手，如图 6.24(1、2、3、4)所示。

1 2 3 4

5 6 7 8

图 6.24(1～8) 右揽雀尾

（2）与“左揽雀尾”3 同，只是左右相反，如图 6.24(5、6)所示。

（3）与“左揽雀尾”4 同，只是左右相反，如图 6.24(7、8)所示。

（4）与“左揽雀尾”5 同，只是左右相反，如图 6.24(9、10)所示。

（5）与“左揽雀尾”6 同，只是左右相反，如图 6.24(11、12、13)所示。

（6）与“左揽雀尾”7 同，只是左右相反，如图 6.24(14)所示。

图 6.24(9～14)　右揽雀尾

其动作要点是均与“左揽雀尾”相同，只是左右相反。

四、第四组

（一）单鞭

（1）上体后坐，身体重心逐渐移至左腿上，右脚尖里扣；同时上体左转，两手(左高右低)向左弧形运转，直至左臂平举，伸于身体左侧，手心向左，右手经腹前运至左肋前，手心向后上方；眼看左手，如图 6.25(1、2)所示。

（2）身体重心再渐渐移至右腿上，上体右转，左脚向右脚靠拢，脚尖点地；同时右手向右上方划弧(手心由里转向外)，至右侧方时变勾手，臂与肩平；左手向下经腹前向右上划弧停于右肩前，手心向里；眼看左手，如图 6.25(3、4)所示。

（3）上体微向左转，左脚向左前侧方迈出，右脚跟后蹬，成左弓步；在身体重心移向左腿的同时，左掌随上体的继续左转慢慢翻转向前推出，手心向前，手指与眼齐平，臂微屈，眼看左手，如图 6.25(5、6)所示。

图 6.25(1～6) 单鞭

其动作要点是上体保持正直，松腰。完成时，右臂肘部稍下垂，左肘与左膝上下相对，两肩下沉。左手向外翻掌前推时，要随转体边翻边推出，不要翻掌太快或最后突然翻掌。全部过渡动作，上下要协调一致。如面向南起势，单鞭的方向（左脚尖）应向东偏北（大约为 15°）。

（二）云手

（1）身体重心移至右腿上，身体渐向右转，左脚尖里扣；左手经腹前向右上划弧至右肩前，手心斜向后，同时右手变掌，手心向右前；眼看左手，如图 6.26(1、2、3)所示。

图 6.26(1～7) 云手

(2) 上体慢慢左转，身体重心随之逐渐左移，左手由脸前向左侧运转，手心渐渐转向左方，右手由右下经腹前向左上划弧，至左肩前，手心斜向后；同时右脚靠近左脚，成小开立步(两脚距离约 10～20 cm)；眼看右手，如图 6.26(4、5)。

(3) 上体再向右转，同时左手经腹前向右上划弧至右肩前，手心斜向后，右手向右侧运转，手心翻转向右；随之左腿向左横跨一步；眼看左手，如图 6.26(6、7)所示。

(4) 与(2)同，如图 6.26(8、9、10)所示。

(5) 与(3)同，如图 6.26(11、12、13)所示。

(6) 与(2)同，如图 6.26(14、15)所示。

图 6.26(8～15)　云手

其动作要点是身体转动要以腰脊为轴，松腰松胯，不可忽高忽低；两臂随腰的转动而运转，要自然灵活，速度要缓慢均匀；下肢移动时，身体重心要稳定，两脚掌先着地再踏实，脚尖向前；眼的视线随左右手而移动；第三个“云手”，右脚最后跟步时，脚尖微向里扣，便于接“单鞭”动作。

(三) 单鞭

(1) 上体向右转，右手随之向右运转，至右侧方时变成勾手；左手经腹前向右上划弧至右肩前，手心向内；身体重心落在右腿上，左脚尖点地；眼看左手，如图 6.27(1、2、3)所示。

图 6.27(1～5)　单鞭

(2) 上体微向左转，左脚向左前侧方迈出，右脚跟后蹬，成左弓步；在身体重心移向左腿的同时，上体继续左转，左掌慢慢翻转向前推出，成“单鞭”式，如图 6.27(4、5)所示。

其动作要点与前“单鞭”式相同。

五、第五组

(一) 高探马

(1) 右脚跟进半步，身体重心逐渐后移至右腿上；右勾手变成掌，两手心翻转向上，两肘微屈，同时身体微向右转，左脚跟渐渐离地；眼看左前方，如图 6.28(1)所示。

(2) 上体微向左转，面向前方；右掌经右耳旁向前推出，手心向前，手指与眼同高；左手收至左侧腰前，手心向上；同时左脚微向前移，脚尖点地，成左虚步，眼看右手，如图 6.28(2)所示。

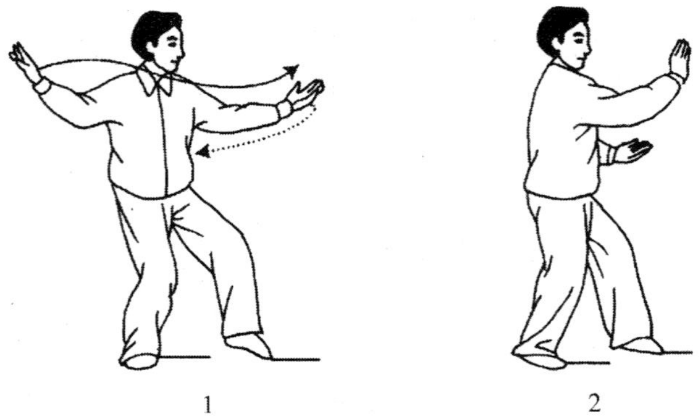

图 6.28(1～2)　高探马

其动作要点是上体自然正直，双肩要下沉，右肘微下垂，跟步移换重心时，身体不要有起伏。

(二) 右蹬脚

(1) 左手手心向上，前伸至右手腕背面，两手相互交叉，随即向两侧分开并向下划弧，手心斜向下；同时左脚提起向左前侧方进步(脚尖略外撇)；身体重心前移，右腿自然蹬直，成左弓步；眼看前方，如图 6.29(1、2)所示。

(2) 两手由外圈向里圈划弧，交叉合抱于胸前，右手在外，手心均向后；同时右脚向左脚靠拢，脚尖点地，眼平看右前方，如图 6.29(3、4)所示。

(3) 两臂左右划弧分开平举，肘部微屈，手心均向外；同时右腿屈膝提起，右脚向右前方慢慢蹬出；眼看右手，如图 6.29(5、6)所示。

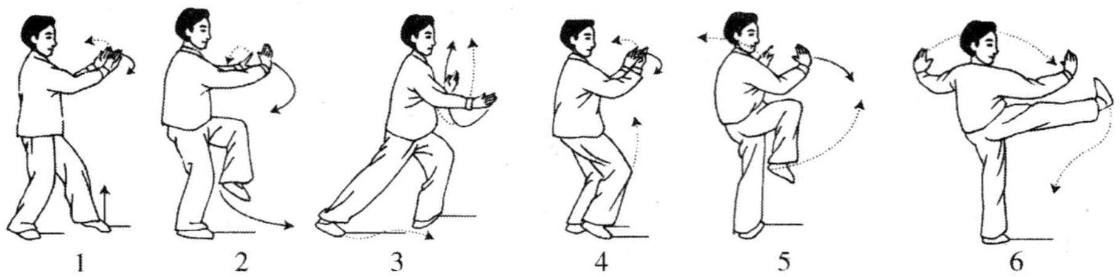

图 6.29(1～6)　右蹬脚

其动作要点是身体要稳定，不可前俯后仰；两手分开时，腕部与肩齐平；蹬脚时，左腿微屈，右脚尖回勾，劲使在脚跟；分手和蹬脚须协调一致；右臂和右腿上下相对，如面向南起势，蹬脚方向应为正东偏南（约30°）。

（三）双峰贯耳

（1）右腿收回，屈膝平举，左手由后向上、向前下落至体前，两手心均翻转向上，两手同时向下划弧分落于右膝盖两侧，眼看前方，如图6.30(1、2)所示。

（2）右脚向右前方落下，身体重心渐渐前移成右弓步，面向右前方；同时两手下落，慢慢变拳，分别从两侧向上、向前划弧至面部前方，成钳形状，两拳相对，高与耳齐，拳眼都斜向内下（两拳中间距离约10～20cm），眼看右拳，如图6.30(3、4)所示。

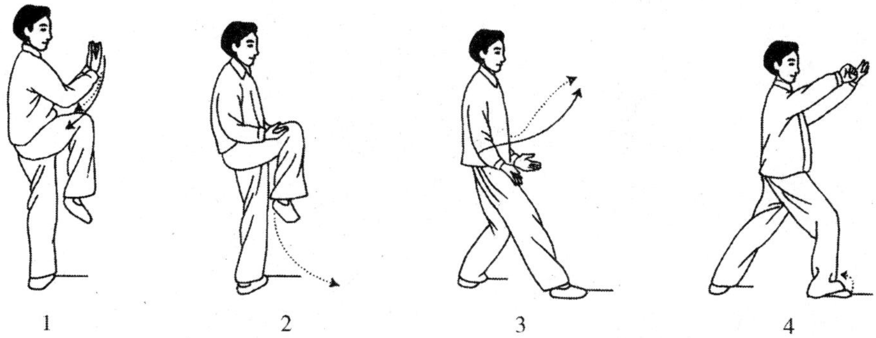

图6.30(1～4)　双峰贯耳

其动作要点是完成式时，头颈正直，松腰松胯，两拳松握，沉肩垂肘，两臂均保持弧形。双峰贯耳式的弓步和身体方向与右蹬脚方向相同，弓步的两脚跟横向距离同“揽雀尾”式。

（四）转身左蹬脚

（1）左腿屈膝后坐，身体重心移至左腿，上体左转，右脚尖里扣；同时两拳变掌，由上向左右划弧分开平举，手心向前；眼看左手，如图6.31(1、2)所示。

（2）身体重心再移至右腿，左脚收到右脚内侧，脚尖点地；同时两手由外圈向里圈划弧合抱于胸前，左手在外，手心均向后；眼平看左方，如图6.31(3、4)所示。

（3）两臂左右划弧分开平举，肘部微屈，手心均向外；同时左腿屈膝提起，左脚向左前方慢慢蹬出；眼看左手，如图6.31(5、6)所示。

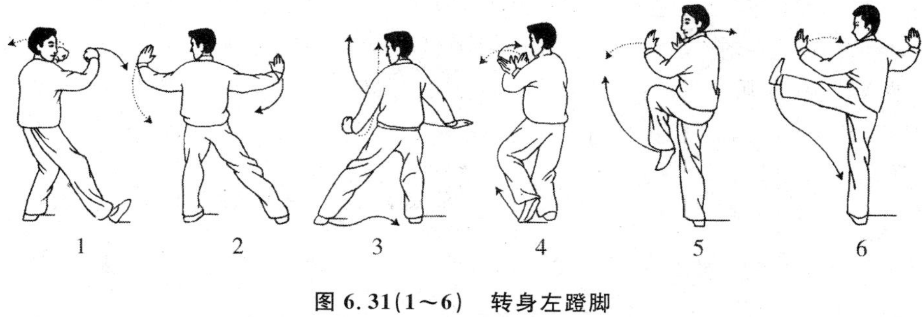

图6.31(1～6)　转身左蹬脚

其动作要点与右蹬脚式相同，只是左右相反，左蹬脚方向与右蹬脚成180°（即正西偏北，约30°）。

六、第六组

（一）左下势独立

（1）左腿收回平屈，上体右转；右掌变成勾手，左掌向上、向右划弧下落，立于右肩前，掌心斜向后；眼看右手，如图 6.32(1、2)所示。

（2）右腿慢慢屈膝下蹲，左腿由内向左侧（偏后）伸出，成左仆步，左手下落（掌心向外）向左下顺左腿内侧向前穿出；眼看左手，如图 6.32(3、4)所示。

图 6.32(1～4)　左下势独立

其动作要点是右腿全蹲时，上体不可过于前倾，左腿伸直，左脚尖须向里扣，两脚脚掌全部着地，左脚尖与右脚跟踏在中轴线上。

（3）身体重心前移，左脚跟为轴，脚尖尽量向外撇，左腿前弓，右腿后蹬，右脚尖里扣，上体微向左转并向前起身；同时左臂继续向前伸出（立掌），掌心向右，右勾手下落，勾尖向后，眼看左手，如图 6.32(5)所示。

（4）右腿慢慢提起平屈，成左独立式；同时右勾手变掌，并由后下方顺右腿外侧向前弧形摆出，屈臂立于右腿上方，肘与膝相对，手心向左；左手落于左胯旁，手心向下，指尖向前；眼看右手，如图 6.32(6、7)所示。

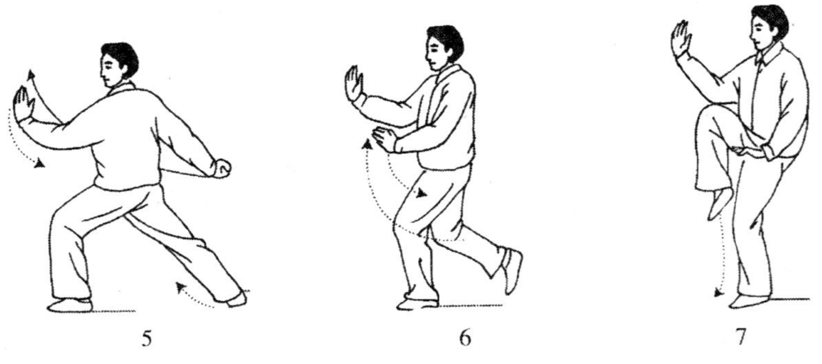

图 6.32(5～7)　左下势独立

其动作要点是上体要正直，独立的腿要微屈，右腿提起时脚尖自然下垂。

（二）右下势独立

（1）右脚下落于左脚前，脚掌着地，然后左脚前掌为轴脚跟转动，身体随之左转；同时左手向后平举变成勾手，右掌随着转体向左侧划弧，立于左肩前，掌心斜向后；眼看左手，如图 6.33(1、2)所示。

(2) 与“左下势独立”2 同，只是左右相反，如图 6.33(3、4)所示。

(3) 与“左下势独立”3 同，只是左右相反，如图 6.33(5)所示。

(4) 与“左下势独立”4 同，只是左右相反，如图 6.33(6、7)所示。

图 6.33(1～7)　右下势独立

其动作要点是右脚尖触地后必须稍微提起，然后再向下仆腿，其他均与“左下势独立”相同，只是左右相反。

七、第七组

(一) *左右穿梭*

(1) 身体微向左转，左脚向前落地，脚尖外撇，右脚跟离地，两腿屈膝成半坐盘式；同时两手在左胸前成抱球状(左上右下)；然后右脚收到左脚的内侧，脚尖点地；眼看左前臂，如图 6.34(1、2、3)所示。

(2) 身体右转，右脚向右前方迈出，屈膝弓腿，成右弓步；同时右手由脸前向上举并翻掌停在右额前，手心斜向上；左手先向左下再经体前向前推出，高与鼻尖平，手心向前；眼看左手，如图 6.34(4、5、6)所示。

(3) 身体重心略向后移，右脚尖稍向外撇，随即身体重心再移至右腿，左脚跟进，停于右脚内侧，脚尖点地，同时两手在右胸前成抱球状(右上左下)，眼看右前臂，如图 6.30(7、8)所示。

(4) 与(2)同，只是左右相反，如图 6.34(9、10、11)所示。

图 6.34(1～11) 左右穿梭

其动作要点是完成姿势面向斜前方(如面向南起势,左右穿梭方向分别为正西偏北和正西偏南,均约 30°)。手推出后,上体不可前俯,手向上举时,防止引肩上耸,一手上举一手前推要与弓腿松腰上下协调一致。做弓步时,两脚跟的横向距离同搂膝拗步式,保持在 30 cm 左右。

(二) 海底针

右脚向前跟进半步,身体重心移至右腿,左脚稍向前移,脚尖点地,成左虚步;同时身体稍向右转,右手下落经体前向后、向上提抽至肩上耳旁,再随身体左转,由右耳旁斜向前下方插出,掌心向左,指尖斜向下;与此同时,左手向前、向下划弧落于左胯旁,手心向下,指尖向前;眼看前下方,如图 6.35(1、2)所示。

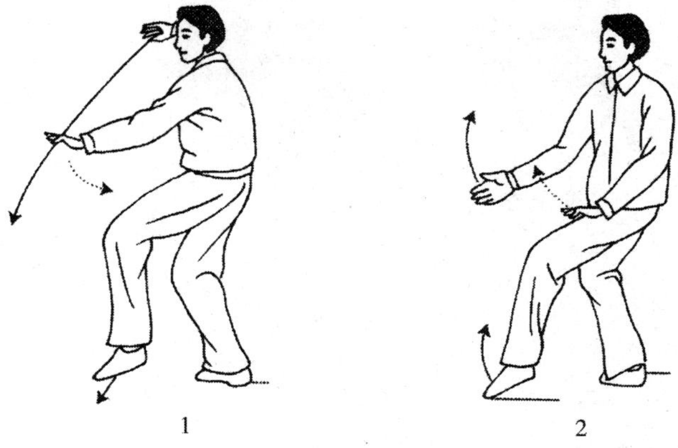

图 6.35(1、2)　海底针

其动作要点是身体要先向右转，再向左转；完成姿势，面向正西，上体不可太前倾；避免低头和臀部外凸；左腿要微屈。

（三）闪通臂

上体稍向右转，左脚向前迈出，屈膝弓腿成左弓步；同时右手由体前上提，屈臂上举，停于右额前上方，掌心翻转斜向上，拇指朝下；左手上起经胸前向前推出，高与鼻尖平，手心向前；眼看左手，如图 6.36(1、2、3)所示。

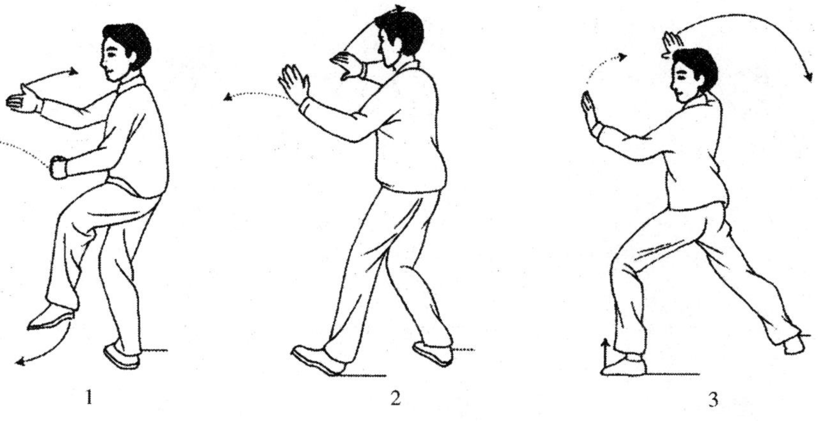

图 6.36(1～3)　闪通臂

其动作要点是完成姿势上体自然正直，松腰松胯。左臂不要完全伸直，背部肌肉要伸展开。推掌、举掌和弓腿动作要协调一致，弓步时，两脚跟横向距离同“揽雀尾”式(不超过 10 cm)。

八、第八组

（一）转身搬拦捶

(1) 上体后坐，身体重心移至右腿上，左脚尖里扣，身体向右后转，然后身体重心再移至左腿上；与此同时，右手随着转体向右、向下(变拳)经腹前划弧至左肋旁，拳心向下；左掌上举于头前，掌心斜向上；眼看前方，如图 6.37(1、2)所示。

图 6.37(1、2)　转身搬拦捶

(2) 向右转体，右拳经胸前向前翻转撇出，拳心向上；左手落于左胯旁，掌心向下，指尖向前；同时右脚收回后(不要停顿或脚尖点地)即向前迈出，脚尖外撇；眼看右拳，如图 6.37(3、4)所示。

(3) 身体重心移至右腿上，左脚向前迈一步；左手上起经左侧向前上划弧拦出，掌心向前下方；同时右拳向右划弧收到右腰旁，拳心向上；眼看左手，如图 6.37(5、6)所示。

(4) 左腿前弓成左弓步，同时右拳向前打出，拳眼向上，高与胸平，左手附于右前臂里侧；眼看右拳，如图 6.37(7)。

图 6.37(3～7)　转身搬拦捶

其动作要点是右拳不要握得太紧，右拳回收时，前臂要慢慢内旋划弧，然后再外旋停于右腰旁，拳心向上。向前打拳时，右肩随拳略向前伸，沉肩垂肘，右臂要微屈。弓步时，两脚横向距离同“揽雀尾”式。

（二）如封似闭

(1) 左手由右腕下向前伸出，右拳变掌，两手手心逐渐翻转向上并慢慢分开回收；同时身体后坐，左脚尖翘起，身体重心移至右腿；眼看前方，如图 6.38(1、2、3)所示。

(2) 两手在胸前翻掌，向下经腹前再向上、向前推出，腕部与肩平，手心向前；同时左腿前弓成左弓步；眼看前方，如图 6.38(4、5、6)所示。

图 6.38(1～6)　如封似闭

其动作要点是身体后坐时，避免后仰，臀部不可凸出；两臂随身体回收时，肩、肘部略向外松开，不要直着抽回；两手推出宽度不要超过两肩。

（三）十字手

(1) 屈膝后坐，身体重心移向右腿，左脚尖里扣，向右转体；右手随着转体动作向右平摆划弧，与左手成两臂侧平举，掌心向前，肘部微屈；同时右脚尖随着转体稍向外撇，成右侧弓步；眼看右手，如图 6.39(1、2)所示。

(2) 身体重心慢慢移至左腿，右脚尖里扣，随即向左收回，两脚距离与肩同宽，两腿逐渐蹬直，成开立步；同时两手向下经腹前向上划弧交叉合抱于胸前，两臂撑圆，腕高与肩平，右手在外，成十字手，手心均向后；眼看前方，如图 6.39(3、4)所示。

1　2　3　4

图 6.39(1～4)　十字手

其动作要点是两手分开和合抱时，上体不要前俯；站起后，身体自然正直，头要微向上顶，下巴稍向后收；两臂环抱时须圆满舒适，沉肩垂肘。

（四）收势

两手向外翻掌，手心向下，两臂慢慢下落，停于身体两侧，眼看前方，如图 6.40(1、2、3)所示。

1　2　3

图 6.40(1～3)　收势

其动作要点是两手左右分开下落时，要注意全身放松，同时气也徐徐下沉(呼气略加长)，呼吸平稳后，把左脚收到右脚旁，再走动休息。

第四节　初级长拳

长拳技术有八个要素：姿势、方法、身法、眼法、精神、劲力、呼吸、节奏，这八个要素影响和决定着长拳技术的水平。

姿势是指静止动作的定势。方法是指武术中踢、打、摔、拿等技击动作的运用法则。身法是指在运动中以躯干为主，结合攻防动作的变化方法。眼法是指眼神与各种动作协调配合的方法。精神是指演练武术时，要精神贯注，情绪饱满，表现出勇敢、机智、无所畏惧的气概。劲力是指演练武术时，对完成技术动作所需力量的表现能力。呼吸是指动作与呼吸协调配合的方法。节奏是指演练武术套路时，对整套动作的速度与力量交替出现的有规律变化的处理技巧。

一、预备动作

（一）预备式

两脚并步站立，两臂垂于身体两侧，五指并拢贴靠于腿外侧，眼向前平视，如图6.41(1)所示。其动作要点是头要端正，下颏微收，挺胸，塌腰，收腹。

（二）虚步亮掌

（1）右脚向右后方撤步成左弓步。右掌向右、向上、向前划弧，掌心向上；左臂屈肘，左掌提至腰侧，掌心向上，目视右掌，如图6.41(2)所示。

（2）右腿微屈，重心后移。左掌经胸前从右臂上向前穿出伸直；右臂屈肘，右掌收至腰侧，掌心向上。目视左掌，如图6.41(3)所示。

（3）重心继续后移，左脚稍向右移，脚尖点地，成左虚步。左臂内旋向左、向后划弧成勾手，勾尖向上；右手继续向后、向右、向前上划弧，屈肘抖腕，在头前上方成亮掌（即横掌），掌心向前，掌指向左。目视左方，如图6.41(4)所示。

其动作要点是三个动作必须连贯。成虚步时，重心落于右腿上，右大腿与地面平行。左腿微屈，脚尖点地。

1

图6.41(1)　预备式

2　3　4

图6.41(2～4)　虚步亮掌

（三）并步对拳

（1）右腿蹬直，左腿提膝，脚尖里扣，上肢姿势不变，如图6.42(1)所示。

（2）左脚向前落步，重心前移。左臂屈肘，左勾手变掌经左肋前伸；右臂外旋向前下落于左掌右侧，两掌同高，掌心均向上，如图6.42(2)所示。

（3）右脚向前上一步，两臂下垂后摆，如图6.42(3)所示。

（4）左脚向右脚并步，两臂向外向上经胸前屈肘下按，两掌变拳，拳心向下，停于小腹前，目视左侧，如图6.42(4)所示。

其动作要点是并步后挺胸、塌腰。对拳、并步、转头要同时完成。

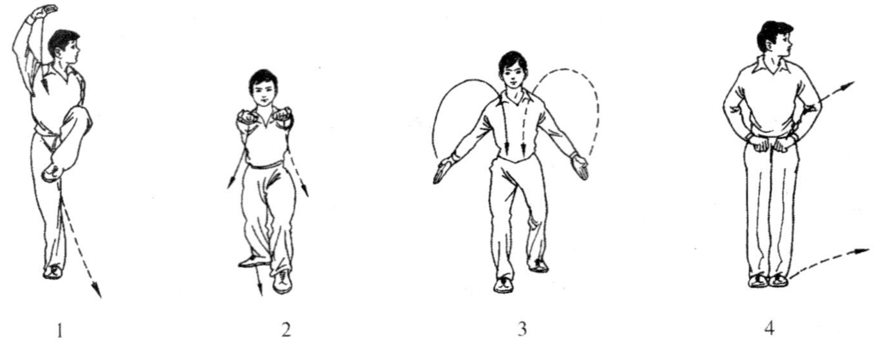

图 6.42(1～4) 并步对拳

二、第一段

（一）弓步冲拳(a)

（1）左脚向左上一步，脚尖向斜前方；右腿微屈，成半马步。左臂向上向左格打，拳眼向后，拳与肩同高；右拳收至腰侧，拳心向上，目视左拳，如图 6.43(1)所示。

（2）右腿蹬直成左弓步，左拳收至腰侧，拳心向上；右拳向前冲出，高与肩平，拳眼向上，目视右拳，如图 6.43(2)所示。

其动作要点是成弓步时，右腿充分蹬直，脚跟不要离地。冲拳时，尽量转腰顺肩。

（二）弹腿冲拳(a)

重心前移至左腿，右腿屈膝提起，脚面绷直，猛力向前弹出伸直，高与腰平。右拳收至腰侧，左拳向前冲出，目视前方，如图 6.43(3)所示。

其动作要点是支撑腿可微屈，弹出的腿要用爆发力，力点达于脚尖。

（三）马步冲拳

右脚向前落步。脚尖里扣，上体左转。左拳收至腰侧，两腿下蹲成马步；右拳向前冲出，目视右拳，如图 6.43(4)所示。

其动作要点是成马步时，大腿要平，两腿平行，脚跟外蹬，挺胸，塌腰。

图 6.43(1、2) 弓步出拳 (a)　图 6.43(3) 弹腿出拳(a)　图 6.43(4) 马步出拳

(四) 弓步冲拳(b)

(1) 上体右转 90°,右脚尖外撇向斜前方,成半马步。右臂屈肘向右格打,拳眼向后,目视右拳,如图 6.44(1)所示。

(2) 左腿蹬直成右弓步,右拳收至腰侧;左拳向前冲出,目视左拳,如图 6.44(2)所示。

其动作要点与本段的弓步冲拳(a)相同,只是左右相反。

(五) 弹腿冲拳(b)

重心前移至右脚,左腿屈膝提起,脚面绷直,猛力向前弹出伸直,高与腰平。左拳收至腰侧,右拳向前冲出,目视前方,如图 6.44(3)所示。

其动作要点与本段的弹腿冲拳(a)相同。

1　　2　　3

图 6.44(1、2)　弓步冲拳(b)　　**图 6.44(3)　弹腿冲拳(b)**

(六) 大跃步前穿

(1) 左腿屈膝,右拳变掌内旋,以手背向下挂至左膝外侧,上体前倾,目视右手,如图 6.45(1)所示。

(2) 左脚向前落步,两腿微屈。右掌继续向后挂,左拳变掌,向后向下伸直,目视右掌,如图 6.45(2)所示。

1　　2　　3　　4

图 6.45(1～4)　大跃步前穿

(3) 右腿屈膝向前提起,左腿立即猛力蹬地向前跃出。两掌向前向上划弧摆起,目视左掌,如图 6.45(3)所示。

(4) 右腿落地全蹲,左腿随即落地向前铲出成仆步。右掌变拳抱于腰侧,左掌由上向右向下划弧成立掌,停于右胸前,目视左脚,如图 6.45(4)所示。

其动作要点是跃步要远,落地要轻,落地后立即接做下一个动作。

（七）弓步推掌

右腿猛力蹬直成左弓步。左掌经左脚面向后划弧至身后成勾手，左臂伸直，勾尖向上；右拳由腰侧变掌向前推出，掌指向上，掌外侧向前，目视右掌，如图 6.46(1)所示。

（八）马步上架

(1) 重心移至两腿中间，左脚脚尖里扣成马步，上体右转。右臂向左侧平摆，稍屈肘；同时左勾手变掌由后经左腰侧从右臂内向前上穿出，掌心均朝上，目视左手，如图 6.46(2)所示。

(2) 右掌立于左胸前，左臂现时左上屈肘抖腕亮掌于头部左上方，掌心向前。目右转视，如图 6.46(3)所示。

其动作要点中的马步同前。

1　　2　　3

图 6.46(1)　弓步推掌　　　　**图 6.46(2、3)　马步上架**

三、第二段

（一）虚步截拳

(1) 右脚蹬地，屈膝提起，左腿伸直，以前脚掌为轴向右后转体 180°。右掌由左胸前向下经由右腿外侧向后划弧成勾手；左臂随体转动并外旋，使掌心朝右，目视右手，如图 6.47(1)所示。

(2) 右脚向右落地，重心移至右脚上，下蹲成左虚步。左掌变拳下落于左膝上，拳眼向里，拳心向后；右勾手变拳，屈肘向上架于头右上方，拳心向前，目视左方，如图 6.47(2)所示。

（二）提膝穿掌

(1) 右腿稍伸直，右拳变掌收至腰侧，掌心向上；左拳变掌由下向左向上划弧压于头上方，掌心向前，如图 6.47(3)所示。

(2) 右腿伸直，左腿屈膝提起，脚尖内扣。右掌从腰侧经左臂内右前上方穿出，掌心向上；左掌收至右胸前成立掌，目视右掌，如图 6.47(4)所示。

其动作要点是支撑腿与右臂充分伸直。

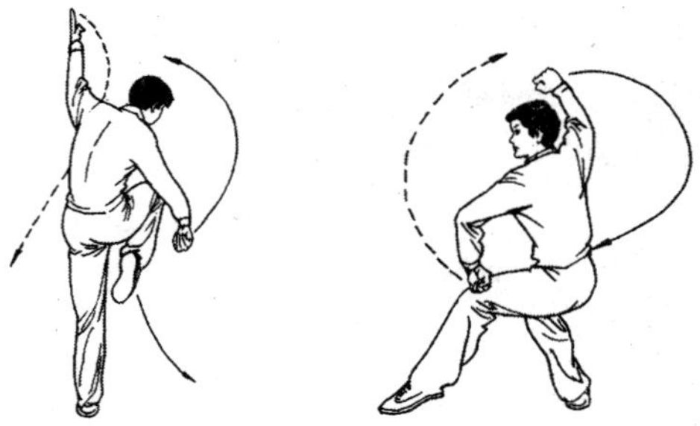

1　　2

图 6.47(1、2)　虚步截拳

3　　4

图 6.47(3、4)　提膝穿掌

（三）仆步撩掌

右腿全蹲，左腿向左后方铲出成左仆步。右臂不动，左掌由右胸前向下经左腿内侧，向左脚面穿出，目随左掌转视，如图 6.48(1)所示。

（四）虚步挑掌

(1) 右腿蹬直，重心前移至左腿，成左弓步。右掌稍下降，左掌随重心前移向前挑起，如图 6.48(2)所示。

(2) 右脚向左前方上步，左腿半蹲，成右虚步，身体随上步左转 180°，在右脚上步的同时，左掌由前向上向后划弧成立掌，右掌由后向下向前上挑起成立掌，指尖与眼平，目视右掌，如图 6.48(3)所示。

1

图 6.48(1)　仆步撩掌

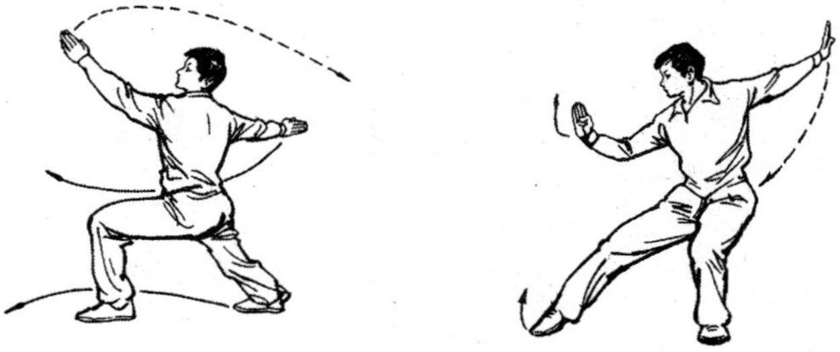

2　　3

图 6.48(2、3)　虚步挑掌

（五）马步击掌

(1) 右脚落实，脚尖外撇，重心稍升高并右移，左掌变拳收至腰侧；右掌俯掌向外掳手，如图 6.49(1)所示。

(2) 右脚向前一步，以右脚为轴向右后转体 180°，两腿下蹲成马步。左掌从右臂上成立掌向左侧击出；右掌变拳收至腰侧，目视左掌，如图 6.49(2)所示。

其动作要点是右手做掳手时，先使臂稍内旋，腕伸直，手掌向下向外转，接着及臂外旋，掌心经下向上翻转，同时抓捏成掌。收拳和击掌动作要同时进行。

（六）叉步双摆掌

(1) 重心稍右移，同时两掌向下向右摆，掌指头均向上，目视右掌，如图 6.49(3)所示。

(2) 右脚向左腿后叉步,前脚掌着地。两臂继续由右向上向左摆,停于身体左侧,均成立掌,右掌停于左肘窝处,目随双掌转视,如图 6.49(4)所示。

其动作要点是两臂要划立圆,幅度要大,摆掌与后插步配合一致。

1 2 3 4

图 6.49(1、2) 马步击掌 **图 6.49(3、4) 叉步双摆掌**

(七) 弓步推掌

(1) 两腿不动,左掌收至腰侧,掌心向上;右掌向上向右划弧,掌心向下,如图 6.50(1)所示。

(2) 左腿后撤一步,成右弓步。右掌向下向后伸直摆动,成勾手,勾尖向上,左掌成立掌向前推出,目视左掌,如图 6.50(2)所示。

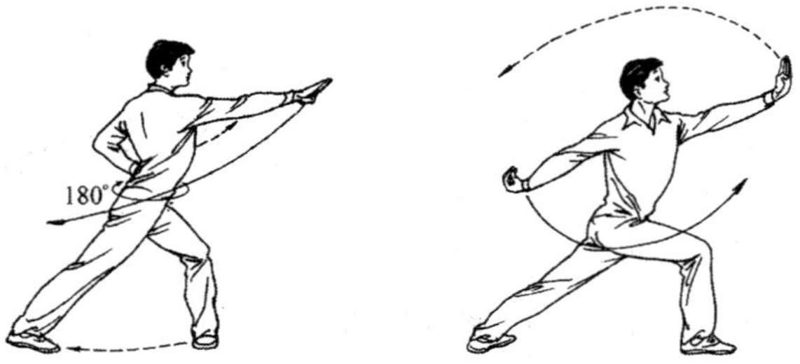

1 2

图 6.50(1、2) 弓步推掌

(八) 转身踢腿马步盘肘

(1) 两脚以前脚掌为轴向左后转体 180°。在转体的同时,左臂向上向前划半立圆,右臂向下向后划半圆,如图 6.51(1)所示。

(2) 上动不停,两脚不动,右臂由后向上向前划半立圆,左臂由前向下向后划半立圆,如图 6.51(2)所示。

(3) 上动不停,右臂向下成反臂勾手,勾尖向上;左臂向上成亮掌,掌心向前上方。右腿伸直,脚尖勾起,向额前踢,如图 6.51(3)所示。

(4) 右脚向前落地,脚尖里扣右手不动,左臂屈肘下落至胸前,左掌心向下,目视左掌,如图 6.51(4)所示。

(5) 上体左转 90°,两腿下蹲成马步。同时左掌向前向左平掳变拳收至腰侧,右勾手变拳,右臂伸直,由体后向右向前平摆,至体前时屈肘,肘尖向前,高与肩平。拳心向下,目视肘尖,如图 6.51(5)所示。

其动作要点是两臂抡动时要划立圆,动作连贯。盘肘要有力,右肩前顺。

1　2　3　4　5

图 6.51(1～5)　转身踢腿马步盘肘

四、第三段

(一) 歇步抡砸拳

(1) 重心稍升高，右脚尖外撇。右臂由胸前向上向右抡直；左拳向下向左，使臂抡直，目视右拳，如图 6.52(1)所示。

(2) 上动不停，两脚以前脚掌为轴，向右后转体 180°。右臂向下向后抡摆，左臂向上向前随身体转动，如图 6.52(2)所示。

(3) 紧接上动，两腿全蹲成歇步。左臂随身体下蹲向下平砸，拳心向上，臂部微屈；右臂伸直向上举起，目视左拳，如图 6.52(3)所示。

其动作要点是抡臂动作要连贯完成，划成立圆。歇步要两腿交叉全蹲，左腿大、小腿靠紧，臀部贴于左小腿外侧，膝关节在右小腿外侧，脚跟提起；右脚尖外撇，全脚着地。

1　2　3

图 6.52(1～3)　歇步抡砸拳

(二) 仆步亮拳

(1) 左脚由右腿后抽出上前一步，左腿蹬直，右腿半蹲，成右弓步；上体微向右转；左拳收至腰侧，右拳变掌向下经胸前向右横击掌，目视右掌，如图 6.53(1)所示。

(2) 右脚蹬地屈膝提起，上体右转。左拳变掌从右掌上向前穿出，掌心向上；右掌平收至左肘下，如图 6.53(2)所示。

(3) 右脚向右落步，屈膝蹲，左腿伸直，成仆步。左掌向下向后划弧成勾手，勾尖向上；右掌向右向上划弧微屈，抖腕成亮掌，掌心向前。头随右手转动，至亮掌时，目视左方，如图 6.53(3)所示。

其动作要点是仆步时,左腿充分伸直,脚尖里扣,右腿全蹲,两脚脚掌全部着地。上体挺胸塌腰,稍左转。

1　　2　　3

图 6.53(1～3)　仆步亮拳

(三) 弓步劈拳

(1) 右腿蹬地立起,左腿收回并向左前方上步。右掌变拳收至腰侧,左勾手变掌由下向前上经胸前向左做掳手,如图 6.54(1)所示。

(2) 右腿经左腿前方向左绕上一步,左腿蹬直成右弓步。左手向左平掳后再向前挥摆,虎口朝前,如图 6.54(2)所示。

(3) 在左手平掳的同时,右掌向后平摆,然后再向前向上做抡劈拳,拳高与耳平,拳心向上,左掌外旋接扶右前臂,目视右拳,如图 6.54(3)所示。

其动作要点是左右脚上步稍带弧形。

1　　2　　3

图 6.54(1～3)　弓步劈拳

(四) 换跳步弓步冲拳

(1) 重心后移,右脚稍向后移动。右拳变掌臂内旋以掌背向下划弧挂至右膝内侧;左掌背贴靠右肘外侧,掌指向前,目视右掌,如图 6.55(1)所示。

(2) 右腿自然上抬,上体稍向左扭转。右掌挂至体左侧,左掌伸向右腋下,目随右掌转视,如图 6.55(2)所示。

(3) 右脚以全脚掌用力向下震跺,与此同时,左脚急速离地抬起。右手由左向上向前掳盖而后变拳收至腰侧;左掌伸直向下、向上、向前屈肘下按,掌心向下。上体右转,目视左掌,如图 6.55(3)所示。

（4）左脚向前落步，右腿蹬直成左弓步。右拳向前冲出，拳高与肩平；左掌藏于右腋下，掌背贴靠腋窝，目视右拳，如图 6.55(4)所示。

其动作要点是换跳步动作要连贯，协调。震脚时腿要弯曲，全脚掌着地，左脚离地不要过高。

1　2　3　4

图 6.55(1～4)　换跳步弓步冲拳

（五）马步冲拳

上体右转 90°，重心移至两腿中间，成马步。右拳收至腰侧，左掌变拳向左冲出，拳眼向上，目视左拳，如图 6.56(1)所示。

（六）弓步下冲拳

右脚蹬直，左腿弯曲，上体稍向左转，成左弓步。左拳变掌向下经体前向上架于头左上方，掌心向上，右拳自腰侧向左前斜下方冲出，目视右拳，如图 6.56(2)所示。

1

图 6.56(1)　马步冲拳

2

图 6.56(2)　弓步下冲拳

（七）叉步亮掌侧踹腿

（1）上体稍右转，左掌由头上下落于右手腕上，右拳变掌，两手交叉成十字，目视双手，如图 6.57(1)所示。

（2）右脚蹬地并向左腿后插步，以前脚掌着地。左掌由体前向下向后划弧成勾手，勾尖向上，右掌由前向右向上划弧抖腕亮掌，掌心向前，目视左侧，如图 6.57(2)所示。

（3）重心移至右腿，左腿屈膝提起，向左上方猛力蹬出。上肢姿势不变，目视左侧，如图 6.57(3)所示。

其动作要点是插步时上体稍向右倾斜，腿、臂的动作要一致。侧踹高度不能低于腰，大腿内旋，着力点在脚跟。

1　　2　　3

图 6.57(1～3)　叉步亮掌侧踹腿

(八) 虚步挑拳

(1) 左脚在左侧落地。右掌变拳稍后移,左勾手变拳由体后向左上挑,拳背向上,如图 6.58(1)所示。

(2) 上体左转 180°,微含胸前俯。左拳继续向前向上划弧上挑,右拳向下向前划弧挂至右膝外侧,同时右膝提起,目视右拳,如图 6.58(2)所示。

(3) 右脚向左前方上步,脚尖点地,重心落于左脚,左腿下蹲成右虚步。左拳向后划弧收至腰侧,拳心向上;右拳向前屈臂挑出,拳眼斜向上,拳与肩同高,目视右拳,如图 6.85(3)所示。

1　　2　　3

图 6.58(1～3)　虚步挑拳

五、第四段

(一) 弓步顶肘

(1) 重心升高,右脚踏实。右臂内旋向下直臂划弧,以拳背下挂至右膝内侧,左拳不变,目视前下方,如图 6.59(1)所示。

(2) 左腿蹬直,右腿屈膝上抬。左拳变掌,右拳不变,两臂向前向上划弧摆起,目随右拳转视,如图 6.59(2)所示。

(3) 左脚蹬地起跳,身体腾空,两臂继续划弧至头上方,如图 6.59(3)所示。

(4) 右脚先落地,右腿屈膝,左脚向前落步,以前脚掌着地。同时两臂向右向下屈肘停于右胸前,右拳变掌,左掌变拳,右掌心贴靠左拳面,如图 6.59(4)所示。

(5) 左脚向左上一步，左腿屈膝，右腿蹬直成左弓步，右掌推左拳，以左肘尖向左顶出，高与肩平，目视前方，如图 6.59(5)所示。

其动作要点是交换步时不要过高，但要快。两臂抡摆时要成圆弧。

1　2　3　4　5

图 6.59(1～5)　弓步顶肘

（二）转身左拍脚

(1)以两脚前脚掌为轴向右后转体 180°。随着转体，右臂向上、向右向下划弧抡摆，同时左拳变掌向下向后向前上抡摆，如图 6.60(1)所示。

(2) 左腿伸直向前上踢起，脚面绷平，左掌变拳收至腰侧，右掌由体后向上向前拍击左脚面，如图 6.60(2)所示。

其动作要点是右掌拍脚时手掌稍横过来，拍脚要准而响亮。

（三）右拍脚

(1) 左脚向前落地，左拳变掌向下向后摆，右掌变拳收至腰侧，如图 6.60(3)所示。

(2) 右腿伸直向前上踢起，脚面绷平。左拳变掌由后向上向前拍击右脚面，如图 6.60(4)所示。

其动作要点是与本段的转身左拍脚相同。

1　2

图 6.60(1、2)　转身左拍脚

3　4

图 6.60(3、4)　右拍脚

（四）腾空飞脚

(1) 右脚落地，如图 6.61(1)所示。

(2) 左脚向前摆起，右脚猛力蹬地跳起，左腿屈膝继续前上摆。同时右拳变掌向前向上摆起，左掌先上摆而后下降拍击右掌背，如图 6.61(2)所示。

(3) 右腿继续上摆，脚面绷平。右手拍击右脚面，左掌由体前向后上举，如图 6.61(3)所示。

其动作要点是蹬地要向上，不要太向前冲，左膝尽量上提。击响要在腾空时完成，右臂伸直成水平。

图 6.61(1～3) 腾空飞

(五) 歇步下冲拳

(1) 左、右脚先后相继落地左掌变拳收至腰侧，如图 6.62(1)所示。

(2) 身体右转 90°，两腿全蹲成歇步；右掌抓握，外旋变拳收至腰侧；左拳由腰侧向前下方冲出；拳心向下，目视左拳，如图 6.62(2)所示。

图 6.62(1、2) 歇步下冲拳

(六) 仆步抡劈拳

(1) 重心升高，右臂由腰侧向体后伸直，左臂随身体重心升高向上摆起，如图 6.63(1)所示。

(2) 以右脚前脚掌为轴，左腿屈膝提起，上体左转 270°。左拳由前向后下划立圆一周，右拳由后向下向前上划立圆一周，如图 6.63(2)所示。

(3) 左腿向后落一步，屈膝全蹲，右腿伸直，脚尖里扣成右仆步。右拳由上向下抡劈，拳眼向上；左拳后上举，拳眼向上，目视右拳，如图 6.63(3)所示。

其动作要点是抡臂时一定要划立圆。

图 6.63(1~3)　仆步抡劈拳

（七）提膝挑掌

(1) 重心前移成右弓步。同时右拳变掌由下向上抡摆，左拳变掌稍下落，右掌心向左，左掌心向右，如图 6.64(1)所示。

(2) 左、右臂在垂直面上由前向后各划立圆一周。右臂伸直停于头上，掌心向左，掌指向上；左臂伸直停于身后成反勾手。同时右腿屈膝提起，左腿挺膝伸直独立，目视前方，如图 6.64(2)所示。

其动作要点是抡臂时要划立圆。

图 6.64(1、2)　提膝挑掌

（八）提膝劈掌弓步冲拳

(1) 下肢不动。右掌由上向下猛劈伸直，停于右小腿内侧，用力点在小指一侧；左勾手变掌，屈臂向前停于右上臂内侧，掌心向左，目视右掌，如图 6.65(1)所示。

(2) 右脚向右后落地；身体右转 90°。同时左掌变拳收至腰侧，右臂内旋向右划弧做劈掌，如图 6.65(2)所示。

(3) 上动不停，左腿蹬直成右弓步。右手抓握变拳收至腰侧，左拳由腰侧向左前方冲出，目视左拳，如图 6.65(3)所示。

1　　2　　3

图 6.65(1～3)　提膝劈掌弓步冲拳

六、结束动作

（一）虚步亮掌

（1）右脚扣于左膝后，两拳变掌，两臂右上左下屈肘交叉于体左前，目视右掌，如图 6.66(1)所示。

（2）右脚向右后落步，重心后移，右腿半蹲，上体稍右转。同时右掌向上向右向下划弧停于左腋下；左掌向左向上划弧停于右臂上与左胸前，两掌心左下右上，目视左掌，如图 6.66(2)所示。

（3）左脚尖稍向右移，右腿下蹲成左虚步。左臂伸直向左向后划弧成反勾手；右臂伸直向下向右向上划弧抖腕亮掌，掌心向前，目视左方，如图 6.66(3)所示。

1　　2　　3

图 6.66(1～3)　虚步亮掌

（二）并步对拳

（1）左腿后撤一步，同时两掌从两腰侧向前穿出伸直，掌心向上，如图 6.67(1)所示。

（2）右腿后撤一步，同时两臂分别向体后下摆，如图 6.67(2)所示。

（3）左脚后退半步向右脚并拢。两臂由后向上经体前屈臂下按，两掌变拳，停于腹前，拳心向下，拳面相对，目视左方，如图 6.67(3)所示。

（三）还原

两臂自然下垂，目视正前方，如图 6.67(4)所示。

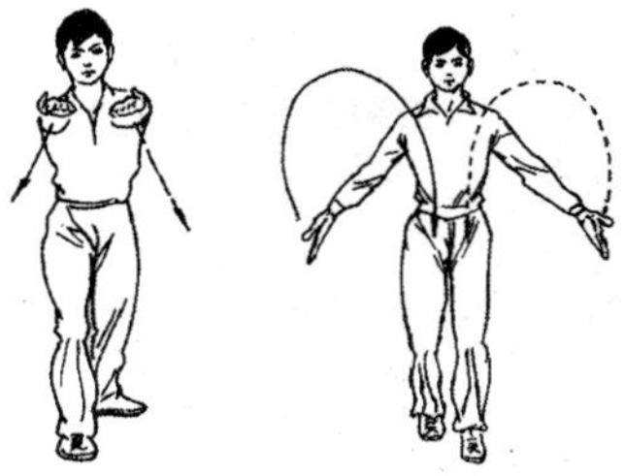

1　　2

图 6.67(1～3)　并步对拳

3　　4

图 6.67(4)　还原

思　考　题

1. 武术运动有哪些锻炼价值?
2. 你能按顺序说出简化太极拳的动作名称吗?
3. 你能流畅地独立打完初级长拳吗?

第七章　健美运动

世界上没有任何一件衣衫能比健康的皮肤和发达的肌肉更美丽。

——马雅可夫斯基

学海导航：

古希腊人认为，在世界万物之中，只有人体的健美才是最匀称、最和谐、最庄重、最有生气和最完美的，并提出了“体操锻炼身体，音乐陶冶精神”的主张。随着时代发展，这一主张已被世人普遍接受。健美操、体育舞蹈和瑜伽是健身运动与音乐完美结合的典型代表，本章向大家介绍这三个项目的基本知识与操作动作。

知识目标：

1. 了解健美操的基本知识，以及健美操各基本动作的正确概念。
2. 了解体育舞蹈的基本术语，以及华尔兹舞和恰恰恰舞的基本特点。
3. 知晓练习瑜伽的注意事项。

能力目标：

1. 正确掌握操作动作，并能和着音乐完成整套动作。
2. 掌握华尔兹舞和恰恰恰舞的基本舞步，并能和着音乐自如起舞。
3. 掌握瑜伽的基本呼吸方法，能较规范地完成瑜伽主要体位动作。

第一节　健美操

一、健美操运动简介

（一）健美操运动的起源

健美操是一种舶来品，英文原名为“Aerobics”，意为“有氧运动”、“有氧健美操”，最早是美国太空总署为太空人所设计的室内体能训练内容。20 世纪 60 年代，医学博士库珀在设计身体动作时,为避免枯燥,逐渐增加了符合动作节奏的音乐伴奏和太空人需要的紧身衣,从而形成了具有独特体系的运动。此后,他发表了《新有氧体操》和《有氧体操有益于大众》等著作,使有氧体操不仅在美国,也在欧洲有了较大影响,这正是现代健美操的雏形。

(二) 健美操运动的发展

1981 年,美国著名影星简·方达根据自己的健身经验和体会大力推广有氧健美操,并出版了《简·方达健美术》一书。一方面,此书倡导以实用和新颖的运动形式来保持身体健美;另一方面,影星具有名人效应,该书一直畅销不衰,并被翻译成 20 多种文字,在 30 多个国家出售,健美操运动迅速在全世界流行起来,形成了全球性的"健美热"。此后,一些热心于健美操运动的人士发起并成立了国际健美操组织,这使健美操成为一项有组织的体育运动,从而促进了健美操运动的普及和发展。

1983 年,国际健美操联合会成立,简称 LAF,总部设在日本,共有 20 多个成员国,每年举办世界杯健美操比赛。20 世纪 80 年代中期,国际健美操与健身联合会成立,简称 FISAF,总部设在澳大利亚,成员国有 40 多个,每年除了举办健美操专业比赛外,还组织各种健美操培训班,学员只有通过严格的考试,才能获得国家级健身指导员称号。1990 年,国际健美操冠军联合会成立,简称 ANAC,总部设在美国,每年举办世界健美操冠军赛。

名人堂:黄晋萱

黄晋萱,1988 年 4 月 21 日生于沈阳,国际级运动健将,健美操世界冠军。黄晋萱是国家健美操队唯一的女队员,也是国内健美操界唯一的女冠军。她于 1993 年进入沈阳市体校练习体操,1995 年进入辽宁省体操队,2000 年因伤转学为艺术体操,2004 年开始专攻健美操。她曾获 2006 年第 9 届世界健美操锦标赛女子单人操亚军,2007 年第 10 届世界健美操锦标赛总决赛混双季军,2010 年第 11 届世界健美操锦标赛团体季军,2011 年深圳第 26 届世界大运会健美操比赛团体和个人冠军 4 枚金牌。

20 世纪 80 年代初,健美操传入我国,当时在北京、上海、广州等城市先后举办了各种形式的健美操短期培训班。1984 年,北京体育学院成立了健美操教研室,开设了健美操课程,编制了"青年韵律操",健美操由此传遍了全国的大专院校,一股健美操热和追求美的旋律在无数青年学生中流传开来,这使健美操运动得到迅速普及。1986 年,在广州举办了第一次全国女子健美操表演赛。1991 年,全国大学生健美操、艺术操大奖赛在北京举行。1992 年 9 月,中国健美操协会在北京成立,这极大地促进了我国健美操运动的发展。

20 世纪 90 年代以来,我国的健美操运动发展很快。1996 年,我国统一制定了健美操竞赛规则——《健美操竞赛裁判法》,并在次年的全国健美操比赛中首次使用。随着健美操运动水平的不断提高，我国健美操运动渐渐走向世界，1999 年，我国正式采用国际体操联合会健美操委员会(FIG)竞赛规则，这是我国健美操运动与国际接轨的标志。

二、健美操的基本功

健美操的基本功包括基本动作和基本步法。

(一) 健美操的基本动作

基本动作是健美操练习和进行群众性健身锻炼的基础。通过基本动作练习，可以掌握正确的动作技术，加大动作幅度，培养良好的动作形态。基本动作练习是按人体生理解剖结构分部位进行的，是一项专门性的练习，练习者可根据需要加以选择。

1. 健美操的常用手型

健美操中手型有多种，它是从爵士舞、芭蕾舞、西班牙舞、迪斯科、武术等手型中吸收和发展起来的。手型是手臂动作的延伸和表现，它的变化不仅可以使手臂的动作更加丰富多彩、生动活泼，表现出美感；而且有助于加强动作的力量性。常用的健美操手型有以下几种。

(1) 掌。一是并掌，大拇指指关节弯曲内扣，其余四指并拢伸直。手腕伸直，使手臂成一条直线。腕关节与掌指关节适度紧张，如图 7.1 所示。二是开掌，五指用力分开，并伸直，如图 7.2 所示。三是立掌，手掌用力上屈，五指自然弯曲，如图 7.3 所示。

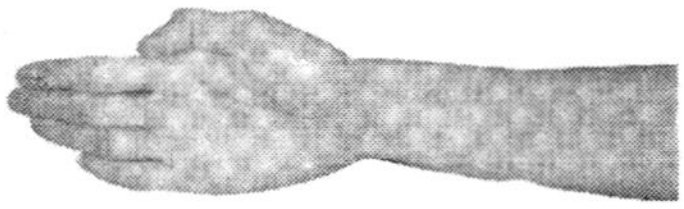

图 7.1　并掌

图 7.2　开掌

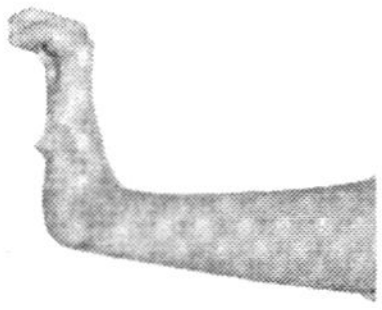

图 7.3　立掌

(2) 拳。一是实心拳，四指卷握，大拇指末关节压住食指、中指的第二关节，如图 7.4 所示。二是空心拳，四指卷曲，大拇指末关节压住食指、中指的末关节，拳成空心状，如图 7.5 所示。

图 7.4　实心拳

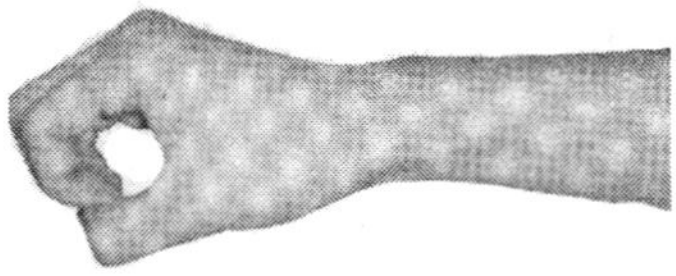

图 7.5　空心拳

(3) 其他手型。一是西班牙舞手型，五指分开，小指内旋，拇指稍内收，如图 7.6 所示。二是剑指，食指和中指并拢伸直，拇指、无名指小指内收，如图 7.7 所示。三是 V 指，拇指与小指、无名指弯曲，食指与中指伸直并尽力分开，如图 7.8 所示。四是响指，无名指与小指屈握，拇指与中指、食指摩擦后，中指击打大鱼际处产生响声，如图 7.9 所示。

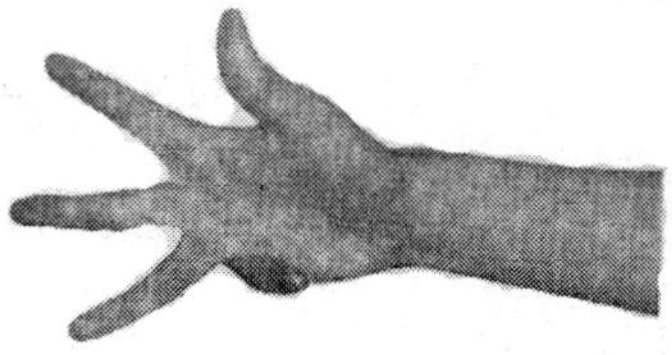

图 7.6　西班牙舞手型

图 7.7　剑指

图 7.8　V 指

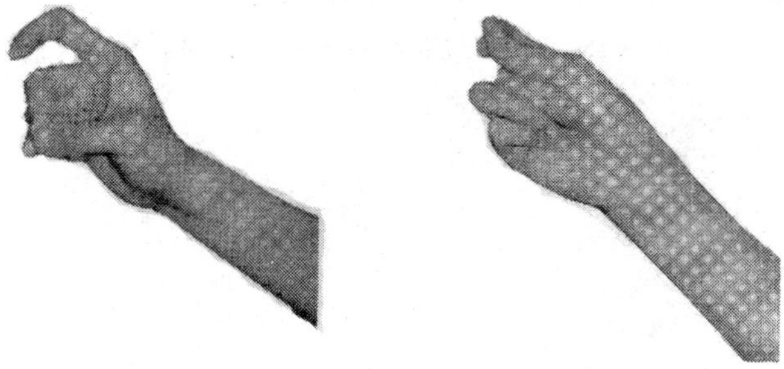

图 7.9　响指

2. 头颈动作

形式:屈、转、平移、绕及绕环。

方向:向前的、向后的、向左的、向右的屈和平移;向左的、向右的转和绕、绕环。

要求:做各种形式的头颈动作时,节奏一定要慢,上体保持正直。

3. 肩部动作

形式:单肩的、双肩的提肩和沉肩,收肩和展肩,单肩的、双肩的绕和绕环,振肩。

方向:向前的、向后的绕及绕环。

要求:(1) 提肩、沉肩时,两肩在同一额状面上尽量上下运动。(2) 收肩、展肩的幅度要大,肩部要平。(3) 振肩动作要有速度、力度和弹性。

4. 上肢动作

形式:举、屈伸、绕、绕环、振、旋。

要求:(1) 上体保持正直,位置要准确,幅度要大,力达身体最远端。(2) 做臂的摆动、绕及绕环,肩用力拉开。

5. 胸部动作

形式:含胸、展胸、移胸。

要求:练习时收腹、立腰。

6. 腰部动作

形式:腰的屈、转、绕和绕环。

方向:向前、向后、向左、向右。

要求:(1) 腰前屈、转时,上体立直。(2) 腰绕和绕环时,速度放慢。

（二）健美操的基本步法

1. 踏步

大腿抬平，小腿自然下垂，落地时用前脚掌过渡到全脚掌，两臂屈肘前后自然摆动，身体保持正直，抬头挺胸。

2. 交叉步

交叉步有向前、向后、向侧几种。一脚迈出，另一只脚在前或在后交叉，重心随之移动。

3. V 字步

V 字步有正 V 字步、倒 V 字步。一脚迈出，另一只脚随之迈出成一条直线，两脚距离略比肩宽，两膝自然弯曲后依次收回。

4. 开合跳

跳起分开落地，髋部、脚尖外开，膝关节在同方向弯曲。蹬地还原时，脚跟并拢，膝缓冲。动作要有起伏性、连贯性、弹性。

5. 弹踢腿跳

动力腿屈膝后摆，两膝之间要靠拢，前弹时不要过分用力，膝关节、髋关节运动伸展要有控制，脚尖绷直，然后换另一条腿做。

6. 后踢腿跳

一腿屈膝后摆，髋和膝在一条线上；跑跳过程中，膝、踝关节充分缓冲，手臂可自然摆动。

三、健美操成套组合动作

（一）三级操

三级操一共有 4 个组合，每个组合有 8 个 8 拍，分为左、右两个方向，每个方向 4 个 8 拍，先从右边方向开始，即先出右脚（从右脚开始第一拍），再换左边反方向做（从左脚开始第一拍）。

1. 组合一（8×8 拍）

（1）第 1 个 8 拍。做 4 次 1～8 拍。侧身并步走“L”型路线；握拳，从上往下按；第一拍出右脚，走“L”路线时先右转 90°，再左转 90°，如图 7.10（1～8）所示。

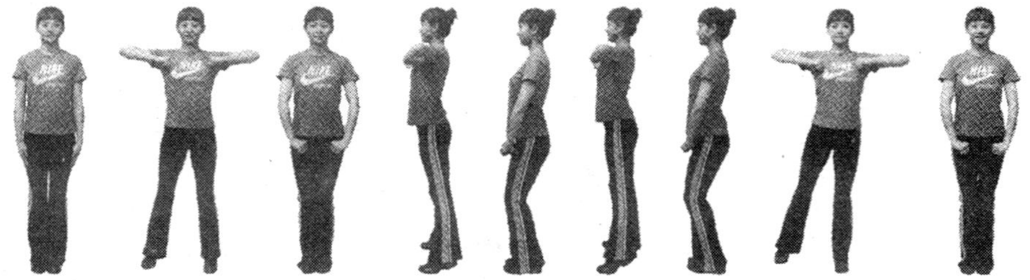

预备姿势　1　2　3　4　5　6　7　8

图 7.10（1～8）　第 1 个 8 拍

（2）第 2 个 8 拍。1～8 拍向前或向后走三步吸腿跳，握拳，前后摆臂，4、8 拍胸前击掌，如图 7.11(1～8)所示。

1 2 3 4 5 6 7 8

图 7.11(1～8) 第 2 个 8 拍

（3）第 3 个 8 拍。一字步两次（每一次一字步 4 拍），握拳，双手依次上举到耳边再屈肘到胸前，如图 7.12(1～8)所示。

1 2 3 4 5 6 7 8

图 7.12(1～8) 第 3 个 8 拍

（4）第 4 个 8 拍。1～4 拍向后一字步，5～8 拍迈步吸腿，五指并拢，从侧平举到上交叉再到侧平举还原，如图 7.13(1～8)所示。

1 2 3 4 5 6 7 8

图 7.13(1～8) 第 4 个 8 拍

（5）第 5 个 8 拍至第 8 个 8 拍同第 1 个 8 拍至第 4 个 8 拍，方向相反。

2. 组合二（8×8 拍）

（1）第 1 个 8 拍。做两次交叉步，走“L”型路线；五指并拢成掌形；上举耳边，再屈肘下压到体侧，之后上举耳边，最后向下还原到体侧，如图 7.14(1～8)所示。

1　2　3　4　5　6　7　8

图 7.14(1～8)　第 1 个 8 拍

(2) 第 2 个 8 拍。做两次交叉步，走"L"型路线；五指并拢成掌形；上举耳边，再屈肘下压到体侧，之后上举耳边，最后向下还原到体侧，如图 7.15(1～8)所示。

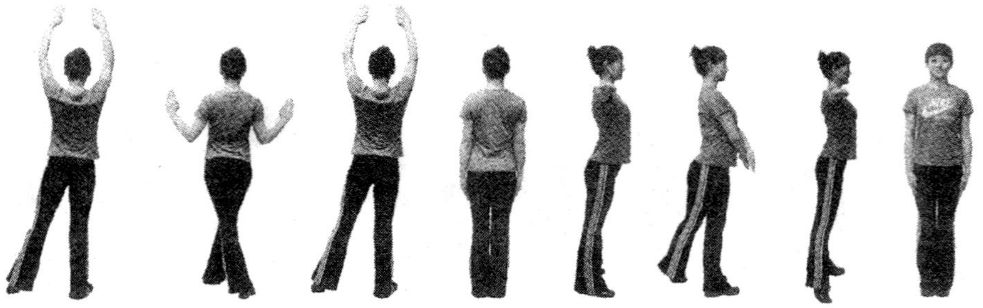

1　2　3　4　5　6　7　8

图 7.15(1～8)　第 2 个 8 拍

(3) 第 3 个 8 拍。做两次不同方向的上步吸腿，单方向连续两次；握拳；双手前平举，屈肘，拉回腰部两侧，如图 7.16(1～8)所示。

1　2　3　4　5　6　7　8

图 7.16(1～8)　第 3 个 8 拍

(4) 第 4 个 8 拍。1～6 拍做三次不同方向的后退侧并步；7、8 拍左脚向左侧点步一次并还原；五指并拢成掌形；双手侧下举至腹前交叉重复三次，再侧下举还原，如图 7.17(1～8)所示。

图 7.17(1～8)　第 4 个 8 拍

(5) 第 5 个 8 拍至第 8 个 8 拍同第 1 个 8 拍至第 4 个 8 拍，方向相反。

3. 组合三(8×8 拍)

(1) 第 1 个 8 拍。做两次不同方向的漫波步。1～4 拍出右脚身体转向左侧 45°，5～8 拍相反。五指并拢再到握拳，双手上举到耳边然后握拳至腰间，如图 7.18(1～8)所示。

图 7.18(1～8)　第 1 个 8 拍

(2) 第 2 个 8 拍。1～4 拍做两次不同脚的上步提膝跳，同时身体右转 90°；5～8 拍踏步走同时身体右转 180°，前后摆臂；握拳；2、4 拍胸前击掌，如图 7.19(1～8)所示。

图 7.19(1～8)　第 2 个 8 拍

(3) 第 3 个 8 拍。做两个 V 字步。1～4 拍做 V 字步同时身体右转 90°；5～8 拍原地做 V 字步；并掌；右左手依次侧上举，然后胸前握拳交叉，如图 7.20(1～8)所示。

图 7.20(1～8)　第 3 个 8 拍

(4) 第 4 个 8 拍。做 4 次迈步后屈腿。1～4 拍原地做;5～8 拍左脚做两次后屈腿,同时身体左转 90°;握拳;7 拍从腰间向胸前推掌,如图 7.21(1～8)所示。

图 7.21(1～8)　第 4 个 8 拍

(5) 第 5 个 8 拍至第 8 个 8 拍同第 1 个 8 拍至第 4 个 8 拍,方向相反。

4. 组合四(8×8 拍)

(1) 第 1 个 8 拍。做 4 次小马跳。1、2 拍做小马跳时同时左转 90°,3、4 拍右转 180°,7、8 拍右转 180°,握拳,左右手依次交换上举和下举,如图 7.22 所示。

图 7.22　第 1 个 8 拍

(2) 第 2 个 8 拍。1、2 拍做一次侧并步跳(可称恰恰恰),3、4 拍做漫波步前点地,5、6 拍反方向做恰恰恰,7、8 拍漫波步后点地。手型掌型,1、2 拍经体侧侧平举,3、4 拍前后摆臂,5～8 拍同 1～4 拍,如图 7.23(1～8)所示。

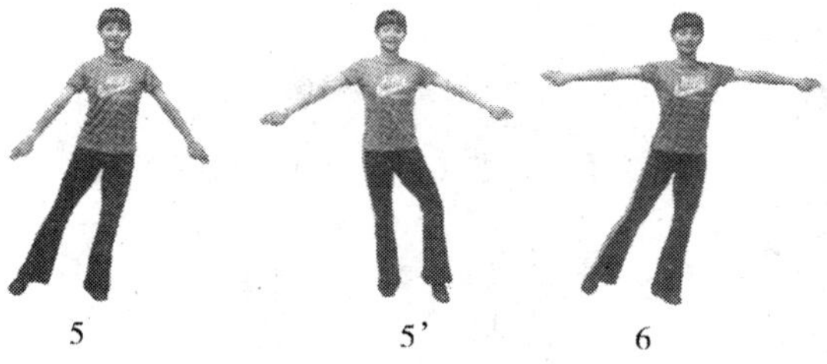

图 7.23(1～8)　第 2 个 8 拍

(3) 第 3 个 8 拍。做两次连续弹踢跳加前侧提膝跳。1 拍前踢跳,2 拍侧提膝跳,3 拍前踢,4 拍还原,5～8 拍同 1～4 拍,方向相反。手型并掌,1 拍左手前平举,右手侧平举,2 拍胸前交叉,掌心向内,3 拍同 1 拍,4 拍还原,如图 7.24(1～8)所示。

图 7.24(1～8)　第 3 个 8 拍

(4) 第 4 个 8 拍。侧步摆腿跳接 1/2 漫波步。1 拍右脚先向右迈一步。手型为 1、2 拍并掌,3～8 拍握拳,如图 7.25(1～8)所示。

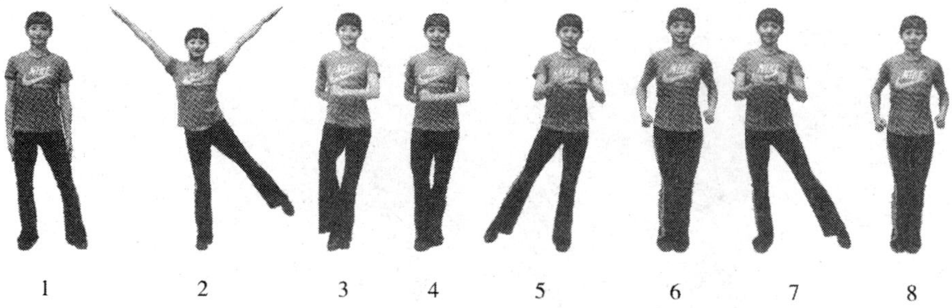

图 7.25(1～8)　第 4 个 8 拍

(二) 活力健身操

(1) 第 1 个 8 拍。1～8 拍原地踏步,双手握拳自然摆动,如图 7.26 所示。

(2) 第 2 个 8 拍。1～4 拍左腿开始的一字步,两臂上举(双手握拳,拳心相对),3～4 拍还原,5～8 拍同 1～4 拍,如图 7.27(1～4)所示。

图 7.26　第 1 个 8 拍

图 7.27(1～4)　第 2 个 8 拍

(3) 第 3 个 8 拍。1～4 拍左右交替并步两次，同时两臂胸前平屈(双手握拳，拳心向下)后再还原，交替两次；5～8 拍同 1～4 拍，如图 7.28(1～4)所示。

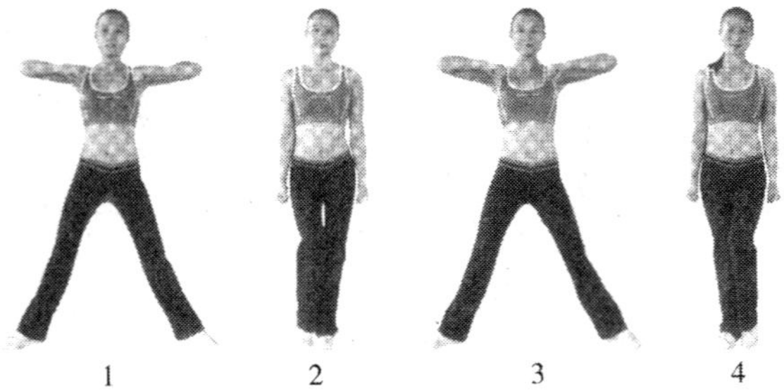

图 7.28(1～4)　第 3 个 8 拍

(4) 第 4 个 8 拍。1～4 拍向左并步两次，同时两臂上举(手握拳，拳心相对)再还原，交替两次；5～8 拍同 1～4 拍，方向相反，如图 7.29(1～4)所示。

图 7.29(1～4)　第 4 个 8 拍

(5) 第 5 个 8 拍。1～4 拍左右腿交替后屈，同时两臂向前屈伸两次；5～8 拍同 1～4 拍，方向相反，如图 7.30(1～4)所示。

图 7.30(1～4)　第 5 个 8 拍

(6) 第 6 个 8 拍。左脚开始的 V 字步，同时 1、2 拍两臂上举(双手合掌)，3 拍双臂侧平举，4 拍还原；5～8 拍左右交替并步两次，同时两臂胸前平屈(双手握拳，拳心向下)后还原，交替两次，如图 7.31(1～8)所示。

图 7.31(1～8)　第 6 个 8 拍

(7) 第 7 个 8 拍。1～4 拍向前走 4 步，同时 1、2 拍两手头上击掌后还原于腰间，3、4 拍两手头上击掌还原于体侧；5～8 拍后退 4 步，手臂同 1～4 拍，如图 7.32(1～8)所示。

图 7.32(1～8)　第 7 个 8 拍

(8) 第8个8拍。1拍左腿侧出成右弓步,同时左手向右前45°方向冲拳,右手握拳置于腰间;2拍还原。3、4拍同1~2拍,方向相反。5、8拍V字步,同时6、7拍两手置于头后,8拍还原,如图7.33所示。

图7.33 第8个8拍

(9) 第9个8拍。1~3拍后交叉步,4拍向左转体90°并屈右腿;同时1~3拍左臂侧平举,右臂胸前平屈,4拍两臂还原于体侧。5~8拍左右交替并步两次;同时5拍两臂上举,6拍脚方向同侧手臂侧平举,异侧胸前侧平屈,7拍双臂上举,8拍还原,如图7.34(1~8)所示。

图7.34(1~8) 第9个8拍

(10) 第10个8拍。1~4拍左右交替并步两次,同时两臂胸前平屈后还原(双手握拳,拳心向下);5~8拍同1~4拍,方向相反,如图7.35(1~4)所示。

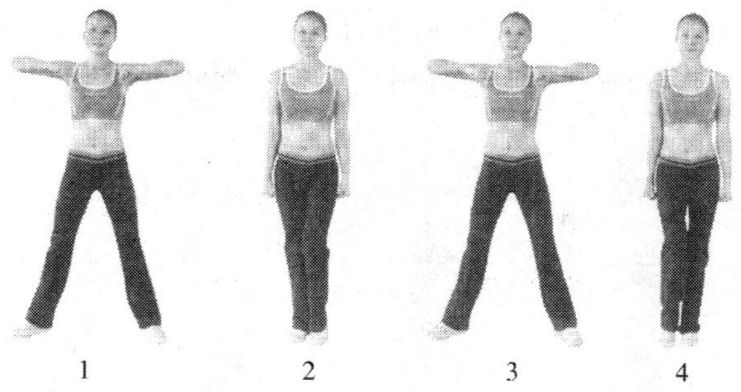

图 7.35(1～4) 第 10 个 8 拍

(11) 第 11 个 8 拍。1、2 拍左前上步吸右腿；同时 1 拍左臂斜上举，右臂胸前屈；2 拍左臂胸前屈，右臂斜下摆。3 拍右脚点地，4 拍吸右腿；同时手臂同 1、2 拍。5～8 拍同 1～4拍，方向相反，如图 7.36(1～8)所示。

图 7.36(1～8) 第 11 个 8 拍

(12) 第 12 个 8 拍。1～8 拍向后左右交替并步 4 次，同时由屈臂扩胸至胸前击掌做 4 次，如图 7.37(1～4)所示。

(13) 结束动作。1 拍出右脚成右弓步，同时右臂上举(掌心向前)，左臂左前举(掌心向上)，如图 7.38 所示。

图 7.37(1～4)　第 12 个 8 拍

图 7.38　结束动作

三、健美操的创编原则和创编步骤

（一）健美操的创编原则

1. 全面性原则

在编排成套动作时，要考虑到尽可能使人体参与的部位全面，成套动作选择的内容应包括增强肌肉群力量，各关节的灵活性、柔韧性，不同类型动作的协调性等方面，使上肢、下肢和躯干等身体各部位进行上下、左右、前后不同方向的交替活动。除了要注意使每个动作的幅度、速度和角度等符合人体解剖学原理和生理特征之外，同时还要注意选编一些能增强心血管系统功能的走步和跳跃的动作，使心血管系统得到充分刺激并产生新的适应状态。

2. 针对性原则

在具体创编健美操时，应根据不同的任务、对象、场地、器材等情况和特点，创编切合实际的单个和成套动作。例如，以培养正确体态为主要任务时，应侧重于选择有利于培养良好基本姿态的动作；以提高体能、增强体质为主要任务时，应保证成套动作的时间、强度，并选择起伏大的动作；以愉悦身心为主要任务时，应选择新颖、趣味性强的动作，并讲究成套动作编排的艺术性和音乐选配的优美性。

不同年龄、性别、职业、身体状况、运动水平、文化层次的练习者对健美操的需求、爱好及接受能力都有所不同，因此，在创编时要根据不同对象的生理、心理学特点，在内容、风格、难度、速度及运动负荷等方面有所区别。例如，以女性为主要练习对象时，应选择一些刚柔相济、优美协调、流畅多变的动作；以男性为主要练习对象时，应选择一些刚劲有力、豪爽大方的动作；以中老年人为主要练习对象时，应选择一些柔和、用力均匀和幅度变化不大、速度快慢适中、简单大方的动作，同时加强身体远端关节如手指、踝和肩的活动；以青年人为主要练习对象时，应选择一些富有朝气、健美大方、节奏感强的动作。

3. 合理性原则

动作顺序设计与运动负荷安排的合理性是体现健美操的科学性，从而取得锻炼效果的一项重要原则。

健美操动作顺序的设计，必须遵循人体活动能力的变化规律，使人体运动的生理负荷由低到高，波浪形地逐渐发展，再逐渐恢复。为此，一套健身健美操的动作结构一般分为三个部分：

第一部分是准备部分。任务是为成套操做好生理上和心理上的准备，逐步消除人体内脏器官的生理惰性，激发做操热情。可选择一些配合深呼吸的脊柱伸展，各种走步、小跑步等动作。

第二部分是主体部分。任务是全面锻炼人体的各部位，一般从人体远端开始，自头或足始，逐渐过渡到肩、胸、腰、髋，即整个上下肢和躯干运动。身体运动节奏由局部到整体，由慢到快，由弱至强，直到高潮。

第三部分是结束部分。任务是使心率逐渐恢复到做操前的安静状态，一般为全身放松和踏步调整，动作速度逐渐减慢，伴以深呼吸。

目前，国内外正流行一种有氧健身操，它的动作设计与一般健身操基本相同，只不过从头到尾是在不停地走、跑、跳中进行，采用重复递进的方式逐步增加练习内容，最后以身体的伸展、牵拉作为结束。

4. 艺术性原则

健美操既是一项锻炼身体的运动，又是一种形体艺术。因此，在单个动作设计上，要健美、大方，力求使体操动作艺术化，舞蹈动作体操化，在吸收一些现代舞、民族舞动作时，结合健美操的特点进行再创造，使动作活而不乱、美而不花，注意多方向、多角度、多层次地展开动作。在成套动作的处理上，要注意动作的大小搭配、左右回旋、上下起伏、快慢交替。另外，音乐是健美操的灵魂，它影响着健美操的风格、结构、速度、节奏，因此在选配音乐时，要注意音乐与健美操的风格统一。音乐的旋律要动听，力求新颖、富有变化、节奏鲜明、强劲、规整、速度适中。健美操的音乐一般是 26 拍/10 秒钟以下。

（二）健美操的创编步骤

1. 创编前的准备

创编前的准备包括明确创编的目的、任务和要求，了解练习者多方面的情况（性别、年龄、职业、文化水平、身体状况、运动基础等），了解锻炼时间、场地、器材、设备等条件，学习有关健美操创编的文字和音像资料。

2. 制订总体方案

在了解多方情况的基础上，确定所编健美操的类别（健身健美操中的哪一种）、风格（活泼或稳健、优美或刚劲）、难度（大、中、小）、长度（若干个 8 拍）、速度（×拍/10 秒钟）、操的结构顺序、主要动作类型（如头的屈、伸、转、绕、绕环）及高潮的安排等。在有了基本构思后，编操者加以补充、修改总体方案。最后，总体方案表可将总体构思归纳出来，以便从整体上检查总体构思的完备性和合理性，并以此为纲进行下一步的具体动作设计。

3. 编排与记录

遵循健美操创编的原则，按照总体方案逐节设计具体动作，并用速记或速写的方法记录。

4. 练习与调整

按设计好的动作进行练习。在练习过程中要进行多方面的检查，包括对活动量和强度的测试，对整套操结构顺序的合理性和艺术性的检查等，根据测试结果、练习者的反馈信息及创编者的观察研究，对健美操进行适当的修改调整。

5. 撰写文字说明与绘图

文字说明的格式可参照基本动作说明。图解可根据实际情况绘制成详图或单线条简图。

第二节 体育舞蹈

一、体育舞蹈概述

舞蹈艺术居艺术之首，它产生于人类的生活、劳动和情感中，是一种人体文化，它随着人类的社会演变和文化进程而发展。体育舞蹈是舞蹈与体育的有机结合，它力求按照美的规律去显示高超的技艺，是一门身体与心灵相融合的艺术。体育舞蹈的发展过程经历了原始舞蹈—公众舞—民间舞—宫廷舞—社交舞—新旧国际标准交际舞等阶段。体育舞蹈的前身是社交舞，也称交际舞、交谊舞，又称“国际标准交际舞”，共分两大类：一类为摩登舞(现代舞)，另一类为拉丁舞。

1924 年，英国皇家舞蹈教师协会发起欧美舞蹈界人士，在广泛研究传统宫廷舞、交谊舞及拉美国家的各式土风舞的基础上，对当时社交舞的一部分进行了规范和美化加工，并于 1925 年正式颁布了华尔兹、探戈、狐步、快步 4 种舞的步伐，总称摩登舞。此后，这种舞蹈首先在西欧推广并进行了比赛，继而又推广到世界各国和地区，受到了许多国家的欢迎和喜爱。摩登舞具有端庄、含蓄、稳重、典雅的风格和绅士风度。舞步流畅，轻柔洒脱，舞姿优美，起伏有序，音乐节奏清晰，舞蹈富于技巧性，是老少皆宜的舞系。

1950 年，由英国 ICBD(世界舞蹈组织，1994 年更名为 WDDSC)主办了首届世界性的大赛“Blackpool Dance Festival”(黑池舞蹈节)，并把规范后的舞蹈命名为国际标准交谊舞，以后每年的 5 月底，在英国的“黑池”举办一届世界性的大赛。随着摩登舞在世界范围内的不断推广，其自身也得到了发展，摩登舞中又增加了维也纳华尔兹。

名人堂：杨超/谭轶凌

杨超/谭轶凌，体育舞蹈亚洲冠军组合。杨超，男，1985 年出生；谭轶凌，女，1987 年出生。1999 年，两人开始配对跳舞，之后参加了国内外的各大赛事。2005 年，杨超和谭轶凌在顶级赛事英国黑池大赛中获得 21 岁以下摩登舞冠军。2006 年，两人又获得另外一个顶级赛事 UK 公开赛的业余新星组冠军。2010 年 11 月，他们代表中国出战广州亚运会，夺得体育舞蹈比赛的标准舞—快步及标准 5 项舞两项冠军。

1960 年，在对非洲和拉美一些国家的民间舞进行规范和加工后又增加了拉丁舞的比赛，拉丁舞也有5种舞：伦巴、恰恰恰、桑巴、牛仔、斗牛。拉丁舞具有热情、奔放、浪漫的风格特点，舞蹈动作豪放粗犷，速度多变，手势和脚步内容丰富，充满激情，音乐节奏鲜明强烈，尤为中青年所喜爱。

1964年，国标舞又增加了新的表演和比赛项目——团体舞。团体舞是摩登舞和拉丁舞的混合舞，由8对选手组成，借助音乐的引导，将5种舞蹈在变化莫测的队形变动中编织出丰富多样的图案，它将音乐、舞姿、队形、图案和选手们的和谐配合融为一体，达到了完美统一，使体育舞蹈的风格特点得到了更为鲜明的体现。摩登舞、拉丁舞、团体舞被称为“现代国际标准舞”，每年在国际上都有不同地区、各种级别、不同规模的多种比赛。

目前，国际上有两个国际体育舞蹈组织：

(1) WDDS(世界舞蹈及体育舞蹈理事会)，1950年9月22日在英国苏格兰的爱丁堡成立，现有52个会员协会。

(2) IDSF(国际体育舞蹈联合会)，1935年成立于布拉格，现有79个会员协会，注册地为瑞士洛桑，于1997年获得国际奥委会的正式承认。

体育舞蹈在我国起步较晚，但发展很快。20世纪80年代，只有广州、上海等地的少数人会跳体育舞蹈，而大多还是在跳三四十年代的交际舞，它和现在真正的体育舞蹈有很大差距。1986年底，借助举办中日国际标准舞友好赛事的契机，中国舞协组联部积极落实舞蹈交流工作，重点培训了一批体育舞蹈人才，对体育舞蹈的推广和普及起到了重要的作用。

1990年1月，国家体委首次举办全国体育舞蹈培训班。1993年，又举行了北京、上海国际体育舞蹈邀请赛。随着中国体育舞蹈联合会的成立，体育舞蹈得到了更大范围的推广和普及，一股体育舞蹈热潮在我国大、中城市悄然兴起，各省市也经常举办体育舞蹈大赛。

体育舞蹈现已成为人们建立友谊、陶冶情操、锻炼身体的极好形式。同时，由于它兼有文化娱乐和体育竞技的双重特点以及很强的表演观赏性和技艺性，因此很多国家将它纳入竞技体育范畴，继而成立了各种体育舞蹈组织，并一直致力于促进体育舞蹈事业的发展。

二、体育舞蹈的基本术语

(1) 舞程向，在同一舞池中，为避免舞者相碰撞，而规定的必须按逆时针方向行进，这一行进方向称舞程向。

(2) 舞程线，沿舞程向方向行进的路线叫舞程线，如图7.39所示。

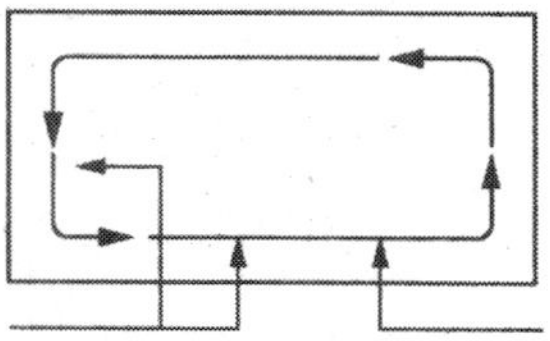

图7.39　舞程线

(3) 舞姿，泛指舞者跳舞的姿态。它主要包括以下几种：

一是合对位舞姿(闭式舞姿),“合”指男女交手握抱,“对”指男女面对面。泛指男女面对双手扶握的身体位置。

二是侧行位舞姿,指男士的右侧与女士左侧身体贴靠,身体的另一侧略向外展开成“V”字形的站立或行进的身体位置。

三是外侧位舞姿,指在摩登舞中,男女舞伴的一侧脚向舞伴同侧脚的外侧(右外侧或左外侧)前进所形成的身体位置。

四是并肩位舞姿,指拉丁舞中,男女面对同一方向肩臂相并的身体位置。以男士为基准,男士左肩与女士右肩相并叫“左并肩位”,男士右肩与女士左肩相并叫“右并肩位”。

五是影子位舞姿,男女舞伴面向同一方向重叠而立,形影相随的身体位置。以女士居前较常见。

(4) 反身动作,一侧脚前进或后退时,同侧肩和胯后让或前送,使身体与舞步形成反向配合的身体动作。

(5) 反身动作,在身体不转动的情况下,一脚在身前或身后形成交叉,以保证两人身体维持相靠姿态的身体位置叫反身动作。常用于外侧舞伴姿态、侧行位置姿态的舞步中。

(6) 升降动作(起与伏),指在跳舞时身体的上升与下降。升降动作是在膝、踝、趾关节的屈和伸动作的转换中完成的。

(7) 倾斜动作,指在跳一些舞步时,身体的倾斜。从形体上讲,指肩的平衡线向左向右的倾斜,它与地面的水平线成三角斜线。

(8) 节奏,通常指以一定规律反复出现、赋予音乐以性格的具有特色的节拍。

(9) 速度,这里指音乐速度,即每一分钟内所演奏的小节总数。

(10) 准线,指的是双脚的位置或双脚方向与场地的关系。

(11) 平衡,指舞蹈中身体重心的准确分配。

(12) 基本舞步,指构成一种特定舞蹈的基调舞步型。

(13) 滑步,指在第二步双脚并拢的三步组成的舞步。

(14) 踌躇步,指前进暂时受阻的舞步型或舞步型部分重心停留于一脚超过一拍。

(15) 锁步,指两脚前后交叉的舞步。

(16) 脚跟转,指向后迈出的脚的脚跟转。在动作过程中并上的脚必须与主力脚平行,旋转结束时身体重心移动至并上的那只脚。

(17) 脚跟轴转,指不变重心的单一脚跟旋转。

(18) 开式转,指第三步不是并靠而是超越第二步的旋转。

(19) 轴转,指一脚脚掌的旋转,另一脚处于或前或后的反身动作位置。

三、体育舞蹈基本技术简介

体育舞蹈技术丰富、复杂,本书仅介绍比较流行的、易学的两种舞蹈:摩登舞中的华尔兹和拉丁舞中的恰恰恰。

(一) 华尔兹

华尔兹舞亦称圆舞,是现代舞中历史最悠久,生命力最强的舞蹈形式。“华尔兹”一词最初来自古德文“Waltz”,意思是“滚动”、“旋转”或“滑动”。19 世纪初传入美国波士顿,当时为了区别于快的维也纳华尔兹舞,将这种慢节奏的华尔兹舞称为波士顿华尔兹。这种舞在 20 世纪初又重返欧洲,并在英国得到更好的发展和创新,以新的“慢华尔兹”的形式席卷欧洲大陆并延续至今,成为国际标准交际舞的内容之一。

华尔兹的风格特点是舞态雍容华贵、舞步婉转流畅、舞姿飘逸优美、旋转起伏似行云流水,富于抒情浪漫情调。舞蹈时,男伴似王子气宇轩昂,女伴似公主温文尔雅,雍容大方。华尔兹音乐为 3/4 节拍,节奏中等,每分钟 28～30 小节。华尔兹没有快、慢步之分,只有平均的 1、2、3 拍,第 1 拍是重拍。但是,有一些特殊的舞步,如犹豫步——每小节 3 拍音乐而只跳 2 步;并合步或前进和后退步锁步——每小节 3 拍音乐,可跳 4 步。

1. 华尔兹舞基本步

练习华尔兹舞基本步时,准备姿势均为合位。

(1) 前进左方步(如图 7.40 所示)。

第一步　男:左足前进。
　　　　女:右足后退。

第二步　男:右足旁步稍靠前。
　　　　女:左足旁步稍靠后。

第三步　男:左足向右足并步。
　　　　女:右足向左足并步。

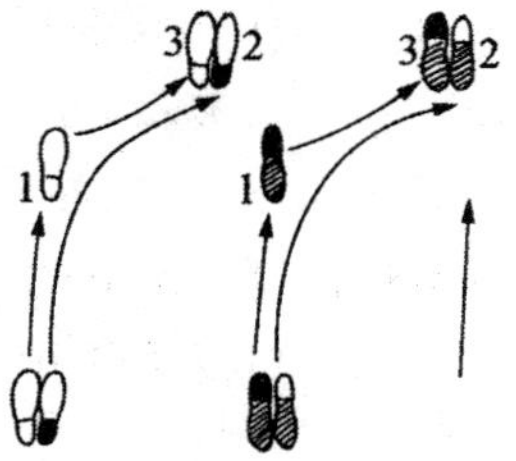

图 7.40　前进左方步

(2) 前进右方步(如图 7.41 所示)。

第一步　男:右足前进。
　　　　女:左足后退。

第二步　男:左足旁步稍靠前。
　　　　女:右足旁步稍靠后。

第三步　男:右足向左足并步。
　　　　女:左足向右足并步。

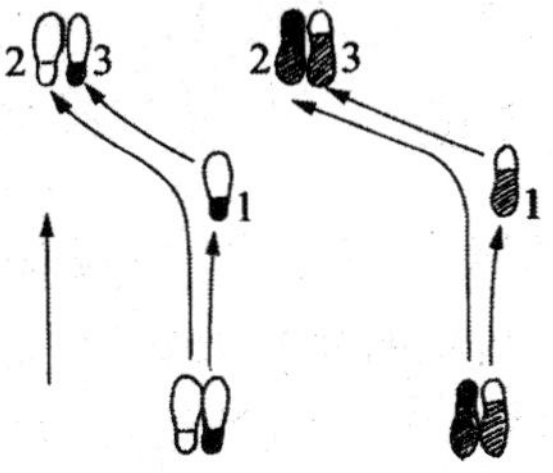

图 7.41　前进右方步

(3) 后退左方步(如图 7.42 所示)。

第一步　男:左足后退。
　　　　女:右足前进。

第二步　男:右足旁步稍靠后。
　　　　女:左足旁步稍靠前。

第三步　男:左足向右足并步。
　　　　女:右足向左足并步

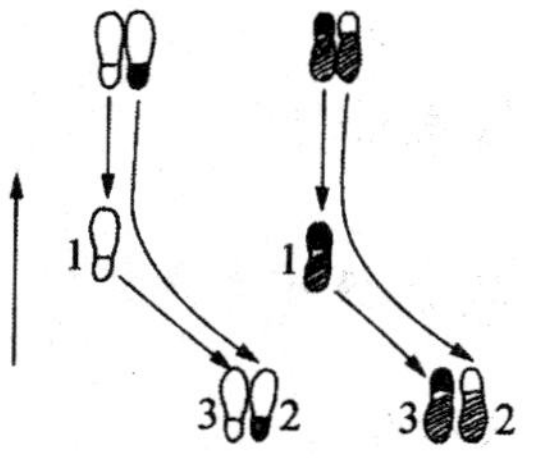

图 7.42　后退左方步

(4) 后退右方步(如图 7.43 所示)。

第一步　男:右足后退。
　　　　女:左足前进。

第二步　男:左足旁步稍靠后。
　　　　女:右足旁步稍靠前。

第三步　男:右足向左足并步。

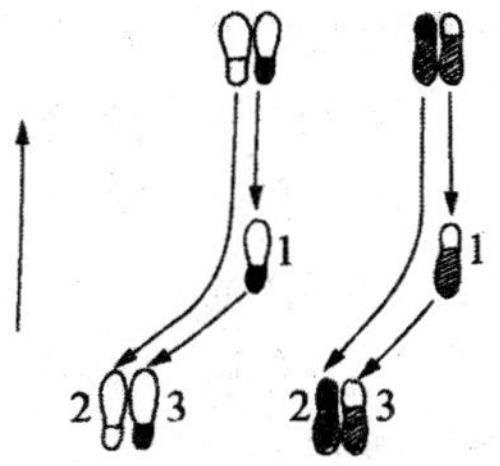

图 7.43　后退右方步

女:左足向右足并步。

(5) 右转步(如图 7.44 所示)。

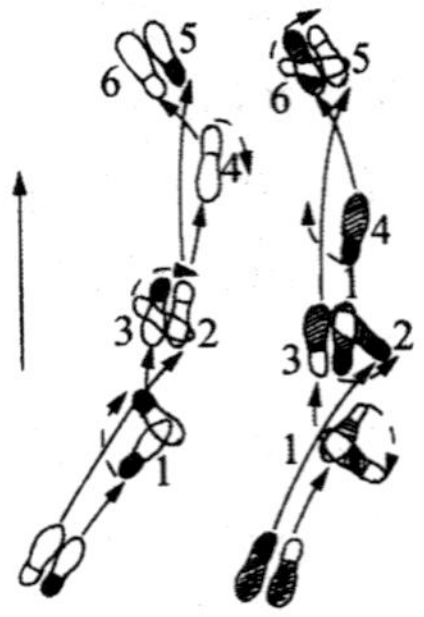

图 7.44　右转步

第一步　男:右足前进,开始向右转。

女:左足后退,开始向右转。

第二步　男:左足旁步,向右转过 1/4。

女:右足旁步,向右转过 3/8。

第三步　男:右足向左足并步,继续右转过 1/8。

女:左足向右足并步。

第四步　男:左足后退,开始向右转。

女:右足前进,开始向右转。

第五步　男:右足旁步,向右转过 3/8,身体转动稍滞后。

女:左足旁步,向右转过 1/4。

第六步　男:左足向右足并步,身体完成转动。

女:右足向左足并步,继续转过 1/8。

(6) 左转步(如图 7.45 所示)。

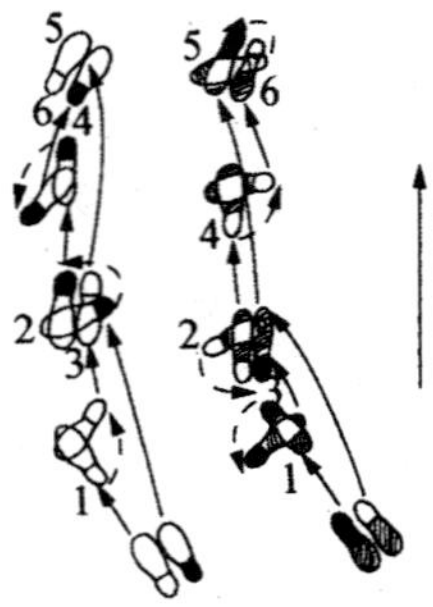

图 7.45　左转步

第一步　男:左足前进,开始左转。

女:右足后退,开始左转。

第二步　男:右足旁步,向左转过 1/4。

女:左足旁步,向左转过 1/4。

第三步　男:左足向右足并步,再转 1/8。

女:右足向左足并步,身体完成转动。

第四步　男:右足后退,开始左转。

女;左足前进,开始左转。

第五步　男:左足旁步转过 3/8,身体转动滞后。

女:右足旁步转过 1/4。

第六步　男:右足向左足并步,身体完成转动。

女:左足向右足转动,转过 1/8。

(7) 外侧换步(如图 7.46 所示)。

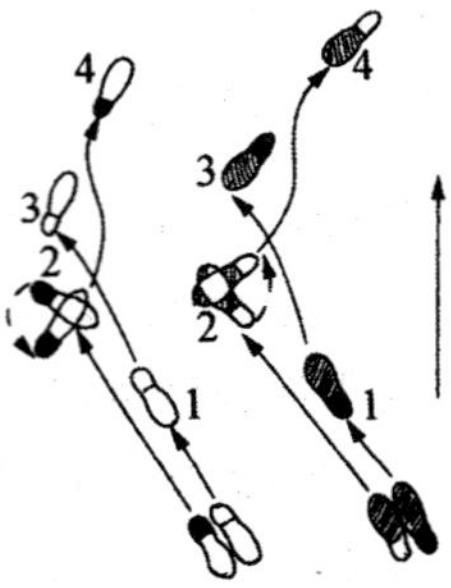

图 7.46　外侧换步

第一步　男:左足后退。

女:右足前进。

第二步　男:右足后退,开始左转。

女:左足前进,开始左转。

第三步　男:左足旁步,稍靠前转过 1/4,身体转动滞后。

女:右足旁步,稍靠后转过 1/4,身体转动滞后。

第四步　男:右足向右外侧前进。

女:左足后退。

(8) 犹豫步(如图 7.47 所示)。

第一、二、三步与右转步第一、二、三步相同。

第四、五、六步如下：

第四步　男：左足后退，开始右转。

　　　　女：右足前进，开始右转。

第五步　男：右足旁跨一小步，（足跟拖动，由足跟→足内缘→全足），转过 3/8。

　　　　女：左足旁步，转过 3/8。

第六步　男：左足用足尖内缘刷向右足，虚步。

　　　　女：右足用足尖内缘刷向左足，虚步。

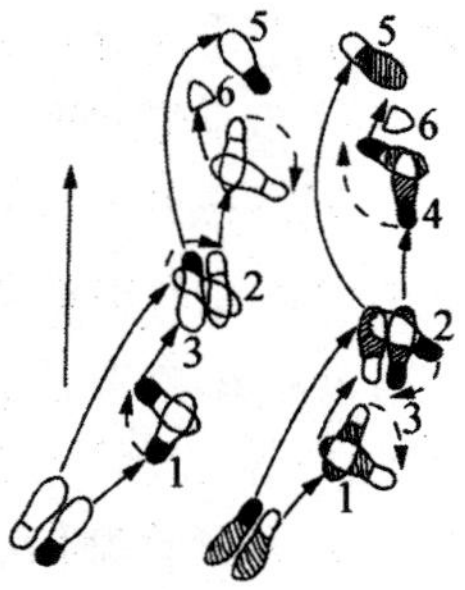

图 7.47　犹豫步

(9) 并进并后步（如图 7.48 所示）。

第一步　男：右足并进步。

　　　　女：左足并进步，开始向左转。

第二步　男：左足旁步稍靠前。

　　　　女：右足旁步转过 1/8。

第三步　男：右足向左足并步。

　　　　女：左足向右足并步转过 1/8，身体转动滞后。

第四步　男：左足旁步稍靠前。

　　　　女：右足旁步稍靠后。

第五步　男：右足右外侧前进。

　　　　女：左足后退。

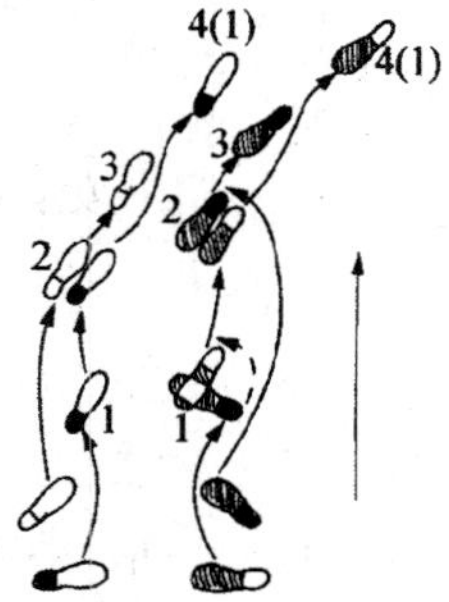

图 7.48　并进并后步

2. 组合练习

(1) 前进右方步→左转步→前进左方步。

(2) 前进左方步→犹豫步→前进左方步。

(3) 右转步第一、二、三步→外侧换步→前进右方步。

(4) 前进左方步→犹豫步→前进左方步。

(5) 后退韦斯步→并进并合步→右外侧右转步。

3. 练习方法

第一阶段：进行基本姿态、握姿及基本步的练习。

(1) 做好原地的升降与左右摆荡练习，体会脚踩、膝关节的升降，身体的左右摆荡，拉旁腰。单体或集体跟随教师进行练习，再根据要求自我练习。

(2) 跟随教师进行基本舞步的练习，掌握舞步与控制身体平衡。

第二阶段：进行基本步和简单舞步组合的练习。

(1) 采用边讲解边示范分别教授男女舞步，跟随教师进行练习。

(2) 当男女大多数学生能熟练地完成各自的舞步时进行男女组合练习。

(3) 要求学生记住舞步节奏口令。

第三阶段：进行舞步的完整练习。

(1) 对复杂舞步采用慢节拍的示范练习，及时纠正错误。

(2) 采用学生练习中进行相互对比，观看与练习相结合，找出存在的问题，有针对性地进行教学。

(3) 重复进行完整组合练习，掌握正确的舞程线，提高舞伴相互之间的默契配合。

第四阶段：进行多种舞步的组合练习，提高动作质量和舞步的韵味。

(1) 在音乐伴奏下进行舞步组合练习。

(2) 进行分组舞步练习，达到相互学习的目的。

(3) 熟练掌握各种舞步组合，加强脚踝、膝关节的升降，身体左右摆荡。

4. 练习提示

(1) 男女舞伴有轻微的反身动作

(2) 倾斜男女舞伴，男向左，女向右。

(3) 升降第一步末开始，第二步继续升，第三步末下降。

(4) 外侧换步反身动作，男女伴第二、第四步皆有，无倾斜。

(5) 犹豫步，反身动作男女伴第一、第四步有。倾斜第二、第三步男向有女向左。第五、六步男向左女向右。升降第一、二、三步与右转步的第一、二、三步相同。第四、五、六步无升降。

(6) 并进并合步。其节奏是(1、2&、3)……“1”为小节音乐第一拍，“2&”共占第二拍，“2”为第二拍的前半拍，“&”为第二拍后半拍；“3”为第三拍，第五步(数“4”)实为下一小节的第一拍，即第二小节的第一步。反身动作男女伴第一、五步均有。该舞步无倾斜。第一步末开始升，第二、三步继续升，第四步保持，第四步末降下。

(二) 恰恰恰

恰恰恰舞起源于古巴，原是模仿企鹅在生活中的各种姿态而创造出来的舞蹈。舞蹈时，男女舞伴好似两只企鹅。高兴时相亲相爱、相对而舞；不高兴时，女伴则“转身而去”，男士则“尾随其后”，表示和解。故恰恰恰舞一反男士领舞常态，而多由女士领舞、男士跟跳，而且两人动作不必整齐划一。恰恰恰舞的音乐富于切分音，4/4 拍，每分钟 32～34 小节，4 拍跳 5 步(2、3、4&1)。恰恰恰舞由于名称动听，节奏欢快易记，邦伐斯鼓和沙球的咚咚沙沙声与动作相吻合，舞蹈又有诙谐花哨的风格，所以备受人们的欢迎，是拉丁舞中最流行的舞蹈。

1. 恰恰恰基本舞步

恰恰恰舞步共 10 步，音乐 2 小节(数拍：2、3、4 加 1，2、3、4 加 1)。

准备姿势：闭面位置开始，男伴脚分开重心在右脚，女伴脚分开重心在左脚，如图7.49所示。

图 7.49 准备姿势

图 7.50 第 1 步

图 7.51 第 2 步

第 1 步(数拍:2,如图 7.50 所示)

男:左脚前进,开始左转。

女:右脚后退,开始左转。

第 2 步(数拍:3,如图 7.51 所示)

男:重心移回右脚,继续左转。

女:重心移回左脚,继续左转。

第 3～5 步(数拍:4 加 1,如图 7.52、53、54 所示)

男:左脚到侧旁并稍向后,跳快滑步左右左,继续转动,在第 1～5 步上完成向左 1/8 转(可以做到 1/4 转)

女:右脚到侧旁,跳快滑步右左右,继续转动,在第 1～5 步上完成 1/8(可以做到 1/4 转)。

图 7.52　第 3 步

图 7.53　第 4 步

图 7.54　第 5 步

第 6 步(数拍:2,如图 7.55 所示)

男:右脚后退,继续左转。

女:左脚前进,继续左转。

图 7.55　第 6 步

图 7.56　第 7 步

第 7 步(数拍:3,如图 7.56 所示)

男:重心移回左脚,继续左转。

女:重心移回右脚,继续左转。

第 8～10 步(数拍:4 加 1,如图 7.57、58、59 所示)

男:右脚到侧旁,跳快滑步右左右,继续转,在第 6～10 步上完成向 1/8 转(可以做到 1/4)。

图 7.57　第 8 步

图 7.58　第 9 步

图 7.59　第 10 步

女：左脚到侧旁并稍向后，跳快滑步左右左，继续转动，在第 6～10 步上完成向左 1/8 转(可以做到 1/4 转)。

2. 扇形步

扇形步该舞步共 10 步，音乐 2 小节(数拍：2、3、4 加 1，2、3、4 加 1)

准备姿势：闭面位置开始，脚分开。男伴重心在右脚，女伴重心在左脚。

第 1～5 步(数拍：2、3、4 加 1，如图 7.60 所示)

男：同基本步的第 1～5 步，左右、左右左，在第 1～5 步上向左 1/8 转。

女：同基本步的第 1～5 步，右左、右左右，在第 1～5 步上向左 1/8 转。

第 6 步(数拍：2，如图 7.61 所示)

男：右脚后退，不转。

女：左脚前进，开始左转。

图 7.60　第 1～5 步

图 7.61　第 6 步

图 7.62　第 7 步

第 7 步(数拍：3，如图 7.62 所示)

男：重心移回左脚，不转。

女：右脚后退，并稍向侧旁。

第 8～10 步(数拍：4 加 1，如图 7.63、64、65 所示)男士左手与女士右手相握持。

男：右脚到侧旁，跳快滑步(右左右)。

女：左脚后退，跳快滑步(左右左)，继续转，在第 6～10 步上向左 1/4 转。

图 7.63　第 8 步

图 7.64　第 9 步

图 7.65　第 10 步

3. 阿列曼娜步

阿列曼娜舞步共 10 步,音乐 2 小节(数拍:2、3、4 加 1,2、3、4 加 1)

准备姿势:以扇形位置开始,男伴脚分开重心在右脚,女伴重心在左脚上,如图 7.66 所示。

第 1 步(数拍:2,如图 7.67 所示)

男:左脚前进,不转。

女:右脚靠到左脚,不转。

第 2 步(数拍:3,如图 7.68 所示)

男:重心移回右脚,不转。

女:左脚前进,不转。

图 7.66 准备姿势

图 7.67 第 1 步

图 7.68 第 2 步

第 3~5 步(数拍:4 加 1,如图 7.69、70、71 所示)

男:左脚几乎靠近右脚,跳快滑步(左右左),不转。

女:右脚前进,跳快滑步(右左右),开始右转。

图 7.69 第 3 步

图 7.70 第 4 步

图 7.71 第 5 步

第 6 步(数拍:2,如图 7.72 所示)

男:右脚后退,不转。

女:左脚前进,继续右转。

第 7 步(数拍:3,如图 7.73 所示)

男:重心移回左脚,不转。

女:右脚前进,继续右转,在第 6~7 步上右转 1/2 周。

第 8~10 步(数拍:4 加 1,如图 7.74、75、76 所示)

男:右脚几乎靠到左脚,跳快滑步(右左右),不转。

女:左脚前进,跳快滑步(左右左),继续右转,在第 3~10 步上完成 1/4 转。

图 7.72　第 6 步　图 7.73　第 7 步　图 7.74　第 8 步　图 7.75　第 9 步　图 7.76　第 10 步

4. 三个恰恰恰步

三个恰恰恰舞步共 9 步，音乐 3 小节（数拍：4 加 1、2 加 3、4 加 1），如图 7.77（1～3）所示。

三个恰恰恰快滑步可以在某个方位上渐进地跳。

（1）向前跳（前进步）。在闭面位置上——在基本的第 1～7 步之后（在 9 个步子右左右、左右左、右左右、上下转或渐渐地弯向左，直到 3/8 段转）女伴是左右左、右左右、左右左后面跟随以基本步。

1　2　3

图 7.77　（1～3）三个恰恰恰步

（2）向后跳（后退步）。在闭面或开面位置上——在基本步的第 2 步之后（不转或渐渐地向右或向左拐弯达到 3/8 转）左右左、右左右、左右左（女伴右左右、左右左、右左右）。当不转动时后面用基本步的第 6～10 步接跳；当向左拐弯时，用扇形步的第 6～10 步跟随。

5. 舞步组合

基本步→扇形步→阿列曼娜→三个恰恰恰前进步→基本步→三个恰恰恰后退步。

6. 练习方法

第一阶段：进行各种基本姿态、握姿及基本步的练习。

（1）初步掌握绷脚背、髋部的转动、身体重心的前后移动的练习。

（2）采用边讲解边示范的方法跟随教师进行基本舞步的练习，掌握舞步与控制身体平衡。

第二阶段：进行基本步和简单舞步组合的练习。

（1）采用边讲解边示范分别教授男女舞步，跟随教师进行练习。

（2）当大多数学生能熟练地完成各自的舞步时进行男女组合练习。

（3）要求学生记住舞步节奏口令。

第三阶段：进行舞步的完整练习。

（1）对复杂舞步采用慢节拍的示范练习，及时纠正错误。

(2) 采用学生练习中进行相互对比，观看与练习相结合，找出存在的问题，有针对性地进行教学。

(3) 重复进行完整组合练习，掌握正确的舞程线，提高舞伴相互之间的默契配合。

第四阶段：进行多种舞步的组合练习，提高动作质量和舞步的韵味。

(1) 在音乐伴奏下进行舞步组合练习。

(2) 进行分组舞步练习，达到相互学习的目的。

(3) 熟练掌握各种舞步组合，加强绷脚背、髋关节的转动，保持身体的垂直移动。

7. 练习提示

(1) 基本步结束与闭面位置。

(2) 脚法始终保持前脚掌、平面，重心移动前后保持半重心。

(3) 扇形步。男：在第 1～5 步上可以向左做 1/4 转，在此情况下在第 6～10 步上向右 1/8 转是适宜的。最后一步快滑步到侧旁并稍向前。在第 7～10 步上，男伴可以向左多转 1/4 周，结束在开面位置上。最后一个快滑步向侧旁并稍向前。女：在第 1～5 步上可以向左做 1/4 转，在这种情况下，第 6～10 步间向左转 3/8 转是适宜的。在第 7 步上，当男伴用左手轻推时，女伴应稍微撑住右臂。

(4) 阿列曼娜步。当在下列位置结束时，女伴转动的程度为闭面位置如前所述。在男伴的右侧与男伴成直角，向右 1/2 转(以左脚在侧旁在稍靠后结束)。右并肩位置，向右 1/4 转(左脚后退结束)。当该舞步后面皆以手拉手步时，男伴(及女伴)最后快滑步应当到侧旁。当女伴面对男伴结束时，要做一个整周转。

第三节　瑜伽

一、瑜伽运动概述

(一) 瑜伽简介

瑜伽是东方最古老的强身术之一，它起源于印度，近年流行于世界。“瑜伽”是梵文词，是从印度梵语“Yug”或“Yuj”而来，其含意为“一致”、“结合”或“和谐”。瑜伽是一个通过提升意识，帮助人们充分发挥潜能的哲学体系及其指导下的运动体系。瑜伽姿势是一个运用古老而易于掌握的方法，是一种提高人们生理、心理、情感和精神方面的能力，是一种达到身体、心灵与精神和谐统一的运动形式。

瑜伽发源印度北部的喜马拉雅山麓地带，古印度瑜伽修行者在大自然中修炼身心时，无意中发现各种动物与植物天生具有治疗、放松、睡眠或保持清醒的方法，患病时能不经任何治疗而自然痊愈。于是古印度瑜伽修行者根据动物的姿势观察、模仿并亲自体验，创立出一系列有益身心的锻炼系统，也就是体位法。这些姿势历经了五千多年的锤炼成为现在的瑜伽，它教给人们的治愈法，让世世代代的人从中获益。

大约在公元前 300 年时，印度大圣哲帕坦伽利创作了《瑜伽经》。它阐明了使身体健康、精神充实的修炼课程，这门课程被系统化和规范化后，构成当代瑜伽修炼的基础。帕坦伽利在《瑜伽经》中提出的哲学原理被公认为是通往瑜伽精神境界的里程碑，因此，帕坦伽利被尊为瑜伽之祖。

名人堂：母其弥雅

母其弥雅被称为“亚洲最美瑜伽教练”、“瑜伽第一美女”。她于1987年5月24日出生于云南楚雄，母亲是彝族，父亲是汉族。母其弥雅容貌清丽、阳光、健康，典雅的东方气质中透着时尚的现代气息。8年多的瑜伽练习不仅使母其弥雅拥有完美的黄金比例身材，更让她总结出了一套特有的健康生活理念，以瑜伽为出发点，针对美容、美体、养生等不同方面，制定不同的训练方式。她是专业的瑜伽指导师，结合多个瑜伽流派自创了“弥雅瑜伽”，也曾是英国皇室安德鲁亲王访华期间指定的瑜伽教练。2012年，母其弥雅正式加盟华谊兄弟时尚，成为了华谊时尚旗下的首位签约达人明星。她代表的健康运动的独特魅力获得了时尚行业的认可。

瑜伽不仅是古印度文明在艺术、哲学、医学领域的奇迹，更已成为世界文明的瑰宝。其因完备的科学性、高度的艺术性和独特的智慧性，已延续5000年并流传至今。20世纪以来，经东西方深入的科学研究，它的神奇功用进一步证实，已被西方研究证明是人类最适宜、最有效的修身习练法之一，这一集文化、艺术、哲学、医学于一体的运动方式再次风靡各国，进入了历史上又一个繁盛时期。

（二）瑜伽的呼吸

呼吸就是生命，如果没有食物和水，人的生命还可以维持几天，但是如果没有呼吸，人在几分钟内就失去生命。在瑜伽理论中，瑜伽学者们常常形容呼吸就是吸取“生命之气”。“生命之气”就是精气、精力，它看不到但能时时刻刻感觉到。瑜伽呼吸由三个部分组成——吸气、悬息（屏气）、呼气。人们常常认为吸气是呼吸中最重要的部分，但事实上，吐气才是最关键的部分。吐出去的废气越多，才能有机会吸入更多的氧气，所以在许多的瑜伽呼吸法中，吐气比吸气时间长，悬息会让氧气停留在体内的时间更长。如果是初学者把握不好呼吸，不主张做屏气的练习。

呼吸具有两大功能：供给脑部和血液足够的氧分；摄入生命之气，控制意识。通过瑜伽呼吸法的练习，可以将你的肉体和精神联系起来；可以洁净呼吸系统，排除身体毒素，更深地放松身体和精神；可以增加你的精力，使你通向更广阔的精神认知领域。呼吸作为人的生理本能，是一种无意识的自然规律。平常人的呼吸在瑜伽的呼吸定义中，被称为“肩式呼吸”。瑜伽的呼吸方法是一种特殊的方法，称之为“完全呼吸法”。它是同时运用腹部、胸部和肩部三合一的呼吸原则，对呼吸重新调整而达到“调息”的呼吸练习方法。瑜伽呼吸方法大概有10多种，基本较为简单的也容易为初学者所掌握的有“胸式呼吸”、“腹式呼吸”、“完全呼吸”、“交替呼吸”等；还有稍复杂些的，也是程度较高的瑜伽研习者常用的，如“鸣声呼吸法”、“语音呼吸法”、“风箱式呼吸法”等。

胸式呼吸是指气息的吸入局限在胸的区域，气息较浅，这种呼吸适宜做针对性较强的动作（如上背部和胸部的动作）。呼吸时，意识集中于肺部，缓缓吸气，感觉自己的肋骨向外扩张，气息充满胸腔，保持腹部的平坦；缓缓呼气放松胸腔，将气呼尽。

腹式呼吸是指气息的吸入局限于腹部的区域，气息较深，横膈肌下降得较为充分。呼吸时，更多关注腹部，缓吸气，感觉腹部被气息充分膨胀，向前推出，胸腔保持不动；缓缓呼气，横膈膜上升，腹部慢慢向内瘪进。

完全呼吸（胸腹式呼吸）是瑜伽练习中最常用的呼吸方法，是胸式呼吸和腹式呼吸的结合。它提供给身体最充足的氧气，帮助身体消耗脂肪，并使血液得以净化，将体内的浊气、废气、二氧化碳最充分地排出体外；能够温和地按摩腹脏器官，促进其机能，增进体内循环，防止呼吸道感染；消除肌肉、内脏的疲劳，尤其对平息剧烈运动后自主神经系统紊乱、内分泌不正常的就急状态特别有帮助；提高人体免疫力，改善心理状态，控制情绪，对培养注意力、集中力都有很好的效果。呼吸时，缓缓吸入气息，感觉到由于横膈膜下降，腹部完全鼓起；随后，肋骨处向外扩张到最开的状态，肺部继续吸入氧气，胸腔完全扩张，胸部上提；吸满气后缓缓地呼出，放松胸腔，将胸部的气呼出，随后温和收紧腹部，腹部向内瘪进去，感觉肚脐去贴后背，将气完全呼尽为止。

呼吸时注意：(1) 意识力集中到一呼一吸上。(2) 一般只由鼻腔参与呼吸，因为，鼻腔对灰尘和细菌有过滤作用。(3) 每一次吸气时，犹如品尝空气一般，缓慢深长地吸入；呼气时，犹如蚕吐丝一般，细而悠长。意识中要将体内废气排出。(4) 躺、跪、坐时，眼睛闭上，向内集中注意力；站立时，为了保持身体平衡，需要睁开眼睛。(5) 保持自然、轻松的呼吸即可。进行瑜伽呼吸练习，适宜在每天早上或睡前 10～20 分钟为最好，若以养身为目的，时间可适当延长。采用的姿势是坐姿或卧姿，宽衣松带，双手自然放置身旁、头、颈、脊柱成一直线，全身放松。

（三）瑜伽的静思与冥想

瑜伽健康的实践是体位法、呼吸法、冥想法三者融为一体，达到身心合一的完美境界。瑜伽中的静思与冥想不是宗教，也不是玄学，而是现代人可以利用和学习的一种与自我心灵对话的方式。只要你能放松自己，保持内心的平和，静观一切，心中无杂念，就已进入冥想状态。这种瑜伽静思的冥想形式常会被那些有经验的瑜伽研习者采用。在体位法练习过程中也可以进行冥想。瑜伽冥想术的目的在于获得内心的和平与安宁，达到无限的精神之爱、欢乐、幸福和智慧。当在练习瑜伽体位法时，每个动作完成后的静止过程中，闭上眼睛，配合缓慢深长的呼吸，用心体会动作刺激身体的所在部位，即从姿势的名称联想相应的图像。如练习“树式”姿势时，想象身体像棵充满生机的树沐浴在阳光下，脚像有力的树根从大地吸取养分，生命变得充满活力自信。现代人的精神压力越来越大，冥想是一种很好的精神减压方式。冥想可以提高人集中精神，控制自身意识以及调节身心的能力，从而帮助人们达到内心更平静、祥和的状态，因此，冥想是真正意义上的“寻找自我、认识自我”的方式。冥想并不是在于你可以保持思想清晰和集中的时间有多长，而是在于培养反复转移注意力到某个选定目标上的能力。这里介绍两种冥想技巧：(1) 注意力集中于呼吸，就是仔细观察和感受的呼吸过程，在任何情况下都不改变呼吸的节奏，也可把注意力集中在每一次呼气上。(2) 注意力集中到某一物体上，将一支点燃的蜡烛、一枝花或者是一块带条纹的石头等，置于身前不远的地板上或者放在与视线等高的地方，把注意力集中在烛焰上、花上或石头等上，当注意力分散时，重新把注意力集中到这些物体上。也可闭上眼，脑子里默想着烛焰、花或石头的样子，直到它们逐渐从脑海里消失。然后睁开眼睛，再一次凝视眼前的蜡烛、花式石头。

(四) 练习瑜伽的注意事项

(1) 时间安排与饮食要求。清晨或傍晚是瑜伽锻炼的最佳时间。要保证空腹或完全消化以后(饱餐后三小时)进行练习，喝入流质食物则可在半个小时后练习。日常饮食尽量避免油腻、辛辣。练习后半小时进食比较科学。

(2) 身体清洁。洗澡可以使人体洁净并保持轻松的感觉，这样在进行某些练习时效果更好，因此可以选择在练习前一个小时左右洗澡。如果想在练功后用热水淋浴，应在15 分钟后进行。

(3) 衣着要求。练习瑜伽要尽可能穿着简单、宽松的衣物。练习时最好光着脚，并摘掉手表、腰带或其他饰物。

(4) 练习场地与环境。练习瑜伽时要选择安静、清洁、空气新鲜的地方，如果在室内要注意保持空气的流通，这对于调息练习尤为重要。瑜伽练习时必须保持安静，避免交谈和心理活动，可以播放轻松简单的乐曲，以帮助身心能够专心集中。

(5) 女性及某些患病者的注意事项。女性在生理周期期间应避免做腹部过于用力的动作，如用力地呼吸、倒立类动作等。做上体往下倒立的姿势时，高血压、低血压患者，头部受过伤害的人，晕眩病人，心衰的人应避免练习，以免头部充血而发生危险。患椎间盘突出的人应禁止做往前弓背的动作。

(6) 练习方法。瑜伽体位法包括弯、叠、折、俯、扭、抑、屈、伸、提、压等，不正确的练习会损害健康，扰乱心神，一定要在教师的指导下练习。瑜伽练习的每一步骤都要谨慎从事，不可操之过急，在练习过程中逐步增加力度和难度，顺其自然、循序渐进。

(7) 休息。瑜伽休息有两种，一种是短时间的休息，如体位法中常采取的 10～30 秒的休息，一般占用练习时间的 1/5 左右；另一种是专门的休息，有时达十几分钟之久，甚至更长时间，如仰卧瑜伽放松术等。这种方法除了达到放松的目的，还能帮助恢复体内能量和精神。

二、部分瑜伽姿势介绍

(一) 基本姿势

常见的瑜伽基本姿势有山立式、仰卧式、俯卧式、莲花坐式、跪坐式(金刚坐)、正坐式等，这几种姿势均有安定神经、稳定情绪的作用，一般作为瑜伽练习的起始姿势，其中完全莲花坐式、跪坐式也常常作为瑜伽冥想姿势。

(1) 山立式。身体自然站立，双手下落于身体两侧，自然放松，如图 7.78(1)所示。

(2) 莲花坐式。坐于垫子上，将左脚放于右大腿之上，右脚放于左大腿之上，脚底均向上，脊柱挺立，如图 7.78(2)所示。

(3) 跪坐式(金刚坐)。双脚并拢跪在垫子上,臀部下落于两脚脚跟之上,如图 7.78(3)所示。

(4) 正坐式。坐在垫子上,将两腿伸直,上体挺立,双手自然下落于臀部两侧的地面上,如图 7.78(4)所示。

(5) 仰卧式。仰卧于垫子上,两腿伸直,两脚并拢,两手放置于身体两侧,手心向下或向上,如图 7.78(5)所示。

(6) 俯卧式。俯卧于垫子上,两腿伸直,两脚并拢,两手放置于身体两侧,手心向下,如图 7.78(6)所示。

1　山立式

2　莲花坐

3　跪坐式

4　正坐式

5　仰卧式

6　俯卧式

图 7.78(1～6)　基本姿势

(二) 放松姿势

在瑜伽姿势的练习过程中,放松起着非常重要的作用。充分、及时、有效的放松可以避免身体各部分的关节、韧带过度用力,并释放紧张。在姿势与姿势的练习之间可采用大拜式放松,而在一组瑜伽姿势完成后,可采用仰卧放松式做彻底的放松。

(1)婴儿式放松式。跪撑于地面,两脚并拢,双臂、大腿垂直于地面上,后臀部跪坐在双脚脚跟上,前额贴于垫子上,如图 7.79(1)所示。

(2)仰卧放松式。仰卧于垫子上,两腿伸直,两脚约分隔一肩宽距离,两手放置于身体两侧,放在垫子上,手心向上,如图 7.79(2)所示。

1　婴儿式放松式

2　仰卧放松式

图 7.79(1、2)　放松姿势

三、部分瑜伽体位动作介绍

（一）组合练习

拜日式（向太阳致敬式）作为一个整体，不仅对身体的各个不同系统能产生良好影响，而且有助于使各个系统互相达到和谐状态，使人健康而又充满活力。其练习方法有如下几点：

（1）直立，两脚并拢，双手于胸前合十，调整呼吸，使身心平静，如图 7.80（1）所示。

（2）吸气，手臂向后伸直，放在耳朵两侧，上半身向后仰，臀部向前推，如图 7.80（2）所示。

（3）吐气，上体前屈，手掌平放于地面，让手指与脚趾成一直线。头部尽量贴近膝盖，如图 7.80（3）所示。

（4）吸气，左腿尽量往后伸（初学者让左膝着地），右膝盖弯曲，伸直脊柱，抬头，眼睛向前上方向看，如图 7.80（4）所示。

（5）憋气（或保持呼吸），把左腿往后伸直，成伏地挺身姿势，如图 7.80（5）所示。

（6）吐气，膝盖弯曲，膝盖、胸、下巴（或额头）着地，保持髋部抬高。注意放松腰部和伸展胸部，如图 7.80（6）所示。

（7）吸气，臀部往前推，头向后仰，成眼镜蛇式，如图 7.80（7）所示。

（8）吐气，手脚不动，臀部尽量往上推，成“倒 V”姿势，如图 7.80（8）所示。

（9）吸气，前跨左脚并放在两手中间，右腿往后伸展，眼睛往前上方向看，如图 7.80（9）所示。

（10）吐气，把左脚往前收，两脚并拢，膝盖伸直，额头贴近膝盖，如图 7.80（10）所示。

（11）吸气，上体后仰，全身尽量向后伸展，如图 7.80（11）所示。

（12）吐气，慢慢还原成直立，如图 7.80（12）所示。

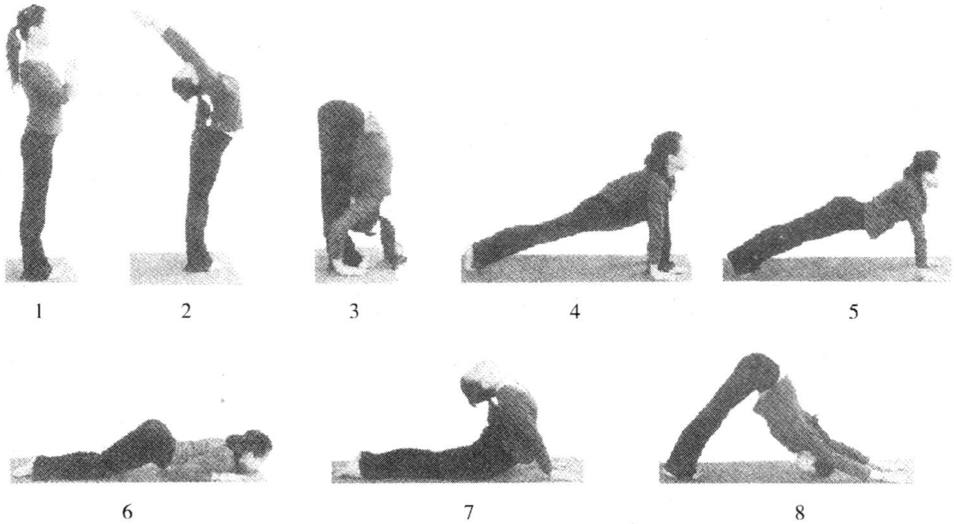

9　10　11　12

图 7.80(1～12)　组合练习

（二）伸展类体位法

1. 猫伸展式

猫伸展式是模仿活动脊柱的姿势，柔和、缓慢地配合呼吸，让脊柱慢慢地伸展、柔化，可以消除脊柱的僵硬感和腰部多余的脂肪，也可减轻便秘的现象。此式也是帮助女性调节经期紊乱和产后恢复的最佳选择，非常适合在早晨身体比较僵硬的时候练习，舒缓、柔和的动作不会给身体带来任何压力。练习时，意识力应放在运动过程中每一节脊柱的伸展上。其练习方法有如下几点：

(1) 跪立，四肢着地，膝盖、手臂与地面垂直。吸气，挺胸，仰头，伸展颈部，眼睛向上看，同时腰部下压，如图 7.81(1)所示。

(2) 吐气，拱背，腹部往里收紧，下巴回收，把凹背和拱背这两种姿势各重复做 12 次，如图 7.81(2)所示。

(3) 变形式。保持四肢着地的姿势，然后慢慢向前伸展右手臂，向后伸展左腿，直到身体和地面平衡，保持这个姿势尽可能长的时间，如图 7.81(3)所示。

1　2　3

图 7.81(1～3)　猫伸展式

2. 坐式角度式(劈腿伸背式)

坐式角度式主要伸展部后侧的韧带和肌肉，以增加骨盆的血液循环，有助于消除女性经期疼痛的现象，调节人体的生殖系统。练习时，意识力应放在髋部和脊柱的伸展上，放松肩膀和头部。其练习方法有如下几点：

(1) 坐式，最大限度地分开双腿，保持脊柱挺直，两手放在腿上或者放在腿部后侧，如图 7.82(1)所示。

(2) 双手放在身体前方的地面。吐气，上半身慢慢向前弯，贴近地面，保持腿部和背部伸直。保持这个姿势 30 秒，做正常的呼吸，如图 7.82(2)所示。

(3) 也可以让双手抓住两脚脚趾，保持这个姿势 30 秒，做正常的呼吸。肩膀尽可能靠近地面，如图 7.82(3)所示。

1　　2　　3

图 7.82(1～3)　坐式角度式(劈腿伸背式)

3. 单跪伸展式

经常练习单跪伸展式会使整个身体变得轻盈、敏捷,还可调节和刺激腹腔内脏,促进消化系统的血液循环,加强膝关节的灵活度。练习时,意识力应放在身体的平衡感和膝盖、腿部的抻拉感上。其练习方法包括如下几点:

(1) 坐式,右腿保持伸直,左腿向后弯曲,小腿放在臀部旁边,脚趾指向后方,双手抓住右脚脚趾,吸气,伸展背部。保持这个姿势,做 10 秒的正常呼吸,如图 7.83(1)所示。

(2) 吐气,身体前弯,让整个背部延伸,双手手臂尽量伸直,不要放在地面,同时维持身体平衡,保持这个姿势 30 秒到 1 分钟,做正常的呼吸。吸气,抬起上半身,伸直并放松左腿,如图 7.83(2)所示,换一边做同样的练习。

1　　2

图 7.83(1、2)　单跪伸展式

4. 牛面式

牛面式可十分有效地扩张肺部,促进肺部功能,改善人的体态,使身体各关节得到按摩。练习时,意识力应放在双腿的挤压感和胸部的扩张感上。其练习方法为:跪立,双腿交叉,让右膝在上与左膝重叠,右手向上在背后与左手相扣,右手手肘向上,臀部放在地面,髋部应向下放松,保持这个姿势 1 分钟,做正常的呼吸,如图 7.84(1、2)所示,换一边做同样的练习。

1 正面　　2 侧面

图 7.84(1、2)　牛面式

（三）扭动屈压类体位法

1. 脊柱扭转式

脊柱扭转式能保持脊柱的弹性，消除腰围脂肪，按摩腹部内脏，滋养肝脏、脾脏和肾脏，调节所有的脊神经。此式也是解决便秘和消化不良的最好姿势之一。练习时，意识力应放在整根脊柱的扭转感以及胸部的扩张感上。其练习方法包括如下几点：

(1) 坐式，两腿向前伸展，然后左腿保持在地面，右脚放在左腿膝盖外侧。吐气时，身体向右方扭转，用左手抱住右膝外侧，让右膝内侧尽量靠近胸部，右手放在身体后侧，头部向后转动保持这个姿势 30 秒，尽量向上延伸脊柱，如图 7.85(1)所示。

(2) 变形式 1，让双手合十在胸前，同时用左手肘内侧抵住右腿膝盖外侧，如图 7.85(2)所示。

(3) 变形式 2，让右腿弯曲，左腿放在右膝外侧，然后左手背后，右手通过左膝外侧，穿过膝盖内侧，左手抓住右手手腕，头部向右方转动。保持这个姿势 30 秒左右，如图 7.85(3)所示。

1　　2　　3

图 7.85(1～3)　脊柱扭转式(坐式、变形式 1、变形式 2)

2. 扭体三角式

扭体三角式作用于整根脊柱，可加强整根脊柱的血液循环和胸部扩张。它也同时作用于整个内脏，如心脏、胃、肾脏等，可加强腿部肌肉和髋部的调节。练习时，意识力应放在整根脊柱的扭转和胸部的扩张上。其练习方法为：山立式，两腿分开，身体转向右侧，吸气，吐气，转动身体向下弯，左手放在右脚旁，右手臂向上伸展，让两手臂在同一直线上，转动头部向上看。保持这个姿势 30 秒，做正常的呼吸。两腿要保持伸直。吸气，慢慢还原，如图 7.86 所示，换一边做同样的练习。

图 7.86　扭体三角式（山立式）

3. 扭体侧伸展式

扭体侧伸展式通过加强脊柱的扭转，可促进内脏的血液循环和消化系统的新陈代谢。练习时，意识力应放在髋部和整根脊柱的扭转感以及胸部的扩张上。其练习方法为：山立式，让双腿分开，吐气，弯曲右腿，形成伸展角度式。吐气，身体向后扭转，左手置于右脚踝外侧，右手向上伸展，扭转头部向上看，或做双手合十的动作，保持这个姿势 30 秒到 1 分钟，做正常的呼吸。吸气，按原路线恢复山立式，如图 7.87 所示，换一边做同样的练习。

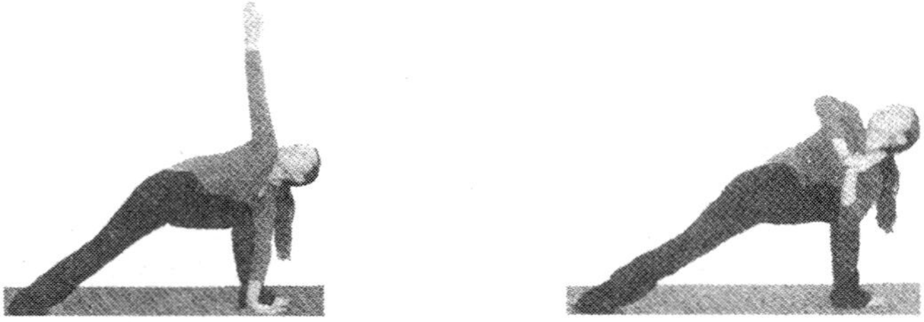

图 7.87　扭体侧伸展式(山立式)

4. 束角式

束角式可以非常柔和地灵活髋关节和伸展腿部内侧的肌肉，加强骨盆盆腔内的血液循环，有助于消除生殖系统疾病，加强消化系统的功能。练习时，意识力应放在髋部和背部的伸展上。其练习方法包括如下几点：

(1) 坐式，双脚脚掌心相对，双手抓住双脚。吸气，尽量延伸脊柱，向两边下压膝盖，如图 7.88(1)所示。

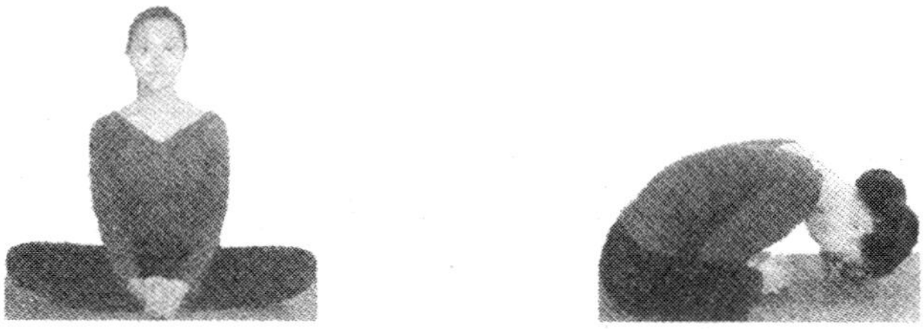

1　　2

图 7.88(1、2)　束角式(坐式)

(2) 吐气，身体前弯，让手肘向下推膝盖，让膝盖尽量贴近地面，头部也尽量靠近地面，保持这个姿势 30 秒左右，如图 7.88(2)所示，重复此式 3～5 次。

(四) 平衡类体位法

1. 树式

树式是瑜伽练习里加强平衡能力的姿势之一。通过此练习可以感受身体和内心的平和。同时，此式可调整身体线条，防止胸下垂，是瑜伽姿势中非常具有代表性的姿势。练习时，意识力应放在身体的平衡聚合感和身体积极向上的伸展感上。其练习方法包括如下几点：

(1) 山立式，以左腿站立，保持平衡，慢慢把右脚抬离地面，抵住左大腿内侧，双手胸前合十做祈祷的姿势，注意膝盖应向外打开，如图 7.89(1)所示。

(2) 双手举过头顶，向上收紧腹部，保持尽可能长的时间，做正常、稳定的呼吸。呼气，还原山立式，如图 7.89(2)所示，换一边做同样的练习。

(3) 变形式，身体下蹲，将右脚放在左大腿上，左脚脚跟抬起，抵住会阴部位，双手合十在胸前，保持这一姿势尽可能长的时间。注意放松肩部的肌肉和关节，如图 7.89(3)所示。

1　　2　　3

图 7.89(1～3)　树式(山立式、变形式)

2. 船式

船式是一个强化神经系统的姿势，可加强双腿、腹部和背部的机能，强化内脏。练习时，意识力应放在整个腰背和腹部上。其练习方法包括如下几点：

(1) 正坐，让上半身和腿部呈一直角。吐气，双手抱住头部后侧，同时身体后侧，以臀部做支点，腿部抬离地面，尽可能与头部在同一水平线上，如图 7.90(1)所示，重复 2～3 次。

(2) 变形式，让手臂向前伸展，保持这个姿势尽可能长的时间，做正常、平静的呼吸，如图 7.90(2)所示。

1　　2

图 7.90(1、2)　船式

3. 舞蹈式

舞蹈式看起来像舞蹈的姿势，可以增强平衡感和全身各个关节(肩关节、髋关节、踝关节等)的机能及柔韧性，是一个十分优雅的姿势，是调节体态的最佳选择。练习时，意识力应放在身体的平衡感和身体每个关节的柔和伸展上。其练习方法包括如下几点：

(1) 山立式，右腿站立，左小腿向后弯，靠近臀部的方向，左手抓住左脚脚踝，右手向上伸展到头部上方。调匀呼吸，身体稍向前倾，右手臂向前方伸展，同时左腿向上和向后伸展。保持这个姿势 30 秒，做正常的呼吸。吐气，还原山立式，如图 7.91(1)所示，换一边做同样的练习。

(2) 变形式,右腿站立,左小腿向后弯,靠近臀部的方向,双手在头后上方抓住左脚脚踝,调匀呼吸,保持这个姿势尽可能长的时间,吐气,还原山立式,如图 7.91(2)所示。换一边做同样的练习。

1

2

图 7.91(1、2) 舞蹈式

4. 鹤禅式

鹤禅式是增强人体平衡与协调技巧的练习,有助于使神经系统得到平衡,减轻精神紧张,舒缓身心,有助于糖尿病的治疗,对头发的生长也有一定的功效。此外,还可以减缓因打字和使用电脑引起的手腕、手臂疼痛与僵硬感。其练习方法包括以下几点:

(1) 蹲坐屈膝,双脚并拢,双臂伸直,手空开支地。眼睛平视前方一点,身体前倾,膝部夹紧腋窝,重心移至手腕,向外弯曲双肘,手掌压地,臀部抬起,脚尖进一步欠起,把胫骨靠在上臂后部,靠近腋窝附近。微抬头,保持这个姿势尽可能长的时间,如图 7.92(1)所示。

(2) 向外屈肘,双膝盖抬起。吸气,身体前倾,收缩腹肌,以腹部的力量抬起脚。整个身体靠双手维持平衡。自然呼吸 10～20 秒,然后缓缓放下双腿,返回第一步,再坐下来休息,如图 7.92(2)所示。

1

2

图 7.92(1、2) 鹤禅式

(五) 倒立类体位法

1. 犁式

犁式是一个模仿犁锄的姿势。练习此式可以增加自信心和精力,有聚集能量和平静心态的作用,可帮助伸展和柔化脊柱,改善脊柱和脸部的血行,调理内分泌系统,使所有内脏得到按摩。练习时,意识力应放在倒转状态中的身体后侧以及脊柱时挤压感上。其练习方式为:仰卧,掌心向下,双腿抬高,伸直到头部的前方,双手扶住腰部,保持这个姿势1～3分钟,做正常的呼吸。掌心向下放在身体两边,然后让双腿慢慢回到地面,如图 7.93所示。

图 7.93　犁式

2. 肩倒立式(肩立式)

肩倒立式可以调整甲状腺分泌,促进新陈代谢,防治内脏下垂,预防脑血管硬化,使脑部、颈部肌肉柔软,对头疼、失眠、消化不良、便秘、痔疮、静脉曲张、子宫移位、月经不调和体重过重等有疗效,是一个使人充满活力、永葆青春的姿势。其练习方式为:

仰卧,吸气,做犁式,然后双腿弯曲,慢慢向上伸展,也可以选择让双腿先后伸直向上伸展的方式。让双腿与胸部、颈椎尽量保持在同一直线上,让下巴靠近胸骨。保持这个姿势 1～4 分钟,如图 7.94 所示。还原时,向头部弯曲双膝,慢慢让身体展开回到仰卧姿势。

图 7.94　肩倒立式(肩立式)

3. 头倒立式

头倒立式被称为"姿势之王"。练习此式可以加强全身的血液循环,使脸部和身体的皮肤和内脏不易松弛和下垂。练习时,脸部应尽量放松,手指放松但保持互扣、稳定的姿势,做正常的呼吸。练习时,意识力应放在身体的伸展和平衡感上。其练习方式为:跪立,身体前弯,双手肘着地,手臂呈三角形,手指交叉置于身前抱住头部,头顶着地,双腿慢慢伸直,走向头部方向,直到整个背部垂直于地面。然后让双膝弯曲,控制平衡,双腿慢慢离开地面,让大腿与头部成一直线。保持这个姿势,做 3～5 次深呼吸。收紧臀部并向上伸展整个腿部和脚背。继续让小腿向上伸展,直到整个身体呈一直线,如图 7.95。保持这个姿势尽可能长的时间,并且始终做平静、深长的呼吸。呼气,让身体按照原路线返回到跪立姿势,如图 7.95 所示。

图 7.95 头倒立式

（六）双人瑜伽

1. 鸽子式

鸽子式可伸展侧腰，灵活大腿、小腿及膝盖，舒展双肩、双臂。其练习方式为：两人面朝前方并坐于垫子上，里侧腿弯曲，脚跟贴向身体，外侧腿向后扭转至大腿前侧贴地，脚尖、小腿向上。后两人外侧手臂肘关节勾住脚背，里侧手于头部后方与外侧手抓卧，头部上体适当向里侧扭转。两人身体均控制在一个平面上，如图 7.96 所示。

图 7.96 鸽子式

2. 双腿背部伸展式、鱼式组合

双腿背部伸展式、鱼式组合具有蹬伸双腿和背部，并达到舒展手臂的作用。其练习方式包括以下几点：

(1) 两人背靠背，一人完成双腿背部伸展式，上体下压，双手抱脚；另一人屈腿坐于垫上，双手撑在对方髋部两旁的垫子上，如图 7.97(1)所示。

(2) 一人保持双腿背部伸展式，另一人将身体撑起背靠在对方后背上，伸直双腿，两手合掌于胸前，如图 7.97(2)所示。

(3) 一人保持双腿背部伸展式，另一人将双手向头顶上方上伸，两手去碰触对方体前的垫子，如图 7.97(3)所示。

1 2 3

图 7.97(1～3) 双腿背部伸展式、鱼式组合

3. 圣哲玛里琪第一式

圣哲玛里琪第一式可以伸展和强壮背部、肩膀、双臂和双腿的肌肉，增强手指力量。同时还能收缩腹部脏器，使横膈膜血液循环旺盛，从而促进内脏保持强壮健康。其练习方法包括以下几点：

(1) 两人面对面坐于垫子上，两腿伸直，内侧腿弯曲将脚踩在垫子上，脚跟靠近身体，里侧手向前伸展，如图 7.98(1)所示。

(2) 里侧手由内往外环绕住里侧的大、小腿及膝盖，双手背后抓握，如图 7.98(2)所示。

(3) 上体向下下压，将腹部靠近大腿，下巴靠近小腿，保持 30 秒左右，如图 7.98(3)所示。

1　　2　　3

图 7.98(1～3)　圣哲玛里琪第一式

4. 脊柱扭转式

脊柱扭转式可促进脊柱、后背部的柔韧、弹性与健康，有助于消除较轻的背痛。其练习方法包括以下几点：

(1) 两人面对面坐于垫子上，两腿伸直，内侧腿弯曲将脚踩在垫子上，脚跟靠近身体，里侧手向前伸展，如图 7.99(1)所示。

(2) 里侧手由内往外环绕住里侧的大、小腿及膝盖，双手背后抓握，如图 7.99(2)所示。

(3) 上体各自向左(右)后方扭转，保持大约 3 次呼吸的长度，如图 7.99(3)所示。

1　　2　　3

图 7.99(1～3)　脊柱扭转式

5. 双人树式

双人树式可补养和加强腿部、背部和胸部的肌肉，能增强两踝，改善人体态的稳定与平衡，同时还能增强集中注意的能力。其练习方法包括以下几点：

(1) 两人面朝前方自然站立，身体靠近。里侧手上抬并翻转手腕两人手心相对，外侧手抓住外侧脚踝，将外侧脚脚底贴在里侧腿大腿内侧，如图 7.100(1)所示。

(2) 保持身体的平稳后，两人外侧手于两人体前轻轻相合。保持 30 秒左右的时间，如图 7.100(2)所示。

1

2

图 7.100(1、2) 双人树式

6. 双人斜面式

双人斜面式可增强双臂、双腿，美化臀部、腿部、背部线条，同时对颈部的放松也有一定的作用。其练习方法包括以下几点：

(1) 两人面对面正坐于垫子上，双手后撑于地面，双臂垂直地面，指尖向前，如图7.101(1)所示。

(2) 上抬臀部，头部后仰，使双腿、身体躯干保持在一个斜面上，如图 7.101(2)所示。

(3) 身体保持不动，一人上抬左(右)脚，另一人上抬右(左)脚，两人将抬起的脚相接触，如图 7.101(3)所示。

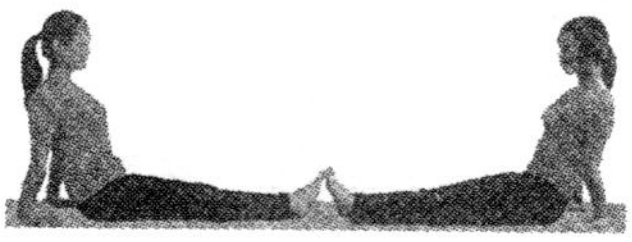

1

2

3

图 7.101(1～3) 双人斜面式

思 考 题

1. 你知道几种健美操的常用手型？和同学交流一下，看自己做得对不对。

2. 学习完课程以后，试着编一套简单的健美操。

3. 体育舞蹈如何分类？各类有什么特点？

4. 华尔兹舞和恰恰恰舞的基本特点是什么？

5. 瑜伽呼吸应注意些什么？

6. 练习瑜伽有哪些注意事项？

第八章　休闲体育

要保持健康的身体，除了节食、安静这两位医生外，还有一位，就是快乐。

——丘吉尔

学海导航：

休闲娱乐活动是一种以休闲为目的的体育活动。它是在现代社会快节奏的工作和生活环境下，人们利用闲暇时间，主动地、随意地体验各种以身体活动为基础的一种娱乐、健身的过程，是身体放松必不可少的一种运动，是健康的体育运动与浪漫的文化追求相结合的一种休闲方式，是人们在闲暇时间里通过多种多样具有一定文化品位的运动，通过这种活动，使人们达到健身、娱乐、交往、自我实现等目的，进而满足个人身心发展的需要。休闲运动不仅能缓解压力，松弛过分紧张的情绪，更能张扬个性，追求品位与情趣，因此逐渐被人们接受和喜爱，成为人们文化生活的重要组成部分。本章将向大家介绍生活中常见的台球、轮滑、保龄球和高尔夫球运动。

知识目标：

1. 了解发生溺水险情时救护的基本知识。
2. 了解台球、轮滑、保龄球和高尔夫运动起源与发展的基本知识。
3. 了解台球运动中主球的运动特征。
4. 了解保龄球的计分方法。
5. 了解登山运动所需装备。

能力目标：

1. 通过学习，正确掌握蛙泳基本技术，在静水中能连续自主游进 200m 以上。
2. 通过学习台球，掌握台球握杆、架杆等基本技术，并能较协调舒畅地击中目标球。
3. 通过学习轮滑，掌握直道滑行、弯道滑行、转弯和停止等基本技术。
4. 通过学习保龄球，掌握运用四步助走步法打直线球技术。
5. 通过学习高尔夫球，能正确握杆，并较协调地做出挥杆击球动作。
6. 通过学习，学会各种打绳结的方法。

第一节 游泳

一、游泳运动简介

自古至今,人类与水就有不解之缘。游泳的产生与人类社会的生产劳动、生活娱乐及战争等紧密相连,它是人类在征服自然、改造自然的生产劳动中产生,在满足人们的娱乐、竞争中发展起来的。

原始社会严酷的生存条件,迫使人类不断地增强自己的体力和智力。生存的需要,使人们发展了走、跑、跳跃、爬山、游水、投掷等技能。地球上布满了江、河、湖、海,人类不可避免地要与水打交道,当水阻路人们要涉过时,当水中有鱼人们要捕食时,游泳技能就应运而生了。这些都可以从五千多年前中国古代陶器中刻画的人类潜入水中猎取水鸟及类似现代爬泳的图案中得到证实。随着国家的出现,战争也开始利用水作为攻战的手段,利用泅水潜行破坏敌人的防守,用泅泳配合陆上步兵和骑兵作战,这些都促进了游泳技能的产生和发展。

随着生产力的发展和人类生活的稳定与提高,游泳又与娱乐紧密地联系在一起。古代人多从沐浴开始,继而在水中嬉戏,逐渐形成古代游泳——泅水、泅泳、涉、浮、没、潜等多种形式。

名人堂:迈克尔·菲尔普斯

迈克尔·菲尔普斯(1985 年至今)18 个奥运冠军得主,罕见的游泳奇才。他被视为游泳史上最伟大的全能运动员。在 2004 年的美国选拔赛中,菲尔普斯取得了 6 个单人游泳项目的参赛资格。他最终在雅典奥运会上获得了 6 枚金牌,2 枚铜牌。在 2008 年北京奥运会上他又破纪录地独揽 8 枚金牌而震惊世界。在 2012 年的伦敦奥运会中又获得 4 枚金牌,2 枚银牌。2012 年 8 月 4 日,菲尔普斯将在奥运会之后选择退役。菲尔普斯共获得 22 枚奥运会奖牌,前无古人,成为现代奥运会历史上获得金牌数量以及奖牌数量最多的运动员。为此,国际泳联为菲尔普斯颁发了特别奖——“最伟大的奥林匹克运动员”。

最初的游泳不仅与沐浴分不开,同时也与划船竞渡有着密切的关系。划船竞渡具有竞赛和表演的双重意义。因此,伴随着划船比赛就出现了游泳的表演。例如,划船时,有人顺流游泳并表演惊险的动作;有人从船上跳入水中,以坐姿游泳,好像是坐在水面上前行;还有把人装入口袋,扔入水中,让其解开钻出,等等。这些描述,可以令人联想到今日的踩水、仰泳或滑稽游泳表演。

现代游泳运动始于英国。1837 年，世界上第一个游泳协会在英国成立。在希腊雅典举行的第一届奥林匹克运动会上，游泳被列为正式比赛项目。1908 年，在英国伦敦举办的第 4 届奥林匹克运动会成立了国际业余游泳联合会，并制定了国际比赛规则。1912 年，第 5 届奥运会将女子游泳列为比赛项目。中国参加国际游泳竞赛始于 1913 年第 1 届远东运动会。中华人民共和国成立后，游泳运动技术水平迅速提高，游泳运动得到了广泛开展，在世界各项大赛中取得优异成绩。

二、熟悉水性

熟悉水性是学会游泳的必经之路，它让初学者了解水的特性，习惯水的环境，消除畏惧心理，这对学习掌握游泳技术是十分重要的。它主要包括以下几种方法。

（一）水中行走

在齐腰深的水池中，用手划水行走或在水中做互相追赶的游戏。

（二）水中呼吸

在齐腰深的水中站立，张嘴吸气后，闭气下蹲让水没头顶。在水下要尽量睁眼，出水时不要用手擦脸上的水，用鼻和口腔呼气。

（三）漂浮站立

在齐腰深的水中，先吸一口气，两臂和两腿伸直，头自然浸入水中，当两腿下落触到池底时，两手压水抬头站立，如图 8.1 所示。

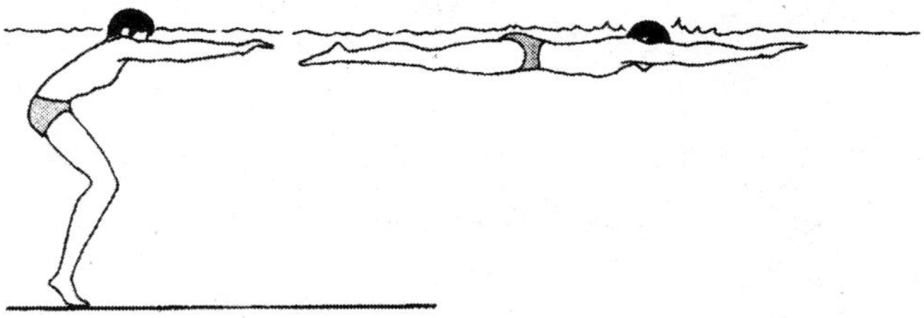

图 8.1　漂浮站立

（四）伸展浮体

先吸一口气，再低头团身抱膝蹲入水中，当背浮至水面时，将两腿和两臂伸直，头浸入水中，到脚下沉触底时，两手压水站立。

（五）水中滑行

两脚站在池底，或一脚蹬在池壁上，深吸一口气头浸水中，两脚用力蹬出，两臂前伸，身体展直向前滑行，如图 8.2 所示。

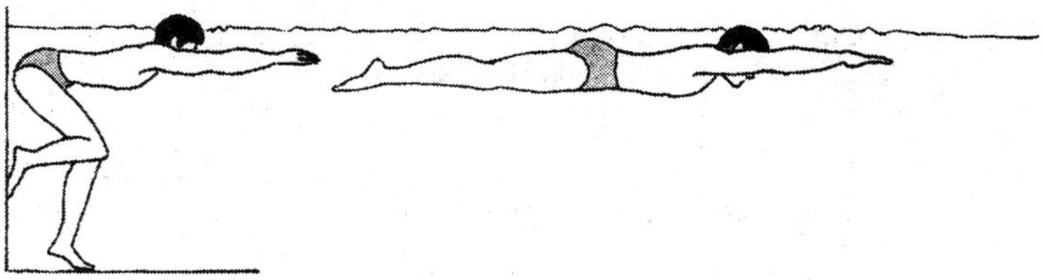

图 8.2　水中滑行

三、蛙泳基本技术

蛙泳技术由身体姿势、腿部动作、臂部动作、呼吸和动作配合五个部分组成。

（一）身体姿势

身体几乎是水平卧在水中，两臂前伸掌心向下，两脚并拢后伸直，头略前抬，水齐前额，身体纵轴与前进方向角度为5°～10°，如图8.3所示。

图8.3　身体姿势

（二）腿部动作

腿部动作分收腿、翻脚、蹬夹水三个连贯的动作阶段。

（1）收腿和翻脚。在两腿完全伸直并稍下沉时，屈髋和屈膝，同时两小腿向大腿后折叠与臀部靠拢，边分边收，两腿距离与肩同宽，大腿与躯干角度为130°～140°，如图8.4所示。当腿、脚跟接近臀部时，两膝稍向里扣，脚尖向两侧外翻做翻脚动作，如图8.5所示。

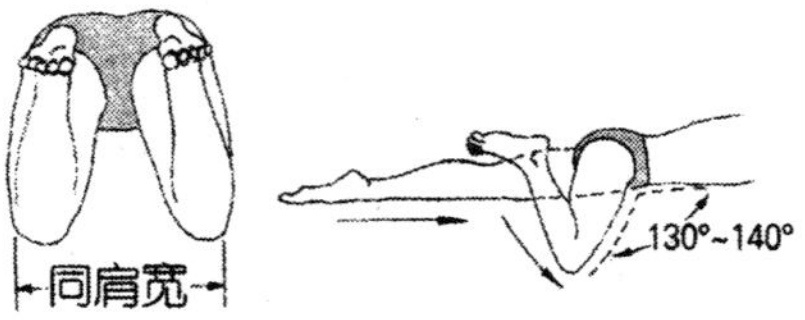

图8.4　收腿

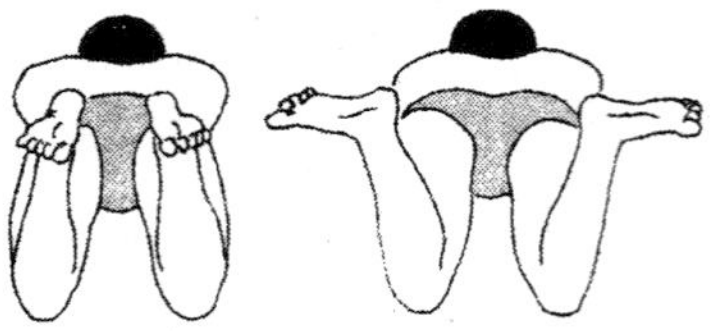

图8.5　翻脚

（2）蹬夹水。腿后蹬时，边后蹬边内夹。以蹬为主，蹬夹动作先伸髋，使髋、膝和踝关节相继伸直，如图8.6所示。

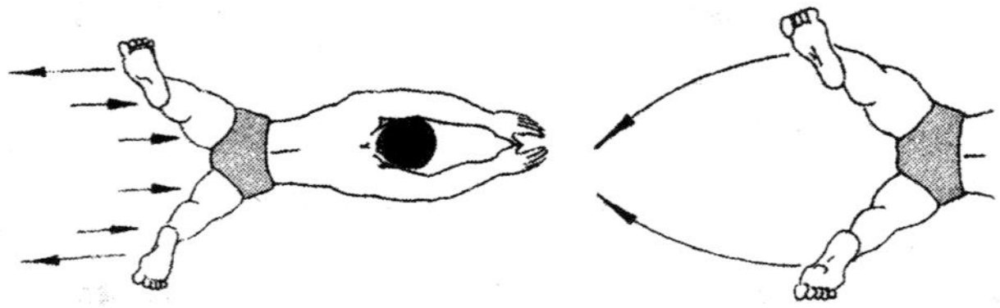

图8.6　蹬夹水

（三）臂部动作

（1）划水与抓水。开始时，手臂伸直内旋，掌心向外斜下方，两手分开向斜下方抓水。当手感到有压力时，便开始向侧、下、后内呈椭圆曲线划水。要求划水以肩为轴、动作连贯，肘部保持比手高的位置，如图8.7所示。

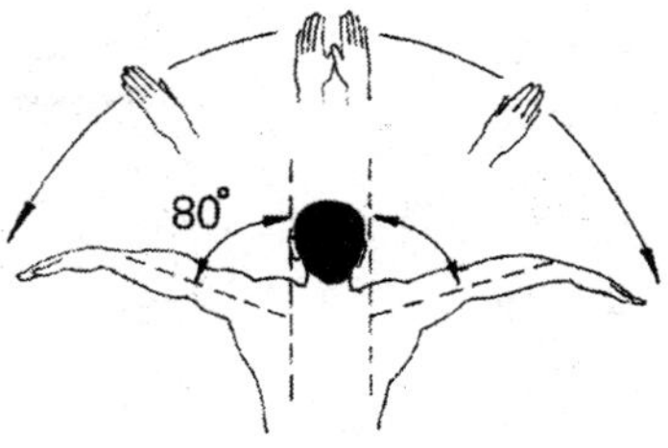

图 8.7　划水与抓水

（2）收手与伸臂。划水结束，臂由内向前收，两手相对，最后掌心向下并臂前伸。当两手收至下颏前下方时，借收手弧形惯性向前伸肘，两手靠近，掌心向下，如图 8.8 所示。

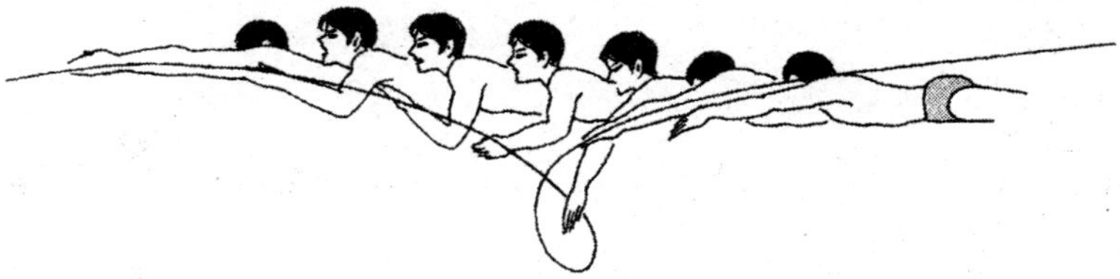

图 8.8　收手与伸臂

（四）呼吸

呼吸要和臂的动作协调配合。划水结束时，抬头用鼻和口呼气，手臂划水时用口吸气，收手低头闭气，伸臂时徐徐呼气。

（五）动作配合

蛙泳在一个动作周期中，一般采用一次呼吸、一次划水、一次蹬腿动作配合。手臂划水时抬头吸气，收手前伸时收腿和进行蹬夹水，如图 8.9 所示。

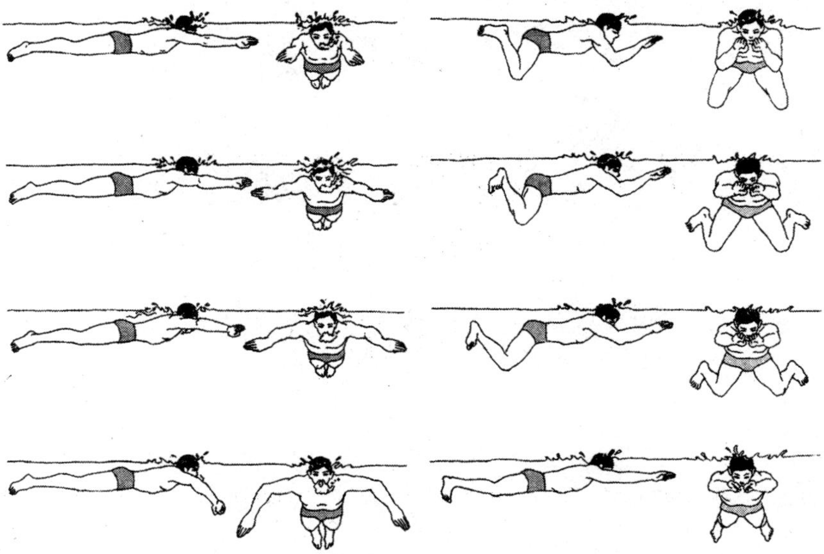

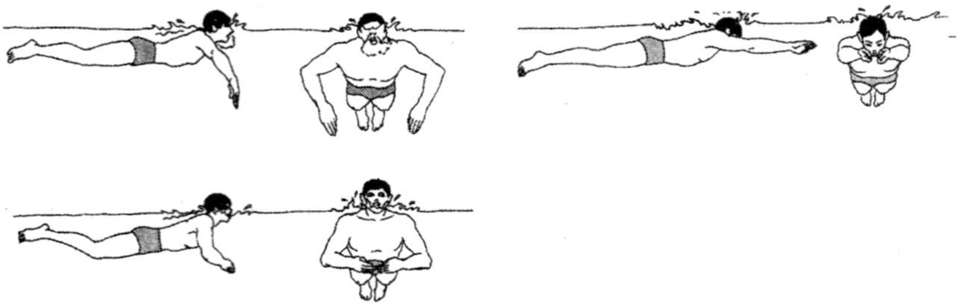

图 8.9 动作配合

（六）蛙泳练习方法

（1）陆上模仿练习。俯卧在条凳上做腿部动作模仿练习和腿、臂动作配合练习，如图8.10(1)所示；做呼吸与手臂动作配合模仿练习，如图 8.10(2)所示；模仿腿与呼吸配合练习，如图 8.10(3)所示。

1 2 3

图 8.10(1～3) 陆上模仿练习

（2）水中练习。扶池槽俯卧水面做蹬夹水练习，如图 8.11(1)所示；扶浮板或由同伴牵拉做蹬腿练习，如图 8.11(2)所示；蹬边漂浮划行做臂、腿与抬头呼吸配合；做蹬边练习后，做臂、腿配合二次，呼吸一次，即 2∶2∶1，逐步过渡到 1∶1∶1 的配合。

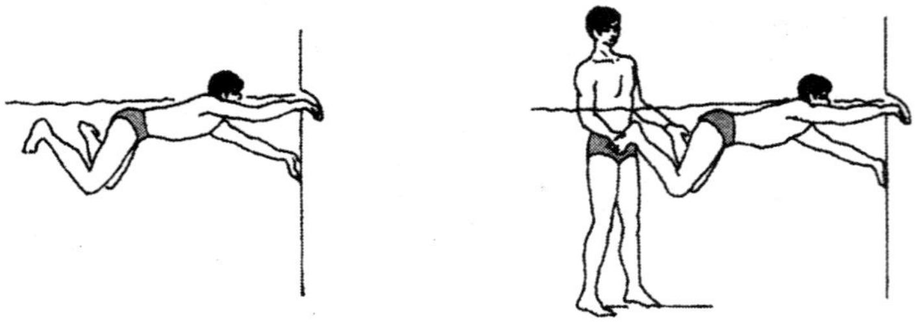

1 2

图 8.11(1、2) 水中练习

四、自由泳基本技术

（一）身体姿势

身体平直俯卧水中，水齐前额，将头转向一侧吸气，游进中躯干围绕纵轴左右转动，头与身体的纵轴成 20°～30°，身体纵轴与水平约为 3°～5°，如图 8.12 所示。

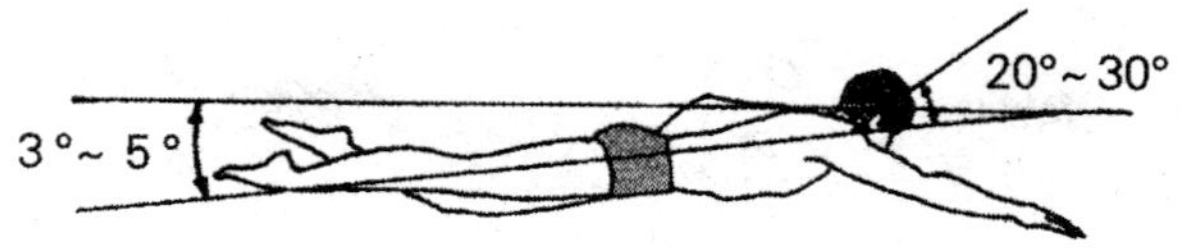

图 8.12　身体姿势

（二）腿部动作

两腿自然伸直并拢，以髋为轴，由大腿带小腿做上下鞭状打水动作。两脚尖上下幅度约 30～40cm，大小腿弯曲度约 140°～160°，如图 8.13 所示。

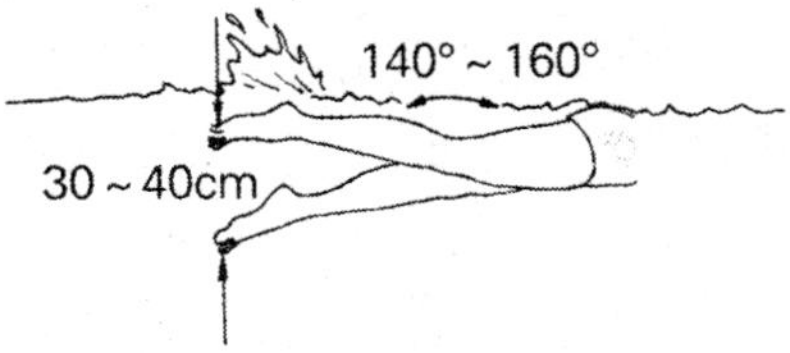

图 8.13　腿部动作

图 8.14　臂部动作(水下动作)

（三）臂部动作

（1）水下动作。手指并拢伸直手心朝下，划水到与肩垂直时屈肘，臂内旋并带动小臂向后推水至大腿旁。要求掌心向后划，划水线路呈“S”形，如图 8.14 所示。

（2）水上动作。推水结束，立即向外上方提肘把臂抽出水面，同时上臂内旋向前挥摆，手在肩前约 30 cm 处入水。

（3）两臂配合。一臂入水时，另一臂划水到头的前下方，与水平约成 40°左右，如图 8.15所示。

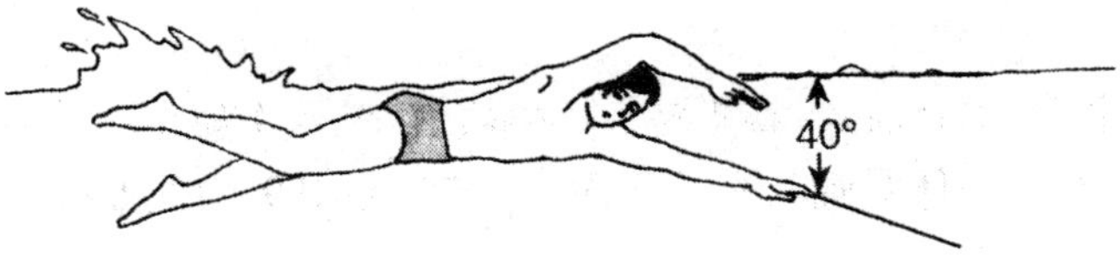

图 8.15　臂部动作(两臂配合)

（4）呼吸与动作配合(以头向右转为例)。右臂入水后闭气，划水时呼气，推水将结束，头向右侧转把余气呼出，并趁嘴露出水面，立即张嘴吸气，当右肘提出水面至肩部，吸气结束，继而转头复原。总之一般两臂各划水一次，完成一次呼吸。

（5）完整动作配合。主要是腿、臂动作和呼吸协调的配合，一般采用两腿各打水三次(共六次)，两臂轮流各划水一次(共两次)，配合一次呼吸的完整动作，即 6∶2∶1 的配合，如图 8.16 所示。

图 8.16　完整动作配合

（四）自由泳练习方法

（1）腿部动作练习方法。在陆上俯卧凳子上做两腿打水练习；手抓池槽做打水练习，如图 8.17(1)所示；在水上滑行做打水练习，如图 8.17(2)所示。

（2）臂部动作练习。在陆上站立，做两臂轮流划水模仿练习，如图 8.18 所示；在齐腰深水中站立，做原地划水或边划水边走动练习。

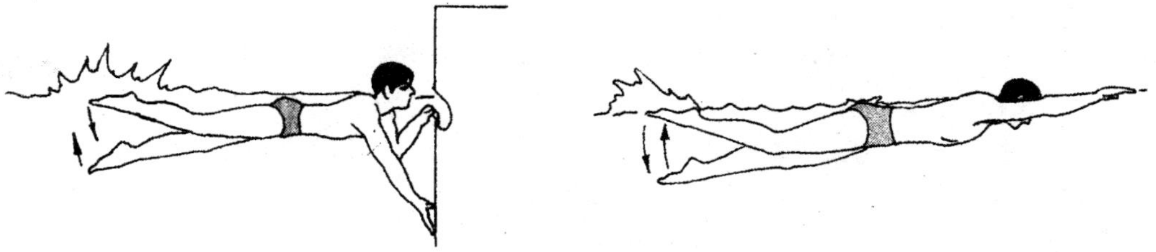

1　　2

图 8.17(1、2)　自由泳练习方法(腿部动作练习方法)

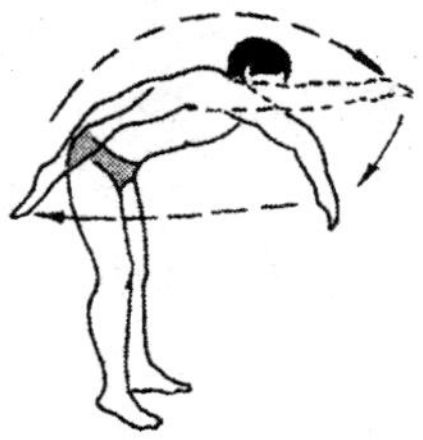

图 8.18　自由泳练习方法(臂部动作练习方法)

(3) 呼吸与动作配合练习。在齐腰水中,先做单臂划水与呼吸配合,再做两臂划水配合呼吸。吸一口气,蹬池边滑行,先打腿再做臂、腿配合练习;蹬池边滑行打水,做一次完整的动作。照此多次反复练习。

五、救护知识

(一) 施救

施救是指在发生溺水险情时,采取的一种应急措施,包括自我救护和他人救护两种。

1. 自我救护

(1) 游进中自感体力不支,应立即取仰卧漂浮泳姿,向岸边或有浮动和固定支撑的目标靠近,同时发出求救信号。

(2) 游进中发生小腿肌肉痉挛,应及时仰卧水面,一手将膝盖下压伸直,一手握脚尖向身体方向掰拉;发生胃部痉挛则将两腿屈近腹部,随即伸直;发生大腿痉挛,应用两手抱住小腿,使大腿与身体成直角,用力掰拉并加以抖动,如图 8.19 所示。

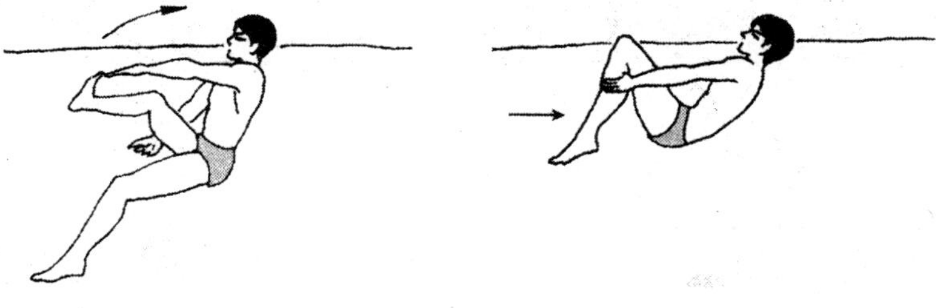

图 8.19　自我救护

2. 他人救护

(1) 间接救护。利用助浮器材,如向溺水者抛掷救生圈、打水板,或抛掷拴绳救生圈,用竹竿将其拖向岸边，如图 8.20 所示。

图 8.20 他人救护(间接救护)

(2) 直接救护。须经专门训练才能采用，救护过程与方法如下：

第一，入水。在游泳池距溺水者较远，可头先入水；在浅水或不明的水域应一腿向前伸直，另一腿后屈，两臂前平举跨跳入水，在较近处可采用屈腿、两臂抱膝团身入水。

第二，接近。入水后立即快速浮起，用爬泳游至距溺水者 3 m 左右时，用蛙式潜泳接近，抱髋将其转为背向自己，同时抬起溺者使其头部露出水面。

第三，解脱。双腕或小臂被溺水者抓住，应握拳向内或外迅速翻腕解脱；单臂被抓则用另一手解脱；拦腰背后被抱，可向两侧掰开溺水者手指；腰被溺水者从前面抱住，可一手按住后腰，一手托其下颌解脱；上体和双臂被抱，则握拳用双肘侧向顶开溺水者两臂，下滑解脱；颈部被抱应设法一手抓溺水者手指下拉，一手托起肘部上推解脱。

第四，拖运。背后用双手托住溺水者腋窝或下颌，使面部露出水面，用仰泳或反蛙泳托运。若溺水者乱抓乱动，可用右臂从溺水者右臂上方抓住其左腕，并以右臂顶托背部用侧泳托运，如图 8.21 所示。

图 8.21 他人救护(直接救护)

第五，上岸。在游泳池边，可右手握溺水者右臂并放其右手置于岸边，用左手压住其右手，自己上岸后再握溺水者手腕提拉上岸；在自然水域斜坡处，则将溺水者托在肩上涉水上岸。

(二) 急救

救护溺水者上岸后，对失去知觉者应立即采取人工呼吸进行抢救，具体有以下几个步骤。

1. 清除杂物

打开口腔，清除分泌物、淤泥、水草等杂物，畅通呼吸道。遇牙关紧闭者，应从后面用两拇指向前顶住下颌用力前推，用两食、中指向下掰颌骨开启口腔；有假牙时应该及时取出，检查舌头是否堵住呼吸道。

2. 排除腹水

提高臀部略加抖动，或垫高臀部略压其背部，使腹水及时排出，如图 8.22 所示。

图 8.22 急救（排除腹水）

3. 人工呼吸

(1) 将溺水者裤带松开，采取口对口吸气法，同时进行胸外心脏按压，即吹气一次，胸外按压 4 次。其方法是一手捏住溺水者鼻子，另一手托其下颌，深吸一口气，口对口将气吹入，然后松开鼻子用手压溺水者胸部，帮助他呼吸。开始每分钟做 14～20 次，逐渐加快频率，最好一人吹气，一人按压胸部，如图 8.23 所示。

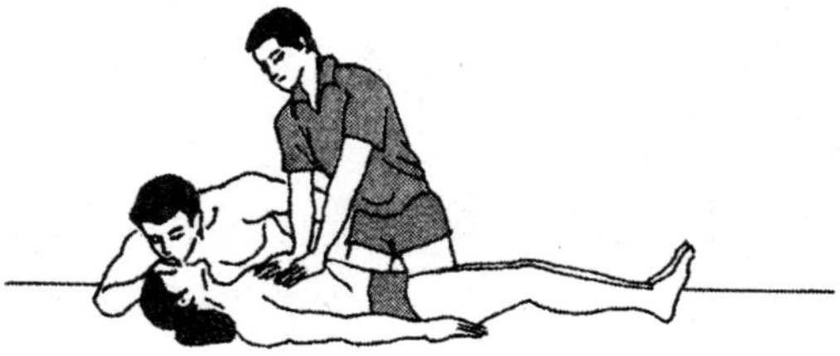

图 8.23 急救（人工呼吸）

(2) 胸外心脏按压的方法是两手重叠放在溺水者胸前及剑突部位，均匀缓慢用力下压，随即迅速将手放松，以每分钟 60～80 次为宜。

(3) 人工呼吸应持续进行，可多人轮流进行，直至医生到场做最后鉴定，千万不要轻易放弃。

第二节 台球

一、台球运动简介

台球运动已有近 600 年的历史。关于它的起源，众说纷纭，难以定论。有的说是起源于英国、法国、中国，也有的说是起源于古希腊、意大利和西班牙，等等。

台球不是一出现就尽善尽美，而是在长期流传中经过人们不断地改进和丰富，到19世纪初才达到比较完善的程度。1990年，三个世界性台球运动管理机构被奥委会正式承认。经协商，它们组织了一个统一的机构——世界台球运动联盟(1996年被奥委会承认)。1998年，台球成为亚运会正式比赛项目。2000年，悉尼奥运会上把台球列为表演项目。

台球于19世纪末传入中国，仅在几个大城市中的上层社会流传。新中国成立后，台球运动和其他运动一样得到了普及和提高。

台球的种类很多，总的来说，可以分为有袋式和无袋式两大类(即落袋式和撞击式)。就地区而言，又可分为英式、美式和法式台球。英式和美式属于有袋台球，法式属于无袋台球。现在最流行英式(司诺克)和美式台球。

台球是一项文明高雅、轻松愉快的室内运动。它占地小，不受气候和时间的影响；它运动量不大，且千变万化、奥妙无穷，具有浓厚的趣味性；它老少皆宜，是一项既有益于身心健康，又集休闲娱乐和竞技比赛于一体的高雅运动。

经常练习台球，既有利于人体运动器官的锻炼，也可以培养人的幽雅气质，还可以调节大脑神经系统，使人呼吸平稳，注意力高度集中；同时，台球运动中蕴藏着复杂的物理和几何学原理，所以，也可以培养练习者的创造性思维。

二、台球运动的基本技术及原理(以落袋式为例)

台球是运用球杆击打主球，通过主球将目标球撞击入袋或通过主球撞击目标而得分的一项运动。虽然台球的种类很多，但其基本技术及原理差异不大。

(一) 击打主球技术

击打主球技术包括身体姿势、握杆手势、架杆手势、运杆运动和出杆击球等五个基本环节。

1. 身体姿势

两脚约齐肩宽站立(左脚稍前)，左腿向前微屈，右腿伸直，右脚尖向外侧自然转动45°～80°。上体前俯，右肘提起，握杆手与肘关节处在同一条与地面相垂直的线上如图8.24(1)所示。两眼水平前视，使面部中线与球杆和右臂处在一个垂直面上，如图8.24(2)所示。

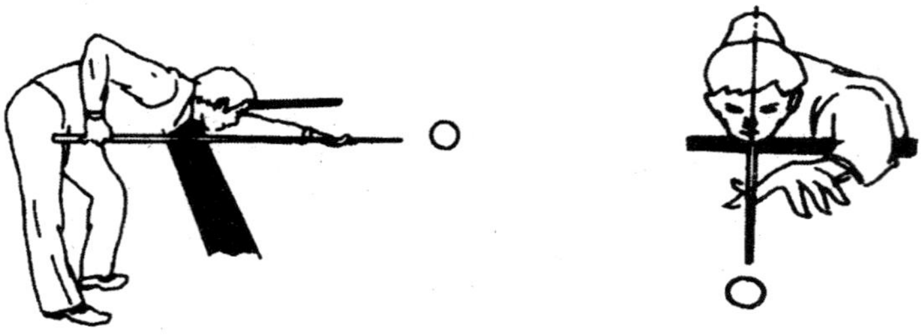

1　　　　2

图8.24(1、2)　身体姿势

2. 握杆手势

手腕自然下垂，拇指、食指和中指轻握球杆，其余手指虚握。握杆位置在球杆重心向后移 20cm 左右处，可以根据主球远近和用力大小，把位置向后或前作适当调整。

3. 架杆手势

架杆就是用手或杆架给球杆一个稳定支撑，一般情况下都是用手给球杆做支架。基本的架杆手势是平背式和凤眼式，其他手势都是在这两种手势上变化出来的。

(1) 平背式。左手掌心向下按在台面上，拇指跷起紧靠食指根部形成一个“V”形支点，其余手指尽量分开，掌根、小指、食指和拇指的大鱼际贴住台面，如图 8.25 所示。

(2) 凤眼式。左手掌心向下平放台面，弯曲食指与拇指扣成一个环形支点，其余手指自然弯曲，手掌、中指、无名指和小指构成稳定支架，如图 8.26 所示。

手架的中指尖一般距主球约 15～20 cm 远，掌根、拇指侧的大鱼际、小指及小鱼际，食指是手架的基本着力点，尽可能使肘关节也贴在台面上，有利于手架的稳定性。可根据需要用手指弯曲、手掌的抬起程度来调节手架高度。

图 8.25　平背式

图 8.26　凤眼式

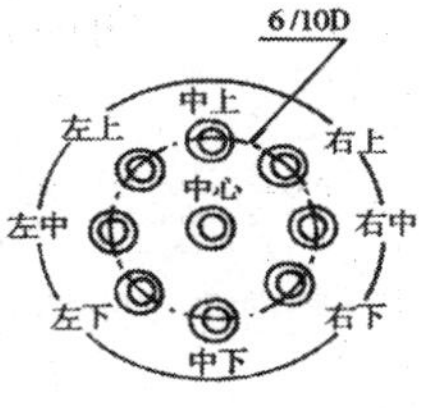

图 8.27　主球上的击点

4. 运杆动作

击球前的瞄视准备动作称为运杆。运杆分后摆、暂停两个技术环节。在确定了所击球和目标的部位后，使杆头尽量靠近主球，开始做几次节奏均匀、前后抽拉的运杆动作，目的是为了获得击球的准确性。

(1) 后摆。后摆幅度取决于击球力量。在肌肉用力相同时，后摆幅度大，击球的力量也大，为保证出杆的平直，后摆动作应做到“稳”和“慢”。

(2) 暂停。暂停是出杆前一个短暂的停顿动作，以此来保证平稳出杆。

5. 出杆击球

出杆击球是在运杆后所完成的动作。出杆时以肘关节为轴，前臂向前送出，稍屏住呼吸，两眼盯住目标球瞄准点。击球瞬间，根据击球的要求，注意手腕力量使用的调控。击球后，球杆一般随球跟进超过主球被击前的位置再停止，并注意不要立刻抬起身来。出杆击球时，手腕动作要灵活、富有弹性，击远距离球时，应利用手腕爆发力出杆。

(二) 主球上的击点

用球杆击打主球上的点叫击点。主球上最基本的击点有 3 个，即高点、中点和低点。另外还有 6 个比较常用的击点，分别是左上点和右上点、左侧点和右侧点、左下点和右下点。如果球杆击打在球的边缘部位，便会发生打滑现象(即滑竿)。但把主球平视面直径划分为 10 等份，取其中 6 等份在球中心画圆，在这个范围内击球，就不会“滑竿”。如果击球技术高超，也可超过这个“安全区”击球，如图 8.27 所示。

(三) 主球的运动特征

用大小不同的力量击打主球上不同击点，主球运行的路线是不同的。击点离主球中心点越远，偏心力矩越大，球的旋转就越强。在同一点击球，力量越大，旋转也越强。

1. 击打主球的中上点

当球杆击打主球中上部击点后，主球便沿球杆的方向，直线向前滚动，球速较快。击此点一般用于跟进球，当正旋的主球撞击目标球后，主球会因自身的正旋继续跟着目标球向前滚动一个较长的距离后停止。

2. 击打主球的中心点

击打中心点后，主球没有旋转，并在一段距离内先向前滑动，在摩擦力的影响下，开始向前滚动。主球滑行距离的长短，取决于击球用力的大小、台面质地的好坏等因素。击主球中心点，可用于推进球或定位球。用于推进球时，力量不可太大太猛。主球撞击目标球后，会跟随目标球缓缓前进一小段距离后停止。用于定位球时，出杆要迅速有力(利用手腕的爆发力)，主球撞击目标球后则停在相撞处。

3. 击打主球的中下点

击打中下点后，主球先逆旋向前，在摩擦力的影响下，变为无旋转滑行一小段距离，再变成正旋向前滚动。一般用于缩杆球(或拉杆球)，当逆旋的主球撞击目标球后，由于主球逆旋本身的作用，使主球向后行进。主球和目标球之间的距离不可太近或太远，后退效果最好相距 30 cm 左右。后退距离与球间距离成反比，距离越长则后退越短，大约 25 cm 以外，主球就无后退力了。

4. 击打主球的右中部或左中部

击打右侧点后，主球形成既向左自转又向前进的复合运动；击打左侧点时，主球形成既向右自转又向前进的复合运动，一般用于侧旋球，其目的主要是更好地对主球走位进行控制，以及通过主球的侧旋，使目标球产生与主球侧旋方向相反的侧旋，以利于目标球进袋。

(四) 偏球

偏球是指主球撞击目标球的侧面。偏球有厚球和薄球之分，厚球是指主球撞击目标球的撞击点在目标球球体的 1/2 以上；1/2 以下即为薄球。

当主球偏侧撞击目标球时，其结果不同于直线球，主球和目标球的运动方向都偏离了主球原来的运动方向，一偏左，一偏右，两球行进的方向与相撞前主球的运动方向的夹角称为偏转角。在动量不被吸收的前提下(绝对弹性碰撞)，且假定主球不旋转，不管偏球的厚薄是多少，碰撞后的主球和目标球运动方向的夹角为 90°，亦即主球的偏转角与目标球的偏转的和恒等于 90°。

当主球旋转对目标球进行偏球撞击时，主球与目标球的分离角与主球不旋转撞击形成的偏转角有所不同。正旋(高杆)、逆旋(左偏杆)使主球偏转角变小；倒旋(低杆)、顺旋(右偏杆)使主球偏转角加大，如图 8.28(1)所示。但不管主球是哪种旋转状态，目标球的偏转角一般不发生变化。

由于击球力量不同，尽管都是撞击目标球同样的厚度，但主球的偏转角也有所不同，力量越大，偏转角越小，如图 8.28(2)所示。

（五）主球与台边

台球运动除了要尽量用主球外，还有一些间接撞击目标球的方法。利用台边撞击目标球就是其中一种方法。

1. 正撞台边

击主球中心点、中上点和中下点时，主球撞击台边按原来路线返回。击主球左、右侧点时，主球直线向前，撞击台边后，击左侧点的球向左侧反弹出，击右侧点的球向右侧反弹出。

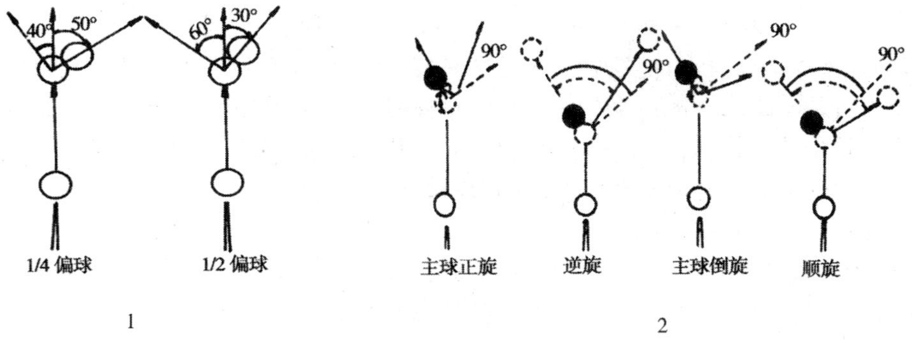

图 8.28(1、2)　偏球

2. 斜撞台边

击主球中心点时，主球撞击台边后，主球的入射角与反射角基本相等。击主球中上点和中下点时，击中上点的反射角小于入射角，击中下点的反射角则大于入射角。击主球左、右侧点时，右旋球的反射角小于入射角，左旋球的反射角大于入射角。

不同击球力量产生的反弹效果是不同的，轻击球的反射角要小于入射角，重击球的反射角基本相等。

（六）瞄准方法

瞄准方法中，直接测点瞄准法和厚薄度瞄准法较为常见。

1. 直接测点瞄准法

不管采用哪种方法，首先应了解目标球的撞击点。由目标球所对的球袋中心，经过目标球中心点延长，这条预想的线与目标球球体外缘相交，这个相交点就是目标球的撞击点。

除了直线球外，还可以直接去瞄准目标球的撞击点。瞄准点是在撞击点垂直向后移至球的半径长度，便可得到主球撞击目标球时主球球心的位置。这个位置就是目标球的瞄准点。主球的位置在目标球中心与袋口中心点直线延长线左、右两侧约 90°范围内。只要瞄准点不变，都能将目标球撞击入袋，如图 8.29 所示。

2. 厚薄度瞄准法

厚薄度瞄准法是一种利用主球球体遮挡目标球球体厚薄程度进行间接瞄准的方法。如将目标球的直径划分成 4 等分，如图 8.30 所示，图中主球左侧边的延长线 A 与目标球上的 3/4 那条线对齐，然后沿着主球中心 T1 一直向前看到 T2 点时，这个 T2 点的部位就是瞄准点。1/2、1/3 等厚薄瞄准方法同 3/4 的瞄准方法。

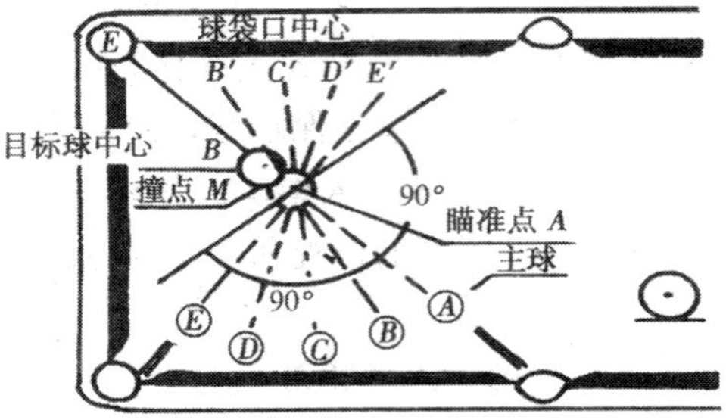

图 8.29　厚薄度瞄准法

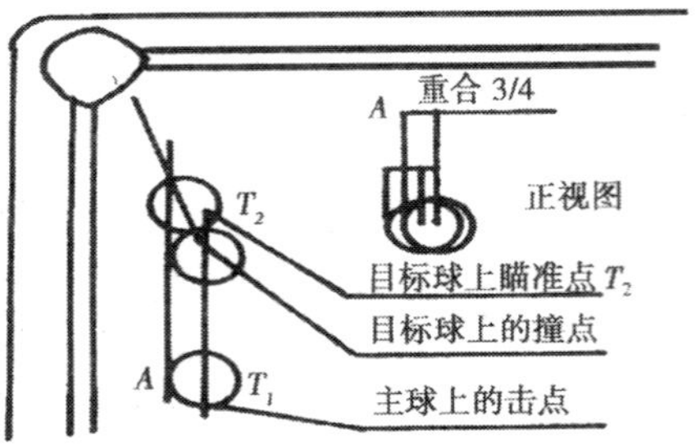

图 8.30　直接测点瞄准法

击打主球的中心点，力度控制适中，撞落目标球的可能性是比较大的。但是要想在完成目标球落袋的同时，又能使主球按预定的路线行进到预想的位置，即行进到有利撞落第二个目标球的位置或给对方制造障碍球，那就需要了解和掌握以上台球运动最基本的技术和原理，并根据实际情况灵活应用于比赛之中，才能达到目的。

第三节　轮滑

一、轮滑运动简介

轮滑运动最早被人们称为旱冰运动。从技术结构和动作轮廓来看，该项目与冰上运动大体相似，两者有着不可分割的亲缘关系。

1924 年 4 月 1 日，英、法、德和瑞士四国代表在瑞士蒙特勒成立了国际轮滑联合会。1926 年 4 月，国际轮滑联合会举办了由 6 个国家参加的第 1 届欧洲轮滑球锦标赛。速度轮滑、花样轮滑、轮滑舞蹈、轮滑球等项目先后被列为世界锦标赛项目。1949 年 4 月，在罗马召开的第 4 届国际奥运会正式承认国际轮滑联合会为非奥运会项目的国际组织。

现在的国际轮滑联合会总部在美国，下设有速度轮滑委员会、花样轮滑委员会和轮滑球委员会。亚洲的轮滑运动开展得较晚，成绩也较差。亚洲的轮滑联盟由中国、韩国、中国澳门、菲律宾、中国香港、印度、中国台北、日本等国家和地区组成。目前在亚洲，日本轮滑各项成绩略占领先地位。

二、轮滑运动的基本技术

(一) 基础动作(如图 8.31 所示)

1. 姿势

轮滑是采用特殊的姿势进行练习和比赛的。为了快速滑行中身体的平稳，减小空气阻力，运动员在练习和比赛中，采用的是上体前倾，两腿弯曲，用背手或摆臂保持身体平衡的滑跑姿势。

2. 滑跑

滑跑就是快速滑行。与陆地奔跑技术不同，轮滑的滑跑没有向前的反支撑和蹬地后双脚腾空的过程，它的技术是内向型周期循环性动作，技术的构成是由直道滑行的六个阶段、十二个技术动作和弯道滑行的四个阶段、八个技术动作而构成的一个复步。

3. 蹬地

轮滑练习和比赛时，在快速滑行中（滑跑速度一般为 8～15 m/s）只能在体侧与轮子滚动方向成 90°的方向找到合理、稳定的支点。

图 8.31　轮滑的基础动作

4. 平衡

由于练习者在轮滑场地滑跑是借助窄而长的轮滑鞋进行的，因而必须有较高的平衡能力。而练习和比赛的路线一般由直道和弯道组成，且轮滑在直道和弯道上分别采用不同的技术动作，因而，运动员必须将较好的平衡控制能力贯穿到练习和比赛的直道滑行和弯道滑行中。

（二）滑跑技术

1. 轮滑的起跑技术

起跑是轮滑各项距离滑跑的开始，其任务是在最短的时间内，用较省力和合理动作技术的方法使身体由静止状态获得最理想的运动速度。一般速度轮滑的起跑技术由四个部分构成，即预备姿势、起动、疾跑和衔接，这里主要介绍预备姿势和疾跑。

（1）预备姿势。速度轮滑起跑通常采用的有两种预备姿势：一是侧向起跑法的预备姿势，一是正向起跑法的预备姿势。侧向起跑法的预备姿势为运动员侧身向起跑方向，两腿平行分立与肩同宽，用轮子的内刃着地，将有力腿放在后面，两脚与起跑线成 20°～30°角，身体重心落在两腿中间，两膝微屈约成 110°角，膝盖内扣，上体前倾与地面成 40°～50°角，前手臂自然下垂，后手臂向侧后平举，高度不超过肩，目视前方 8～10 m 处，当听到枪声立即跑出。正向起跑法的预备姿势为运动员以两脚跟分开距离在 20～30 cm，脚尖分开成 90°～120°角，用内轮面压地面，两脚成外“八”字形站好。这时，两腿微屈约成 110°角，两膝关节前弓，身体重心落在两脚中间稍偏前部位，身体重心投影点位于脚前内侧。上体稍前倾与地面成 40°～50°角，如果右脚是有力脚，左臂放于体前自然下垂，右臂放于体侧后平举，高度不超过肩，目视前 8～10 m 处，当听到枪声时立即跑出。

（2）疾跑。起动后到发挥出最高速度这一滑跑过程为疾跑。其方法是当第一步踏出之后，就进入疾跑阶段，第2、3步均以踏切动作来完成，从第4步开始，采用切滑结合的动作技术。随着步数的增加，滑的成分逐渐增大，切的成分逐渐减小。手臂振幅要小而有力，步伐要清晰自如，步距以较小为佳，下轮动作位于身体重心垂直投影点稍前方。从5、6步开始，上体前倾角度由大变小，蹬腿方向逐渐偏向侧方，滑跑步距由小变大，摆臂振幅逐渐加大。同时两脚外展角由大变小，身体重心的垂直投影点由前稍向后移，移到正常滑跑时重心垂直投影点的位置。疾跑时是用两脚轮子的内刃完成动作的。

2. 直道滑跑技术

(1) 直道滑跑的姿势。上体前倾，肩高于臀，上体与地面约成15°～20°角，大腿与躯干成30°角，膝关节弯曲成90°～110°角，踝关节前屈成50°～70°角。上体放松，两臂伸直两手自然互握于背后，头微抬起，目视前进方向8～12 m处。在滑行时身体重心稍向前探。

(2) 直道滑跑技术动作周期的构成。轮滑的直道滑跑动作是典型的周期性技术动作。一个动作周期由左、右两个单步组成。每一个单步又是由单脚支撑和双脚支撑滑进过程所组成。其中，单脚支撑滑进过程是支撑腿滑进的过程，它又包括惯性滑进和单脚支撑蹬地两个动作。与支撑腿相对应的浮腿动作是收腿、摆腿和着地动作，并与支撑腿协调一致。因此，轮滑的直道滑跑动作中的一个动作周期应该是6个阶段，共包括12个技术动作。此6个阶段、12个技术动作的构成与动作之间的协调对应关系如表8.1所示。

表8.1 直道滑跑一个动作周期的构成

6个阶段	左	单腿支撑蹬地	双腿支撑蹬地	右	惯性滑进	单腿支撑蹬地	双腿支撑蹬地
12个技术动作	左	单腿支撑蹬地	双腿支撑蹬地	收腿		摆腿	着地
	摆腿	着地	惯性滑进	单腿支撑蹬地		双腿支撑蹬地	

(3) 直道滑跑的蹬腿动作。轮滑的蹬腿动作是在向前滑进的过程中进行的，也就是说是边滑行边蹬腿。轮滑的蹬腿动作过程包括开始蹬腿阶段、蹬腿的最大用力阶段和结束蹬腿阶段。

当惯性滑进结束，进入蹬腿阶段时，运动员应从用轮子平刃面的滑进过渡到用轮子的内刃滑行。这时，运动员在身体倾斜的状态下滑进，进入了开始蹬腿阶段。开始蹬腿阶段对运动员腿部动作的技术要求是在伸展髋关节的同时膝关节向前压，踝关节的前屈角度略有缩小并保持这个姿势开始向身体的侧后方蹬腿。

当完成开始蹬腿阶段的技术动作后，就进入了蹬腿最大用力阶段。在这个阶段，运动员的蹬伸腿位于身体的侧方，身体倾斜度达到最适宜角，即上体前倾与地面成15°～20°角，大腿与躯干成40°角，膝关节弯曲成125°角，踝关节前屈成50°～70°角。这时，运动员可以快速伸展膝关节，同时伸展髋、踝关节。

结束阶段是运动员完成了蹬腿的最大用力阶段后，髋、膝、踝关节完全伸直并准备收腿的最后蹬腿阶段，如图8.32所示。

(4) 直道滑跑的下轮动作。下轮动作是指运动员蹬地、收腿结束后，将浮腿置于身体重心下方落地并承接身体重心的过程。下轮动作的正确与否，直接影响到惯性滑进动作和蹬腿动作的质量好坏。

图 8.32　直道滑跑的蹬腿动作(结束阶段)

正确的轮滑直道滑跑的下轮动作是在滑跑过程中将浮腿收回,靠近支撑腿的内侧和身体总重心的下方落地,落地点在距滑行腿前方一脚处。落地时,先用轮滑鞋前部轮子的外刃下轮,下轮动作要快而轻,开始时角度要小。然后由轮滑鞋前部轮子的外刃滚动到全部轮子的平刃面着地,这时重心仍在蹬腿上,着地腿似乎悬在轮滑场地上。在蹬伸腿完全蹬伸的一刹那,要迅速把重心移到着地腿上。

(5) 直道滑跑的收腿动作。蹬地腿蹬伸动作结束后,将其抬离地面,并使其处于放松状态,称为浮腿。正确的收腿动作是在收腿过程中,浮腿要以大腿带动小腿拉回,腿部要放松,膝关节自然弯曲,做自然内压弧形摆动。从后方向前方收腿时,浮腿做从后向前摆拉收腿的动作,浮腿摆收的速度应大于支撑腿的运动速度。浮腿向前移位是靠该腿的重量和向前摆腿的动作实现的,因此要注意沿最短路线摆收,向支撑腿靠拢。此时,浮腿的小腿积极摆动下落,放于靠近支撑脚的稍前方,完成收腿动作。

(6) 直道滑跑惯性滑进动作。惯性滑进动作是指从一条腿蹬地结束之后,到另一条腿蹬地开始之前,用单腿支撑,利用惯性速度向前滑进的动作。

惯性滑进动作因滑行距离(项目)的不同,持续的时间和技术动作也不同。在练习和比赛长距离项目滑跑时,惯性动作持续的时间比短距离项目要长,一般约占一个单步步幅的 1/2。运动员鞋轮的变化是由下轮动作时的外刃着地,逐渐滚动到轮子的平刃面着地,最后滚动到轮子的内刃着地(内弧很短)到蹬地前为止。在短距离滑跑项目中,惯性滑进动作持续的时间比长距离项目要短得多,约占上个单步步幅的 1/3,由于短距离项目滑跑时技术动作的频率较高,所以惯性滑进动作要从较短时间的外刃和平刃着地支撑滑行,迅速地滚动到较长时间的内刃支撑滑行和蹬地动作。适当缩短惯性滑进时间,加快动作的频率有助于提高滑跑速度。

(7) 直道滑跑的摆臂动作。速度轮滑直道滑行的摆臂动作是与支撑腿的蹬地动作协调配合的技术动作,它能有效地提高蹬地的力量,加快身体重心的移动,从而提高动作频率和保持滑行时身体的平衡。摆臂动作常用于短距离项目的滑跑和比赛时的终点冲刺跑阶段。正确的摆臂动作技术应该是左腿蹬地时,左臂向右前上方摆,而右臂向右后上方摆;右腿蹬地时,右臂向左前上方摆,而左臂向左后上方摆。摆臂时要注意以肩为轴,配合支撑腿的用力蹬地动作。

蹬腿与摆臂的技术动作是互相作用和影响的，它们在时间和空间上是否有准确的动作技术配合是能否达到最佳速度的重要条件。

(8) 直道滑跑的全身配合动作。直道滑行技术的全身配合是实现正确滑跑技术和创造高速度滑跑的重要因素。它主要包括以下几种：

一是两腿动作的配合。在直道滑跑过程中，两腿的配合是由一个动作周期表中所示的一腿 6 个技术动作、两腿 12 个技术动作组成的一个复步往复循环而构成的。

蹬地腿完成蹬地动作后，收腿过程中应该是大腿积极带动小腿，快速流畅地向支撑腿收摆腿，并利用收腿的过程充分放松浮腿的肌肉。

两腿的配合关系为惯性滑进阶段浮腿开始收腿，收腿动作应流畅快速，身体重心由腿外侧通过支点。当身体重心开始向内侧移动时，蹬地动作开始。当浮腿收至身体重心的垂直下方时，收腿结束。收腿结束、身体重心移向即将下轮的浮腿与蹬地开始这三个技术环节几乎是同时进行的。

二是上体、臀部动作与腿部动作的配合。在蹬地、收腿、惯性滑进和下轮动作过程中，运动员的上体和臀部应保持与滑跑方向相一致。在进入蹬地阶段，支撑脚惯性滑进动作应由轮子平刃滚动到轮子内刃着地后，重心应落在蹬地腿上，上体、臂部向蹬地方向的相反方向水平移动，使身体重心与支点分离并利用重心蹬地，在蹬地结束的刹那间重心才移动到新的支撑腿上，上体沿着新的支撑腿滑进方向随同跟进。在整个动作过程中，要注意上体和臀部保持正确的前倾角度，不上下起伏。这样，身体各部位的合理动作与协调配合，才能使蹬地动作产生更大的加速度。

三是两臂与两腿的配合。在滑跑时，如运用摆臂动作，则摆臂的动作速度应稍快于两腿的动作速度。摆臂时，手臂的移动轨迹有三个位向点，即前高点、后高点、下垂点。当左臂位于前高点的时候，右臂位于后高点，这时左腿处于蹬地动作结束，右腿处在惯性滑进时要由轮滑鞋轮子的平刃向内刃滚动的阶段。当左臂位于下垂点的时候，右臂也正好位于下垂点，这个时候左腿位于收腿结束阶段，右腿恰是要开始蹬地阶段。当左臂位于后高点时，右臂应正好是前高点，这时候右腿正位于蹬地动作即将结束阶段，右腿处在惯性滑进时即将由轮滑鞋轮子的平刃向内刃滚动的阶段。

3. 弯道滑跑技术

(1) 弯道滑跑的姿势。弯道滑跑的动作可分为两种：一种为长距离的弯道滑跑动作，一种为短距离的弯道滑跑动作。这两种滑跑动作基本上一样，只是长距离的弯道滑跑姿势比短距离弯道滑跑姿势各个关节角度稍微大些。

弯道滑跑姿势采用身体向左倾斜的姿势，这是由圆周运动的特点所决定的。在弯道滑跑时，身体成一直线向左倾斜，头和肩也随之向左侧转动，左肩稍低于右肩，左臂稍低于右臂，双腿完成蹬地动作时，也应尽量与身体倾斜面相一致，上体和支撑腿的滑行方向应沿圆弧切线方向。在滑行中，身体重心应居中稍偏左侧前方，整个弯道滑跑过程应有加速感。身体倾斜度与弯道半径和滑跑的速度有密切关系，如半径小、速度快，身体倾斜度就大，反之，身体倾斜度就小。掌握好身体倾斜度与弯道弧度的关系，是提高弯道滑跑速度的重要因素，如图 8.33 所示。

图 8.33 弯道滑跑的姿势

(2) 弯道滑跑技术动作周期的构成。轮滑弯道滑跑动作的一个动作周期由左、右两个单步所组成。与直道滑跑不同的是,在弯道滑跑过程中几乎没有惯性滑进阶段,两腿几乎一直处于不断交叉压步蹬地的状态。速度轮滑的弯道滑跑动作的一个动作周期应该是两腿的共 4 个阶段、8 个技术动作。此 4 个阶段、8 个技术动作的构成与动作之间的协调对应关系如表 8.2 所示。

表 8.2 弯道滑跑一个动作周期的构成

4 个阶段		左腿支撑蹬地	向左双腿支撑蹬地	右腿支撑蹬地	向右双腿支撑蹬地
8 个技术动作	左	单腿支撑蹬地	双腿支撑蹬地	摆收腿	着地
	右	摆收腿	着地	单腿支撑蹬地	双腿支撑蹬地

(3) 弯道滑跑的蹬腿动作。弯道滑跑的蹬腿是右脚用轮子的内刃、左脚用轮子的外刃向右侧后方蹬腿的交叉压步的技术动作。滑跑的方向是弯道圆弧的切线方向。每个步幅不能过长,一般在 4～5 m。

正确的轮滑弯道滑跑的蹬腿动作应该是当左腿摆收到右腿支撑脚跟时,右脚进入开始蹬腿动作阶段。当右脚向左侧前方"压收"动作即将越过左腿时,左腿进入开始蹬腿阶段。当蹬地腿继续快速蹬伸时,蹬腿动作就进入最大用力阶段,此时浮腿悬在新的弯道弧线的切线方向上,整个重心牢牢地压在蹬地腿上,蹬腿方向要与蹬地腿滑进的切线相垂直。

(4) 弯道滑跑的下轮动作。正确的轮滑弯道滑跑的下轮动作应该是右腿摆收回时,脚跟向左侧前方做"挤压"的动作,沿跑道圆弧的切线方向以轮子内刃开始着地并承接身体重心,而后滚动到轮子的平刃稍偏内刃成双脚滑行并准备开始左腿的蹬地动作。右脚着地时,要保持右脚跟和左脚的距离在向左侧前方 5～10 cm 处,并注意膝盖前弓,使下轮的右腿与身体成一个倾斜面,下轮动作也应该贴近右腿内侧着地面,用左脚轮子的外刃着地。下轮时应沿跑道圆弧的切线方向,并承接身体重心,很快滚动到轮子的平刃偏外刃成双腿滑行准备右腿的蹬地动作。保持小腿向左侧前方倾斜的角度与整个身体的倾斜相一致。

(5) 弯道滑跑的收腿动作。蹬腿结束后,应立即进入收腿动作。这一动作的作用是充分放松浮腿,加速重心移动,增加蹬腿力量,创造更大的滑跑速度。

轮滑弯道滑跑的正确收腿动作应是右腿蹬地结束后,以大腿带动小腿,膝关节领先,摆至靠近左腿支撑滑行脚，继续向左侧前方位移并着地完成右腿收腿动作。在浮腿准备着地时(左右脚一样)，要使轮子向右偏离原滑行的方向，沿跑道圆弧新的切线方向着地。收右腿时，要以“压收”的方法来完成。“压收”就是积极、有力和快速地摆收右腿，并与左腿形成剪轮交叉压步的动作。而当左腿蹬地结束之后，以大腿带动小腿，膝关节领先，拉摆向右腿支撑滑行脚靠近，拉收到右腿支撑脚左侧的稍前方准备着地面，完成收左腿动作。拉摆收左腿时要用拉收的方法来完成。

(6) 弯道滑跑的惯性滑进动作。轮滑的弯道惯性滑进动作比直道短得多，这一部分在很多轮滑技术资料中都不作介绍，因为在弯道滑跑是沿圆弧的切线方向运动的，所以每一个单步的滑行距离不能太长，一般占一个单步总长的 1/3 左右。

弯道滑跑中，左腿支撑惯性滑进动作是从右腿结束蹬腿动作起，到右腿挤收腿至左脚上方时为止。右腿开始收腿时就是左腿惯性滑进动作的开始，这时身体重心偏于左脚的后部滑进，当右腿收到与左腿靠近时，身体重心则由左脚的后部前移至中部滑进，当右腿即将越过左腿做积极内压动作时，身体开始向左倾斜，到此，左腿惯性滑进的动作结束。

右腿惯性滑进动作是从左腿开始收腿起，到左脚收至右脚的后方为止。当开始收左腿时，身体重心位于右脚的后部滑进，左腿以交叉的形式收到右腿后方时，身体重心从右脚后部前移向中部滑进，身体向左倾斜，进入利用体重蹬腿阶段。这时，身体重心继续前移，随着蹬腿动作移向右脚的前部，完成右脚的惯性滑进动作。

(7) 弯道滑跑的摆臂动作。弯道滑跑正确的摆臂动作技术是右臂摆动与直道滑跑基本相同，但摆臂的幅度要稍大，方向更向左侧前方一些；左臂摆臂动作是上臂贴靠住上体，前臂做前后摆动。左臂的摆臂是起平衡协调作用的，因而一般左臂也可置于体侧或背于身后而不摆动。

(8) 弯道滑跑的全身配合动作。它包括以下几种：

一是上体与腿部动作的配合。在弯道滑跑过程中，头肩的方向和位置以及上体和臀部的位置是十分重要的。当右腿蹬地动作结束后，整个身体和头肩部应沿着新的滑行方向做积极的移动，使左腿惯性滑进动作获得更大的冲滑力和稳定的动力平衡，而后随着右腿“压收”动作，可使左肩略向右摆动，加大臀部向左倾斜幅度，使身体重心迅速左移，为左腿蹬腿创造良好的条件；当左腿蹬地结束，成明显的交叉步后，头肩部的方向与右脚前进的方向要保持一致且明显偏离原来的滑行方向，这一动作应使右腿支撑滑进动作获得较好的平衡条件。

二是两腿动作的配合。当左腿蹬地动作结束并抬离地面时，右腿开始蹬地动作；左腿向右腿摆动并靠近右腿时，右腿用力快速蹬伸；当左脚着地并完全承接身体重心时，右腿蹬地动作结束。

当右腿蹬地动作结束并抬离地面时，左腿开始蹬地动作；右腿向左腿摆收并靠近左腿成双支撑滑进并蹬地时，左腿用力快速蹬伸；当右脚着地并完全承接身体重心时，左腿蹬地动作结束。

三是摆臂与腿部动作的配合。在弯道滑跑过程中，当右腿蹬地时，摆臂和蹬腿的配合关系基本与直道滑跑时相同。当左腿蹬地时，摆臂与蹬腿的配合关系应该是当右腿蹬地结束，左腿蹬地动作开始时，右臂摆至前最高点，左臂摆至后最高点；当右腿进行摆腿而左腿进行单脚支撑蹬地动作时，右臂和左臂分别从前、后高点回摆；当两膝关节靠拢时，两臂摆至下垂点；当右腿着地成左右腿双支撑蹬地时，右臂后摆，左臂前摆；当左腿蹬地结束，右腿承接身体重心时，右臂摆至后高点，左臂摆至前高点。

第四节　跆拳道

一、跆拳道简介

跆拳道是一项起源于朝鲜半岛的古老而又新颖的竞技体育运动，是朝鲜民族在生产和生活基础上发展起来的一项运用手、脚技术和身体能力进行自身修炼和搏击格斗的传统体育项目。说它古老，是因为它在有记载的朝鲜民族史上已有 3 000 多年的历史；说它新颖，是因为跆拳道自 20 世纪 50 年代中期在朝鲜半岛重新崛起到现在的半个多世纪以来，已经风靡全球，成为一项新颖的竞技体育项目。跆拳道的内容十分丰富，但主要包括品势修炼（动作组合）、搏击格斗和功力检验三大部分。

跆拳道的“跆”字，意为像台风一样猛烈地、强劲地跳踢的“脚”；“拳”字意为拳头，是用来进攻的武器；“道”是指人生的正确道路，在这里寓意使用手脚的方法和原理。跆拳道运动要求练习者不仅学习跆拳道的技术，更注重对跆拳道礼仪、道德修养的学习和遵从，每一次练习都要求“以礼始，以礼终”，强调培养人的礼仪、忍耐、谦虚和坚忍不拔的精神，这对青少年尤其具有特殊的教育意义。

名人堂：陈中

陈中（1982 年至今），焦作人，中国跆拳道运动员，获得 2000 年悉尼奥运会、2004 年雅典奥运会两届冠军。陈中 1995 年开始练习跆拳道，1997 年入选国家集训队。2000 年从北京体育大学附属竞技体育学校毕业，进入北京体育大学运动系。1996 年至 2007 年，陈中多次蝉联全国跆拳道比赛冠军，并两获奥运会跆拳道冠军，摘取了世界杯、世锦赛、亚运会、亚锦赛等多项重大比赛的金牌，成就了我国跆拳道运动历史上的第一个“大满贯”。

跆拳道练习者身穿专用的白色跆拳道服装，腰系代表不同段位的腰带进行训练和比赛。跆拳道的水平是由练习者的级别和段位体现的，水平越高，其段位也就越高。跆拳道的段位分为初级的十级至一级和高级的一段至九段。跆拳道的比赛分男女两个组别按体重分级进行。由于跆拳道运动以腿法为主要进攻手段，因而比赛时气氛紧张激烈，双方斗智斗勇，拳来腿往，高难动作精彩纷呈，充分展示了人的斗志。跆拳道训练可以鼓舞人奋发向上的精神，陶冶人的道德情操，同时可以使人享受到打击艺术的美妙。

1955 年，跆拳道运动在经历了几千年的发展和充实之后，终于被其领导人和组织者将朝鲜的自卫术统称为"跆拳道",即现代跆拳道。1961年9月,韩国成立了唐手道协会,后更名为跆拳道协会,并成为全国运动会正式比赛项目。1966年,第一个国际组织——国际跆拳道联盟(ITF)成立,崔泓熙任第一届主席。1973年5月,世界跆拳道联合会(WTF)在汉城成立,金云龙当选为主席。1975年,世界跆拳道联合会被国际体育联合会接纳为正式会员。1980年,国际奥委会正式承认了世界跆拳道联合会。

二、实战姿势和步法

(一)标准实战姿势

左脚在前叫左势,右脚在前叫右势。其动作规格为两脚前后开立与肩同宽,前脚尖45°斜向右前方,后脚跟抬起,膝关节微弯曲,重心在两脚之间。上身自然直立,双手握拳,拳心相对,两臂弯曲置于胸前,头部直立向前,目视正前方,如图8.34所示。动作要领为身体自然,肌肉放松,膝关节松而不懈,富有弹性,心无杂念,以无意为有意。

图8.34　标准实战姿势

(二)跆拳道的基本步型

跆拳道的基本步型是指在跆拳道的练习和实战过程中,站立位置姿势和脚步形状。基本步型有多种,每一种站法都跟后面的步法动作有着直接的联系,是练习跆拳道必要的和最基本的姿势。练习者一定要按规格要求练习每一种步型。

(1) 并步,两脚并拢,身体直立,两脚内侧贴紧并拢。

(2) 开立步,亦称自然站立。两脚左右开立与肩同宽,两脚尖微向外展,两臂自然下垂于体侧,两手轻握拳,身态自然,如图8.35所示。

(3) 马步,亦称骑马式站立。两脚左右开立大于肩宽,两脚平行,挺胸立腰,上体正直;两膝关节屈下蹲,重心在两脚之间,如图8.36所示。

(4) 侧马步,亦称半月立。以马步站法为基础,上体向侧(左或右)转,屈膝略内扣,身体重心偏于前脚。

(5) 弓步,亦称前屈立步。两脚前后开立,相距约一步半;前腿屈膝,后腿伸直,后脚前后开立与前脚的延长线成30°;前腿膝关节和脚面垂直,重心偏于前脚,如图8.37所示。

(6) 前行步,亦称高前屈立。两脚前后开立,姿态和平时向前走路时相似,步幅不大,重心偏于前脚,如图8.38所示。

图 8.35　开立步

图 8.36　马步

图 8.37　弓步

图 8.38　前行步

（7）三七步，亦称后屈立。两脚前后相距一步，后脚尖向外展约 90°，后膝弯曲，前膝微屈，脚尖朝前。

（8）虚步，亦称猫足立。身体姿势和三七步相似，只是前脚的脚尖点地，脚跟提起，两膝关节微内扣，重心落于后脚。

（三）跆拳道的基本步法

跆拳道是一种以腿法为主的武技，实战中步法的灵活运用对充分发挥腿的威力，取得实战的胜利具有极其重要的意义。使用脚法时多以后腿进攻，因此跆拳道的步法具有鲜明的特点，即重心落在两脚之间或偏于前腿，而且身体姿势大都以侧向站立，以便保护身体和正中的要害部位，使后腿通过拧腰转髋发力，增加击打的力量和速度。

跆拳道的基本步法在实战中具有极其重要的意义。首先，步法是连接技术动作的关键环节。跆拳道实战中，不论是进攻、防守，还是防守、反击，绝大多数是在运动中完成的，因此需要灵活、快速、敏捷、多变的步法连接技术，以保证后面技术动作的完成和发挥，否则就会处于被动挨打的地位。其次，通过灵活多变的步法移动，使对方的进攻或防守落空，同时自己抢占有利的攻击或防守位置，为反击创造条件。再次，灵活多变的步法可以保持身体姿势的平衡，因为身体只有在相对平衡的状态下，才能更有力、更有效地攻击对方，达到攻击目的。跆拳道的实战是在运动中进行的，没有正确、灵活、多变的步法，就难以取得实战的胜利。最后，灵活机智地运用多种步法，可以给对方心理造成压力，使对方产生无所适从的感觉，为战胜对方创造条件。实战中常用的基本步法包括以下几种。

1. 前进步

由标准实战姿势开始，两脚成斜马步，两手握拳置于胸前。前进时后脚蹬地向前迈步，身体侧转成另一侧斜马步，可连续进行，这是前进步的一种——上步。注意拧腰转髋，前进时，后脚蹬地，前脚向前滑行称为前滑步；后蹬地，前脚向前跳跃为前跃步。前滑步和前跃步都属于前进步，是主动进攻时采用的步法，也可用于假动作，配合手臂的动作进行，便于快速接近对方，如图 8.39 所示。

2. 后退步

由标准实战姿势开始，前脚掌用力蹬地，后脚先退后一步，前脚随即后退，两脚以及身体仍保持原来姿势。若前脚掌蹬地后，后脚沿地向后滑行一步，前脚随即同样向后滑行一步，两脚以及身体仍保持原来姿势，叫做后滑步退。这种步法可以拉开和对手的距离，避开对方的进攻，准备做反击动作，如图 8.40 所示。

3. 后撤步

由标准实战姿势开始，以后脚前脚掌为轴，前脚抬起向后经后脚内侧向后撤一步，形成和原来相反的实战姿势。后撤步可根据实战需要左右变化，调整与对方的相对距离，准备进行攻击或反击。

4. 侧移步

由标准实战姿势开始，两脚前脚掌同时向左右侧蹬地并移动，离开原来的位置。向左移叫左移步，向右移叫右移步。侧移步的作用是避开对方有力的攻击，移动到对方的侧面，准备进行反击，如图 8.41 所示。

图 8.39　前进步

图 8.40　后退步

图 8.41　侧移步

5. 跳换步

由标准实战姿势开始，两脚同时蹬地使身体腾空，空中两脚前后交换，同时转体，落地时身体姿势成另一侧的准备姿势。跳换步的腾空不宜过高，略离地面即可。换步时要拧腰转髋，迅速敏捷，其目的是干扰对方的攻防思路，选择适宜自己进攻的方位和转换自己身体的得分部位使对方不能得分，同时争取反击的空间和时间，马上转入进攻。

6. 弧形步

由标准实战姿势开始，前脚的前脚掌原地碾地面，后脚同时向左(右)蹬地后右(左)跨移一脚，成为和原来准备姿势不同方向的准备姿势。向左跨为左弧形步(或左环绕步)，向右跨步为右弧形步(右环绕步)。

7. 前(后)垫步

由标准实战姿势开始，后(前)脚向前(后)脚并拢的同时，前(后)脚蹬地向前(后)迈(退)步，仍成原来的实战姿势。垫步动作的要点是后(前)脚向前(后)要迅速，不等后(前)脚落定，前(后)脚就要蹬地前(后)移动，前(后)脚移动的垫步动作要迅速、轻捷、连贯，要快速接近或远离对方。后面的连接动作，无论是进攻还是防守，都要连续迅速，可在垫步过程中做动作，不给对方任何机会。

8. 前冲步

由实战姿势开始，后脚向前迈进一步，身体姿势同时转正，随即前脚向前冲一步仍成为实战姿势。可连续冲几步成实战姿势。

前冲步的动作要点是两腿动作要连贯快速，类似加速冲刺。步幅小、频率快、灵活多变，是主动追击对方的有效步法。连续动作要轻捷快速，给对方造成慌乱，亦可采用向后退的类似方法避守。

三、跆拳道的基本腿法

跆拳道的基本腿法有前踢、横踢、后踢、下劈、侧踢、后旋踢、旋风踢、双飞踢、侧摆踢等。下面重点介绍八种腿法。

（一）前踢

1. 动作规格

以左势实战姿势开始，右脚向后蹬地，身体重心前移至左脚；右脚蹬地顺势屈膝提起，左脚以前脚掌为轴外旋约 90°，同时，右腿迅速以膝关节为轴伸膝、送髋、顶髋，小腿快速向前踢出，力达脚尖或前脚掌。踢击目标后右腿迅速放松弹回，落回原地仍成左势实战姿势，如图 8.42 所示。

图 8.42　前踢

2. 动作要领

（1）膝关节上提时大小腿折叠，膝关节夹紧，小腿和踝关节放松，有弹性。

（2）踢击时顺势往前送髋，高踢时往上送髋。

（二）横踢

1. 动作规格

右脚蹬地，重心移到左脚，右脚屈膝上提，两拳置于胸前；左脚前脚掌蹍地内旋，髋关节左转，左膝内扣；随即左脚掌继续内旋转 180°，右脚膝关节向前抬至水平状态；小腿快速向左前横踢出；击打目标后迅速放松收回小腿，右脚落回成实战姿势，如图 8.43 所示。

2. 动作要领

膝关节夹紧，向前提膝，尽量走直线；支撑脚外旋 180°；髋关节往前顺，身体与大小腿成直线，严格注意击打的力点正脚背；踝关节放松，击打的感觉是“面团”、“鞭梢”。横踢攻击的主要部位有头部、胸部、腹部和肋部。

图 8.43 横踢

（三）后踢

1. 动作规格

左脚掌为轴内旋约 90°，上身旋转重心移到右脚，屈膝收腿直线踢出，重心前移落下，如图 8.44 所示。

图 8.44 后踢

2. 动作要领

(1) 起腿后上身与小腿折叠成一团。

(2) 动作延伸，用力延伸。

(3) 转身，提膝，出腿一次性完成，不能停顿。

(4) 击扣目标在正前方稍偏右。

（四）下劈

1. 动作规格

由实战姿势开始，右脚蹬地，重心前移至左脚。同时，右腿以髋关节为轴屈膝上提，两手握拳置于胸前；随即充分送髋，上提膝关节至胸部，右小腿以膝关节为轴向上伸直，将右腿直举于体前，右脚过头。然后放松向下以右脚后跟（或脚掌）为发力点劈击，一直到落地，呈实战姿势，如图 8.45 所示。

图 8.45　下劈

2. 动作要领

腿尽量往高、往头后举，要向上送髋，重心往高起；脚放松往前落，落地要有控制；起腿要快速、果断；踝关节要放松。劈腿的主要攻击部位有头项、脸部和锁骨。

（五）推踢

1. 动作规格

由实战姿势开始，右脚蹬地，重心前移，右脚以髋关节为轴提膝前蹬，用右脚脚掌向前蹬推，力点在脚掌，推力向正前方，如图 8.46 所示。

图 8.46　推踢

2. 动作要领

提膝后尽量收紧膝关节；重心往前移，利用身体的重量发力；推的时候腿往前伸展、送髋；推的路线水平往前。推踢的攻击目标是腹部。

（六）勾踢

1. 动作规格

由左势实战姿势开始，右脚向后蹬地，身体重心前移至左脚，左脚支撑，右腿屈膝提起；左脚以前脚掌为轴，脚跟向内旋转约 180°，右腿膝关节内扣，右腿向左前方伸出，伸直后用脚掌向右侧用力屈膝鞭打，然后右腿顺势放松屈膝回收，落回原地成实战姿势。

2. 动作要领

（1）起腿后右腿屈膝抬过水平，然后内扣。

（2）右脚要随转体尽量向左前伸展。

（3）右脚掌向右鞭打时要屈膝扣小腿。

（4）鞭打后顺势放松。

（七）双飞踢

1. 动作规格

两人从闭势实战姿势开始，攻方先用右横踢攻击对方左肋部，同时，左脚蹬地起跳，身体腾空右转，腾空高度在膝关节以上，但不宜过高；左脚起跳后在空中用左横踢迅速踢击对方胸部或腹部；左右脚交换，右脚落地支撑，左脚横踢目标后迅速前落，成左势实战姿势，如图 8.47 所示。

图 8.47　双飞踢

2. 动作要领

（1）右腿横踢目标的同时，左脚蹬地跳。

（2）左脚起跳后迅速随身体右转横踢目标。

（3）两腿在空中交换，右脚先落地。

（八）后旋踢

1. 动作规格

由实战姿势开始，两脚以脚掌为轴均内旋约 180°，身体右转约 90°，两拳置于胸前。上体右转，与双腿拧成一定角度。右脚蹬地将蹬地的力量与上体拧转的力量合在一起，将右腿向后上以髋关节为轴直腿摆起，右腿继续向右后旋摆鞭打，同时上体向右转，带动右腿弧形摆至身体右侧，右腿屈膝回收上，右脚落至右后成实战姿势，如图 8.48 所示。

2. 动作要领

转身、旋转、踢腿动作连贯进行，一气呵成，中间没有停顿；击打点应在正前方，呈水平弧线；屈膝起腿的旋转速度要快；重心在原地旋转 360°。后旋腿攻击的主要部位有前额和胸部。

图 8.48　后旋踢

四、跆拳道的防守

跆拳道的防守方法主要有三种：一是利用闪躲、贴近等方法，通过脚步的移动，使对方的进攻落空；二是利用手臂的格挡阻截对方的进攻；三是以攻对攻，用进攻的方法阻止对方的进攻。

（一）利用闪躲、贴近等方法进行防守

闪躲就是当对方进攻时通过脚步的移动，向左右两侧或向后闪躲，从而使对方的进攻落空；贴近就当对方进攻时快速上步与对方靠贴在一起，使对方由于距离过近而无法发挥进攻的威力。如当乙方使用后腿下压技术进攻甲方时，甲向左侧或右侧移动身体，避开对方的下压进攻；再如当乙方前旋踢进攻时，甲方可快速后撤一步或是立即上前一步，贴近乙方，使其不能用规则允许的踝关节以下的部位击打得分。

（二）利用格挡的方法进行防守

按照防守方向来划分，格挡的方法基本上有向上、向（左右）斜下、向（左右）斜上防守三种。一般来说，运动员采用格挡的方法是出于以下原因：一是对方进攻速度较快，自己来不及使用闪躲、贴近等方法时，下意识地用格挡进行防守；二是已预测到对方使用的技术，使用针对性的格挡是为了迅速做出反击动作，使格挡成为转化攻防的连接技术，为比赛得分创造条件。

(1) 向上格挡，如图 8.49(1)所示。

(2) 向（左右）斜下格挡，如图 8.49(2)所示。

(3) 向（左右）斜上格挡，如图 8.49(3)所示。

1　　2　　3

图 8.49(1～3)　跆拳道的防守

（三）利用进攻的方法进行防守

在对方进攻的同时，防守者也使用进攻的动作，即以攻代守。这种防守的方法在当前跆拳道比赛中被广泛使用，原因在于当对方进攻时，身体重心发生了移动，他必然有一个调整身体重心的阶段，防守者抓住此阶段实施进攻动作，往往会使得进攻者无法快速回撤身体而陷于被动或者失分状态。此时，防守者的进攻动作属于后发制人的动作，与平常使用的进攻动作在移动方向或身体姿势上有一定的差别。

五、跆拳道变化组合腿法

（1）横踢变后旋踢，如图 8.50 所示。

图 8.50　横踢变后旋踢

（2）劈腿变后踢，如图 8.51 所示。

图 8.51　劈腿变后踢

（3）横踢、后踢变后旋踢，如图 8.52 所示。

图 8.52　横踢、后踢变后旋踢

(4) 前踢变劈腿，如图 8.53 所示。

图 8.53　前踢变劈腿

(5) 连变横踢，如图 8.54 所示。

图 8.54　连变横踢

(6) 俯身变横踢，如图 8.55 所示。

图 8.55　俯身变横踢

(7) 前踢变横踢,如图 8.56 所示。

图 8.56　前踢变横踢

(8) 旋踢变前踢,如图 8.57 所示。

图 8.57　旋踢变前踢

(9) 格挡变后旋踢,如图 8.58 所示。

图 8.58　格挡变后旋踢

思　考　题

1. 游泳时出现小腿肌肉痉挛怎么办?

2. 如何做人工呼吸?

3. 课后和同学结伴加强轮滑练习,练习中注意安全。

4. 上网观看一些保龄球视频,加深对保龄球运动技术及文化的理解。

5. 通过学习,你对高尔夫运动有哪些了解?

6. 简述跆拳道前踢的动作规格和动作要领。

7. 上网搜集一些跆拳道礼节的知识,和同学讨论一下。

第九章　体育欣赏与体育竞赛

如果你想强壮，跑步吧！如果你想健美，跑步吧！如果你想聪明，跑步吧！

——古希腊格言

学海导航：

在大力加强物质文明和精神文明建设的今天，作为上层建筑的体育，越来越受到人们的重视。体育欣赏可以给个人及家庭带来乐趣和幸福，给社会带来安定，能有效地占领社会主义的思想文化阵地。通过体育欣赏，能使更多的人认识和参与体育运动，从而促进体育运动的进一步发展。同时，精彩的竞赛和紧张、激烈、惊险、拼搏的场面能使人们赏心悦目，并使其从中受到激励和感染。

知识目标：

1. 全面了解体育欣赏的含义与法则。
2. 懂得竞技体育项目的成绩评定方式。
3. 深刻体会奥林匹克运动的精神内涵。
4. 了解体育竞赛的组织程序。

能力目标：

1. 通过学习，学生能独立完成一场比赛的组织和编排。
2. 学会欣赏体育比赛的技巧。

第一节　体育美学

一、体育的竞技之美

竞技是体育的一个重要功能，竞技美是欣赏体育美的一个重点。

（一）体育竞技的荣誉之美

任何一项体育比赛都是通过个人或集体，发挥其体格、体能、运动能力、心理、智慧等方面的潜力而进行的角逐。在种种比赛中，其参赛者都具有一定的社会群体的代表性。他们在赛场上，一方面要体现自我的价值，另一方面要为所代表的群体争取荣誉。而观赏者往往都与运动员有着千丝万缕的社会关系，不是来自同一所学校或是单位，就是来自同一地区、民族或国家。因此，体育比赛的成败、胜负、荣辱都与观赏者有着息息相关的联系。

在一些重大的国际赛事上，若是参赛队与本民族、本国的关系密切，其竞赛级别越高，场次越关键，观赏者的心理越受到牵制，情感就越发激昂。特别是当本民族或本国运动员获胜，升国旗、奏国歌时，观赏者都会同运动员一样情不自禁地热泪盈眶，激动不已，把本国运动员的胜利视为自己民族和国家的莫大荣耀，从而产生强烈的民族自豪感。每届世界杯足球赛结束后，冠军队所在的国家都会像过盛大的节日一样热闹，球迷们激情万丈、尽情狂欢，大家都在为自己国家的足球队所取得的荣誉而备感自豪。

许多为本国家、本民族获得荣誉的运动员还会被视为民族英雄，成为年轻人学习的榜样。1988 年，安东尼·内斯蒂在汉城奥运会泳池中的惊人一胜，让全世界都知道了他的祖国——苏里南。当这个黑人选手在男子 100 m 蝶泳比赛中以百分之一秒的优势率先触壁的时候，在场的各国媒体都懵了——谁是内斯蒂？苏里南在哪里？这个当时人口只有 40 多万的加勒比岛国在这一刻成为全世界的焦点。“我让所有人都知道了我的祖国苏里南”，在内斯蒂看来，这比金牌更值得骄傲。当然，内斯蒂也就此成为国家英雄，苏里南全国为他的历史性胜利放假一天，国际机场也被命名为安东尼·内斯蒂机场。

在第 23 届奥运会上，中国体育健儿实现了我国奥运金牌“零”的突破，洗尽了“东亚病夫”的耻辱，迎来了“东方巨人”的美称，全国人民无不为之欢欣鼓舞，海外侨胞也深受感染，他们把祖国体育健儿夺得金牌看成中华民族的光荣、炎黄子孙的骄傲。20 世纪八九十年代，中国女排在世界大赛中多次夺冠，给全中国人民带类了无上的荣耀，每逢中国女排比赛时，全国亿万观众都会围坐在电视前或收音机旁，目睹或倾听中国女排给大家带来的惊喜与振奋，女排姑娘们的“拼搏精神”，感召了无数有志青年投身到了繁荣祖国、振兴中华的建设之中，在 2008 年北京第 29 届奥林匹克运动会上，我国体育代表团首次取得金牌总数第一的优异成绩，全国人民激情澎湃，爱国热情空前高涨，大家无不为自己是一个中国人而感到自豪。

（二）体育竞技的技战术之美

通过观看体育比赛，观众可以观赏到运动员所展现出来的准确、干净、利落、新颖、洒脱的技术动作，得到美的享受。一些著名运动员所表现出的高超绝技，更使人心旷神怡。如 NBA 巨星乔丹、科比出神入化的投篮表演，绿茵场上贝利、马拉多纳、罗纳尔多、梅西等著名足球巨星们令人眼花缭乱的过人动作，田径场上刘翔协调流畅的跨栏技术，跳台上郭晶晶梦幻般的跳水技巧等。

体育竞技的技战术之美体现着人类的聪明才智，体现着人类团结协作的人际关系。在高水平的比赛中，著名球队队员之间令人目不暇接的绝妙配合，以及球队变化莫测的战术配合带给人们一种整体的美。例如，足球比赛中的“二过一”配合，篮球比赛中的传切配合，排球中的“背溜”等。

在紧张激烈、生动活泼、积极拼搏、勇于进取的氛围中，体育竞技不仅能给我们的生活创造一个生动的美的意境，同时还激发观赏者热爱生活、追求美好生活的愿望。

除了竞技体育的荣誉之美、技战术之美外，体育竞技中还蕴含着悬念之美、突破极限之美、形体美、动作美等。

二、体育的人性之美

体育的人性之美通常指在运动中体现的思想觉悟、意志品质、道德修养等综合的意识美。我们在欣赏着体育竞技之美的同时，总会被闪耀在体育之中的人性光辉所感动。

（一）人性越真实就越接近体育精神，越能展现出体育魅力

在北京奥运会上，德国队33岁的体操妈妈丘索维金娜已是第5次参加奥运会，而她选择复出继续拼搏的原因很简单——钱，因为她患有白血病的儿子需要医药费，儿子成了她拼搏的最大动力。她战斗在赛场上，以一个母亲的名义，母爱引爆了她所有的能量。

同样是33岁的冼东妹，在国家需要她的时候，撇下不到一岁的女儿，毅然选择了复出，踏上了北京奥运会的征程。在夺冠的那一刻，她哭了，她说了一句让人感动的话："女儿，妈妈一年多不在你身边，以后会好好补偿你。"这是一位母亲的愧疚。

雅典奥运会最后一轮打错靶痛失金牌的美国名将埃蒙斯，在北京奥运会最后一轮再次失误，错失金牌。事后，这位名将在自己的妻子、北京奥运会金牌获得者卡特琳娜的怀中，像个孩子似的哭泣起来。卡特琳娜一边安慰丈夫，一边给他擦去泪水。这一幕让人在心酸中不得不感叹命运的无常、爱情的无价。

在北京奥运会上勇夺8金、创造奇迹的美国著名游泳运动员菲尔普斯，每次比赛结束浮出水面后的第一个动作是望向看台，他在寻找他的妈妈，而他们之间的交流也只有简单的三个字：我爱你。原来支撑奇迹的是一个伟大的女人——母亲。

人性越真实，越接近体育精神，越能体现出体育的魅力，必有一种亲情因真实而永恒。当我们把奥运健儿还原成母亲，还原成父亲，还原成爱人，还原成儿女，还原成兄弟姐妹……运动员们的体育人生，就更加感人。当体育竞技舞台与人生舞台相通，运动员的可亲与可爱，就会离我们更近。从这个意义上说，奥运奖牌无价，但亲情更无价，有亲情展示出的人性最无价。

（二）体育是人性回归的一种召唤

在经济萧条的时期，美国某个工业城市的街区由于生活压力和社会矛盾，街区的青年经常游离于社会的边缘，当地的犯罪率很高，不良少年随处可见。后来，在当地教会的教导下，许多有体育运动经历的义工在学校和社区中开设了很多免费的体育培训指导的服务机构，街区和学校间也经常举办一些体育比赛。经过一段时间的努力，喜爱运动的年轻人群体增多了，各种比赛让人们能够公平地竞争与展现自己。随之而来的是街区的治安好转了许多，那些曾经彷徨的青年重新找回生活的信心和人生的目标。

体育，特别是竞技体育，在很多人的印象里，是成功或者失败，是鲜花或者唾弃，是刻苦训练、顽强拼搏的过程。但事实上，体育更是体现人性的舞台——爱、选择、放弃、宽容、理解，把这些串起来，便是任何人都会经历的成长过程。当我们仅仅把目光对准耀眼的明星，对准成功的瞬间时，人性的一面往往被忽略。

1988 年的第 24 届奥运会上，加拿大帆船运动员勒米厄在小组比赛中领先居第 2 位时，毅然停止了比赛去抢救一名落水的新加坡运动员，而是自己的名次落到了 21 位。为了表彰他的高尚行为，萨马兰奇授予他一枚奖章，裁判员也将他的名次提到了小组第 2 名。勒米厄的行为体现了友谊重于成绩的高尚人性美。

而 1988 年 5 月在联邦德国发生的一件事更是让人们传为佳话。在一次全国联赛中，不来梅队的弗兰克·奥登维茨在本方禁区内手球出界，裁判员没有发现，因而判科隆队罚角球，科隆队当时提出异议，裁判员问奥登维茨是否手球违例了，他痛快地承认的确犯规了，结果科隆队靠罚这个点球赢了这场比赛。奥登维茨的一些队友抱怨他“太傻”，但是，他的诚实态度却受到了广大运动员和球迷的赞赏。国际足联把 1988 年的“最高风格奖”授给了奥登维茨，而奥登维茨把这笔高达 3.3 万美元的奖金作为一份圣诞礼物献给了残疾人和孤儿。奥登维茨对记者说，今后球场上遇到类似情况，他还要当“傻子”。奥登维茨的高尚品质鲜明地体现了人的良知。

（三）体育让人性更光辉、灿烂、耀眼

“更快、更高、更强”是奥林匹克永恒的主题，但是在体育比赛中赢得喝彩的远不只是最快者、最高者、最强者。独揽 8 金是英雄，拖着流血的腿走到天黑的是英雄，勇夺金牌的“黑马”是英雄，承担重压而坚持前行的老将更是英雄。人类永远需要英雄，当我们的奥林匹克英雄们欢呼、流泪甚至流血的时候，人类的精神王国闪烁着理想主义的光芒。

约翰·阿赫瓦里的名字已经被铭记了 40 年，这个来自东非坦桑尼亚的马拉松运动员说出了奥运史上最感人肺腑的话语：“我的祖国从 7 000 英里远的地方把我送到这里，不是让我开始比赛的，而是让我完成比赛。”1968 年，在高原墨西哥城，当不少感到头晕目眩的人开始退出马拉松赛的时候，30 的阿赫瓦里还在坚持；腹部痉挛和极度缺氧的时候，他还在坚持；右腿重伤鲜血直流的时候，他还在坚持；教练劝他甚至强迫他放弃比赛的时候，他还在坚持；暮色降临，赛道上只剩下他一个人和一丝微弱的摄影机光线的时候，他还在坚持，直到体育场的大门重新为他打开。当他走过早已拆掉的终点大门的时候；在场为数不多的人制造出响彻体育场的掌声。那个缠着被鲜血染红的绷带在夜幕下一瘸一拐独自行走的身影被永远记录在奥林匹克的历史里，成为其中最催人泪下，又最振奋人心的一幕。

德里克·雷德蒙德，一名英国的黑人田径运动员，他甚至没有机会出现在决赛上。1922 年巴塞罗那奥运会男子 400 m 半决赛中，刚刚跑过 250 m，他的腿伤复发，右腿肌肉撕裂，重重摔倒在跑道上。对手一个一个从他身边跑过，救护人员跑上来，想把他抬上担架。曾经动过 5 次手术才终于站到奥运会赛场上的他，绝不甘心就这样结束。他哭嚎着推开救护人员，爬起来一跳一跳地奔向终点，泪水和汗水流在一起，砸在跑道上。

同样的感动也曾来自于中国的年轻人。那是一个感动都灵的夜晚，当张丹擦去眼泪重新站到冰场上的时候，热烈持久的掌声几乎要把冰场融化。在那之前的几分钟，她和搭档张昊在挑战从未有前人在奥运会上完成过的抛四周跳时出现失误，张丹的膝盖重重地磕在冰面上，瞬间难以站立。就当人们以为这对新星的第一次奥运会将就此戛然而止的时候，张丹又回来了。这个瘦弱的小姑娘忍着剧痛带着泪痕和搭档坚持完成了一连串的跳跃、旋转、托举。2006 年冬季奥运会花样滑冰双人滑比赛，因为这对中国年轻人而在美丽之外平添了一份感动。那枚银牌，在冰面上闪耀出的光芒不亚于任何一枚金牌。在五环旗下，英雄可以用任何一种方式来展现。

“奥运会的真正意义在于参与而非获胜，正如人生的真谛不是在于征服他人，而在于自我的努力和奋斗。”现代奥林匹克之父、法国人顾拜旦在转述一位大主教的话时这样说道，这就是“重在参与”的奥林匹克精神。

著名女子花剑运动员栾菊杰曾在1984年洛杉矶奥运会上为中国赢得第一枚击剑金牌。2008年，50岁“高龄”的她重披战袍，以教练员和运动员的双重身份代表加拿大出征北京奥运会。当被问及年过半百，“挥剑出山”的因由时，这位已是三个孩子的母亲表示，她的理由就是“祖国办奥运，她一定要回”，在64强战中，栾菊杰以13比9战胜了比自己小30岁的突尼斯选手后，她扬出一面写有“祖国好”的红色旗帜。那一刻，她的眼中充满了泪水，全场为之动容。“24年了，一切是祖国给我的，我的心一直和祖国连在一起。比赛现场，当那么多人高喊我的名字时，我的心情真是无法用语言来描述。我用这种方式表示我的感谢，这是我的心声。”体育中所闪耀的人性光辉，使得体育具有了更深层意义上的美。

三、体育的艺术之美

体育不断趋向于艺术，广泛地说，是指它的总体技能达到了出神入化的境界；狭义地说，则是只表现项目所呈现出的那种对姿态美和意境美的追求，如韵律操、花样滑冰、艺术体操、中华武术等，为体育活动增添了动人的艺术魅力，使观众赏心悦目。

（一）体育蕴含着艺术

在原始社会，萌芽状态的体育与原始艺术（舞蹈、音乐）是混淆不分的，它们伴随着生产劳动、战斗和巫术礼仪而产生。在很长的一个时期里，劳动与体育、舞蹈、音乐之间没有明显的界线。原始人的舞蹈与他们的生产斗争和生活实践有着直接的联系。狩猎时代的舞蹈总是反映人和动物的关系。狩猎者要再现他们捕猎的情景时，就模仿着动物的各种动作和劳动生产过程，从而创造了狩猎人的舞蹈，如爱斯基摩人捕捉海豹的舞蹈。我国文献中记载的摔跤运动的古老形式，人带着牛角相抵的角抵戏，古代“熊经鸟伸”的导引术以及后汉华佗的“五禽戏”等，可以说既是舞蹈，又是体育，既是模仿动物形态动作用于表演、娱乐，也是健身的医疗体育。体育与艺术的紧密结合，突出地表现在古希腊的奥林匹克赛会上，古代奥运会既是竞技场，也是艺术盟会。在这里，不仅可以看到在音乐伴奏下竞技者的角逐，还可以看到歌颂优秀竞技的艺术珍品，这些都证明体育和艺术一直是不可分的。体育运动中体育与艺术已密切联系，相互交叉渗透，相得益彰。

（二）用艺术的眼光从不同的角度欣赏体育

人们对体育的审美需要日益增长，在一些艺术性较强的项目中，如艺术体操、冰上芭蕾、花样游泳等，要想压倒对手，夺取冠军，不仅要动作新颖，难度高，而且要求运动员具有优美的姿势和对音乐的理解。

纵观诸多体育赛事，常常给人美不胜收的感觉。在田径场上，运动员矫健的身姿体现的是青春、力量和速度，就是精美的雕塑，也难以再现这种运动之美和艺术之美；艺术体操展示的是灵动的美、飘逸的美，这种美接近于舞蹈，在美妙的音乐中，运动员手持绳、球、棒、带等轻器械，以各种舞步、翻转、波浪、平衡、腾越、屈体、旋转等人体动作，组成流动、变幻的画面，如彩蝶飞舞，如流水潺潺，飞扬着一片美的神采，洋溢着一片美的气息。其实体育运动中的艺术体操、花样游泳等项目，揉进了不少舞蹈的动作，使运动更富韵律、节奏。而人们最看好的球类比赛，则更像是一出情节紧张的话剧，有强烈的冲突，有多变的剧情，有波澜起伏，有高潮迭起，更有完美的结尾。看一场精彩的球赛得到的快感和享受，就像看了一出精彩的大戏。

现代奥运会之父顾拜旦创立现代奥运会的时候，确立"更高、更快、更强"的原则，挑战的是人类超越自身的极限的能力。在顾拜旦的"三更"中，并没有"更美"的要求。但是，现在看来，奥运会在展示"三更"的同时，无不在展示"更美"这个更像对艺术要求的宗旨。奥运赛事体现出的力量、速度和对抗都极具美感，这种美感又是用人体来展示的。活生生的人的身体，是艺术的载体，健壮的肌肉、匀称的体形、完美的肤色，本身就彰显了人体的艺术美。

体育是力量的角逐，是智慧的较量，是健美的展示，它的精神意义和崇高境界正是现代社会所提倡和弘扬的。艺术是心灵的跳跃，是情感的流淌，是和谐的体验，它特有的魅力滋润着人类的心灵，为人类提供了一个多姿多彩、令人心驰神往的世界。艺术和体育宛如同胞姐妹，当艺术走进体育，艺术特有的感染力会使体育具有更神奇的魅力。

第二节　不同的项目欣赏方法

一、做个内行的体育观众

俗话说得好："内行看门道，外行看热闹"。只有做个真正的内行的体育观众，才能不仅看热闹，更能看懂门道，才能感觉巅峰瞬间，感受体育内涵，留下美好记忆。

（一）了解竞技体育比赛的一般分类形式和特点

首先要了解各项赛事规则和基本竞技战术。规则是运动员合理利用身体、心理、技术、战术的前提和保证，也是保障比赛顺利完成的条件。了解规则，才能看懂比赛，才能欣赏比赛。竞技战术是整个比赛的核心、精髓，对它的熟悉让人对比赛的欣赏更进一步，就如同自己在比赛中一样，你也会成为运动员、教练员，什么时候该用什么技术、战术，你会为他们的一些技术、战术的合理运用，精彩的发挥而拍手叫好，也会为他们的某些失误而扼腕叹息。

1. 欣赏直接对抗性竞技项目

欣赏直接对抗性竞技项目包括篮球、排球、足球、手球、网球、曲棍球、羽毛球、乒乓球等球类项目，以及拳击、摔跤、柔道、击剑等个人项目。这类项目比赛的特点是裁判员按规则规定的条件去判断运动员的得分与失分，并以此作为衡量成绩的依据，判断比赛的胜负。欣赏这类比赛项目，应注意欣赏比赛过程中个人技术的运用和整体战术的配合，以及运动员所表现出的那种视野开阔、豁达合群和大智大勇的精神状态。

2. 欣赏对比性竞赛项目

对比性竞赛项目包括体操、艺术体操、跳水、花样游泳、花样滑冰等。这类项目比赛的特点是对比，要求运动员按规定条件和动作质量去完成比赛的技术动作，比赛中强调动作难度、美观和富有艺术性。欣赏这类比赛项目，应注意欣赏比赛过程中的那种富于艺术的美感，即运动员能够在一定的空间和时间内，把身体控制到尽善尽美的程度，使健与美得到高度的统一，再加上和谐韵律和鲜明节奏的微妙配合，犹如抒情诗般的艺术造型，给人以强烈的美感。

3. 欣赏记录性竞赛项目

记录性竞赛项目包括田径、、游泳、举重、射箭、射击、划船、赛艇等。这类项目比赛的特点是计算成绩有客观指标，即以时间、距离、重量、命中率等具体指标作为评定运动员名次的依据。欣赏这类比赛项目，应注意欣赏比赛过程中运动员那种你追我赶的拼搏精神及勇敢坚毅、刻苦耐劳的优良品质。

竞技体育比赛中运动员的技、战术动作和配合是经过长期刻苦训练和多次比赛的磨合而形成的。有的技术已经达到炉火纯青的境地，有些战术配合已经达到天衣无缝的程度，人们从这个视角去观赏体育比赛就要抓住不同项目的特点。例如，一场世界水平的足球赛使人感到整场比赛是一种视觉的享受，足球门前险象环生的临门一脚，使人们能够狂欢不已；篮球比赛中高高跃起的扣篮和盖帽，准确的三分远投，使人拍案叫绝；排球比赛中扣球队员一连串的助跑，起跳，空中动作以及强有力的重扣都使观看者赞叹不已。又如，体操比赛中又高又飘的跟头、回环、转体等一系列高难动作，投掷项目中的最后用力，跳远的起跳与腾空，跳高比赛中起跳和过杆的一刹那，百米跑的快速起跳和强有力的冲刺，游泳的优美泳姿等，所有这些精彩的部分，都会给观赏者带来一种健与美的享受。人们还可以观赏到变幻莫测的传接配合，如排球战术中二传传出的球恰到好处；接力比赛的接棒要掌握好时机；在长跑比赛中要考虑体力的分配，根据对手的特点是否采用领跑或跟跑战术等。竞技体育的技、战术促使运动员在比体能、比战术的同进也要比智慧。竞技体育的比赛是一项需要智慧，同时又能促进智慧发展的运动，从运动技战术的角度去观赏体育比赛，会使人们联想到现代社会许多事业都需要人们像赛场上运动员那样刻苦努力，明确分工、真诚合作才能成功。

（二）学会和掌握欣赏竞技体育比赛的一般方法

1. 注意欣赏体育精神

从整体上说，我们应注意欣赏蕴涵在体育比赛中的那种崇高的“体育精神”，它包括竞争精神、自我超越精神和团结协作精神。体育比赛的最大魅力在于永恒的竞争，在于有规则的公平、公开、公正（平等、和平）的竞争。从运动员的内在智慧及精神的角度观赏体育竞赛，竞技体育最能吸引观众的重要原因是比赛不仅比技术，而且比战术、比智慧、比精神。战术是智慧的体现，智慧是精神的体现。

2. 注意欣赏比赛的形式与过程

竞技体育比赛大致可分为三种类型，在欣赏不同类型的比赛时，应注意不同的欣赏角度、方法，要按照各项竞技比赛的类型和特点进行欣赏。

3. 注意欣赏比赛的结果

虽然“重在参与”是人们从事欣赏与实践的体育信念，但对比赛结果的欣赏，能让人从中获得一种满足感、成功感。当人们在欣赏一场足球比赛时，尽管对比赛过程中运动员的技术、战术表演，对相互的默契配合有着一种良好的情感体验，但人们还是关心最后的结果。正是这一结果的悬念，使更多的观众有耐心看完一场也许会成为0比0的比赛。

欣赏比赛的结果，能产生一种强烈的移情作用。如观看跳高比赛，当运动员准备起跑的时候，观众会情不自禁地屏息无声，暗暗地为运动员加油。而当运动员以其娴熟优美的姿态越过两米多的横竿时，观众会从心底里发出一种宽慰的欢呼，获得一种精神上的满足与升华。

欣赏比赛的结果，能使人获得一种强烈的振奋感受。由于现代国际比赛规定颁奖时要升国旗、奏国歌，因此，一场比赛的结果总是牵动着亿万人的心。取得胜利会使一个国家举国欢腾、欢呼雀跃。失利了，也会给一个国家带来更大的震撼。

总之，欣赏竞技体育比赛应该注意多层次、多角度地去感受、去体验。要注意增加必要的欣赏知识，如比赛项目的演变历史和发展现状，比赛方法和比赛规则，比赛队员的技术特点和技术风格等。这样才能不断提高自己的欣赏水平，获得赏心悦目的精神享受。

知识窗

倡议球迷文明观赛

2007年7月27日，维护中超联赛观看秩序新闻发布会在市体育局召开。北京市球迷协会向球迷发出文明观赛倡议书，倡议全市球迷“文明观赛，快乐赏球，做文明快乐的新球迷”。

中超联赛北京赛区委员会执行主任、市体育局副局长李晋康表示，近几年我们的赛场文明总体来看是比较好的，但是也出现了一些不和谐的事件。各相关部门要进一步落实职责，要把维护赛场秩序作为共同目标，努力塑造北京赛区文明、良好的观赛氛围。

《文明观赛倡议书》

球迷朋友们：

多年来，我们一直以对足球运动的挚爱和对北京足球的支持，满腔热忱地在赛场里为球队呐喊助威，加油鼓劲，充分展示了北京球迷文明、热情、懂行的良好形象。但是由于一小部分观众文明意识不强，观看比赛时有不文明行为，从一定程度上影响了比赛气氛和球迷群体的形象，也与“人文奥运、礼仪北京”的和谐环境不相符合。

目前，全市上下正在广泛开展“迎奥运、讲文明、树新风”活动，实施“热情懂行——迎奥运赛场文明行动”是活动的重要组成部分，我们球迷有责任、有义务来创造和维护文明、热烈、有序的赛场环境。为此，我们共同倡议：

从小事做起，从我做起，遵守《首都市民文明公约》，积极倡导赛场文明礼仪，维护赛场清洁环境，拒绝不文明观赛行为，用我们的语言和行动来引领“文明、快乐、健康、时尚”的赛场文化，为北京举办一届“有特色，高水平”的奥运会做出我们应有的贡献！

“文明观赛，快乐赏球，做文明快乐的新球迷”是我们的口号，树文明形象，展礼仪风采，为2008年北京奥运会营造良好赛事环境，是我们的共同目标，球迷朋友们，让我们并同努力，争做文明快乐的新球迷；让我们伸出双手，撑起一片文明、洁净的赛场天空，2008年奥运会将因我们的存在而更加精彩！

二、品出体育竞赛的“美”来

（一）欣赏动作美

艺术体操运动员随着音乐的节奏在绿色地毯上滚翻腾跃，时而凌空，时而伏地，时而飞旋，时而伫立，那曲线和谐的身材随着音乐的节奏，做出轻盈飘逸、协调柔韧的动作，可谓极美。花样滑冰选手身着带有闪光饰物的华丽服装，和着悦耳动听的乐曲，在灯光的追随下，以轻快的节奏、婀娜多姿的身段，做出许多优美的动作组合和艺术造型，堪称美极。武术表演运动员精气贯注、形神兼备，在套路中将各种攻防动作融为动态、艺术形象，动静疾徐，节奏鲜明，于飘逸洒脱中体现浓郁的民族特色，令人赞美不已。一场精彩的球赛，运动员精湛的球技、精妙的战术配合以及许多出人意料的戏剧性场面，都给观众留下深刻的印象，使人们在兴奋之余深感满足，这些都是动作美的完美体现。

（二）欣赏运动美

运动美是身体运动之美，是人在体育运动中表现出来的美。感受运动美，需要懂得一定的运动知识，特别是竞赛运动知识。运动美的表现，则不但要掌握知识，还必须亲自参加体育活动的具体实践。

（三）欣赏身体美

身体美不仅指人体表面的形态美，还包括骨骼、肌肉、皮肤、毛发等影响人体表面形态的构件，并涉及音容笑貌、服装饰品等与表现身体美有关的所有方面。身体美是机体良好的生理和心态状况综合显示出来的健康之美。体育竞赛最充分和最丰富地呈现了充盈着生命力的身体美，它主要在运动过程中表现出来，并通过体育锻炼的手段获得。

（四）其他美

一是力度美。当见到选手以勇猛雄健的动作达到常人所无法达到的远度、重量和难度时，人们亦会为他们的强健和彪悍啧啧惊叹，感受到一种力量的美。

二是悲壮美。竞赛中的胜负通常是不可预知的，参赛者主观上总是希望赢，但由于各种因素的综合效应，客观上失败的现象经常会出现，这就产生了属于美学范畴的悲剧效果，使人感受一种悲壮之美。

三是风格美。竞赛中，运动员个人和运动队集体在技术表现和战术配合方面都有自己的风格，或粗犷奔放，或稳健细腻，或注重进攻，或偏重于防守，从而产生独特的风格美。

四是行为美。竞赛中，可以发现以友谊和亲善为目的，不拘泥于胜负，亲密无间的现象，包括重礼仪、守纪律、团结协作、有强烈的责任感、富有牺牲精神等美德，这些都是我们需要提倡和发展的行为美。

五是意志美。竞赛中，一方由于得分少而获胜的可能性极微，或在无望追上对手时，运动员仍然兢兢业业，努力拼搏，毫不气馁，以认真顽强的态度坚持始终，这是一种意志美的表现。

知识窗

怎样观看十项全能

十项全能包括4项径赛、3项跳跃、3项投掷，共10个项目。这些项目分两天比赛：比赛顺序为第一天100 m、跳远、铅球、跳高、400 m。第二天110 m栏、铁饼、撑竿跳高、标枪、1 500 m。

十项全能选手的得分基于他们在每一项比赛中的表现，最后总成绩最高的人获胜。因此运动员只有每项比赛都有上佳表现而不是偏重一项才能最终获得冠军。实际上，人们设计了复杂的计分系统以保证在一项比赛中占尽优势的运动员的得分不会高于在几项比赛中成绩都较好的运动员。每一项比赛的得分都取决于该项目的评分标准，奥运会根据世界纪录制定出一个得分对应表格，将选手的成绩在表格中换算成分数，然后相加得出总分。

（五）体育赛事的现场观赛礼仪

各种体育赛事的现场观赛礼仪体现了各种运动项目在历史发展过程中所积淀的文化内涵和体育精神，也反映了现场的文明素质和现代社会的文明程度，是比赛顺利进行的重要保障。北京奥运会比赛项目有28个大项，北京残奥会比赛项目也有20个大项，这些赛事让中国观众有机会现场欣赏来自世界各地的运动员同场竞技，从力与美的展示中获得愉悦感受，同时也要求每个观众自觉了解和遵循现场观赛礼仪，做热情、懂行、文明的高素质观众，做奥林匹克精神的实践者和传播者。学习、践行现场观赛礼仪应体现以下基本要求：

(1) 提前入场、有序退场。尽量提前入场，对号入座，主动礼让老弱残幼。比赛完全结束后再有序离场。

(2) 热情喝彩、鼓励各方。观众应该深刻领会奥林匹克精神，关注比赛过程，欣赏运动技巧。无论胜负，都对所有参赛运动员的精彩表现报以热烈掌声，予以赞赏鼓励。

(3) 尊重国格、表示敬意。对各国运动员在比赛中的表现给予应有的礼遇。各项比赛升国旗、奏国歌时，观众应肃立致敬。对于各国的国旗、国歌，都应同样尊重。

(4) 举止得体、行为理智。观赛时不随意走动，不吸烟，不吃带响声的食物，不乱抛垃圾杂物，不说脏话，不喝倒彩，不嘲讽污辱运动员、教练员、裁判员及其他观众，不损坏公共设施，理智对待胜负。

以上是到现场观赛必须遵守的基本礼仪要求。具体到不同的比赛项目又有不同的赛制，因为运动特点和规则的差异，每个单项比赛对观众观赛还有一些特别的规定和不同的礼仪要求。

四、端正欣赏观

竞技体育最明显的特点就是具有竞赛性。这种竞赛性又是以一竞赛双方直接对抗的形式表现出来的。如果竞赛双方对胜负无所谓，不积极去争取胜利，就失去了竞技体育的意义，同时也会令观众兴趣索然。比如，国际赛场上的激烈争夺就在一定程度上反映了一个民族的精神面貌和一个国家的文明程度，而这种关系到民族尊严和国家荣誉的大事，必然会对人民群众的思想、感情、精神和意志产生巨大的影响，也成为一场国际赛事吸引数以亿计的群众观看电视实况转播的缘由。如果参赛一方是本国、本省、本校或本单位的运动员，赛场上的激烈竞争和胜负的转换，常常会引起观众强烈的共鸣并唤起一种非常独特的情感体验。支持胜方的观众狂热到不能自持，采用各种形式表达内心的喜悦；而支持负方的观众也同样不能自持，狂呼乱喊，责难之声不绝于耳，有的甚至大打出手，酿成祸端，素有绅士风度的英国球迷闹事就是佐证。但观众若能以正确的态度对待胜负，这种看台上的暴力事件或许就不会发生。

（一）突出奥林匹克精神

运动员在比赛中全身心地投入，最大限度地发挥技术、战术和体能的水平，追求着“更快、更高、更强”。因此，我们在观赏体育竞赛时，不仅要赞美竞赛的优胜者，更主要的是要突出奥林匹克精神，称赞那些在竞赛中蕴含着高尚风格、精神品德的人们。

恰当的宣泄情感能使欣赏向陶冶人性、传播精神、创造体育文化等方面高度升华。体育竞赛最终追求的目标，应是通过运动场上的公平竞赛，使积极进取、不断向上的精神永存，促进人类社会进步与发展。如果我们都能以这样的认识高度去观赏体育竞赛，相信在得到美的享受的同时，也会把精神上获得的许多情感变化，更多地转为激励自己的一种动力，从而达到培养各种优良品种的目的。

（二）树立正确的胜负观

体育竞赛就是要分出胜负，但获得胜利不是体育竞赛的唯一目的，更不是终极目标。我们欣赏的不仅仅是获胜，更欣赏的是对自我的超越。

胜于负都是相对而言的，胜败乃兵家常事。获胜是每个运动员一生奋斗的目标，观众也可以从中得到积极向上、不断进取精神的启迪。但要是从宏观上看待胜负的价值，就不应以一次比赛的成败论英雄。观众在欣赏比赛时应为比赛双方精彩的表演鼓掌叫好，为所有的运动员那种不甘落后努力拼搏的精神叫好，观众既要为运动员的胜利欢呼，也要允许他们失败，既要给己方的运动员加油，也要给对方运动员加油。

（三）不以胜败论英雄

在体育竞赛中，要正确对待比赛的胜负。那种只能胜，不能败，胜了就一切都好，负了就一无是处，甚至冷眼相待、多方指责的做法是不可取的。尽管在观看比赛时情绪高涨，但抒发情感的方式必须恰如其分。既要助威加油，又要热情公正，始终做到热而不狂、欢而不乱，注意文明礼貌，遵守纪律，尊重各方，这才是欣赏体育竞赛所应采取的态度。

（四）取胜不是唯一目的

体育竞赛的重要目的是争取胜利，但这并非是体育竞赛的唯一目的，更不是最终目的。既然“和平、友谊、团结、进步”、“更快、更高、更强”、“参加比取胜更重要”这些奥林匹克的宗旨、格言和名句体现了奥林匹克精神的根本宗旨，那么就应以此来指导人们参与和观赏体育竞赛。如果把比赛的目的仅仅局限在“胜负”二字上，就降低了比赛的意义，甚至会失去比赛的真谛。

（五）不把胜负与国威画等号

我们既要充分肯定比赛胜利极度振奋民族精神的作用，又不能简单地把比赛的胜负与国家荣誉画等号。虽然体育作为一种文化形态，可以在一定程度上反映一个国家的经济、科学、技术和文化的发展水平，在重大国际比赛中获胜也的确有利于增强民族自信心、自豪感和振奋民族精神，但是体育的发展又不完全受经济的制约，比如，经济发达国家并非全都是体育强国，经济落后国家的运动员也能取得比赛的胜利。没有哪一个国家可以在所有项目上包揽天下，也没有哪一个国家可以在一切比赛中避免失败，体育强国也不例外。认为一场比赛胜了便是“国荣”，一场比赛负了便是“国耻”，这种形而上学的观点是不可取的。

（六）加强个人修养，文明欣赏比赛

现代体育比赛场面激烈而紧张，战术机智而灵活，让欣赏者情绪时而亢奋，时而消沉其情绪完全被比赛的节奏所控制，如果观赏者不能控制自己的情绪，会出现很恶劣的后果，如在足球比赛中，有很多血的教训。欣赏者一定要加强自身修养，控制情绪，使不良情绪通过正常途径得到宣泄。

知识窗

观看跆拳道的礼仪

技术是跆拳道的灵魂，而礼仪则是跆拳道精神的体现。相信许多跆拳道初学者所上第一节课的内容就是礼仪，而我们在赛场上看到的运动员也是彬彬有礼，那么作为观看跆拳道比赛的观众，应该如何做到文明观赛呢？

1. 提前入场，尊重裁判

相关人士介绍说，观看跆拳道比赛与其他项目有相同的地方，都要求观众提前进场，不应携带零食、瓶装饮料等。在比赛进行期间，要为运动员加油助威，激发他们的比赛热情，烘托比赛氛围，看台上下形成良性互动。

此外，由于跆拳道比赛有一些比较“特殊”的地方，因此需要观众的积极配合。“在跆拳道比赛中，裁判的主观判断占很大比例。客观地说，这样的评判方式的确容易产生‘歧义判决’，可如果观众在此时群起而攻之，扰乱赛场秩序，那就会干扰运动员情绪，影响比赛的正常进行了。所以，不做野蛮观众，在比赛中尊重双方运动员、尊重裁判是观看跆拳道比赛的关键”。

2. 文明观赛，热情有度

跆拳道是精彩激烈的搏击项目，观众的情绪也会随着运动员精彩的搏杀而不断高涨。相关人士表示，为选手助威应该热情有度，做到文明理智观赛。

相关人士介绍，有些观众在观看比赛时，情绪容易失控，难免会让一些不文明的“暴力”用语脱口而出，如“踢他”、“打他”等“暴力助威”的词汇。“这些词语显然给跆拳道比赛的精彩氛围带上点野蛮的不和谐音。观众有倾向性是很自然的，但是，这种对运动员和运动队的支持一定要有节制，不能完全凭个人的感情用事”。

3. 注重对礼仪的欣赏，淡化输赢观念

跆拳道虽然是搏击项目，但该运动更讲究人在格斗过程中磨炼意志品质，从中受到礼仪的熏陶。相关人士表示，"这是一种很特别的项目，它对于礼仪的要求非常高。如果有一方踢到对方的头，被踢的一方的想法是'我的水平不如对方，我要向他好好学习'。踢到对方头的这一方则会想到'我的腿没有收住，打到对方非常抱歉'"。

跆拳道提倡"以礼始，以礼终"，观众在观看跆拳道比赛时也应该遵守礼仪。罗微就对雅典夺冠时希腊观众的热情印象深刻，"我打雅典奥运会决赛时，对手是东道主希腊的选手。当时现场有六千名观众，他们当然希望希腊选手会赢。但是当我凭自己的实力获得金牌，挥舞着国旗绕场跑时，观众还是送给我热烈的掌声，我感到非常感动"。

关注比赛、淡化输赢的残酷尤其在跆拳道中表现得淋漓尽致，这个"速度做主"的项目却倚靠着深厚的"礼"之文化背景，选手在比赛中的比拼已不仅仅是简单的技术对抗，也重视精神层面的切磋。所以，跆拳道的观众如果抱着看打架的心态来到体育馆里，就未免有些低俗了。

第三节 奥林匹克运动

一、古代奥林匹克运动

古代奥林匹克运动是希腊人民的伟大创举，也是人类文明与进步的巨大的文化源泉。尽管古代奥运会的起始可追溯到公元前 11 世纪，但直到公元前 776 年才有正式记载。据历史记载，古希腊各城邦的平民百姓多信奉万神之首宙斯，因城邦之间经常发生战争，使民间的各种祭祀活动时断时续。公元前 776 年，在人民渴望和平、自由生活的要求下，古希腊伊利斯国王、斯巴达国王和比萨国王在"神"的旨意下，签订"神圣休战"的协定，并决定在奥林匹亚"宙斯神"庙前举办祭祀活动和举行第 1 届古代奥运会，以后每四年一次。

到公元 394 年为止，古代奥运会举行过 293 届。每届奥运会均在能容纳 5 万观众的奥林匹亚运动场上举行。最初只有短跑(192.27 m)一项比赛，后来逐渐增加了长跑、跳远、标枪、铁饼、角力、五项全能(赛跑、跳远、标枪、铁饼和角力)、拳击、赛马和赛车等运动项目。

在举行古代奥运会期间，不仅进行运动员之间的比赛，而且还为学者、诗人、音乐家和艺术家举办文艺汇演，所以古代奥运会有力地促进了体育、艺术的交流与发展，给人类文化生活带来了优美绚丽的形象，因而被人们认为是人的力量与精神和谐统一的源泉。

然而，公元前 146 年，罗马帝国入侵吞并了希腊，使人民完全失去了自由，同时在 4 世纪末，基督教在希腊上升为国教，于是公元 394 年，笃信基督教的罗马皇帝狄奥多西一世以异教之罪名废止古代奥运会。公元 436 年，其后继者狄奥多西二世又下令烧毁奥林匹亚的大部分建筑与设施，加上公元 551～552 年的两次地震，把这一片废墟深深地埋入地下。这样，具有一千多年的古代西方体育文明，就被凶残的人祸和无情的天灾彻底埋葬了。

二、现代奥林匹克运动

沉睡了一千年之后，到了18世纪，英、法、德等国的一些学者、专家相继去奥林匹亚访问考察和发掘，终于使古代奥运会旧址重见天日。被誉为“现代奥林匹克之父”的法国社会活动家、历史学家和教育家顾拜旦向世界各国提出恢复奥运会的倡议，在他多方奔波和积极斡旋之下，1894年在法国巴黎召开了恢复奥运会的代表大会，成立了国际奥林匹克委员会（简称“国际奥运会”）。1896年在希腊雅典举行了第1届现代奥林匹克运动会。

现代奥运会是声望最高、最庄严、最隆重的国际体育盛会，也是比赛规模最大、水平最高和影响最深远的综合性运动会。

（一）礼仪

奥运会组委会主席主持奥运会开幕仪式。在开幕式上，主办国元首或首脑就座，各个国家和地区的运动员按英文字母的顺序排列入场，其中希腊运动员排在整个运动员队伍的最前面，东道主运动员排在队伍最后面。国际奥运会主席致辞，东道主元首或首脑宣布本届奥运会开幕，播放本届奥运会会歌，升奥运会会旗。火炬手点燃奥林匹克圣火，放飞和平鸽。运动员宣誓，裁判员宣誓。演奏或演唱主办国国歌，最后是大型体育文艺表演。

（二）奥运会圣火

1928年，在荷兰阿姆斯特丹举行的第9届奥运会开幕式上，第一次点燃象征团结、和平、友谊的圣火，以后无论在哪个国家举办奥运会，都要进行隆重的火种点燃仪式。首先在奥运会发源地奥林匹亚希腊女神赫拉庙前举行点火仪式，即身穿雅典娜飘逸古装的希腊美丽少女，用聚光镜聚集阳光引燃火种，然后，火种在各个国家和地区传递，于奥运会开幕式前一天到达举办的城市。开幕式时，由东道主著名运动员接最后一棒火种在主会场点燃主火炬。熊熊燃烧的火炬直到运动会闭幕时才熄灭。

（三）奥运会宗旨

奥运会的宗旨为团结、和平、友谊、促进运动员的身体和精神的发展，增进运动员之间的相互了解和对运动员的精神教育，建立一个更加美好、和平的世界。

（四）奥运会会徽

会徽是自左到右为蓝、黄、黑、绿和红等5种颜色的5个相互套连的环圈。它象征着五大洲运动员团结在友好和平的世界中，以公正、坦率的比赛和友好的精神，在奥运会上相聚在一起。

（五）奥运会会旗

会旗是白色的，旗的中央是会徽，它是根据顾拜旦1913年的构思设计的。1914年，为庆祝复兴奥运会20周年，在法国巴黎召开的国际奥运会的会址上首次升起奥运会会旗。

（六）奥运会誓词

现代奥运会开幕式上的运动员宣誓是从1920年第7届奥运会上开始的。开幕式上点燃圣水和放飞和平鸽之后，各国和地区的会旗面向主席台，围成半圆形，东道国一名运动员走上主席台，左手拿本国会旗的一角代表全体运动员宣誓。誓词："我代表全体运动员宣誓，为了体育的光荣和本运动队的荣誉，我们将以真正的体育精神参加本届奥林匹克运动会的比赛，并尊重和遵守各项规则。"

从1968年第19届奥运会开始，运动员宣誓之后，进行裁判员宣誓，也是东道国一名裁判员走上主席台宣誓。誓词："我代表全体裁判员宣誓，遵守本届奥林匹克运动会的一切规则，公正无私地履行自己的职责。"

（七）奥运会格言

奥运会的格言有"重要的是参与，而不是取胜"、"更快、更高、更强"。前一条格言是启迪运动员要为团结、和平、友谊而参加体育盛会，后一条格言是激励运动员要努力提高运动水平，树立高度的思想境界和不断进取的精神。运动员在拼搏中要勇于向困难挑战，在竞争中展示蓬勃的青春活力和永远向上的奋斗精神。

（八）现代夏季奥运会

自1896年到2020年为止，四年一届的夏季奥运会已是第32届，但实际上只举行了28届，因两次世界大战，停办了其中三届（见表9.1）。第32届夏季奥运会将于2021年在日本东京举行。

表9.1　历届夏季奥运会一览表

届数	举办国	举办城市	时间
1	希腊	雅典	1896
2	法国	巴黎	1900
3	美国	圣路易斯	1904
4	英国	伦敦	1908
5	瑞典	斯德哥尔摩	1912
6	因第一次世界大战停办		1916
7	比利时	安特卫普	1920
8	法国	巴黎	1924
9	荷兰	阿姆斯特丹	1928
10	美国	洛杉矶	1932
11	德国	柏林	1936
12	因第二次世界大战停办		1940
13	因第二次世界大战停办		1944
14	英国	伦敦	1948
15	芬兰	赫尔辛基	1952
16	澳大利亚	墨尔本	1956
17	意大利	罗马	1960

续 表

18	日本	东京	1964
19	墨西哥	墨西哥城	1968
20	联邦德国	慕尼黑	1972
21	加拿大	蒙特利尔	1976
22	苏联	莫斯科	1980
23	美国	洛杉矶	1984
24	韩国	汉城	1988
25	西班牙	巴塞罗那	1992
26	美国	亚特兰大	1996
27	澳大利亚	悉尼	2000
28	希腊	雅典	2004
29	中国	北京	2008
30	英国	伦敦	2012
31	巴西	里约热内卢	2016

（九）冬季奥运会

与夏季奥运会相同，冬季奥运会也是每 4 年一届，到 2014 年为止，已实际举行了 23 届。第 24 届冬季奥会将于 2022 年在中国北京举行。

冬季奥运会主要比赛项目有现代冬季两项（滑雪和射击）、滑雪（高山滑雪、越野滑雪、跳台滑雪、自由式滑雪）、冰球、滑冰（速度滑冰、短道速滑、花样滑冰）、雪橇（有舵雪橇、无舵雪橇）和冰上舞蹈等。

（十）中国与奥运会

1922 年，中国正式与国际奥委会建立了直接联系。1932 年，中国第一次派运动员参加第 10 届奥运会。新中国成立以后，于 1952 年派运动员参加了在芬兰赫尔辛基举行的第 15 届夏季奥运会。1984 年 7 月，中国全面参加在美国洛杉矶举行的第 23 届夏季奥运会，中国射击运动员许海峰为我国取得了有史以来的第一枚奥运会金牌，实现了“零”的突破。而中国著名短道速滑运动员杨扬则在 2002 年第 19 届冬奥会上为中国夺得了第一枚冬季奥运会金牌。

第四节　体育竞赛的组织与编排

一、体育竞赛的分类

（一）体育竞赛的概念及作用

体育竞赛是以争取胜利为直接目的，以体育项目或某些身体活动为主要内容，按照一定规则进行个人或集体的体力、技艺、心理、智力等多方面综合较量等比赛的总称。

我国的体育竞赛是开展体育活动，提高体育运动水平，推动群众性体育活动普及的重要手段；是检查教学训练结果，丰富课余文化生活，加强团结，增进友谊的良好形式；同时也是培养优秀品质和集体主义精神，发掘和培养体育人才，宣传体育运动的重要途径。

（二）体育竞赛分类

竞赛的种类多种多样，有世界、全国和各省、市举办的大型竞赛，也有地区性的中型竞赛和基层单位举办的小型竞赛。按竞赛的任务不同可分为综合性竞赛和单项竞赛两类。

1. 综合性竞赛

综合性竞赛一般称为运动会或综合性运动会。它包含若干个运动项目的比赛，其任务是全面检查各项运动普及与提高的情况，广泛总结交流经验，推动体育运动的发展，如全运会、亚运会、奥运会等。

2. 单项竞赛

单项竞赛以单独进行某一项目的比赛为内容，一般分为以下几种：

（1）锦标赛。为检查、总结某一运动项目的开展情况，促使该项运动不断发展而举行的单项比赛，如世界男排锦标赛、世界体操锦标赛、大学生田径锦标赛。

（2）联赛。每年定期举行的国家或省、市单位竞赛，规模较大的国家比赛，如中超足球联赛、全国篮球甲级联赛等。

（3）杯赛。由单位或个人倡议举办，并捐款赠授予冠军或冠军队的比赛，如“应氏”杯围棋赛、“爱立信”杯乒乓球赛、“汤姆斯”杯羽毛球赛等；有结合庆祝活动举办体育比赛以杯赛命名，如“迎春杯”数学竞赛。

（4）邀请赛和友谊赛。由一个单位发出邀请，其他单位应邀请参加的比赛。各种访问比赛一般属于邀请赛和友谊赛。

（5）对抗赛。由两个以上实力相近的单位或国家联合举办的竞赛，目的是交流经验、切磋技艺、共同提高，如美英田径对抗赛。

（6）选拔赛。为了发现和选拔运动员，组织或补充代表队，准备参加高一级的竞赛而组织的比赛。

（7）表演赛。为了宣传体育运动，扩大影响而举行的比赛，是一种带有示范性、娱乐性的比赛，一般不计名次。

（8）通讯赛。用通讯方式组织的比赛。凡是可以计量（时间、距离、重量、环数）的项目都可以采用，如全国研究生田径通讯比赛等。

二、体育竞赛的组织

（一）竞赛前的准备工作

1. 成立组织机构

成立组织机构的规模要与竞赛规模相适应，其机构范围要根据竞赛规模大小而定。市、县一级单位或学校竞赛组织机构的规模，可结合具体情况简化领导组织机构，主要从保证完成比赛任务来安排。较大规模的赛会设立组织委员会(竞赛委员会)，一般还设仲裁委员会。组织委员会设主任、副主任、委员等，组织委员会下设竞赛处和秘书处；竞赛处下设竞赛组、裁判组、场地组和调研组等；秘书处下设宣传组，会务组、保卫组、医务组、后勤组等。各级组织的主要职责范围有以下几点：

(1) 组织委员会，它是竞赛的领导机构，主要负责制订和执行竞赛计划，审查协调各组工作计划及检查执行情况，处理和决定竞赛中出现的问题和竞赛总结工作。

(2) 仲裁委员会，它是竞赛仲裁机构，在组织委员会的领导下，负责监督竞赛规则和竞赛规程执行，并对执行中所发生的问题纠纷予以复审和裁决。

(3) 办公室，负责秘书、会议、联络、接待、食宿、交通、医务和财务等行政事务工作。

(4) 竞赛处(组)，负责竞赛的组织编排、成绩的登记和公布，组织裁判长、领队及教练员联席会，负责开幕式、闭幕式和奖品的分发等。

(5) 宣传组，负责宣传报道、思想教育和体育道德风尚奖的评选等。

(6) 保卫组，负责赛会住地和比赛地的安全保卫工作等。

(7) 裁判委员会(组)，负责检查比赛场地和器材，组织裁判员赛前的学习和实习，安排比赛中的裁判工作，宣布比赛最终结果和名次等。

2. 制定竞赛规程

竞赛规程是竞赛组织者和参加者的指导性文件。在竞赛前由主办单位根据竞赛的目的、任务制定，并提前发给有关单位，以便各单位做好准备。竞赛规程是竞赛工作的依据，它包括竞赛名次、竞赛任务、竞赛日期和地点、竞赛项目、参加单位和资格、竞赛办法、录取名次和奖励办法、报名和报到日期地点、裁判员和仲裁委员会选派方法和注意事项等。

3. 制订工作计划

各处根据职责范围，分头制订工作计划，经组织委员会审定后，按期落实，并定期检查工作进展情况。各处(组)间既要分工明确，又要协调配合。

(1) 组委会的工作包括按照各职能部门的工作计划检查落实情况，协调解决一些疑难问题和工作，召集裁判长、领队及教练员联席会，由组委会通报竞赛工作的准备情况和解决与比赛有关的各种问题。

(2) 竞赛组的工作包括竞赛规程编排、编印秩序册、运动员资格及健康审查、检查场地器材、印制竞赛用的各种表格、安排好各参赛队赛前对比赛场地的适应性练习、组织好调研人员和辅助人员的培训等工作。

(3) 秘书组的工作包括拟定大会文件、大会会议、文娱活动、发奖等安排，以及接待、交通、食宿、宣传、票务、医务等行政事务工作。

(4) 裁判组工作包括组织裁判员和辅助裁判员的业务学习和实习、裁判长检查场地和器材落实情况、进行裁判分组并确定负责人等工作。

(5) 宣传组工作包括协助委员会召开新闻发布会的筹备工作，让更多的宣传媒体介入赛会进行宣传报道。

(6) 保卫组工作包括根据赛会的需要组织一定的警力，确保赛会安全顺利进行。

(7) 仲裁委员会工作包括与组委会共同审查报名队和队员的参赛资格，组织仲裁成员学习《仲裁委员会条例》。

4. 编制秩序册

秩序册是运动会竞赛组织和竞赛秩序的文字根据，它由运动会的竞赛部门负责编制，报组委会审定后付印，综合性运动会需要在各单项竞赛秩序册编制基础上汇编总秩序册，提前下发。

秩序册一般包括竞赛规程及补充规定、组织委员会名单、竞赛日程、竞赛分组、运动员姓名号码对照表、比赛场地和练习场地示意图、运动会最高纪录、大会及注意事项等。

(二) 竞赛期间的工作

(1) 竞赛组要及时登记和公布当天的比赛成绩，经常检查并管理好场地器材和设备，遇到特殊情况需要更改比赛场地、日期和时间时，要及时通知各部。

(2) 办公室应深入各运动队听取意见，改进工作，保证运动员、裁判员和工作人员的伙食、洗浴及休息，赛场应有医生做好处理伤病事故的准备工作，并做好食品卫生监督工作。

(3) 裁判组要及时组织裁判员小结，改进工作，保证比赛顺利进行。

(4) 保卫组应随时注意与会人员住地及赛场的治安工作，特别是在大会临近结束时更要加强保卫工作。

(5) 宣传组要组织好宣传报道和道德风尚奖的评选工作。

(6) 仲裁委员会要负责复审比赛期间执行规则及竞赛规程中发生的纠纷、受理申诉和控告等，对上述问题仲裁要及时处理，不影响比赛正常进行。

(三) 竞赛结束工作

竞赛组及时对比赛成绩排出名次，交由裁判长宣布。召开组委会会议，听取工作汇报及意见，决定体育道德风尚奖的评选结果，组织闭幕式和发奖仪式，汇编、寄发成绩册，安排和办理各队及裁判员离会有关事宜，完成赛会总结并向领导部门汇报。

体育比赛经常采用的竞赛制度有三种：循环制、淘汰制和混合制。竞赛制度的选择应根据比赛的目的、任务、参赛队、竞赛时间的限定、场地器材情况以及经费的多少而决定。

循环制是参加竞赛的各队，在整个竞赛或在同一个小组中彼此都有相遇的机会。循环制又分为单循环、双循环和分组循环三种。

1. 单循环

单循环是参加竞赛的各队都有相遇比赛的机会，是一种比较公平合理的比赛制度，能比较客观合理地确定名次。但一般只在参加比赛的队数不多，又有足够的竞赛时间时采用。

(1) 比赛轮数。在循环制的比赛中,各队都参加完一场比赛即为一轮。参加比赛的队数为单数时,比赛轮数等于队数,如 7 个队参加比赛,即比赛轮数为 7 轮。参加比赛的队数为双数时,比赛轮数等于队数减一,如 8 个队参加比赛,即比赛轮数为 7 轮。

(2) 比赛场数。单循环比赛的场数,可以用下面的公式计算。

比赛场数＝队数×(队数－1)/2

如 7 个队或 8 个队参加比赛,则比赛场数为 7×(7－1))/2＝21(场),8×(8－1)/2＝28(场)。

(3) 单循环赛制编排方法,它主要有以下几种:

一是逆时针轮转法,该轮转方法是先将 1 号位置固定不动,第一轮次序是将比赛队数的前一半号码一次写出,排在左侧,再将后一半号码,从下向上一次写出排在右侧,并用横线连起来即可。第二轮次序的轮转方法是 1 号固定不动,其他号码按逆时针方向轮转一个位置,即可排出。第三轮次序按第二轮次序的位置,逆时针轮转一次,以此类推可排出其他各轮比赛秩序。例如,六个队(人)参加比赛,比赛顺序如表 9.2 所示。

表 9.2　六人(队)比赛顺序表

第一轮	第二轮	第三轮	第四轮	第五轮
1－6	1－5	1－4	1－3	1－2
2－5	6－4	5－3	4－2	3－6
3－4	2－3	6－2	5－6	4－5

如果是 5 个队参加比赛,只需将上表中的 6 号换成“0”作为轮空。

二是“贝格尔”编排法。从 1985 年起,世界性排球比赛多采用“贝格尔”编排法,其优点是单数队参加时可避免第二轮的轮空队从第四轮起每场都与前一轮的轮空队比赛的不合理现象。

采用“贝格尔”编排法,当参加比赛队为双数时,把参赛队分一半(参赛队为单数时,最后以“0”表示形成双数),前一半由 1 号开始,自上而下写在左边;后一半的数自上而下写在右边,然后用横线把相对的号数连接起来,这即是第一轮的比赛。

第二轮将第一轮右上角的编号(“0”或最大的一个代号数)移动左角上,第三轮又移到右角上,以此类推。即单数轮次时“0”或最大的一个代号在右上角,双数轮次时则在左上角,如表 9.3 所示。

表 9.3　7 个队比赛的编排方法

第一轮	第二轮	第三轮	第四轮	第五轮	第六轮	第七轮
1－0	0－5	2－0	0－6	3－0	0－7	4－0
2－7	6－4	3－1	7－5	4－2	1－6	5－3
3－6	7－3	5－6	1－4	5－1	2－5	6－2
4－5	1－2	5－6	2－3	6－7	3－4	7－1

无论比赛队是单数还是双数,最后一轮时,必定是“0”或最大的一个代号在右上角,“1”在右下角。

根据参赛队的除数不同，“1”朝逆时针方向移动一个位置时，应按规定的间隔数移动，如表 9.4 所示，“0”或最大代数号应先于“1”移动位置。

表 9.4　间隔移动编排法

参赛队数	间隔数	参赛队数	间隔数
<4 队	0	9～10 队	3
5～6 队	1	11～12 队	4
7～8 队	2		

“1”进行间隔移动时，凡遇到“0”或最大代数号应先越过，不作间隔计算。

一般国内比赛，各队以上届比赛所取得的名次数作为代号，如第 1 名为“1”，第 2 名为“2”，依此类推。世界性比赛大都采用东道主代号为“1”，上届第 1 名为“2”，依此类推。有的比赛也采用抽签方法确定代号。

2. 双循环

双循环是各队相遇两次的比赛方法，为了增加各队相互交流和锻炼机会时采用。它比单循环比赛总场数增加一倍。

3. 分组循环

分组循环是参加比赛队较多而竞赛时间较短时，为了比较合理地确定名次，可采用分组循环的比赛方法，这在学校或基层的竞赛中采用较多。将参赛队平均分成若干小组，在各小组内进行单循环比赛，然后根据需要和实际情况，再将各组优胜组或名次队进行单循环比赛或交叉赛排出最后名次。

(1) 分组循环赛制编排方法。根据上届比赛成绩或实际水平，采用蛇形编排法分组，如表 9.5 所示。

表 9.5　循环赛制编排方法

组别	代号			
一	1	8	9	16
二	2	7	10	15
三	3	6	11	14
四	4	5	12	13

16 个队分成 4 组，8 个队分成 2 组。根据过去成绩和现在发展情况，经协商确定种子队。先用抽签的方法将种子队安排在各组内，然后再用抽签的方法确定各队所在组的位置。

(2) 决赛阶段的比赛方法。以 16 个队参加比赛为例，将预赛各小组同名次的队编为一组，进行决赛。预赛各小组的第一名决 1～4 名，预赛各小组第二名决 5～8 名，预赛各小组的第 3 名决 9～16 名。将预赛各小组 1、2 名划为一组参加比赛，决定前 4 名或前 8 名，其他各队不再比赛。

在预赛中已经相遇的队，决赛中不再比赛，按两队在预赛阶段的成绩来排列名次。

淘汰制就是在比赛中逐步淘汰成绩差者(失败者)，直到最后决出冠亚军为止。淘汰制一般在参加队数较多，而举行比赛期较短时采用。淘汰制可分为单淘汰和双淘汰。

1. 淘汰制

(1) 比赛轮数。如果参加的队数是 2 的乘方数时,则比赛轮数正好是以 2 为底的幂的指数。例如,8 个队参加比赛为 3 轮,因为 $8=2^3$;16 个队参加比赛为 4 轮,因为 $16=2^4$。

如果参加的队数不是 2 的乘方数,也就是说参加比赛的队数介于两个 2 的乘方数之间,则轮数较大的一个 2 为底的幂的指数。例如,14 个队参加比赛,则按 16 个队的轮数来计算为 4 轮。

(2) 比赛场数。单淘汰比赛总场数等于参加队数减 1。例如,8 个队参加比赛,共 7 场。单淘汰制名次评定就是在全部比赛中没有失败过一场的队为冠军队,决赛中失败的队为亚军队。如果在竞赛规程中规定参赛队均须确定名次时,就应进行附加赛。常用的方法是复赛中失败的两个队补赛一场,胜者为第 3 名,负者为第 4 名,复赛中失败的 4 个队进行补赛,争夺 5~8 名,如表 9.6 所示。

表 9.6 附加赛秩序表

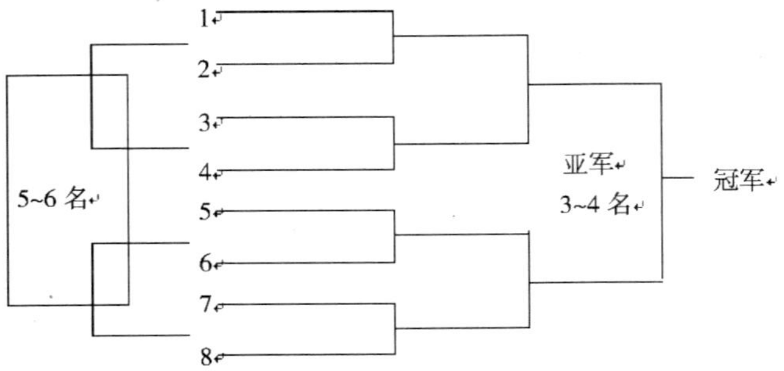

(3) 单淘汰赛的编排方法。如果参加队数是 2 的乘方数,开始比赛的第一天所在的队数进行比赛,没有轮空队。只要按照参加比赛的队数,每两队编排一组逐步进行淘汰即可。例如,8 个队参加比赛,即赛四轮共 7 场。抽签后,将队名填在秩序表中,如表 9.7 所示。

表 9.7 8 个队参赛的秩序表

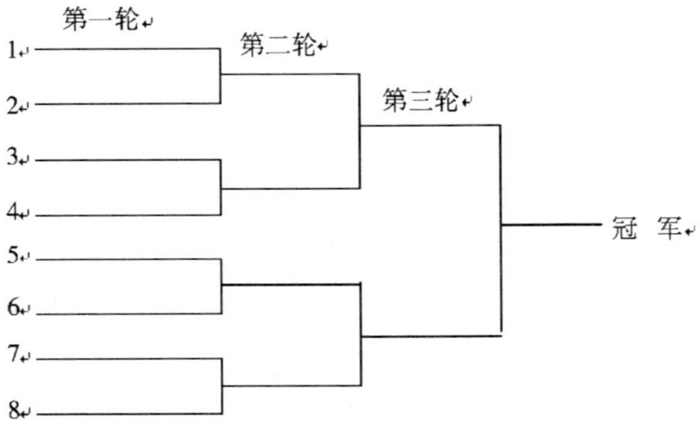

如果参加比赛的队数不是 2 的乘方数时,要根据参加队数,选择最接近数,较大的以 2 为底的幂的指数作为号码位置数,号码位置数减去参加队数即为轮空数。例如,13 个队参加比赛,应选用 16 个号码位置数,有 3 个队轮空,可以 2、10、15 号为轮空位置号;第一轮比赛凡与 2、10、15 比赛的队即为轮空队。轮空队只能在第一轮中出现,不能在其他比赛轮次中出现。如果有轮空队,应首先让强队轮空。

为了避免技术较好的两队首先相遇而被淘汰,可采用种子队的方法;编排比赛秩序时把第一轮实力较强，技术较好的"种子队"合理地分别排入各个不同的区内，使他们最后的相遇，这样的比赛中产生的结果较为合理。确定种子队的主要依据是它的技术水平和最近参加的主要比赛成绩。确定"种子"队多少，主要依据参加比赛队的多少，一般为 4 个队设一名"种子"队，把最强的两个"种子"队排在两头 1、16 号位置上，吧 3、4 号"种子"队排在中间 8、9 号上。为了保证种子队合理的分布到各区，最简单的办法是查种子队位置表，如表 9.8 所示。

表 9.8　种子队位置表

1	64	33	32
17	48	49	16
9	56	41	24
25	42	57	8

种子队位置表的使用方法是根据应设的种子队数目，依次逐行由左向右选取小于或等于比赛号码位置（即比赛队数）的号码，即为种子位置号码。如有 32 个队参加比赛，设 8 个种子队，用查种子队位置表，选出 1、32、17、16、9、24、25 和 8 共 8 个号码位置。

2. 双淘汰

双淘汰是指参赛的队（人）在一次失败后，还有机会进行比赛，当第二次失败后才被淘汰。

（1）比赛轮数。双淘汰的轮数是单淘汰轮数的 2 倍加 1。例如，8 个队采用双淘汰比赛，其轮数等于 3 轮×2＋1＝7（轮）。

（2）比赛场数。双淘汰的比赛数等于参赛队（人）倍的 2 减去 3。例如，8 个队采用双淘汰比赛其总数等于 8×2－3＝13（场）。

3. 混合制

一次竞赛中同时采用循环制和淘汰制叫混合制。采用混合制时，把竞赛分为两个阶段进行，前一阶段都采用分组单循环，后一阶段采用淘汰制进行决赛；或者相反。

采用先分组循环后淘汰制的混合制比赛，最好分为 2 组、4 组、8 组、16 组进行分组循环，以便以后编排淘汰制的比赛秩序表。

思考题

1. 根据你的了解，运动项目的竞赛成绩评定是如何分类的？

2. 简述体育竞赛的基本方法。

3. 组织一次体育竞赛的基本程序有哪些？

4. 结合 2008 北京奥运会，谈谈对奥林匹克运动的认识。

5. 就自己喜欢的运动项目，谈一谈如何欣赏该项目体育比赛。

参考文献

[1] 周西宽.体育基本理论教程[M].北京:人民教育出版社,2004.
[2] 杨文轩等.体育原理[M].北京:高等教育出版社,2004.
[3] 陶志翔.乒乓球技巧[M].北京:中国社会出版社,2005.
[4] 杨忠伟.体育运动与健康促进[M].北京:高等教育出版社,2004.
[5] 从群等.大学体育[M].上海:上海交通大学出版社,2006.
[6] 黄宽柔等.健美操、体育舞蹈[M].北京:高等教育出版社,2006.
[7] 邹师.大学体育健康教程[M].北京:北京体育大学出版社,2011.
[8] 姚宏茂等.新编高职高专体育教程[M].北京:高等教育出版社,2009.
[9] 辛克海等.体育与健康[M].北京:北京师范大学出版集团,2010.
[10] 王英杰等.体育与健康[M].北京:机械工业出版社,2009.
[11] 蔡志坚.大学体育[M].北京:高等教育出版社,2010.
[12] 吴仕贵等.体育与健康[M].北京:北京师范大学出版社,2006.
[13] 范素萍.体育与健康[M].科学出版社,2004.
[14] 张先松.健身健美运动[M].北京:高等教育出版社,2005.
[15] 吕玉环等.大学生体育与健康教程[M].长春:东北师范大学出版社,2011.
[16] 杜建强等.体育教程[M].郑州:大象出版社,2007.
[17] 田振生等.大学体育教程[M].保定:河北大学出版社,2008.
[18] 陈志勇.现代大学体育教程[M].北京:北京体育大学出版社,2006.
[19] 邹继豪等.体育与健康教程[M].沈阳:辽宁大学出版社,2007.